光 盘 说 明

一. 打开光盘

1. 将光盘放入光驱中，几秒钟后光盘会自动运行。如果没有自动运行，可通过打开【计算机】窗口，右击光驱所在盘符，在弹出的快捷菜单中选择 【自动播放】命令来运行光盘。

2. 光盘主界面中有几个功能图标按钮，将鼠标放在某个图标按钮上可以查看相应的说明信息，单击则可以执行相应的操作。

二. 学习内容

1. 单击主界面中的【学习内容】图标按钮后，会显示出本书配套光盘中学习内容的主菜单。

2. 单击主菜单中的任意一项，会弹出该项的一个子菜单，显示该章各小节内容。

3. 单击子菜单中的任一项，可进入光盘的播放界面并自动播放该节的内容。

三. 进入播放界面

1. 在内容演示区域中，将以聪聪老师和慧慧同学的对话结合实例演示的形式，生动地讲解各章节的学习内容。

2. 选中此区域中的按钮可自行控制播放，读者可以反复观看、模拟操作过程。单击【返回】按钮可返回到主界面。

3. 像电视节目一样，此处字幕同步显示解说词。

四. 跟我学

单击【跟我学】按钮，会弹出一个子菜单，列出本章所有小节的内容。单击子菜单中的任一选项后，可以在播放界面中自动播放该节的内容。

该播放界面与单击主界面中各节子菜单项后进入的播放界面作用相同。【跟我学】的特点就是在学习当前章节内容的情况下，可直接选择本章的其他小节进行学习，而不必再返回到主界面中选择本章的其他小节。

五．练一练

单击播放界面中的【练一练】按钮，播放界面将被隐藏，同时弹出一个【练一练】对话框。读者可以参照其中的讲解内容，在自己的电脑中进行同步练习。另外，还可以通过对话框中的播放控制按钮实现快进、快退、暂停等功能，单击【返回】按钮则可返回到播放窗口。

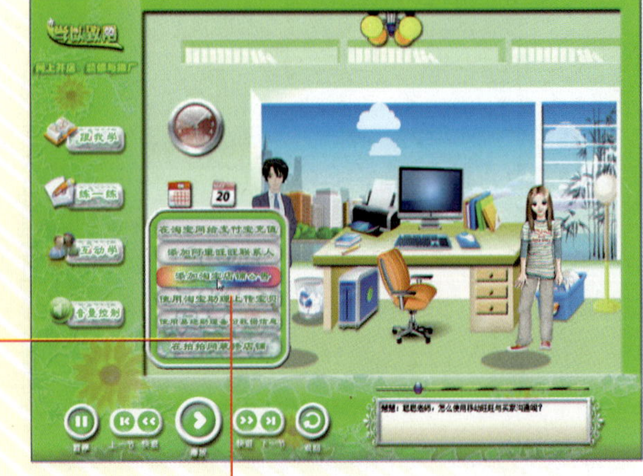

六．互动学

1. 单击【互动学】按钮后，会弹出一个子菜单，显示详细的互动内容。

2. 单击子菜单中的任一项，可以在互动界面中进行相应模拟练习的操作。

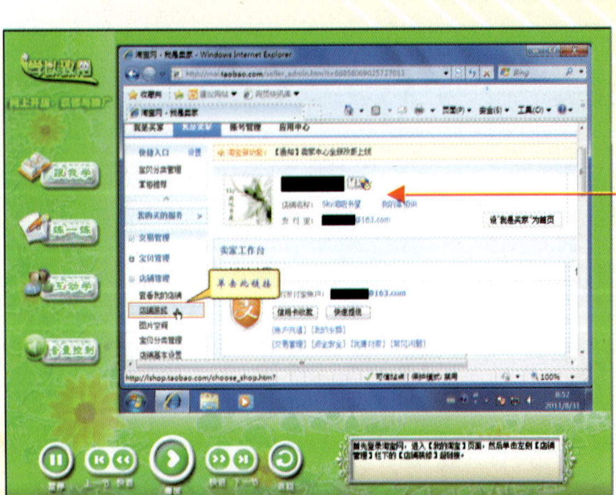

3. 在互动学交互操作环节，必须根据给出的提示用鼠标或键盘执行相应的操作，方可进入下一步操作。

学以致用系列丛书

网上开店、装修与推广

科教工作室　编著

清华大学出版社
北　京

内 容 简 介

本书的内容是在仔细分析初、中级用户学用网络开店的需求和困惑的基础上确定的，并基于“快速掌握、即查即用、学以致用”的原则，根据日常工作和生活中的需要取材谋篇，以应用为目的，用任务来驱动，并配以大量实例。读者通过本书的学习，可以轻松、快速地掌握网上开店、装修与推广的实际应用技能，得心应手地实现网店的开设与经营。

本书共分 13 章，详尽地介绍了做好开店准备、领取网上“营业执照”、网店开张、安全成交第一笔生意、使用淘宝助理管理网店、在易趣网上开店、在拍拍网上开店、制作精美的照片、简单装修店铺、设置店铺公告和店铺类目、宣传与推广店铺、网店物流全攻略、提升网店信用等方面的内容。

本书及配套的多媒体光盘面向想在网上开店的初级用户，适合于广大网上交易的爱好者和各行各业需要学习网上开店的人员，也可以作为大中专院校师生学习的辅导和培训用书。

图书在版编目(CIP)数据

网上开店、装修与推广/科教工作室编著. --北京：清华大学出版社，2012.1（2014.8 重印）
(学以致用系列丛书)
ISBN 978-7-302-27477-3

Ⅰ. ①网…　Ⅱ. ①科…　Ⅲ. ①电子商务—商业经营　Ⅳ. ①F713.36

中国版本图书馆 CIP 数据核字(2011)第 249551 号

责任编辑：章忆文　陈立静
封面设计：杨玉兰
版式设计：北京东方人华科技有限公司
责任校对：王　晖
责任印制：李红英

出版发行：清华大学出版社
网　　址：http://www.tup.com.cn，http://www.wqbook.com
地　　址：北京清华大学学研大厦 A 座　　**邮　　编**：100084
社 总 机：010-62770175　　**邮　　购**：010-62786544
投稿与读者服务：010-62776969，c-service@tup.tsinghua.edu.cn
质 量 反 馈：010-62772015，zhiliang@tup.tsinghua.edu.cn
印 装 者：北京密云胶印厂
经　　销：全国新华书店
开　　本：210mm×285mm　**印　张**：13.75　**插　页**：1　**字　　数**：526 千字
附光盘 1 张
版　　次：2012 年 1 月第 1 版　　**印　　次**：2014 年 8 月第 3 次印刷
印　　数：5001～5500
定　　价：37.00 元

产品编号：042935-01

出版者的话

第二版言★

首先，感谢您阅读本丛书！正因为有了您的支持和鼓励，“学以致用”系列丛书第二版问世了。

臧克家曾经说过：读过一本好书，就像交了一个益友。对于初学者而言，选择一本好书则显得尤为重要。“学以致用”是一套专门为电脑爱好者量身打造的系列丛书。翻看它，您将不虚此“行”，因为它将带给您真正“色、香、味”俱全、营养丰富的电脑知识的“豪华盛宴”！

本系列丛书的内容是在仔细分析和认真总结初、中级用户学用电脑的需求和困惑的基础上确定的。它基于“快速掌握、即查即用、学以致用”的原则，根据日常工作和娱乐中的需要取材谋篇，以应用为目的，用任务来驱动，并配以大量实例。学习本丛书，您可以轻松快速地掌握计算机的实际应用技能、得心应手地使用电脑。

丛书书目★

本系列丛书第二版首批推出 13 本，书目如下：

(1) Access 2010 数据库应用
(2) Dreamweaver CS5 网页制作
(3) Office 2010 综合应用
(4) Photoshop CS5 基础与应用
(5) Word/Excel/PowerPoint 2010 应用三合一
(6) 电脑轻松入门
(7) 电脑组装与维护
(8) 局域网组建与维护
(9) 实用工具软件
(10) 五笔飞速打字与 Word 美化排版
(11) 笔记本电脑选购、使用与维护
(12) ***网上开店、装修与推广***
(13) 数码摄影轻松上手

丛书特点★

本套丛书基于“快速掌握、即查即用、学以致用”的原则，具有以下特点。

一、内容上注重“实用为先”

本系列丛书在内容上注重“实用为先”，精选最需要的知识、介绍最实用的操作技巧和最典型的应用案例。例如，①在《Office 2010 综合应用》一书中以处理有用的操作为例(例如：编制员工信息表)，来介绍如何使用 Excel，让您在掌握 Excel 的同时，也学会如何处理办公上的事务；②在《电脑组装与维护》一书中除介绍如何组装和维护电脑外，还介绍了如何选购和整合当前最主流的电脑硬件，让 Money 花在刀刃上。真正将电脑使用者的技巧和心得完完全全地传授给读者，教会您生活和工作中真正能用到的东西。

二、方法上注重"活学活用"

本系列丛书在方法上注重"活学活用"，用任务来驱动，根据用户实际使用的需要取材谋篇，以应用为目的，将软件的功能完全发掘给读者，教会读者更多、更好的应用方法。如《电脑轻松入门》一书在介绍卸载软件时，除了介绍一般卸载软件的方法外，还介绍了如何使用特定的软件(如优化大师)来卸载一些不容易卸载的软件，解决您遇到的实际问题。同时，也提醒您学无止境，除了学习书面上的知识外，自己还应该善于发现和学习。

三、讲解上注重"丰富有趣"

本系列丛书在讲解上注重"丰富有趣"，风趣幽默的语言搭配生动有趣的实例，采用全程图解的方式，细致地进行分步讲解，并采用鲜艳的喷云图将重点在图上进行标注，您翻看时会感到兴趣盎然，回味无穷。

在讲解时还提供了大量"提示"、"注意"、"技巧"的精彩点滴，让您在学习过程中随时认真思考，对初、中级用户在用电脑过程中随时进行贴心的技术指导，迅速将"新手"打造成为"高手"。

四、信息上注重"见多识广"

本系列丛书在信息上注重"见多识广"，每页底部都有知识丰富的"长见识"一栏，增广见闻似地扩充您的电脑知识，让您在学习正文的过程中，对其他的一些信息和技巧也了如指掌，方便更好地使用电脑来为自己服务。

五、布局上注重"科学分类"

本系列丛书在布局上注重"科学分类"，采用分类式的组织形式，交互式的表述方式，翻到哪儿学到哪儿，不仅适合系统学习，更加方便即查即用。同时采用由易到难、由基础到应用技巧的科学方式来讲解软件，逐步提高应用水平。

图书每章最后附"思考与练习"或"拓展与提高"小节，让您能够针对本章内容温故而知新，利用实例得到新的提高，真正做到举一反三。

光盘特点★

本系列丛书配有精心制作的多媒体互动学习光盘，情景制作细腻，具有以下特点。

一、情景互动的教学方式

通过"聪聪老师"、"慧慧同学"和俏皮的"皮皮猴"3个卡通人物互动于光盘之中，将会像讲故事一样来讲解所有的知识，让您犹如置身于电影与游戏之中，乐学而忘返。

二、人性化的界面安排

根据人们的操作习惯合理地设计播放控制按钮和菜单的摆放，让人一目了然，方便读者更轻松地操作。例如，在进入章节学习时，有些系列光盘的"内容选择"还是全书的内容，这样会使初学者眼花缭乱、摸不着头脑。而本系列光盘中的"内容选择"是本章节的内容，方便初学者的使用，是真正从初学者的角度出发来设计的。

三、超值精彩的教学内容

光盘具有超大容量，每张播放时间达8小时以上。光盘内容以图书结构为基础，并对它进行了一定的延伸。除了基础知识的介绍外，更以实例的形式来进行精彩讲解，而不是一个劲地、简单地说个不停。

读者对象★

本系列丛书及配套的多媒体光盘面向初、中级电脑用户，适用于电脑入门者、电脑爱好者、电脑培训人员、退休人员和各行各业需要学习电脑的人员，也可以作为大中专院校师生学习的辅导和培训用书。

互动交流★

为了更好地服务于广大读者和电脑爱好者，如果您在使用本丛书时有任何疑难问题，可以通过 xueyizy@126.com 邮箱与我们联系，我们将尽全力解答您所提出的问题。

作者团队★

本系列丛书的作者和编委会成员均是有着丰富电脑使用经验和教学经验的 IT 精英。他们长期从事计算机的研究和教学工作，这些作品都是他们多年的感悟和经验之谈。

本系列丛书在编写和创作的过程中，得到了清华大学出版社第三事业部总经理章忆文女士的大力支持和帮助，在此深表感谢！本书由科教工作室组织编写，朱俊编著。陈迪飞、陈胜尧、崔浩、费容容、冯健、黄纬、蒋鑫、李青山、罗晔、倪震、谭彩燕、汤文飞、王佳、王经谊、杨章静、于金彬、张蓓蓓、张魁、周慧慧、邹晔等人(按姓名拼音顺序)参与了创作和编排等事务。

关于本书★

如今，在网上开设网店并进行经营获利已不是一件新鲜事。以各大网络平台(淘宝、易趣、拍拍网等)为依托的新型交易方式、经营模式已趋于安全和成熟。并且，这种方便快捷的购物方式也得到了广大网民的认可和喜爱，越来越多的人开始在网上购买衣服、鞋子、饰品、工艺品、数码产品，甚至家具等。

为了让大家能够在较短的时间内掌握网上开店、装修与推广的应用技能，我们编写了《网上开店、装修与推广》一书。本书共 13 章，内容丰富、实例强大，详细、透彻地从零开始介绍了网上开店准备、网店开张、成交生意、装修店铺、推广商品等内容，用实例讲解的方式教读者最实用的知识和操作，系统全面、专业性强。

除此之外，本书还介绍了一些网店经营与推广的要领和技巧，便于让读者能够真正有效、迅速地推销出自己的商品，成为一名生意红红火火的网上卖家。

科教工作室

目录

第 1 章 稳扎稳打——做好开店准备

随着房价的火爆攀升，要想开一家店铺，首先需要准备一大笔钱用做房租。您的创业资金是不是紧缺呢？那就想法减少“房租”吧？网店就是很好的选择方案，为此，本书将为大家介绍网店的开店和经营方法，下面先来做好开店准备吧。

学习要点

❖ 准备开设网上店铺
❖ 了解网上开店的一般流程
❖ 寻找好的货源
❖ 进行投资预算

学习目标

通过本章的学习，读者应该熟知开设网上店铺前的一般准备工作，了解网上开店的一般流程，学会如何选择适合自己的商品，以及怎样确定店铺的进货渠道，掌握这些知识是进行网上开店的基础。

1.1 准备开设网上店铺

在网络迅猛发展的今天，网上开店已经成为一种新的创业模式，它不仅为人们的生活带来了方便，还让很多人享受了足不出户就赚钱的乐趣。下面首先来了解一下开设网上店铺前需要准备些什么吧。

1.1.1 网上开店的前提条件

网上开店是一种通过电子商务网站展现并出售商品的新型销售方式，经营者在该网站中拥有一间专属店铺和独立网址。像实体店铺一样，网上开店也需要进货、定价、推广、售后服务等一系列的过程，不同的是网上开店方便快捷、成本低、经营灵活。

网上开店很简单，不需要太多的资金，下面一起来了解一下网上开店的前提条件吧！

1. 好的货源渠道

好的货源渠道是网上开店的首要条件，货源直接影响商品的价格，所以在准备网上开店前应找到稳定的货源。

2. 价钱合理的物流

开网店缺少不了物流，每件商品必须跟物流公司打交道，所以选择物流公司很重要。比较少的物流费用，会大大提高商品的竞争力，在选择物流公司时要注意以下两点。

(1) 安全是第一位的，应找信誉较高的物流公司，有了这个前提，才能做后面的选择。

(2) 结合商品所在地和运输目的地，选择价格合理的物流公司。

3. 好的眼光

在网店日益火爆的今天，要想开一家人气火爆的网上店铺，店家必须有好的眼光，抓住商品的潮流。

1.1.2 选择开店方式

网上开店一般是通过大型网站注册会员，然后依靠其网站开设店铺。目前人气比较高的网络交易平台分别是淘宝网、易趣网和拍拍网。

1. 淘宝网

淘宝网由阿里巴巴集团于 2003 年 5 月 10 日投资创立，是亚太地区最大的网络零售商圈，致力于打造全球领先网络零售商圈。淘宝网现在的业务跨越 C2C(个人对个人)和 B2C(商家对个人)两大部分。

淘宝的商品数目在近几年内有了明显的增加，从汽车、电脑、服饰、家居用品到食品和服务，分类齐全，应有尽有。下图即为淘宝网首页。

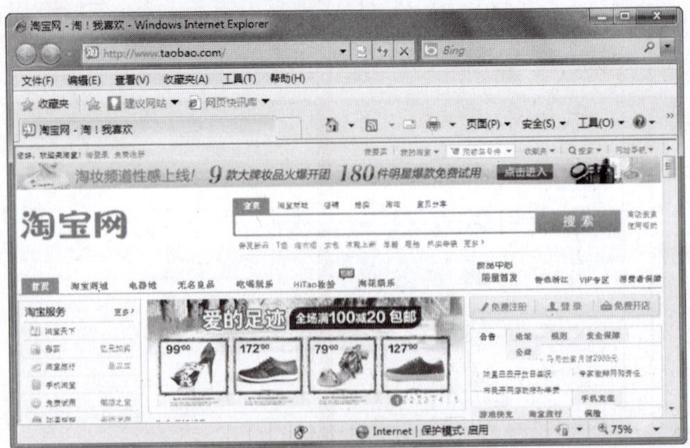

作为拍卖网站，淘宝网突出的优点是，如果商品的剩余时间在 2 小时以内，那么时间的显示是动态的，并且准确显示到秒。

淘宝信用评价体系由心、钻石、皇冠三部分构成，并随等级提升，目的是为诚信交易提供参考，并在此过程中保障买家利益，督促卖家诚信交易。

2. 易趣网

易趣网于 1995 年 9 月 4 日由 Pierre Omidyar 以 Auctionweb 的名称创立于加利福尼亚州圣荷西，是一个可让全球民众上网买卖物品的线上拍卖和购物网站。下图为易趣网首页。

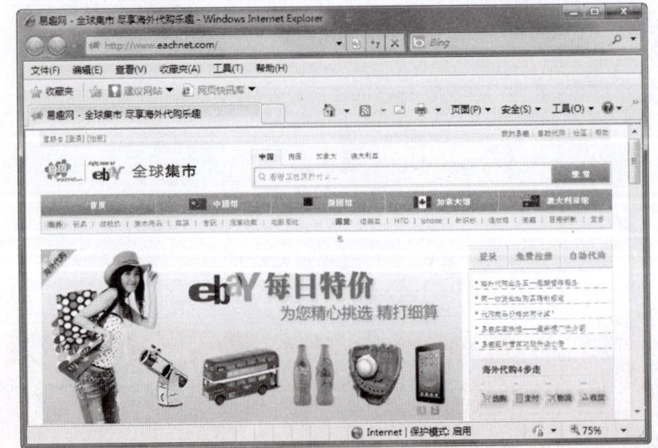

长见识

C2C 是 Consumer to Consumer 的缩写，指个人与个人之间的电子商务，是电子商务的专业用语。目前在国内的 C2C 市场中，淘宝网站占有的市场份额是最高的，其余的市场份额被易趣、拍拍、有啊、D 客商城、德酷网等网上商城占有。

B2C 是 Business-to-Consumer 的缩写，指商家对客户(简称为“商对客”)，是电子商务的一种模式，也就是通常说的商业零售，直接面向消费者销售产品和服务。这种形式的电子商务一般以网络零售业为主，主要借助于互联网开展在线销售活动。

每天都有数以百万计的家具、收藏品、电脑、车辆在易趣网(eBay)上被刊登、卖出。只要物品不违反法律或是在 eBay 的禁止贩售清单之内，即可以在 eBay 刊登贩售，服务及虚拟物品也在可贩售物品的范围之内。可以说，eBay 推翻了以往那种规模较小的跳蚤市场，将买家与卖家拉在一起，创造了一个川流不息的市场。

3. 拍拍网

拍拍网是中国知名的网络零售商圈，是腾讯旗下的电子商务交易平台。拍拍网依托于腾讯 QQ 的庞大用户群以及 2.5 亿活跃用户的优势资源，具备良好的发展基础。拍拍网作为腾讯“在线生活”战略的重要业务组成，在创立之初就定位于“中国电子商务的普及者和创新者”，以促进电子商务在中国的全民普及和发展。下图即为拍拍网首页。

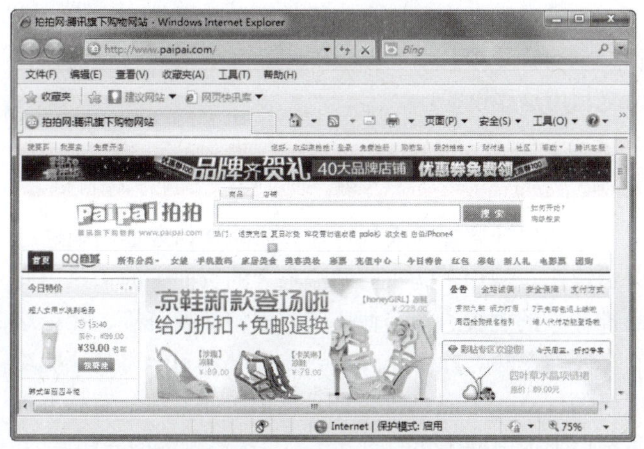

拍拍网主要有网游、数码、女人馆、运动、学生、哄抢和彩票七大频道，其中的 QQ 特区还包括 QCC、QQ 宠物、QQ 秀、QQ 公仔等腾讯特色产品及服务。拍拍网还拥有功能强大的在线支付平台——财付通，能为用户提供安全、便捷的在线支付服务。

拍拍网一直致力于打造时尚、新潮的品牌文化，希望与千百万网民一起努力共同创立一个“用户自我管理的互助诚信社区”，为广大用户提供一个安全健康的一站式在线交易平台，最终成为中国最大的、最受网民欢迎的电子商务民族品牌。

1.1.3 选择适合自己的经营方式

如果考虑网上开店，应该根据个人的实际情况，选择一种适合自己的经营方式。网上开店的经营方式主要有三种：全职经营网店、兼职经营网店、网店与实体店相结合。

1. 全职经营网店

全职经营网店是指经营者将全部的精力都投入到网店的经营上，将网上开店作为自己的全部工作，将网店的收入作为个人收入的主要来源。在时间上，全职经营者可能一天 24 小时坐阵，全职的服务是比较周到和完善的。有的全职网店做到成功时，还会有专门客服、包装以及专门广告策划宣传配备。

2. 兼职经营网店

兼职经营网店就是指经营者将经营网店作为自己的副业，例如现在许多在校学生利用课余时间经营网店，也有一些职场人员在工作之余开设网店来增加收入。兼职网店虽在开店成效上无法和全职比(当然也有很多兼职人做得相当不错)，但是这些人不用太担心因为生意不好而直接影响到正常的生活秩序，而且在空余时间用心经营一家小店，可以时时感受着它慢慢成长所带来的心灵上的无穷乐趣，并且可以学习到平时无法触及到的知识和技能。

3. 网店与实体店相结合

网店与实体店相结合的经营方式因为有网下店铺的支持，在商品的价位、销售的技巧方面都更高一筹，也更容易取得消费者的认可与信任。

1.1.4 申请店铺空间

除了可以通过相关的电子商务网站开设店铺外，经营者还可以自立门户，即建立一个自己的商品销售网站。

建设独立的商品销售网站是指经营者根据自己经营的商品情况，自行或委托他人设计一个网站，独立的网上商店通常都有一个域名做网址，不挂靠在大型购物网站上，完全依靠经营者通过网上或者网下的宣传，吸引浏览者进入自己的网站，完成最终的销售。

建立一个网站需要有域名和空间，这些可以在 IDC 供应商那里申请，申请域名时只要把您的个人名称、电话、地址、邮箱等相关资料提供给供应商就可以了。除了这个方法外，您也可以直接在供应商的网站上注册会员，然后自己申请开通，网址就是您申请的域名。网站的源文件是放在主机空间里的，然后把域名、空间解析绑定就可以了。在 IE 中输入你申请的网址，就可打开网站了。

淘宝网注重诚信安全方面的建设，引入了实名认证制，并区分了个人用户与商家用户认证，两种认证需要提交的资料不一样，个人用户认证只需提供身份证明，商家认证还需提供营业执照。注意，一个人不能同时申请两种认证。

1.2 了解网上开店的一般流程

要想在网上开店，一定要熟悉其基本流程，这样才能做好充分的准备。下面将详细介绍网上开店的流程。

1. 考察市场，确定出售的商品

确定要开一家网上店铺后，“卖什么”就成为最主要的问题了。在确定卖什么的时候，要综合市场需求、自身财力、商品属性以及物流运输的便捷性，对出售的商品加以定位。目前，个人店铺的网上交易量比较大的包括服装服饰、化妆品、珠宝饰品、手机、家居饰品等。在这方面，网上开店与传统的店铺并无太大区别，寻找好的市场和有竞争力的产品是成功的重要因素。

提示

在考虑卖什么的时候，一定要根据自己的兴趣和能力而定。尽量避免涉足不熟悉、不擅长的领域，同时，要确定目标顾客，从他们的需求出发选择出售的商品。

2. 选择开店平台

在网上开店需要选择一个提供网络交易服务的平台，如淘宝、易趣、拍拍等，然后进行注册。大多数网站会要求用真实姓名和身份证等有效证件进行注册。在选择网站的时候，人气是否旺盛、是否收费以及收费情况等都是很重要的考虑因素。现在很多平台都提供免费开店服务，这样就可以为用户省下不少费用。

3. 向网店申请开设店铺

申请店铺时要详细填写自己店铺所提供商品的分类(例如，出售发饰应该归类在“箱包配饰、饰品、发饰”中的“发饰”一类)，以便让目标用户可以准确地找到该商品。然后需要为自己的店铺起个醒目的名字，以便吸引广大网友的浏览。有的网店显示个人资料，应该真实填写，以增加信任度。

4. 进货

用户可以从自己熟悉的渠道和平台进货，控制成本和低价进货是关键。进货时，一定要货比十家，选质量最好最便宜的原料进货渠道，而且永远要寻找新的更好的渠道。例如，可以从厂家、批发市场、阿里巴巴等渠道进货。

如果找不到好的货源，又不想存货，可以选择网上代理的方式。首先需要联络一个货源好的高等级卖家，在对方发来宝贝的图片和代理价后，就可以把这些图片放到自己店铺上去销售了。

5. 发布商品

用户需要把每件商品的名称、产地、所在地、性质、外观、数量、交易方式、交易时限等信息填写在网站上，最好搭配商品的图片。名称应尽量全面，突出优点，因为当别人搜索该类商品时，只有名称会显示在列表上。为了增加吸引力，图片的质量应尽量好一些，说明也应尽量详细，如果需要邮寄，最好声明由谁负责邮费。

登录时需要设置价格。通常网站会提供起始价、底价、一口价等项目由卖家设置，卖家应根据自己的具体情况利用这些设置。

6. 营销推广

为了提升店铺的人气，在开店初期，应适当地进行营销推广。例如，购买网站流量大的页面上的“热门商品推荐”的位置、与其他店铺和网站交换链接、在论坛上多发帖子等。除此之外，还要多参观和学习其他成功网店的优点，采取一些如一元起拍卖或者部分商品不求赢利但求吸引顾客光顾的方法，以提高顾客的关注度。

7. 售中服务

顾客在决定是否购买的时候，很可能需要很多用户没有提供的信息，他们随时会在网上提出，卖家(或店小二)应及时并耐心地回复。

注意

很多网站为了防止卖家私下交易以逃避交易费用，会禁止买卖双方在网上提供任何个人的联系方式，例如信箱、电话等，否则将予以处罚。

8. 交易

商品成交后，网站会通知双方根据约定的方式进行交易，可以选择见面交易，也可以通过汇款、邮寄的方式交易，但是应尽快发货，以免对方怀疑你的信用。是否提供其他售后服务，应根据双方的事先约定而定。

2006 年 12 月，eBay 与 TOM 在线合作，通过整合双方优势，凭借 eBay 在中国的子公司 eBay 易趣在电子商务领域的全球经验，以及国内活跃的庞大交易社区与 TOM 在线对本地市场的深刻理解，两家公司于 2007 年推出为中国市场定制的在线交易平台。

9. 评价或投诉

信用是网上交易中很重要的因素，为了共同建设信用环境，如果交易满意，最好给予对方好评；如果交易失败，应给予差评，或者向网站投诉，以减少损失，并警示他人；如果对方投诉，应尽快处理，以免为自己的信用留下污点。

10. 售后服务

良好的售后服务是网上店铺保持生意兴隆的重要手段。作为网店卖家，难免会遇到这样那样的售后问题，一旦处理不好，轻则失去一两个客户，重则得到个差评，让其他买家都对你的信誉产生疑问。所以，做好售后服务工作可以为网店卖家带来更多的回头客。

1.3 寻找好的货源

货源对一个网店来说是非常重要的，拥有好的货源，网店就能拥有价格优势。

1.3.1 选择适合网上销售的商品

网上开店卖什么最热门？哪些商品是人们在网上最喜欢购买的？选择出售什么样的商品才能稳赚不赔？这些问题无疑是店主们最先需要考虑的。针对这些问题，下面提供了一些方案供用户选择。

1. 选择新奇特产品

新奇特产品是在市场和消费者需求中催生出来的新名词。新奇特产品分为：新奇特商品、新奇特礼品、创意家居用品、懒人用品、时尚风格饰品等。

新奇特产品早已步入大众的生活中，同时也成为市场竞争中的一把强有力的利剑。消费者在产品更新速度加快、选择性较多的情形下，对产品的要求就不断地提高，这也是新奇特产品出现的原因。在产品名之前加上“新奇特”三个字，曝光度、竞争力上都具有较大的优势，尤其是在市场全面进军虚拟网络的时代，人们的生活品味提高，新奇特产品更加显现出其优越性。

2. 选择热销产品

目前网上比较热销的商品主要有化妆品、女装、女鞋、女士箱包、电子产品、手机充值卡业务、流行饰品、家具日用等。下面主要介绍这几种热销产品的优势和劣势，用户可以根据自己的实际情况做出选择。

1) 化妆用品

- 优势：消费群体极大，需求量大，回头客多，不存在尺码的问题。
- 劣势：存在过期变质的问题，且玻璃瓶子运输时不太方便。

2) 女装、女鞋

- 优势：消费群体极大，需求量大，没有过期变质的问题。
- 劣势：存在尺码问题，对款式和品牌的要求较高。

3) 女士箱包

- 优势：消费群体极大，需求量大，没有尺码、生产日期的问题，运输方便。
- 劣势：存在颜色问题，对款式和品牌的要求较高。

4) 电子产品

- 优势：消费群体极大，需求量大。
- 劣势：售后服务的问题突出，部分产品也存在运输问题。

5) 手机充值卡业务

- 优势：消费群体极大，需求量大，没有尺码、生产日期等问题，自动发货，不需要卖家时时刻刻在线。
- 劣势：存在利润低、不好找便宜的进货渠道。

6) 流行饰品

- 优势：消费群体极大，需求量大，没有尺码、生产日期的问题。
- 劣势：存在大的玻璃制品运输不方便的问题，对款式和品牌的要求较高。

7) 家居日用

- 优势：消费群体极大，需求量大，没有尺码、生产日期的问题。
- 劣势：需要绝对的价格优势，存在部分商品的运输问题。

1.3.2 选择适合自己的商品

网上开店不只要选择最热门的商品，还要考虑销售的商品是否适合自己。

目前易趣向卖家收取商品登录费，登录费1元至8元不等，以商品最低成交价为计费基数，并在每次交易成功之后，收取相应佣金（也就是交易服务费），价格按每件商品在网上成交金额的0.25%到2%收取，如果未实际成交则不收取。

1. 选择自己熟悉的产品

选择自己熟悉的产品，优势在于能够详细地了解该类产品的特点，无需更多的时间来学习专业知识，与客户交流起来轻车熟路。例如，有的卖家是学服装设计的，那么服装方面的专业知识在经营的过程中就会派上很大的用途，在为买家推荐商品时就可以提出比较恰当的服饰搭配意见，这样自然会取得买家的信任。

2. 选择具有地区优势的产品

网上交易面向的是全国甚至海外用户，所以具有地区优势的产品能够成为热门产品，因为其具有资源优势、价格优势等，所以常常被当地的卖家所青睐。其中，资源优势是指只有本地区出产，其他地区所没有的产品，例如各地的特产、风味小吃等；而价格优势是指当地有实力较强的企业、大规模的批发市场等。

注意

网上开店应注意遵守国家法律法规，不能销售以下产品。

- 法律法规禁止或限制销售的商品，如武器弹药、管制刀具、文物、淫秽品、毒品等。
- 假冒伪劣商品。
- 其他不适合在网上销售的商品，如医疗器械、药品、股票、债券和抵押品、偷盗品、走私品或其他非法获得的商品。
- 用户不具有所有权或支配权的商品。

1.3.3 确定店铺进货渠道

确定了卖什么之后，就要开始寻找货源了。网上开店之所以有利润空间，成本较低是一个重要因素。掌握了物美价廉的货源，就掌握了电子商务经营的关键。以服饰类商品为例，一些知名品牌均为全国统一价，在一般的实体店里最低只能卖八五折，而网上可以卖到七至八折。而在网上，服饰类商品的价格都是商场价格的二至七折。

那么，如何才能找到合适的进货渠道呢？用户可以结合以下几点来寻找物美价廉的货源。

1. 批发市场进货

批发市场是比较常见的进货渠道。卖家可以去地区性的批发市场进货，如北京的西直门、秀水街、红桥，上海的襄阳路、城隍庙，这样不但可以熟悉行情，还可以拿到很便宜的批发价格。通过和一些批发商建立良好的供求关系，拿到第一手的流行货品，就能够保证网上销售的低价位。

技巧

找到货源后，可先进少量的货试卖一下，如果销量好，再考虑增大进货量。在网上，有些卖家和供货商关系很好，往往是商品卖出后才去进货，这样既不会占用资金又不会造成商品的积压。总之，不管是通过何种渠道寻找货源，低廉的价格是获利的关键因素。

2. 厂家货源

正规的厂家货源充足，态度较好，如果长期合作的话，一般都能争取到滞销换款。但是，厂家的起批量较高，不适合小批发客户。如果有足够的资金储备，并且不会有压货的危险或者不怕压货，那就可以去找厂家进货。

3. 大批发商

虽然直接从厂家那里拿货比较便宜，但是起批量比较大，对于新手用户来说，并不是最好的选择。这时可以找一些大的批发商，从他们那里拿货。这是因为大批发商主要是倒手商品，从中赚取其中的差额，所以他们一定会接受小额批发客户。

4. 刚起步的批发商

这类批发商由于刚起步，没有固定的批发客户，没有知名度，为了争取客户，他们的起批量较小，价格一般不会高于甚至有些商品还会低于大批发商，而且为了争取回头客，他们的售后服务一般比较好。因此可以按照自己进货的经验和他们谈条件，例如价格和换货等问题。不足的是因为是新的批发商，要好好了解他们的诚信度，可以到留言板去看别人对他们的评价，也可以让他们自己出具资信证明。

5. 关注外贸产品或 OEM 产品

目前许多工厂在外贸订单之外的剩余产品或者为一些知名品牌的贴牌生产之外会有一些剩余产品处理，这些外贸产品因其质量、款式、面料、价格等优势，一直是网上销售的热门产品。很多在国外售价上百美元的名牌商品，网上的售价仅有几百元人民币，价格十分低廉，通常为正常价格的2～4折。如果有熟悉的外贸厂商，可以直接从厂家拿货。

拍拍网是亚太地区最大的网络零售商圈，致力于打造全球领先的网络零售商圈。其网站于 2005 年 9 月 12 日上线发布，于 2006 年 3 月 13 日宣布正式运营。

6. 买入品牌积压库存

无论什么时候，人们都喜欢跟随潮流选购商品。所以，商品都有一定的周期。如果某商品的库存积压过多，时间一长就会因为过时而被淘汰，这时候再出售该商品，价格可想而知。因此，一些商家在发现商品库存积压时，为了快速清空库存，会降低价格销售。

品牌商品更受广大消费者青睐，但是受地域限制，不少品牌商品可能会在某一地域因达到饱和而积压。而网络覆盖面广，可以轻松使商品在其地域成为畅销品。如果用户有足够的砍价本领，能以低廉的价格把他们手中的库存买下来，一定能获得丰厚的利润。

7. 寻找特别的进货渠道

如果在香港或国外有亲戚或朋友，可以找他们帮忙，进一些国内市场上看不到的商品，或者一些价格较低的商品。如果店主居住在深圳、珠海这样的地方，甚至可以办一张通行证，自己去香港、澳门进货。

1.4 进行投资预算

网上开店很简单，不需要太多的资金，只要满足相应的硬件和软件方面的要求，就可以在网上轻松地开一家小店了。

1.4.1 网上开店的手续

如果经营者想要通过大型电子商务网站开设店铺，首先要注册该网站的会员，然后才能依靠其网站开设店铺；如果经营者想要建设独立的商品销售网站，那就要申请域名和空间，然后在属于自己的个人网站上开设店铺。

1.4.2 硬件投入

网上开店需要的基本硬件包括电脑、数码相机、电话、传真机、打印机等。

- ❖ 电脑。首先需要一台电脑，用于查看网上信息和网上交易，如下图所示。此外还需要配备便捷、稳定的网络。

- ❖ 数码相机。网店中的商品都是通过图片来展示的，网上的买家没有办法看到商品的实体，只能通过图片以及文字描述来了解商品，所以一台高品质的数码相机是网上开店必不可少的设备，如下图所示。

提示

商品在拍摄的过程中也可以使用一些辅助设备，如背景布、摄影棚、摄影灯等。背景布有多种颜色，在拍摄服装时可以选择白色或者其他较淡的颜色。商品拍摄的摄影棚很小，为防止颜色干扰，一般摄影棚的背景为白色。在拍摄物品时，如果光线不足，就需要使用摄影灯来作为补充光源。

- ❖ 电话。方便联系客户的手机或者固定电话(如下图所示)也是网上开店所必需的硬件设备。使用电话可以随时随地与客户保持联系。

- ❖ 传真机、打印机。如果条件允许的话，可以配置一台传真机和打印机，如下图所示。传真机一般用于收发资料，与客户签订合同，而那些需要书面保存的电子文本资料则需要使用打印机进行打印。

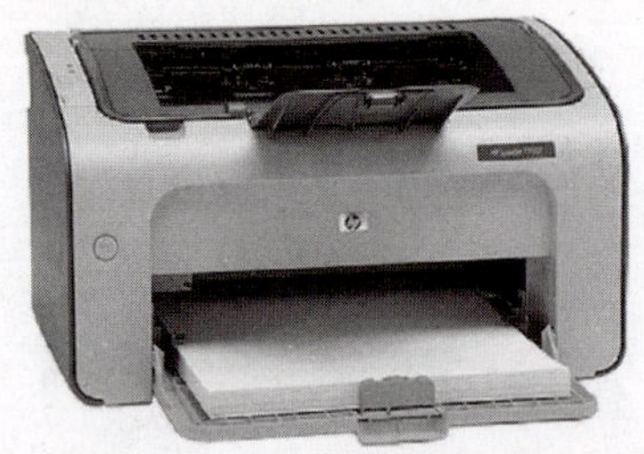

1.4.3 软件投入

网上开店需要使用的软件主要包括聊天软件、电子邮箱和图像处理软件等。

- ❖ 聊天软件。在网上交易时，使用聊天软件可以方便买家与卖家之间进行联系。目前的聊天软件有很多，如腾讯QQ、微软MSN、网易POPO、ICQ、雅虎通等，也可以使用交易平台提供的沟通软件，如淘宝的阿里旺旺。
- ❖ 电子邮箱。电子邮箱也是进行信息交流的一个重要工具，使用电子邮箱可以传递文字、图像、声音等信息。用户可以选择大一些的门户网站的免费邮箱，例如新浪邮箱、网易邮箱、Hotmail、雅虎邮箱等。
- ❖ 图像处理软件。在拍摄好商品的照片后，可以使用图像处理软件对照片进行美化处理。现在的图像处理软件很多，其中Photoshop是目前应用比较广泛的图形图像软件，它的功能十分强大，学起来也比较容易。

1.5 思考与练习

选择题

1. 目前人气比较高的网络交易平台是________。
A. 淘宝网、当当网、拍拍网
B. 易趣网、拍拍网、卓越网
C. 淘宝网、易趣网、拍拍网
D. 拍拍网、淘宝网、卓越网

2. 淘宝网由阿里巴巴集团于________投资创立。
A. 2003年5月10日
B. 2002年5月10日
C. 2003年6月10日
D. 2002年6月10日

操作题

1. 自己动手配置网上开店需要的基本硬件。
2. 试着申请一个属于自己的店铺空间。

长见识 网上开店是一种在互联网时代的背景下诞生的新销售方式，区别于网下的传统商业模式。与大规模的网上商城及零散的个人用品网上拍卖相比，网上开店投入不大，经营方式灵活，可以为经营者提供不错的利润空间，因此成为许多人的创业途径

第 2 章 当家做主——领取网上"营业执照"

了解网上开店的一般流程后，您是不是也想拥有一间属于自己的网络店铺呢？那么，接下来本章就向您讲解在淘宝网开店的流程和操作过程。

学习要点

- 注册成为淘宝会员
- 开通支付宝账户
- 管理账户密码
- 管理支付宝
- 使用阿里旺旺交流工具

学习目标

通过本章的学习，读者应该了解如何注册成为淘宝会员，了解开通支付宝账户的一般流程，学会如何对淘宝和支付宝密码进行安全设置，以及怎样为支付宝账户充值，并且学会使用阿里旺旺进行交流。

2.1 注册成为淘宝会员

要在淘宝网上开店和购物，以及在超人气社区上交流网上购物经验，首先要注册成为淘宝会员。下面就来介绍注册淘宝会员的具体步骤。

2.1.1 申请邮箱

用户要想在淘宝网上注册为免费的会员，首先需要申请一个邮箱。下面就以申请网易的免费邮箱为例，介绍申请邮箱的方法。

操作步骤

❶ 启动 IE 浏览器，然后在地址栏中输入 www. 163.com 并按 Enter 键，打开网易首页，在首页中单击【注册免费邮箱】文字链接，如下图所示。

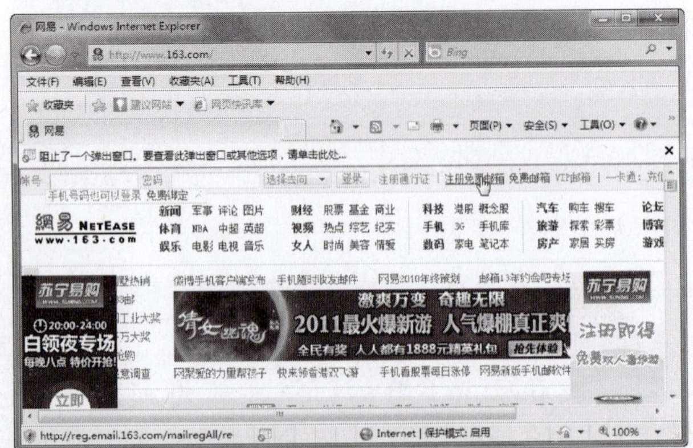

❷ 单击【注册免费邮箱】文字链接后，进入到下一个页面中，在此页面的【邮件地址】文本框中输入要注册的用户名，如下图所示。

❸ 确定用户名可以使用后，分别在页面中的【密码】、【确认密码】文本框中输入邮箱的密码，如下图所示。

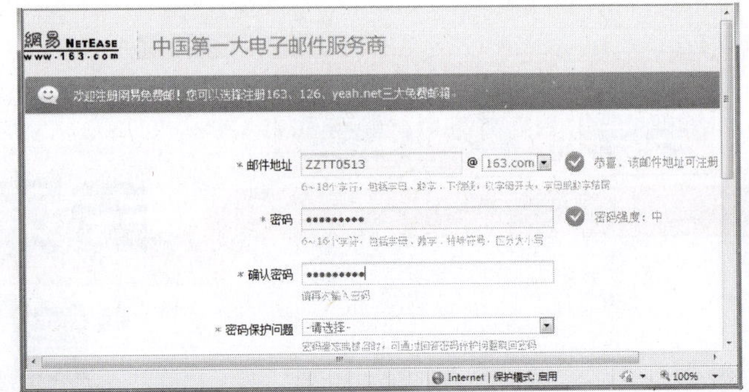

❹ 单击【密码保护问题】下拉列表框右侧的下三角按钮，在弹出的下拉列表中选择一个密码保护问题，并设定问题答案，在【验证码】文本框中输入验证码，最后单击【立即注册】按钮，如下图所示。

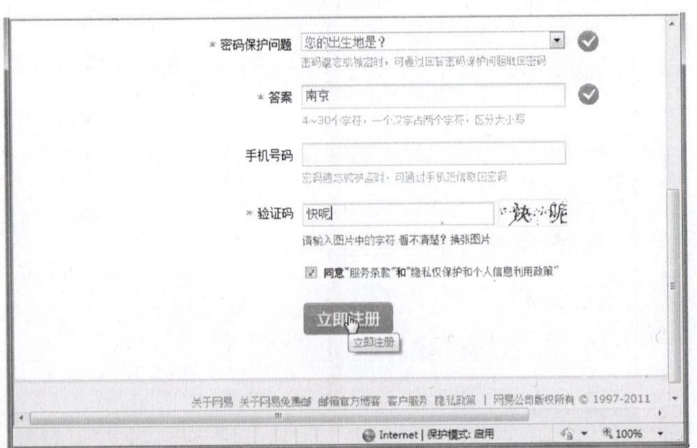

❺ 这时进入提示邮箱已申请成功的页面，如下图所示。

注意

设置邮箱密码时不要使用过于简单或者有规律的数字与字母的组合(如常用的英文单词、生日日期等)，否则容易被他人破解，最好使用字母与数字的组合，而且位数不宜太少。

长见识 @第一次出现在键盘上是在 1880 年之后，当时被用于打字机，并成为打字机键盘上的一个标准符号。20 世纪 60 年代逐渐成为计算机键盘和 ASCII 码中的标准字符。

2.1.2 注册淘宝会员

注册淘宝会员很简单，只需要根据提示即可获取淘宝的会员账号。第一次注册会员后，系统会自动登录淘宝网站，但以后还是要使用会员账户进行登录。下面就来讲解如何在淘宝网注册淘宝会员账户。

操作步骤

❶ 进入淘宝网主页(http://www.taobao.com)后，单击【免费注册】链接，如下图所示。

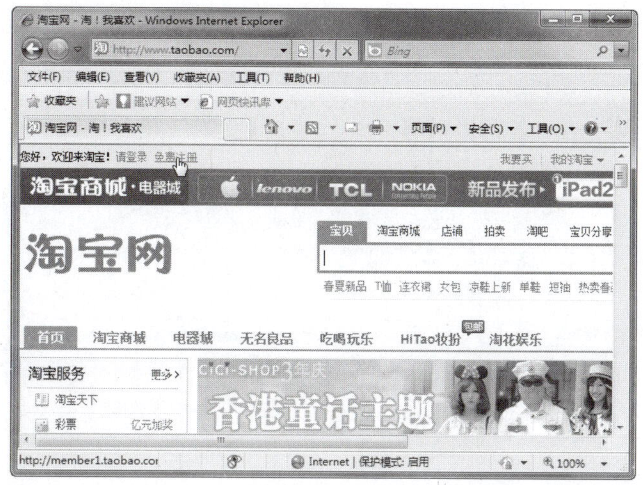

❷ 进入填写会员信息页面，根据提示填写基本信息，包括电子邮箱、会员名、密码等，然后单击【同意以下协议并 注册】按钮，如下图所示。

新会员免费注册 - Windows Internet Explorer
第一步：填写账户信息 以下均为必填
会员名：
登录密码：
确认密码：
验证码：
看不清？换一张
同意以下协议并 注册

❸ 进入【第二步：验证账户信息】页面，选择一种验证方式，这里选择使用邮箱验证，如下图所示。

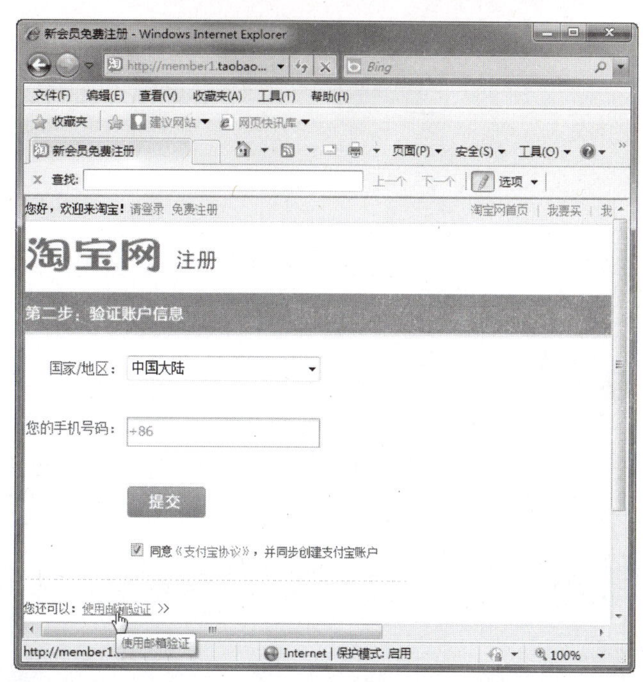

❹ 在页面中的【您的电子邮箱】文本框中输入电子邮箱，单击【提交】按钮，如下图所示。

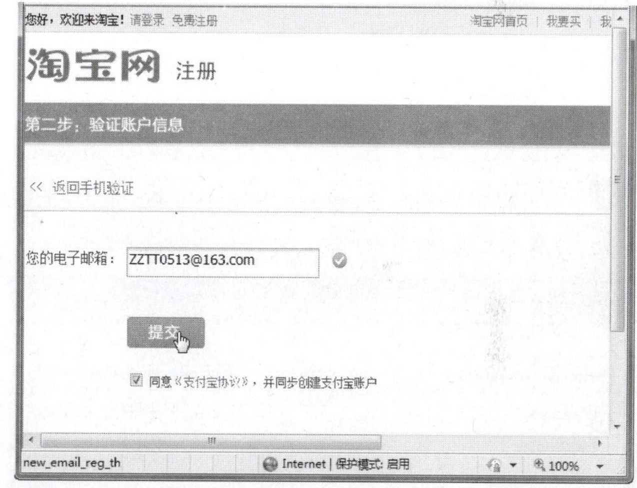

❺ 弹出【短信获取校验码】页面，单击【国家/地区】下拉列表框右侧的下三角按钮，在弹出的下拉列表中选择地区，在【手机号码】文本框中输入手机号码，单击【发送】按钮。

短信获取校验码
国家/地区：中国大陆
手机号码：+86 请输入手机号码
发送

❻ 在【校验码】文本框中输入手机收到的校验码，然后单击【验证】按钮，如下图所示。

学以致用系列丛书

免费邮箱，顾名思义就是不收费用的邮箱。常用的免费邮箱有网易163免费邮箱、网易126免费邮箱、雅虎免费邮箱、TOM免费邮箱、新浪邮箱、搜狐邮箱等。

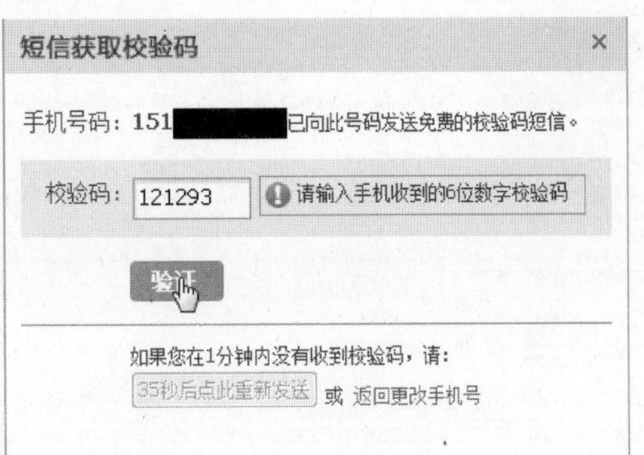

❼ 进入【最后一步：激活账户】页面，单击【去邮箱激活账户】按钮，如下图所示。

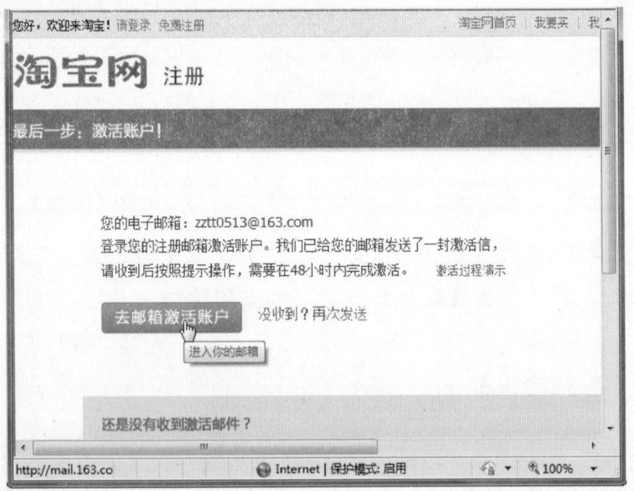

❽ 弹出邮箱登录页面，输入用户名及密码，再单击【登录】按钮，如下图所示。

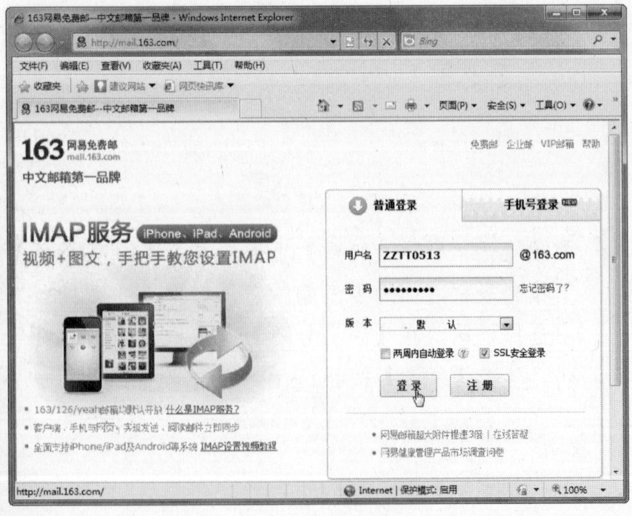

❾ 在打开的邮箱页面中，单击【收件箱】链接，然后单击淘宝网发来的激活邮件，如下图所示。

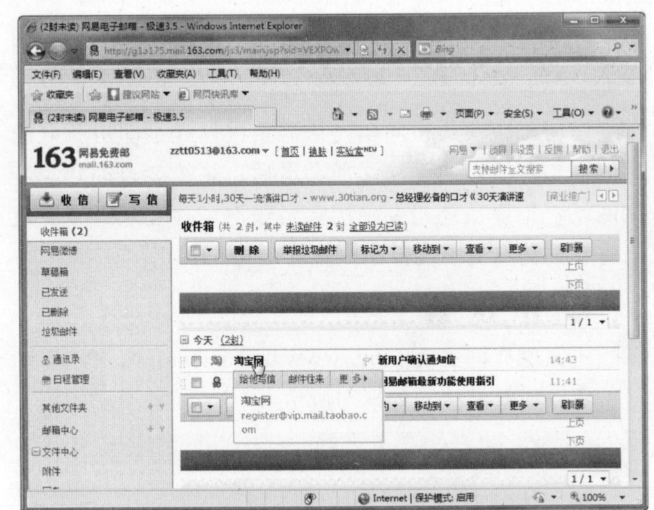

❿ 在打开的激活邮件中，单击【完成注册】按钮，如下图所示。

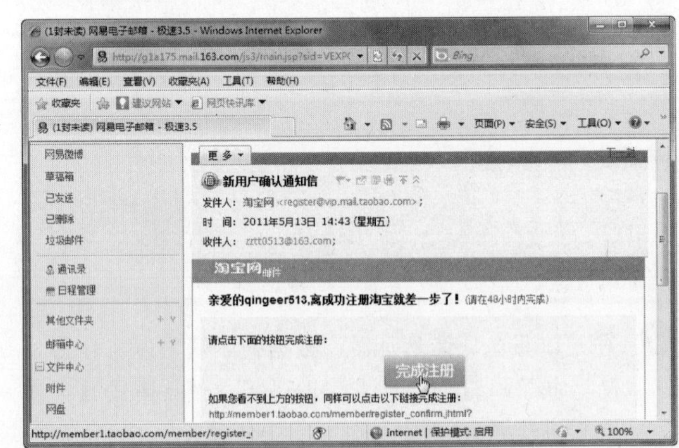

⓫ 接着系统自动以会员身份进入淘宝网，显示“恭喜，注册成功！”的提示信息，并显示淘宝账户名和支付宝账户名，如下图所示。

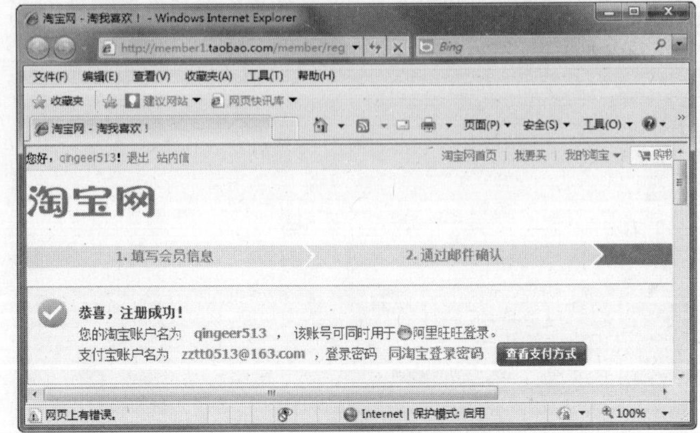

学以致用系列丛书

长见识：在注册淘宝会员后，建议用户开通“淘江湖”，在这里每天可以领取淘金币，使用淘金币可以兑换商品。

注意

为了顺利地完成注册，在填写会员注册信息时，应注意以下要求。

- 电子邮箱：填写最常用且有效的邮件地址。此邮箱用来激活会员名，它是用户用来交流的重要工具，也是淘宝网鉴别会员身份的一个重要条件。
- 会员名：会员名由 5~20 个字符(包括小写字母、数字、下划线、中文)组成，一个汉字为两个字符，推荐使用中文会员名，会员名一经注册便不能更改。
- 登录密码：登录密码由 6~16 个字符组成，设置时使用英文字母、数字和符号的组合，不能单独使用英文字母、数字或符号作为密码，尽量不要有规律；密码不要与会员名或电子邮件地址相同。在淘宝、支付宝和注册邮箱中应设置不同的密码，以免一个账户被盗造成其他账户同时被盗。
- 确认密码：需要跟上面填写的密码完全一致。
- 校验码：出于安全考虑，需要按照图片显示的字符输入校验码。校验码必须在英文状态或半角模式下输入，否则系统将会提示校验码出错。

2.1.3　使用会员账户登录

第一次注册淘宝会员，系统将自动以会员身份进入淘宝网页，以后每次登录淘宝网页，在其中进行交易时都需要使用自己注册的淘宝账号名和密码进行登录。

操作步骤

❶ 打开淘宝网首页，单击【请登录】超链接，如下图所示。

❷ 在打开的网页中输入会员名和密码，然后单击【登录】按钮，如下图所示。

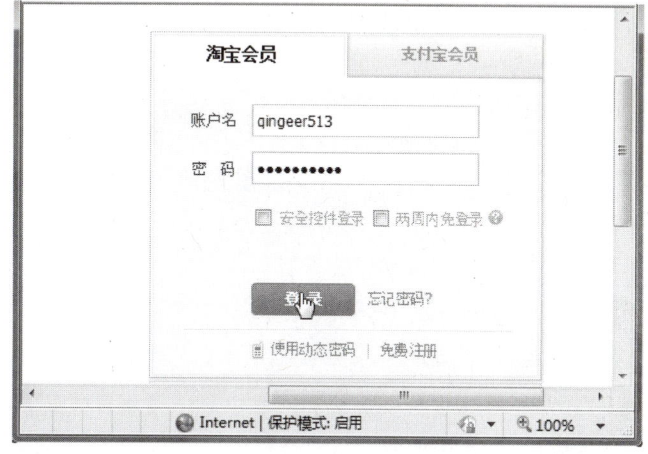

❸ 这时即可登录淘宝网页，在窗口左上方可以看见"您好，qingeer513"的信息，如下图所示。

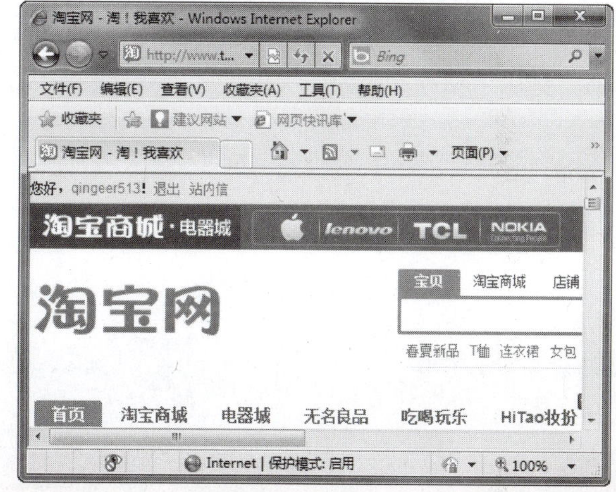

2.2　开通支付宝账户

支付宝是淘宝网推出的网上安全支付工具。它主要起管理作用，用户在淘宝网上的所有商务活动都需要通过它来进行协商和管理，所以要在淘宝网进行交易必须要先成为支付宝会员。

2.2.1　注册与激活支付宝账户

用户在注册淘宝会员后，需要开通支付宝账户，下面就来介绍如何注册与激活支付宝账户。

操作步骤

❶ 打开淘宝网首页，单击【请登录】链接，如下图所示。

学以致用系列丛书

支付宝(中国)网络技术有限公司是国内领先的提供网上支付服务的互联网企业，由全球领先的 B2B 网站——阿里巴巴公司创办。支付宝致力于为中国电子商务提供各种安全、方便、个性化的在线支付解决方案。

❷ 在打开的【支付宝会员】网页中单击【免费注册】链接，如下图所示。

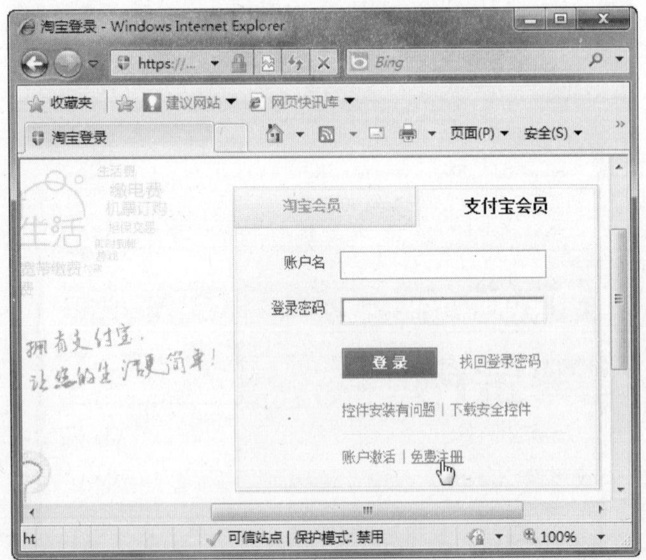

❸ 在页面中选择一种页面方式，这里选择【Email 注册】单选按钮。然后单击【注册】按钮，如下图所示。

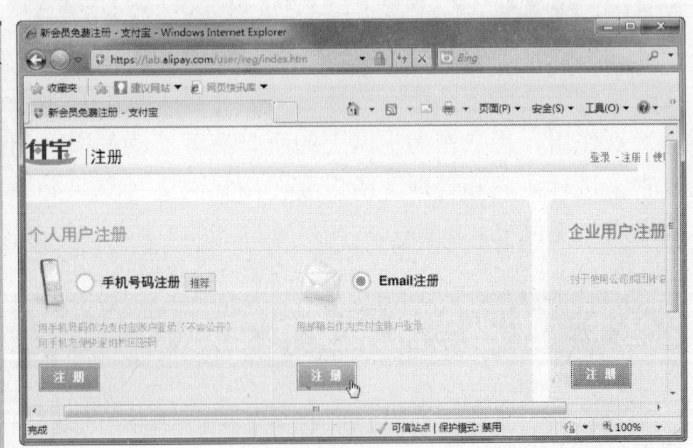

❹ 进入填写账户名和密码页面，根据提示填写基本信息，包括电子邮箱、真实姓名、密码等，然后单击【同意以下协议并提交】按钮，如下图所示。

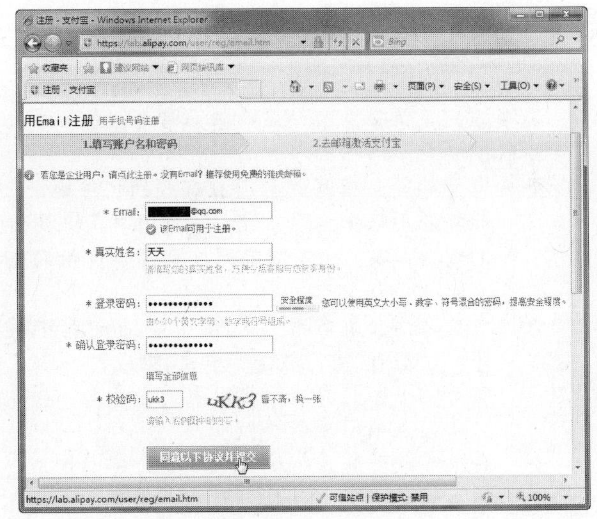

❺ 进入【验证账户信息】页面，输入手机号码，单击【获取校验码】按钮，如下图所示。

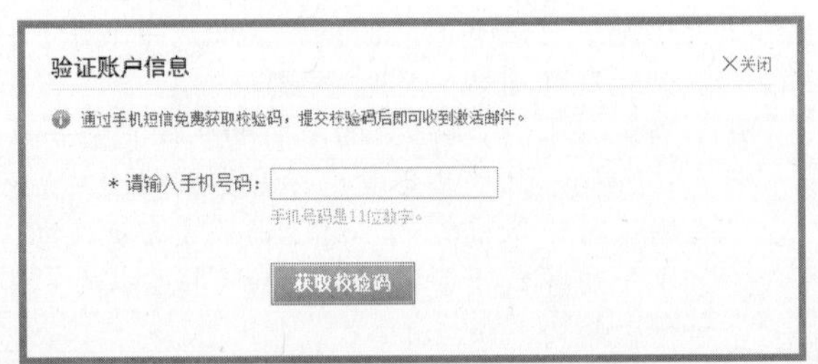

❻ 输入收到的手机校验码后，单击【确认并提交】按钮，如下图所示。

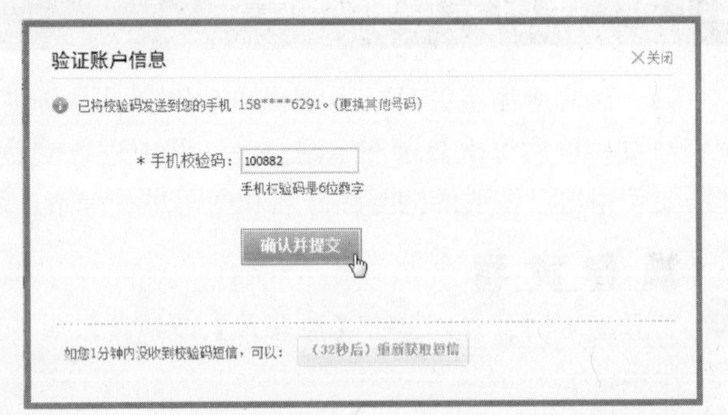

❼ 这时成功注册了一个支付宝账户，进入我的淘宝页面，单击【支付宝账户管理】链接，以此来激活支付宝账户，如下图所示。

学以致用系列丛书

长见识

支付宝公司从2004年建立开始，始终以“信任”作为产品和服务的核心。该公司不仅从产品上确保用户在线支付的安全，同时让用户通过支付宝在网络间建立起相互的信任，为建立纯净的互联网环境迈出了非常有意

8 在已经绑定的支付宝账号中单击【点此激活】链接，如下图所示。

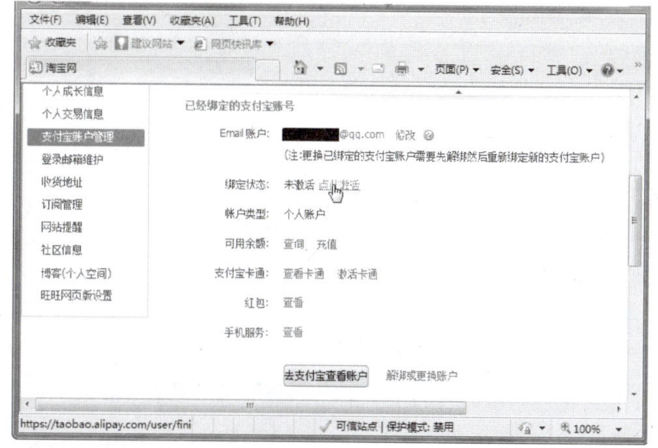

9 进入【补全信息-支付宝】页面，根据提示填写基本信息，最后单击【确定】按钮，如下图所示。

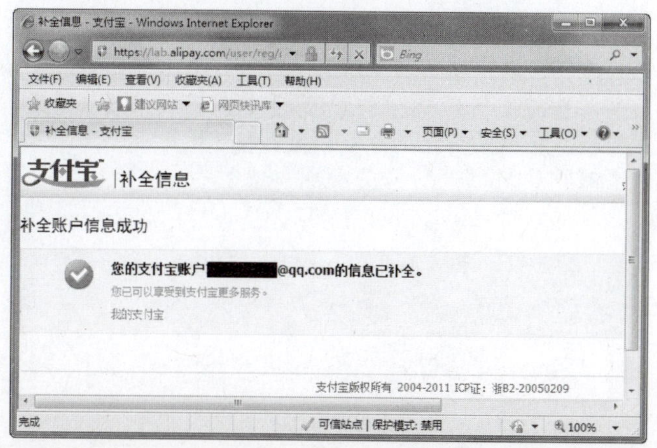

10 进入【补全账户信息成功】页面，提示信息已补全，这时即可激活支付宝账户，如下图所示。

2.2.2 网上银行办理攻略

网上银行又称网络银行、在线银行，是指银行利用因特网技术，通过因特网向客户提供开户、销户、查询、对账、行内转账、跨行转账等传统服务项目，使客户可以足不出户就能够安全便捷地管理活期和定期存款、支票、信用卡及个人投资等。可以说，网上银行是因特网上的虚拟银行柜台。

用户首先到当地的银行营业厅办理一张银行卡，同时开通个人电子银行账户。开通了网上银行后，下面就实际操作一下如何登陆网上银行。

操作步骤

1 在 IE 浏览器的地址栏中输入网址 http://www.icbc.com.cn，按 Enter 键打开【中国工商银行中国网站】首页，接着在【用户登录】列表中单击【个人网上银行登录】按钮，如下图所示。

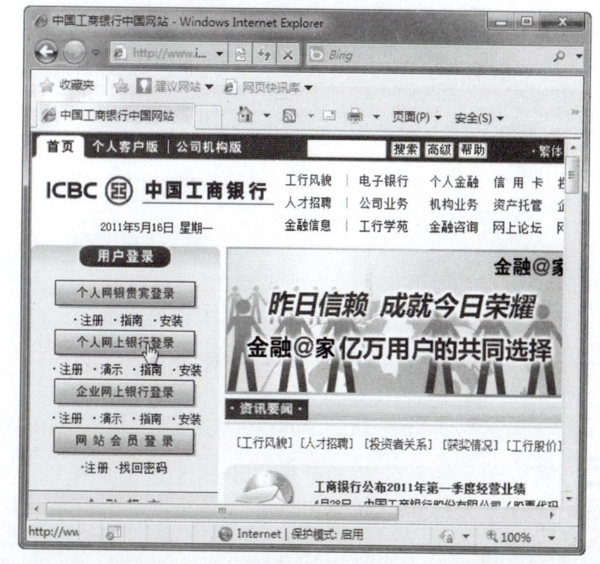

2 打开【网银系统-中国工商银行中国网站】页面，向下拖动滑块，阅读网银使用指南，再单击【登录】按钮，如下图所示。

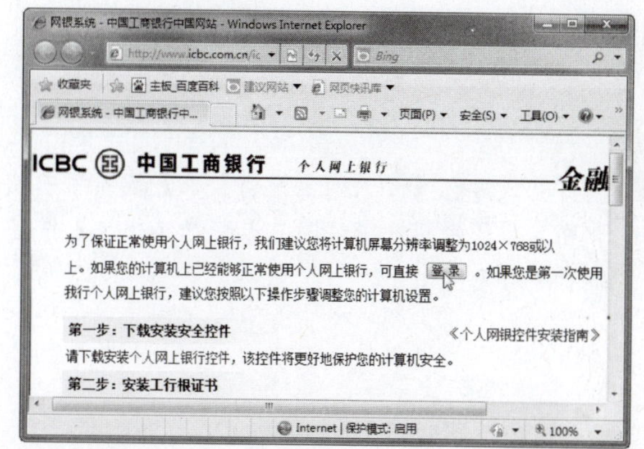

B2C 领域中的网站类型有综合商城、百货商店、垂直商店、复合品牌店、服务型网店、导购引擎型、在线商品定制型以及在线礼品送礼型等。

长见识

3 打开【中国工商银行新一代网上银行】页面，右击工具栏，从弹出的快捷菜单中选择【为此计算机上的所有用户安装此加载项】命令，如下图所示。

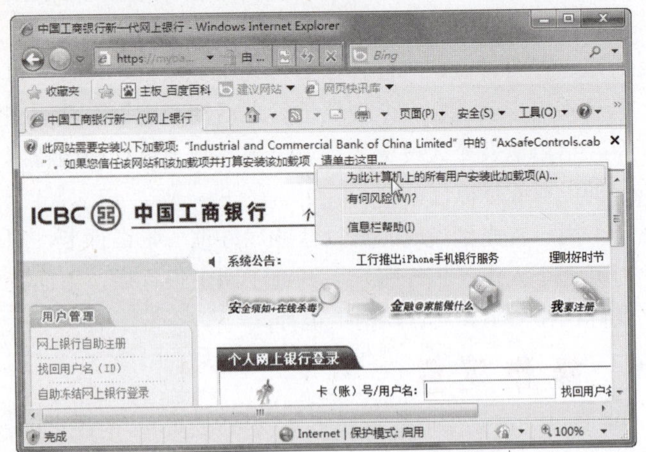

4 接着再次右击工具栏，从弹出的快捷菜单中选择【运行加载项】命令，如下图所示。

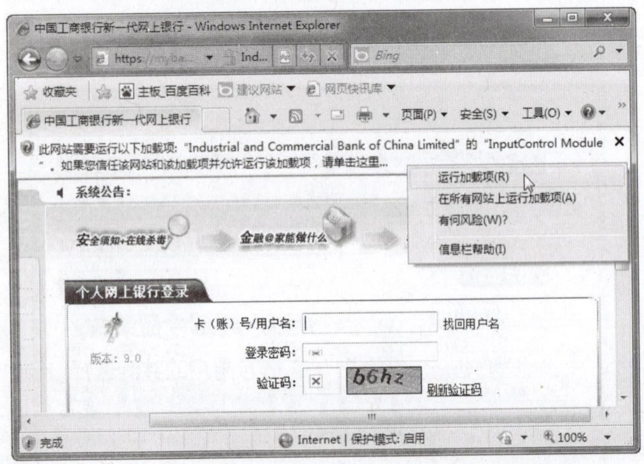

5 弹出如下图所示的对话框，单击【运行】按钮，安装网站提供的安全控件，如下图所示。

6 运行完成后在【个人网上银行登录】选项组中输入卡号、登录密码和验证码，再单击【登录】按钮，如下图所示。

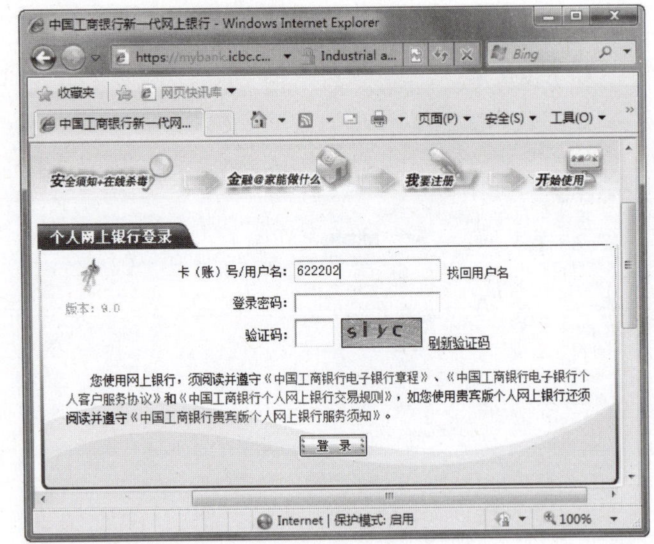

7 这时会在页面中弹出【温馨提示】对话框，提示安装工行防钓鱼软件，单击【下载】按钮进行下载安装，若暂时不想安装，可以单击【关闭】按钮进入网银欢迎页面，如下图所示。

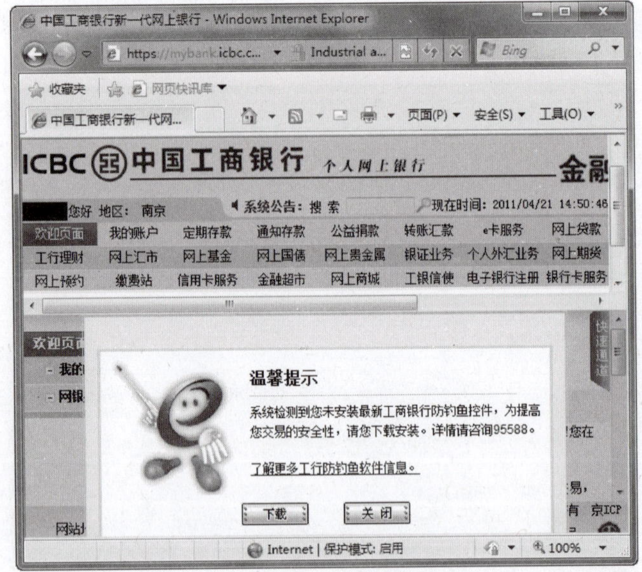

技巧

如果用户在办理银行卡时，没有开通个人电子银行账户，用户可以在【中国工商银行中国网站】网页中，单击【个人网上银行登录】按钮下面的【注册】链接，然后根据提示自己开通个人电子银行账户，如下图所示。

长见识 在工商银行开通个人电子银行时，银行会为用户提高U盾和口令卡两种基本安全工具，二者具有不同的特点，您可以根据自己的喜好选择使用。

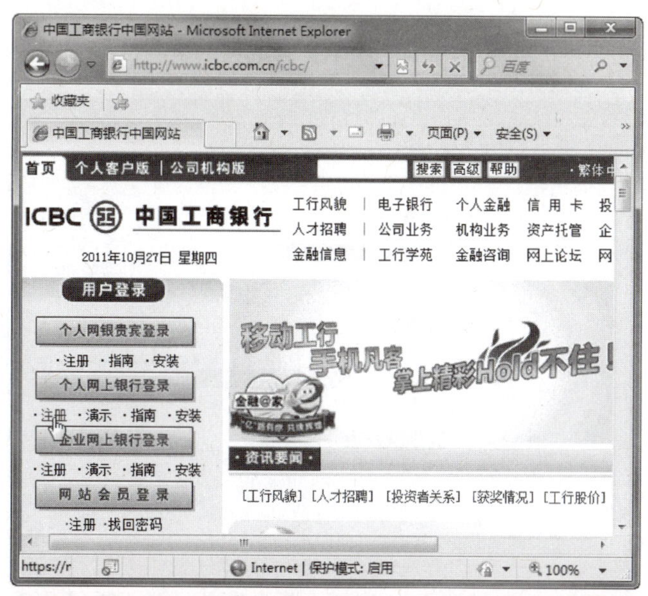

2.2.3　申请实名认证

“支付宝实名认证”服务是由支付宝(中国)网络技术有限公司提供的一项身份识别服务。支付宝实名认证同时核实会员身份信息和银行账户信息。通过支付宝实名认证后，相当于拥有了一张互联网身份证，可以在淘宝网等众多电子商务网站开店、出售商品。支付宝实名认证的具体操作步骤如下。

操作步骤

❶ 登录淘宝网以后，单击【我的淘宝】链接，如下图所示。

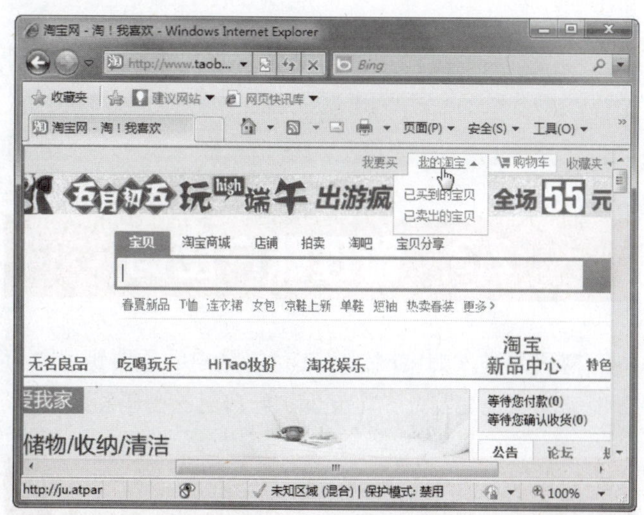

❷ 进入【我的淘宝】页面，在页面中单击【实名认证】链接，如下图所示。

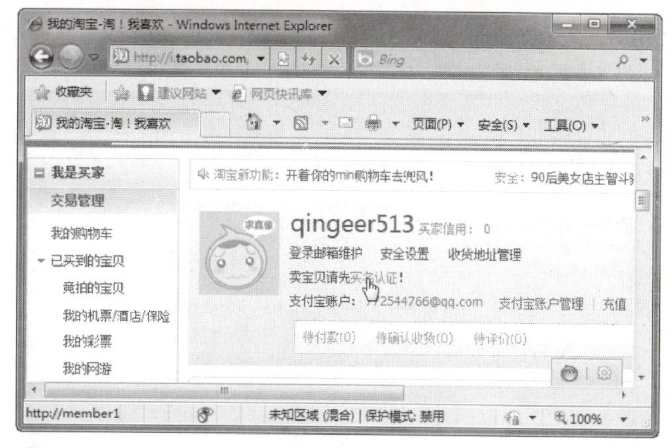

❸ 进入支付宝个人实名认证页面，单击【申请支付宝个人实名认证】按钮，如下图所示。

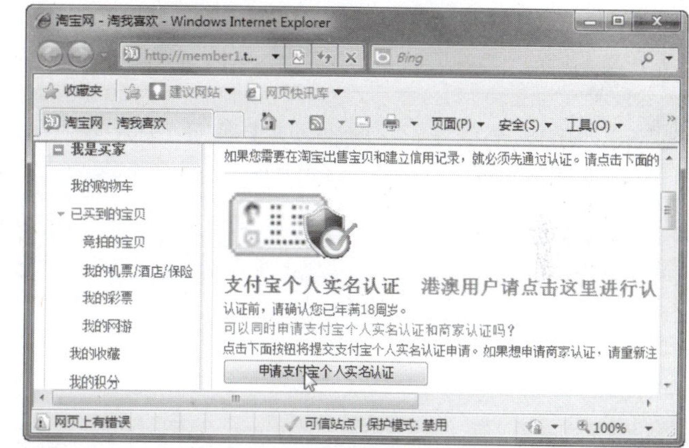

❹ 进入支付宝实名认证服务协议页面，阅读该协议后，单击【立即申请】按钮，如下图所示。

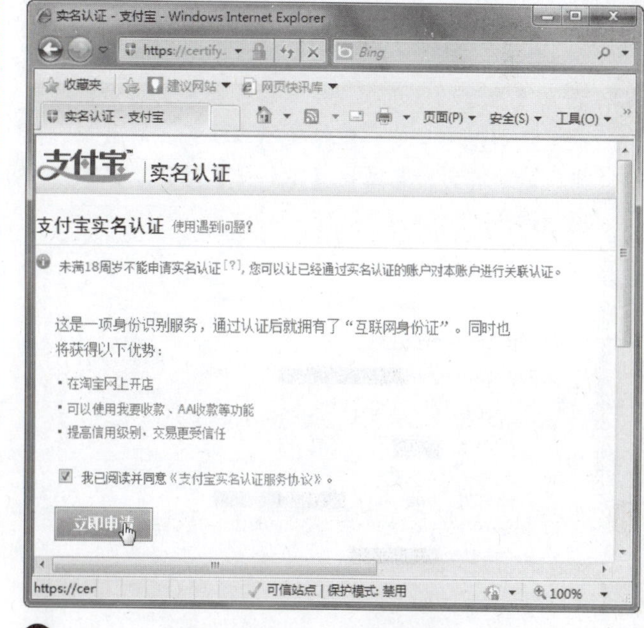

❺ 进入选择认证方式页面，选择一种认证方式，这里选择方式一，然后单击【立即申请】按钮，如下图所示。

学以致用系列丛书

在登录网上银行时，若不运行网站提供的控件，则在填写【个人网上银行登录】选项组中的卡号、登录密码和验证码信息时，将不能输入密码和验证码。所以，读者一定要运行网站提供的控件，以帮助用户加强网上银行的使用安全。

长见识

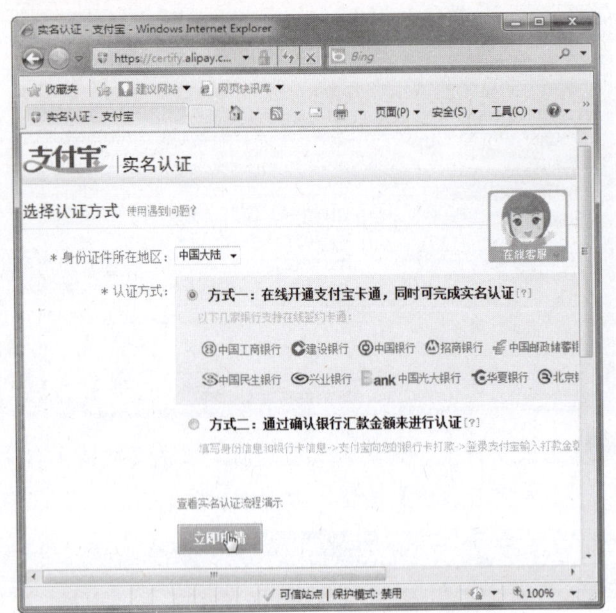

6 进入【1、选择银行、确认信息】页面，选择银行卡开户地和银行卡类型，如下图所示。

7 进入【开通“信用卡快捷支付”服务】页面，根据提示填写基本信息，包括银行卡卡号、有效期、持卡人姓名等，然后单击【下一步】按钮，如下图所示。

8 由于工作时间内网速比较慢，单击【下一步】按钮后弹出以下页面，提示系统繁忙，请稍后再试，如下图所示。

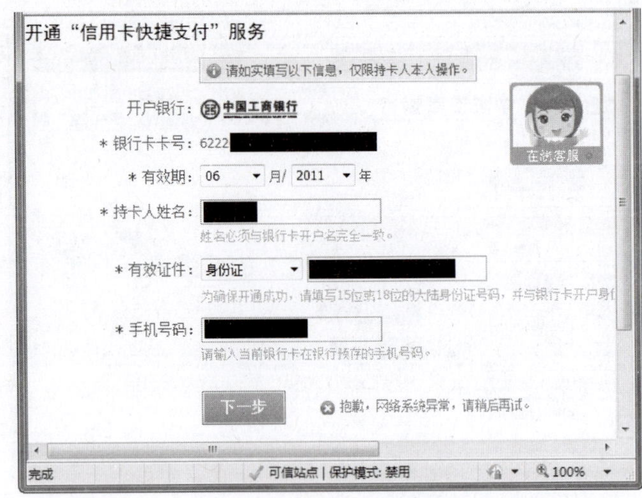

提示

用户可以选择晚上或者清晨网速比较快的时候申请实名认证，填写好银行卡信息后，单击【下一步】按钮将会要求用户进一步确认信息，确认完信息并提交后，就进入银行验证阶段，这个过程需要 1～2 个工作日，最后认证成功后会进入如下图所示的页面，提示实名认证成功。

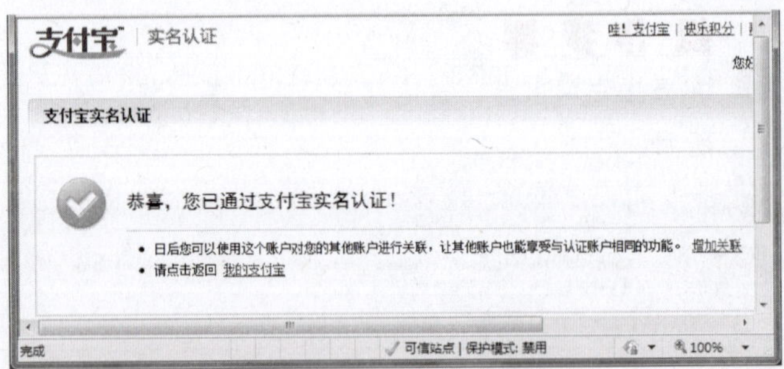

2.3 管理账户密码

密码是进入淘宝网以及支付宝账户的重要钥匙。为了能够安全地交易，一定要保护好自己的密码和账户。

2.3.1 淘宝密码的安全设置

用户可以为淘宝密码进行安全设置，具体操作步骤如下。

操作步骤

1 进入我的淘宝页面，单击【账号管理】链接，如下

长见识 在进行缴费之前，要先找出电子银行口令卡，因为在进入第二个【确认移动预付费】面板中时需要在几十秒内输入电子银行口令卡密码，一旦超过时间，本次缴费操作将失败，需要重新操作。

图所示。

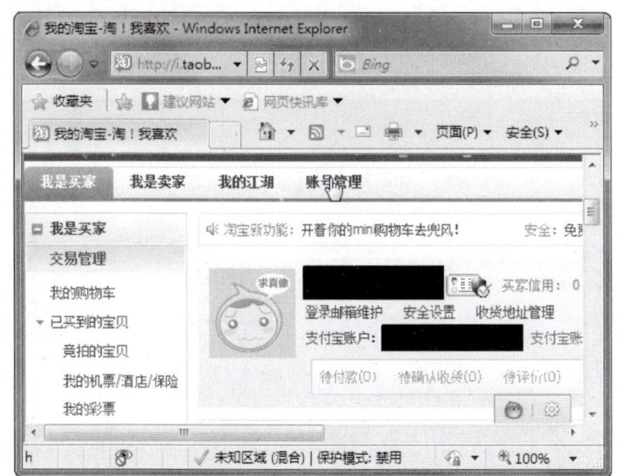

❷ 进入到安全设置页面，在此页面中可以修改安全设置，如下图所示。

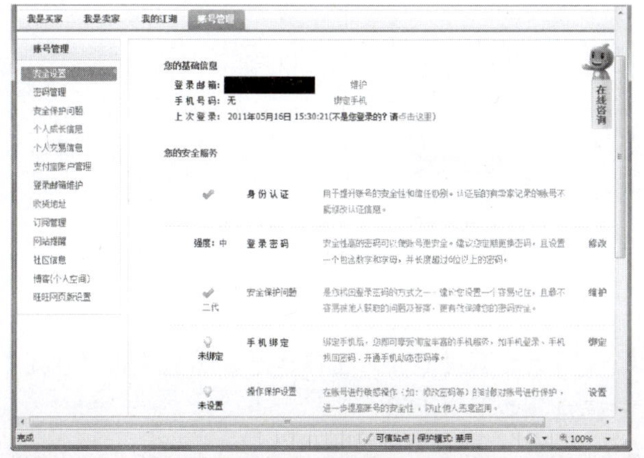

2.3.2 设置密码安全保护

设置密码安全保护可以加强密码的安全性，也可以通过它找回遗失的淘宝密码。

操作步骤

❶ 按照前面介绍的方法，进入【账号管理】页面，单击【安全保护问题】链接，如下图所示。

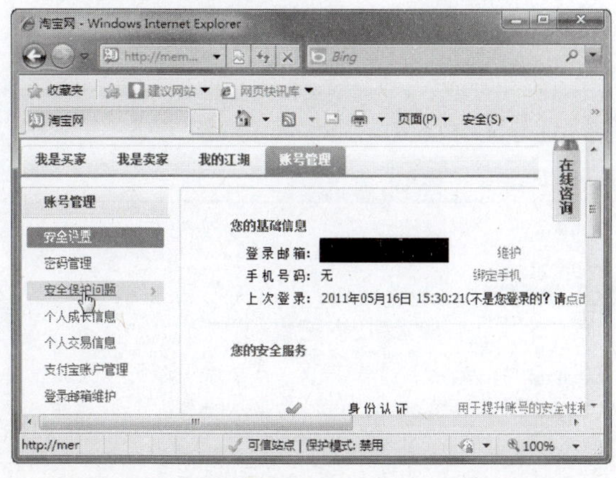

❷ 在打开的网页中单击【立即设置】链接，如下图所示。

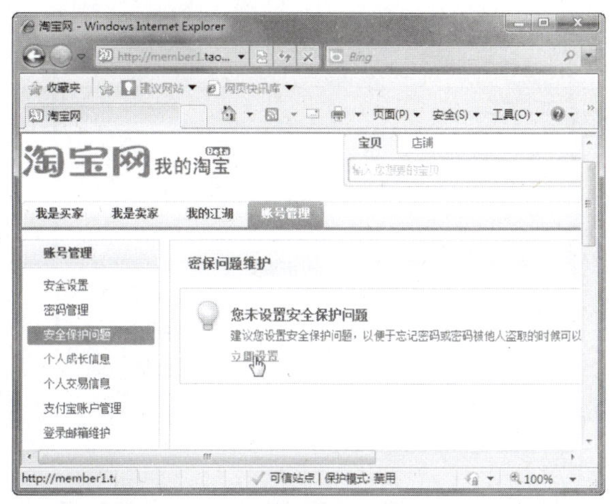

❸ 弹出【业务名称】对话框。选择一种验证方式，单击【发送验证码】按钮，如下图所示。

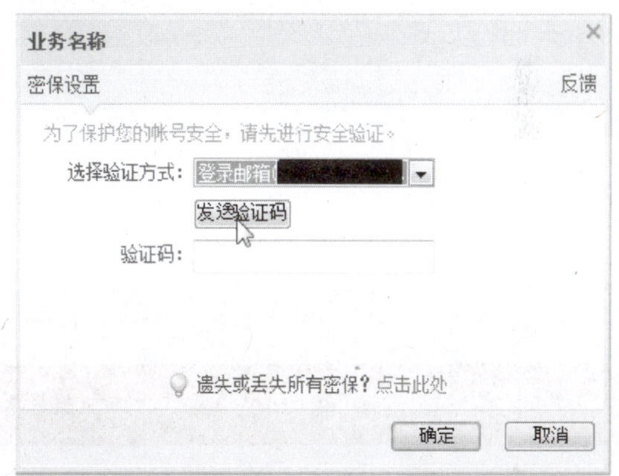

❹ 输入接收到的验证码，单击【确定】按钮，如下图所示。

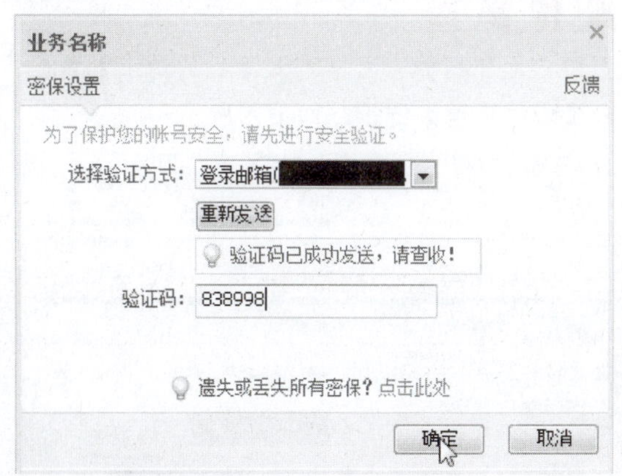

❺ 在打开的网页中显示可以设置三个安全保护问题，用户可以选择三个问题，并给出答案，然后再单击【下一步】按钮，如下图所示。

U盾是由银行率先推出并获得国家专利，用于在网络环境中识别客户身份的数字证书，也是目前网上银行客户端高级别的一种安全工具，可以在进行大额网上资金交易时有效地防范风险。

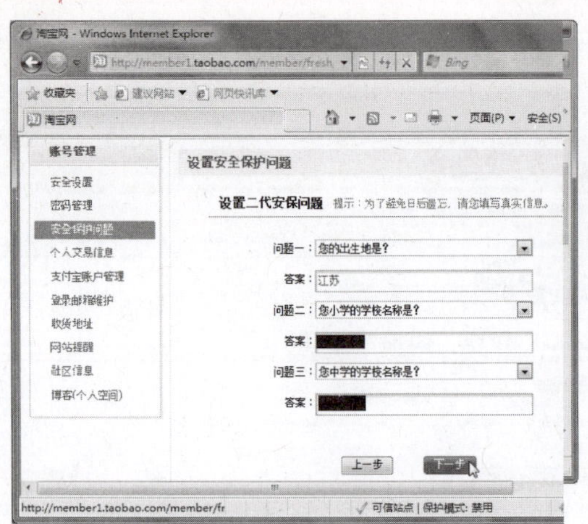

6 在打开的网页中，显示密码安全保护设置成功，如下图所示。

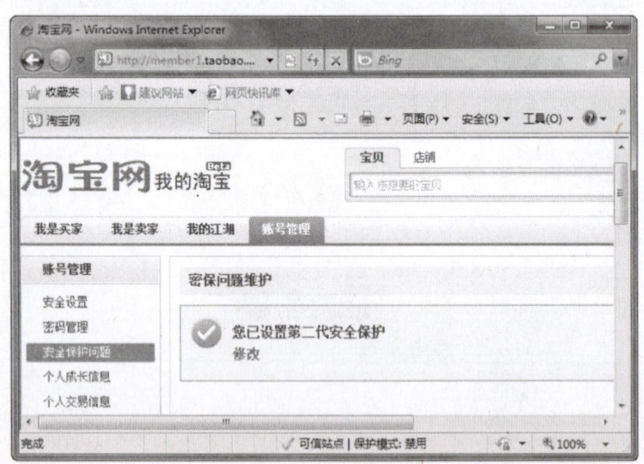

2.3.3 修改淘宝密码

修改不安全的密码或定期更改密码，可以减小密码被盗的可能性。

操作步骤

1 按照前面介绍的方法，进入【我的淘宝】页面，单击【账号管理】链接，如下图所示。

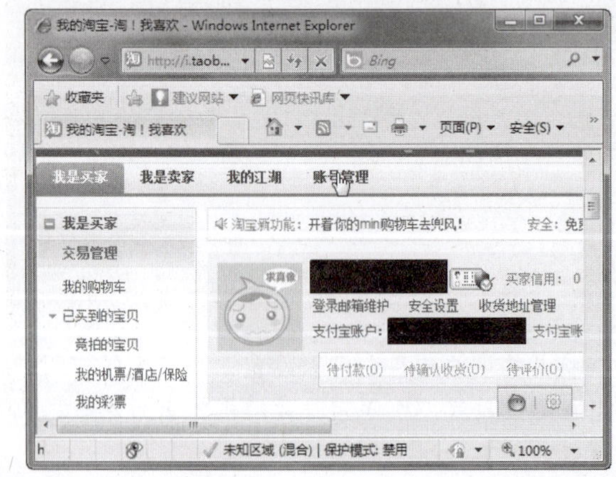

2 在打开的页面中，单击【密码管理】链接，如下图所示。

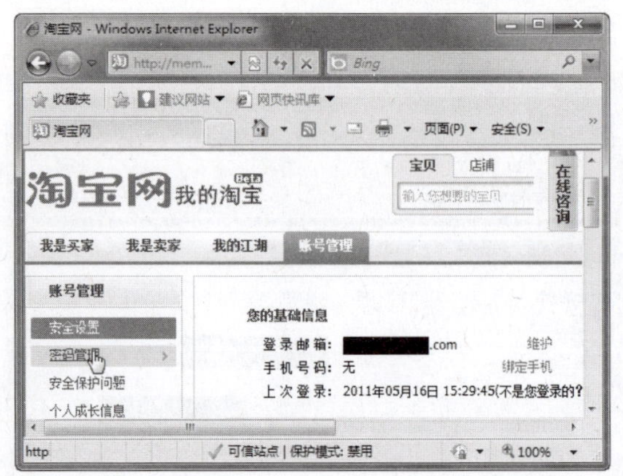

3 弹出【业务名称】对话框，选择一种验证方式，并输入答案，单击【确定】按钮，如下图所示。

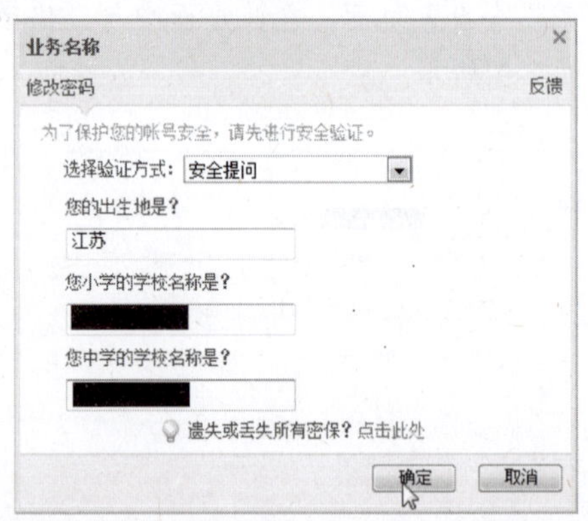

4 接下来根据提示输入密码信息，然后单击【确定】按钮，如下图所示。

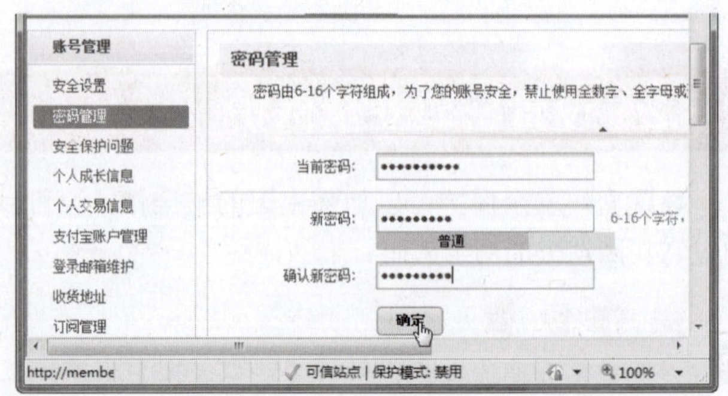

5 在打开的网页中，即可看到密码修改成功的信息，如下图所示。

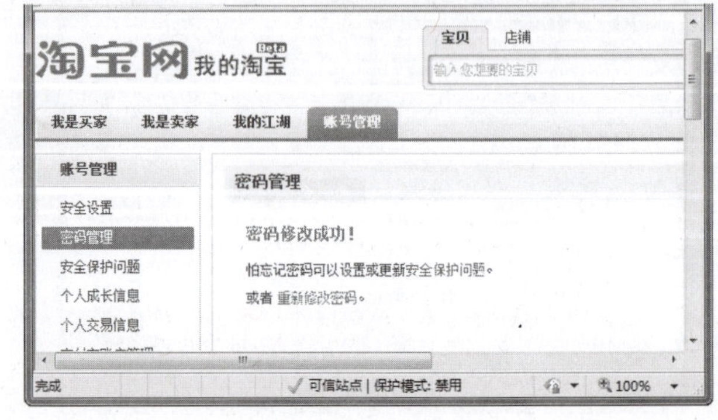

学以致用系列丛书

淘宝会员的登录密码一般由6~16个字符组成，设置时使用英文字母、数字和符号的组合，不能单独使用英文字母、数字或符号作为密码，尽量不要有规律；密码不要与会员名或电子邮件地址相同；在淘宝、支付宝和注册邮箱中应设置不同的密码，以免一个账户被盗造成其他账户同时被盗

2.3.4 找回淘宝密码

如果用户不小心忘记了淘宝密码，没关系，可以通过淘宝的【忘记密码】操作来轻松地找回密码。

操作步骤

❶ 进入淘宝会员登录页面，在该页面中单击【忘记密码】链接，如下图所示。

❷ 进入【找回密码】页面，输入会员名，然后单击【确定】按钮，如下图所示。

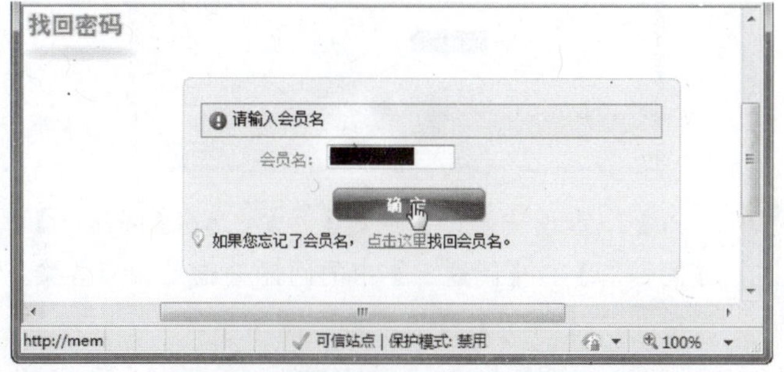

❸ 进入【业务名称】页面，选择一种验证方式，并输入问题答案，再单击【确定】按钮，如下图所示。

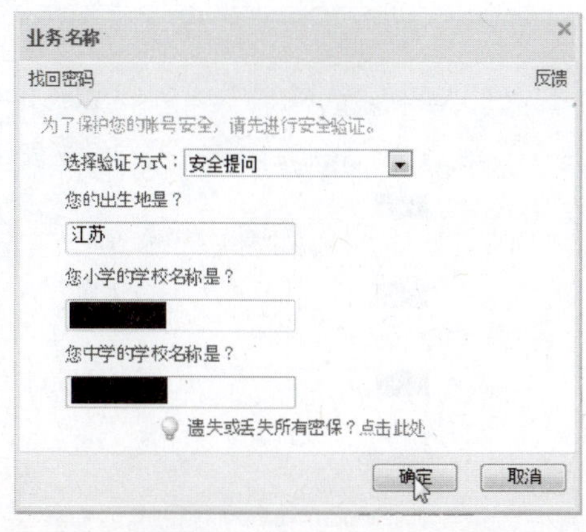

❹ 在【找回密码】页面中，输入新的密码，并单击【确定】按钮，如下图所示。

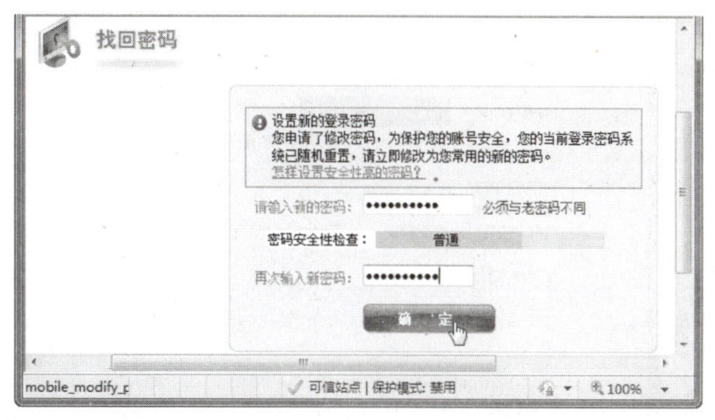

❺ 在打开的网页中，显示了密码修改成功，这时即可登录淘宝了，如下图所示。

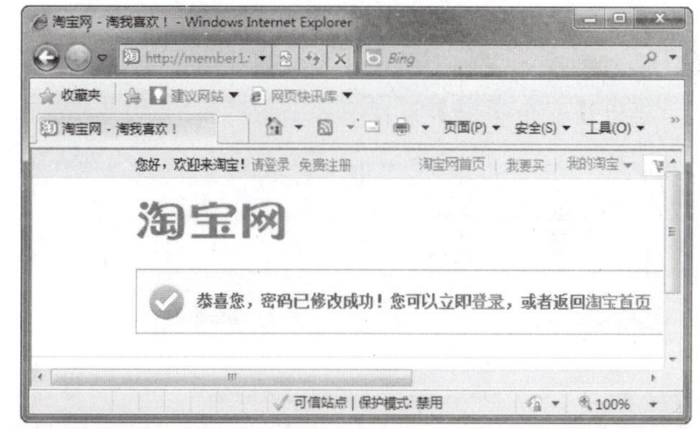

2.3.5 支付宝密码的安全设置

用户也可以为支付宝密码进行安全设置，具体操作步骤如下。

操作步骤

❶ 进入我的淘宝页面，单击【支付宝账户管理】链接，如下图所示。

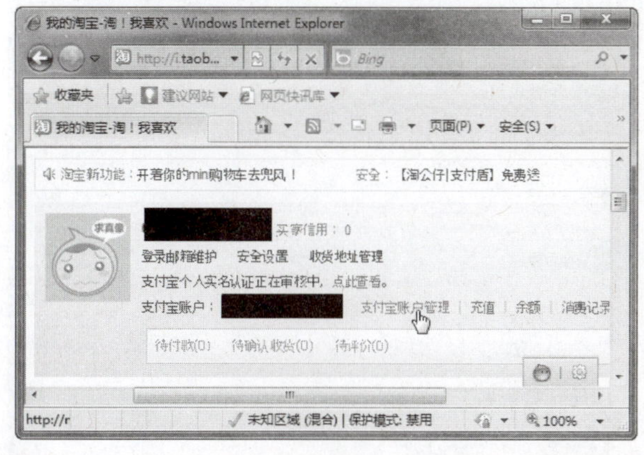

❷ 进入【支付宝账户管理】页面，单击【去支付宝查看账户】链接，如下图所示。

学以致用系列丛书

长见识

支付宝实名认证的会员不允许修改真实姓名和身份证号码。如果用户在公安局已更改了真实姓名或身份证号码，请提供户籍证明的彩色原件及扫描件给支付宝公司，支付宝公司核实后会取消用户的支付宝实名认证，并需在三天内重新提交支付宝实名认证申请。

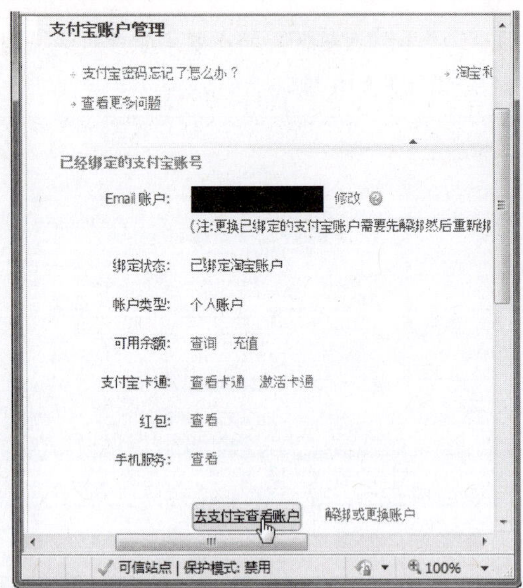

❸ 进入到我的支付宝页面，在【安全中心】选项卡下单击【安全管家】链接，如下图所示。

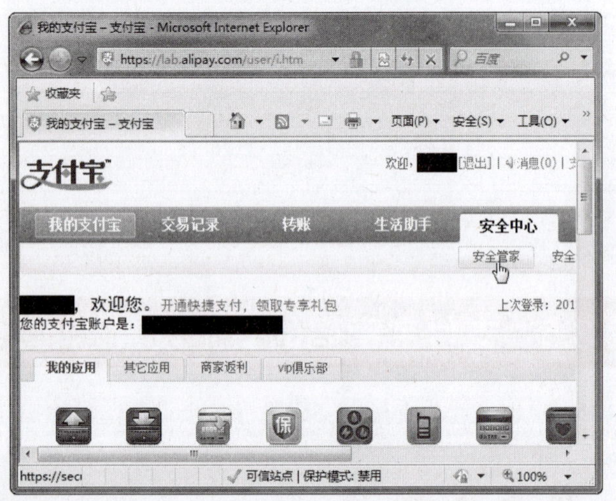

❹ 进入如下图所示的页面，在此页面中可以修改支付宝密码的安全设置。

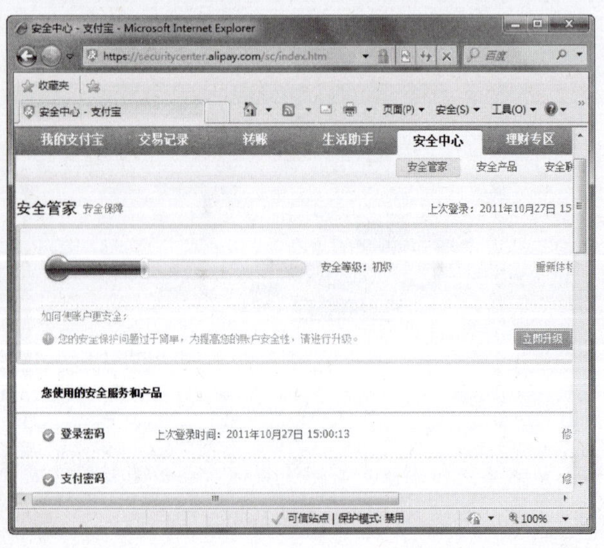

2.3.6 支付宝密码的保护

设置支付宝密码的保护，可以增强支付宝密码的安全性。

操作步骤

❶ 参考前面方法，打开【安全中心】页面，单击【安全保护问题】右侧的【升级】按钮，如下图所示。

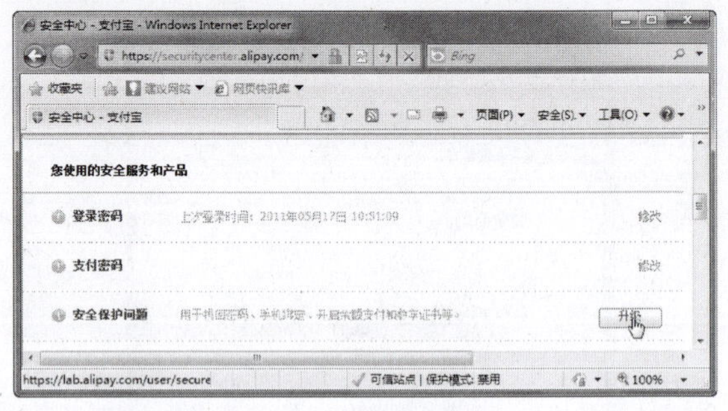

❷ 进入【1、验证安全保护问题】页面，输入答案后单击【确定】按钮，如下图所示。

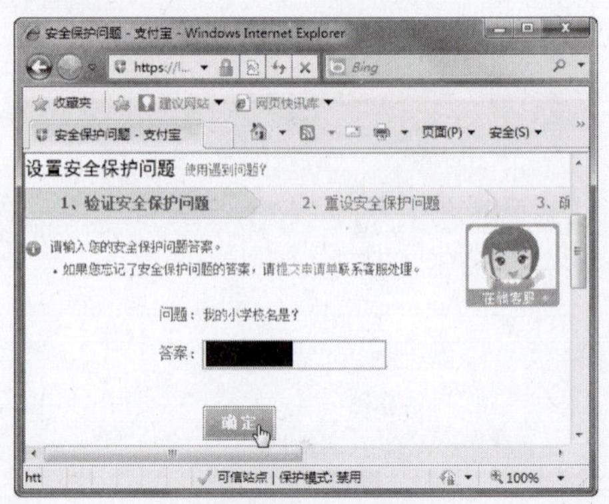

❸ 进入【2、重设安全保护问题】页面，选择【问题一】、【问题二】、【问题三】中的问题并输入相应答案，最后单击【确定】按钮，如下图所示。

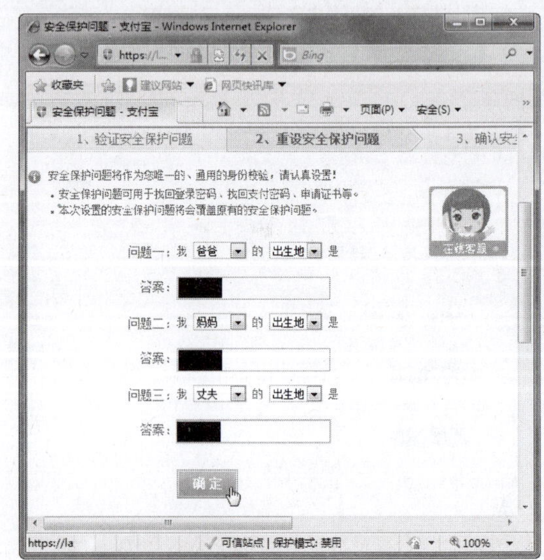

长见识

支付宝卡通可以将支付宝账户与银行卡连通，不需要开通网上银行，就可以直接在网上付款，并且享受支付宝提供的“先验货，再付款”的担保服务。

❹ 进入【3、确认安全保护问题】界面，用户确认无误后单击【确定】按钮，如下图所示。

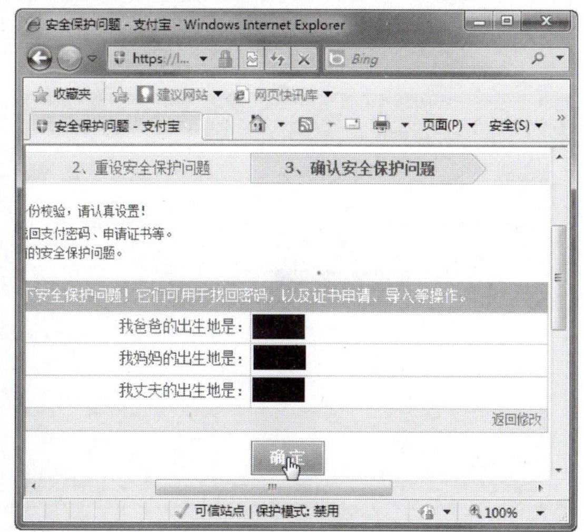

❺ 在打开的网页中，显示成功设置了安全保护问题，如下图所示。

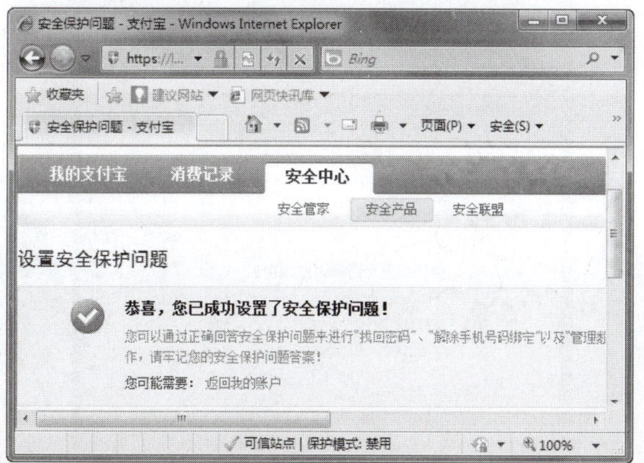

2.3.7　修改支付宝密码

修改不安全的支付宝密码，可以防止密码被盗，下面就介绍一下如何修改支付密码。

操作步骤

❶ 按照前面讲解的方法进入【安全中心】页面，单击【支付密码】右侧的【修改】链接，如下图所示。

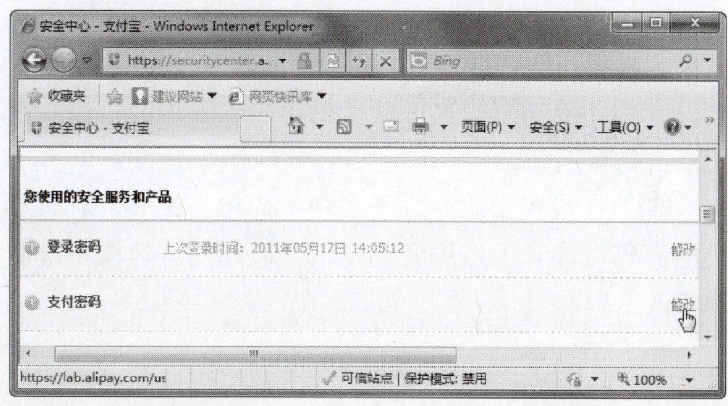

❷ 弹出【更改支付密码】对话框，按提示输入内容，再单击【确定】按钮，如下图所示。

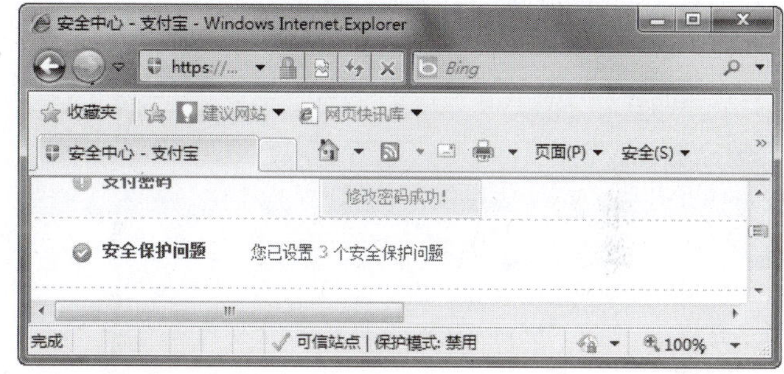

❸ 弹出【修改密码成功】提示，如下图所示。

2.3.8　找回支付宝密码

同淘宝密码一样，如果用户忘记了支付宝密码，同样可以找回来。

操作步骤

❶ 进入支付宝会员登录页面，在该页面中单击【找回登录密码】链接，如下图所示。

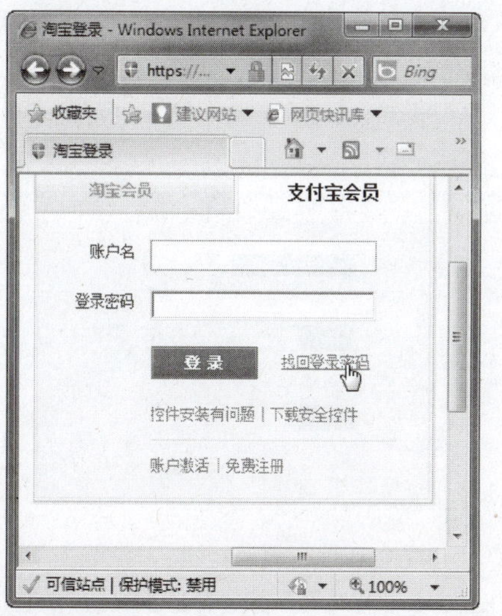

❷ 在【找回登录密码】页面中输入账户名和校验码，单击【确定】按钮，如下图所示。

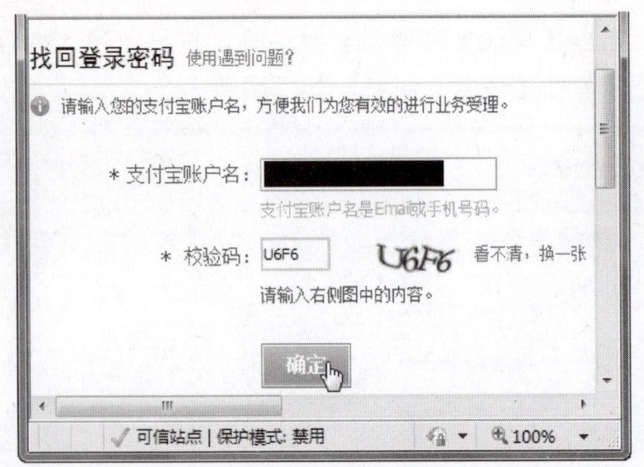

3 接着在页面中选择一种找回密码的方式，这里选择【用安全保护问题找回】单选按钮，再单击【下一步】按钮，如下图所示。

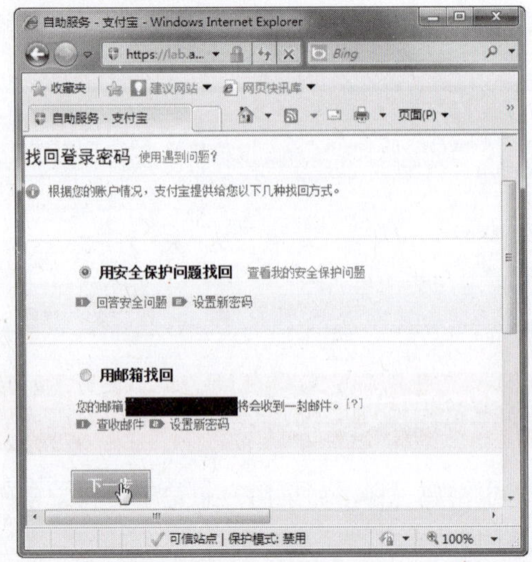

4 进入【1.回答安全保护问题】页面，输入答案后单击【下一步】按钮，如下图所示。

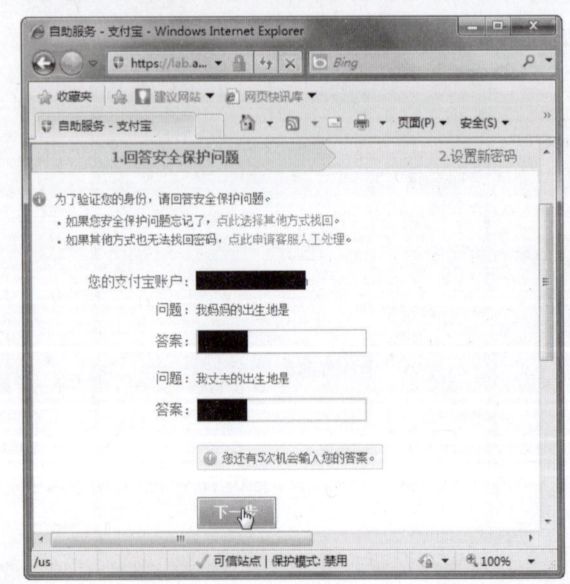

5 进入【2.设置新密码】页面，输入新的登录密码，再单击【确定】按钮，如下图所示。

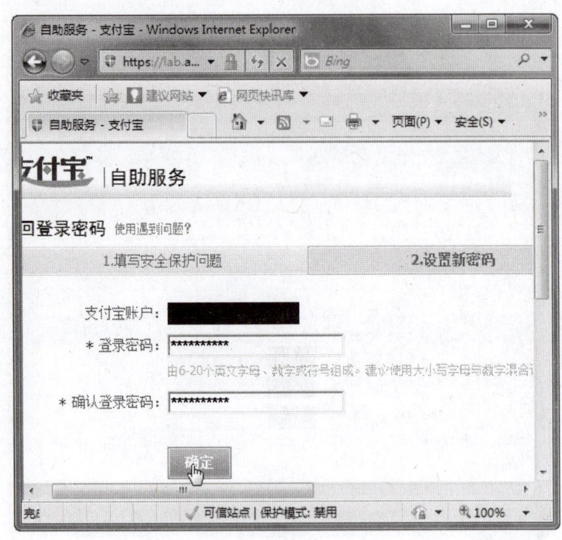

6 在打开的网页中，显示密码修改成功，这时即可登录支付宝了，如下图所示。

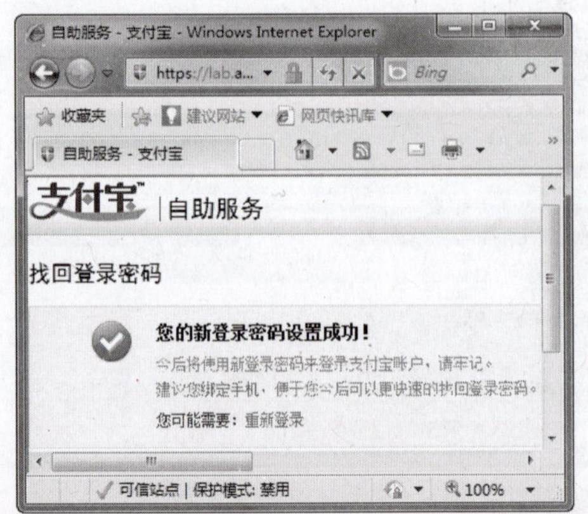

2.3.9 防止密码被盗的小技巧

为了防止淘宝和支付宝密码被盗，应该注意以下几点。

(1) 不要在网吧等公共场所登录淘宝或支付宝账户，以免被自动记录账户或密码。

(2) 在自己电脑中安装杀毒软件和防火墙，并经常检查。

(3) 务必确认您输入正确的淘宝及支付宝的网址，避免有人利用假冒网站盗取密码。

(4) 不要随意点击旺旺上的陌生人发送的链接，避免点击钓鱼网站。

(5) 在设置密码时，不要使用简单易记的，对您易记的密码也许对于盗用者也是很好破译的。建议不定期地修改密码。

AA收款是支付宝收款产品的一种，当朋友一起聚餐聚会后产生了费用，可以用AA收款向与会者发起收款，只需要朋友名字，就可以轻松创建收款，把链接用QQ、微博、MSN发出去，即可把款项收回。

2.4 管理支付宝

注册好支付宝账户后，下面主要介绍如何管理支付宝账户。

2.4.1 支付宝充值

使用网上银行往支付宝中充值的操作方法如下。

操作步骤

❶ 参考前面介绍的方法登录支付宝，然后在打开的网页右侧单击【立即充值】按钮，如下图所示。

❷ 进入如下图所示的页面，在【请选择充值方式】栏中选择一种充值方式，如"银行卡"，再选择网上银行，如"中国工商银行"，最后单击【下一步】按钮。

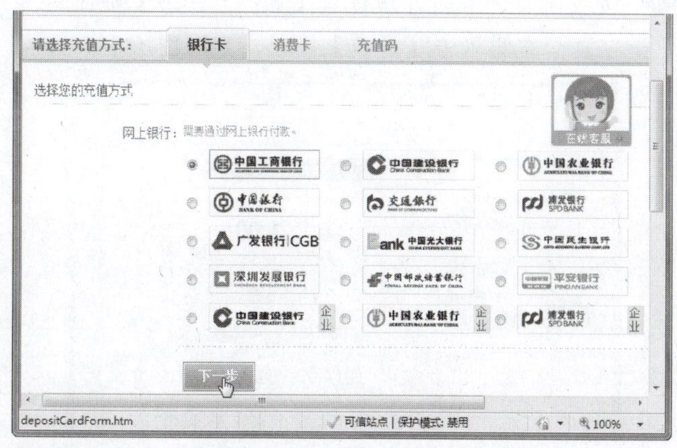

❸ 这时即可显示出充值方式，输入充值金额，然后单击【登录到网上银行充值】按钮，如下图所示。

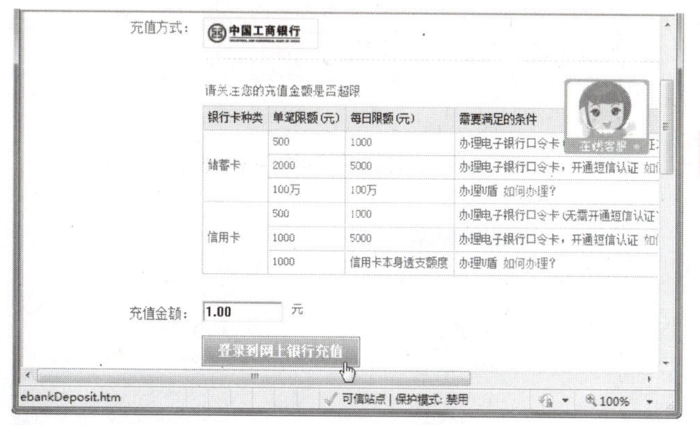

银行卡种类	单笔限额(元)	每日限额(元)	需要满足的条件
储蓄卡	500	1000	办理电子银行口令卡
	2000	5000	办理电子银行口令卡，开通短信认证
	100万	100万	办理U盾 如何办理?
信用卡	500	1000	办理电子银行口令卡(无需开通短信认证)
	1000	5000	办理电子银行口令卡，开通短信认证
	1000	信用卡本身透支额度	办理U盾 如何办理?

❹ 在弹出的页面中显示了给支付宝充值的步骤，这里先输入工商银行卡号以及验证码，然后单击【提交】按钮，如下图所示。

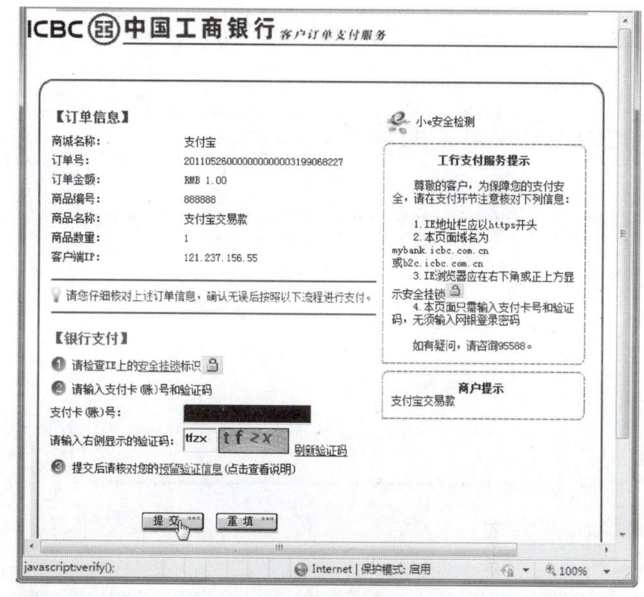

❺ 这时显示工商银行的预留信息，用户可以查看该信息与自己之前的设置是否一致，确认后单击【全额付款】按钮，如下图所示。

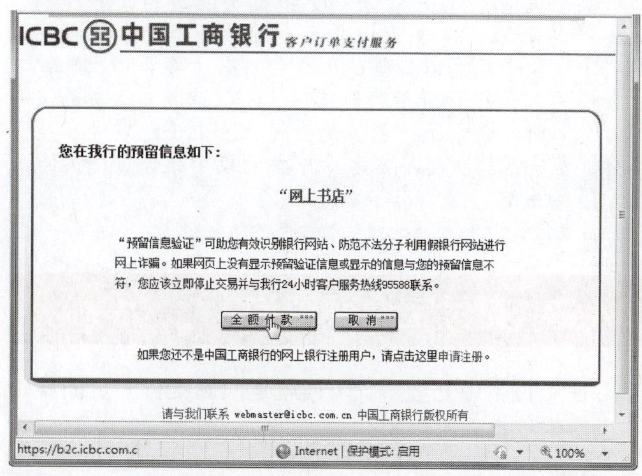

❻ 在弹出的页面中，用户即可确认支付信息，并输入口令卡密码、网银登陆密码以及验证码，然后单击

支付宝信用卡还款功能目前已经支持招行、中行、交行、广发、工行、农行、建行、平安、华夏、浦发、兴业、深发展、宁波、中信银行等 14 家银行信用卡，用户可以使用多达 17 家银行的网上银行和 53 家银行的支付宝卡通给这些信用卡还款，还款最快可在还款当日到账，方便快捷。

【提交】按钮，如下图所示。

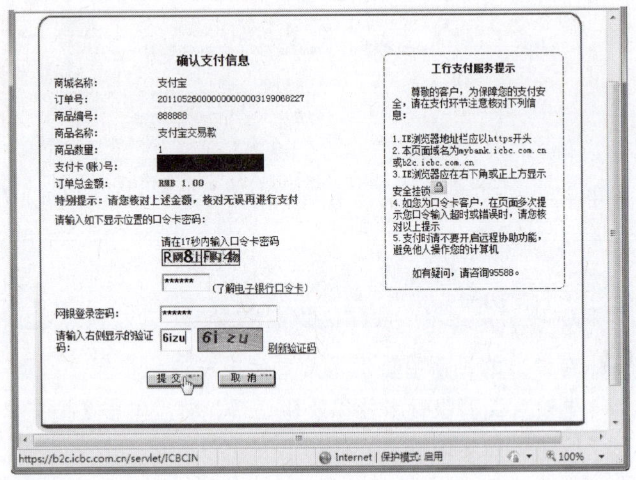

7 提交信息后，即可显示支付成的功信息，如下图所示。

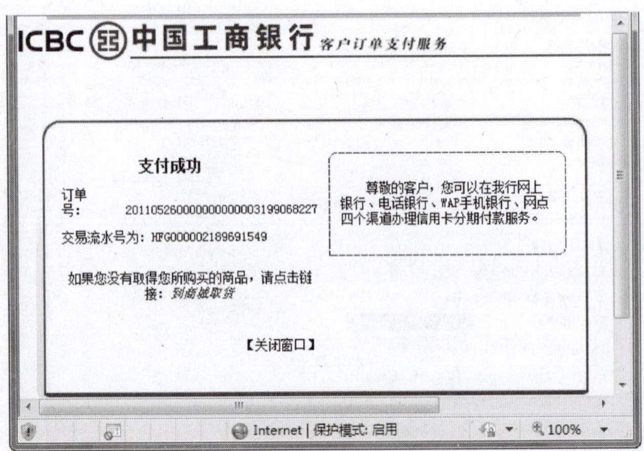

提示

用户在工商银行办理网上银行卡时，会得到一张电子银行口令卡。它是工行最新推出的电子银行安全工具，是保护客户资金不受损失而设置的又一道防线。电子银行口令卡相当于一种动态的电子银行密码，口令卡反面以矩阵的形式印有若干字符串，客户在使用电子银行进行对外转账、B2C购物、缴费等支付交易时，电子银行系统就会随机给出一组口令卡坐标，客户根据坐标从口令卡中找到口令组合并输入电子银行系统。

2.4.2 支付宝余额查询

往支付宝中充值后，下面就返回到支付宝页面中，查询一下支付宝账户的余额。

操作步骤

1 按照前面讲解的方法进入【支付宝账户】页面，单击【我的账户】链接，如下图所示。

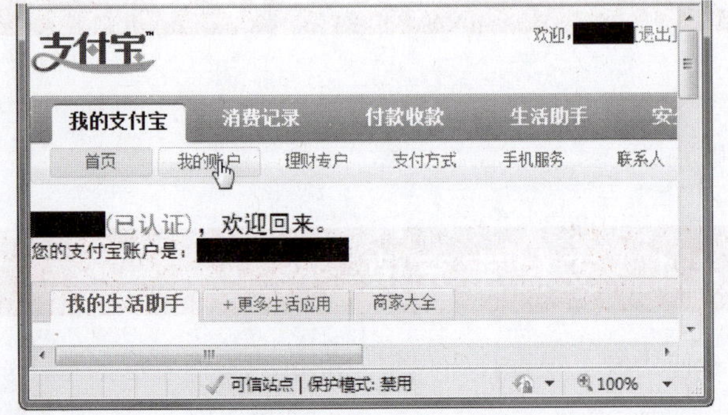

2 跳转到【我的账户】页面，即可显示用户支付宝中的余额。

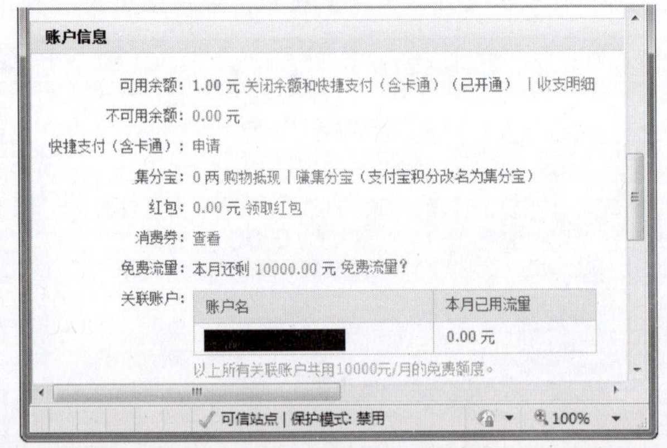

2.4.3 从支付宝中提现

支付宝账户中的余额还可以取出来，下面就来具体操作一下。

操作步骤

1 按照前面讲解的方法进入【支付宝账户】页面，在页面右侧单击【提现】按钮，如下图所示。

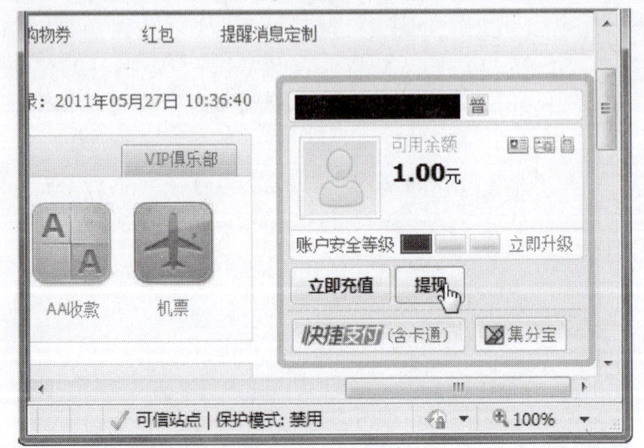

2 进入【申请提现】页面，输入提现金额，单击【下一步】按钮，如下图所示。

长见识 支付宝公司建立支付宝公共事业缴费平台，利用互联网进行公共事业一站式缴费服务，通过银行与缴费单位建立链接，支持更多地区和种类的缴费项目。

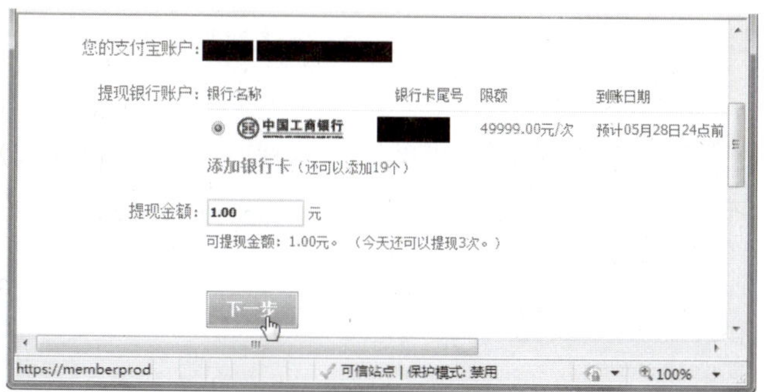

❸ 进入【确认提现】页面，输入支付宝密码，单击【确认提现】按钮，如下图所示。

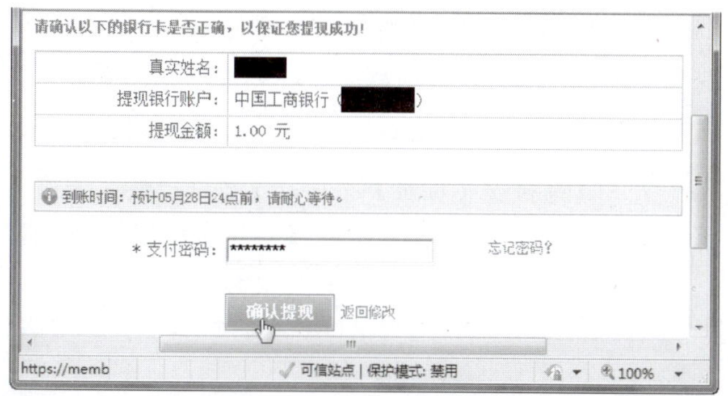

❹ 进入【提现成功】页面，提示提现申请成功，如下图所示。

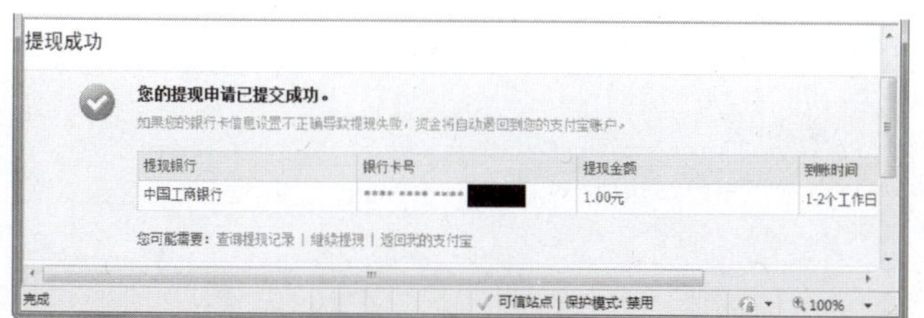

2.5　使用阿里旺旺交流工具

阿里旺旺是淘宝网买卖双方最常用的交流工具，类似腾讯 QQ、MSN 等聊天工具。使用阿里旺旺，用户可以轻松查找客户，发布、管理商业信息。

2.5.1　下载与安装阿里旺旺

要使用阿里旺旺，首先需要到淘宝网上下载该软件，然后进行安装。

操作步骤

❶ 打开淘宝网，单击【阿里旺旺】链接，如下图所示。

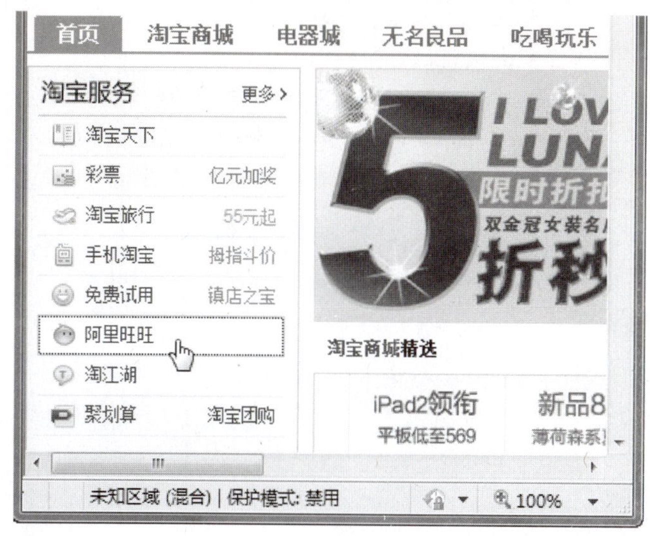

❷ 在打开的网页中，单击【卖家专用版】按钮，如下图所示。

❸ 在打开的网页中单击"阿里旺旺卖家版 2011"下面的【开始下载】按钮，如下图所示。

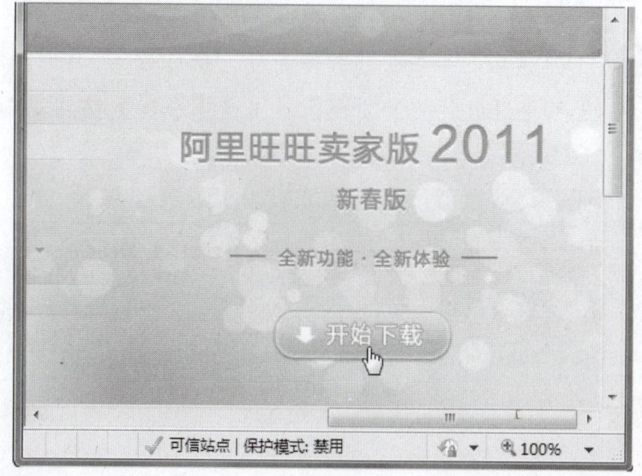

❹ 弹出【文件下载-安全警告】对话框，单击【保存】按钮，如下图所示。

网络上的综合商城如同传统商城类似，拥有庞大的购物群体，稳定的网站平台，有完备的支付体系，诚信安全体系促进了卖家进驻卖东西，买家进去买东西。而且，在人气足够、产品丰富、物流便捷的情况下，网上商城的低成本使得商品便宜，二十四小时的不夜城，同时打破区域限制。

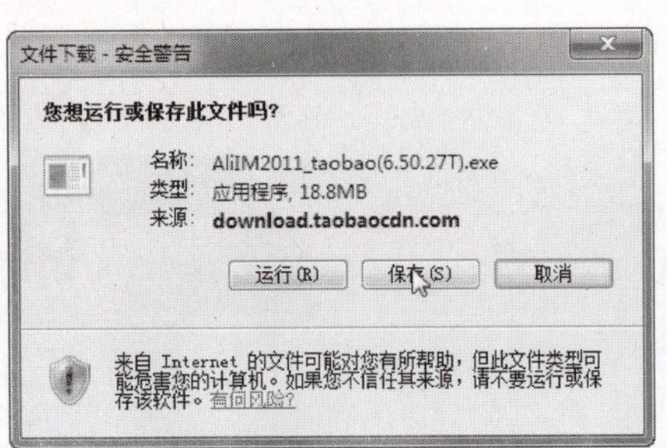

5 弹出【另存为】对话框，设置文件保存位置，然后单击【保存】按钮，如下图所示。

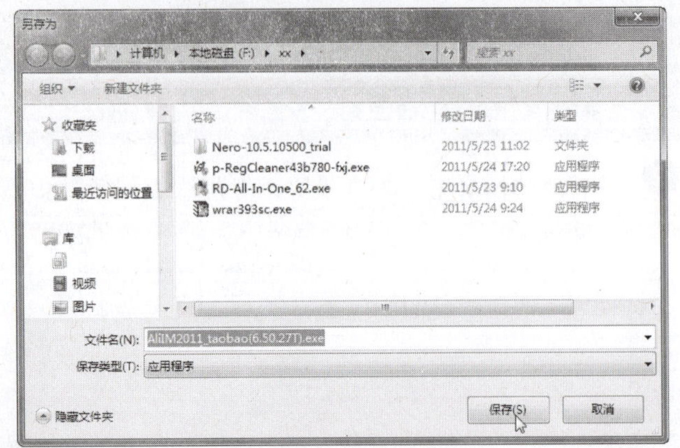

6 这时即可将阿里旺旺下载到指定的文件夹中，并显示当前的下载进度，如下图所示。

7 软件下载完毕后，找到该软件，然后双击，即可打开阿里旺旺的安装页面，单击【下一步】按钮，如下图所示。

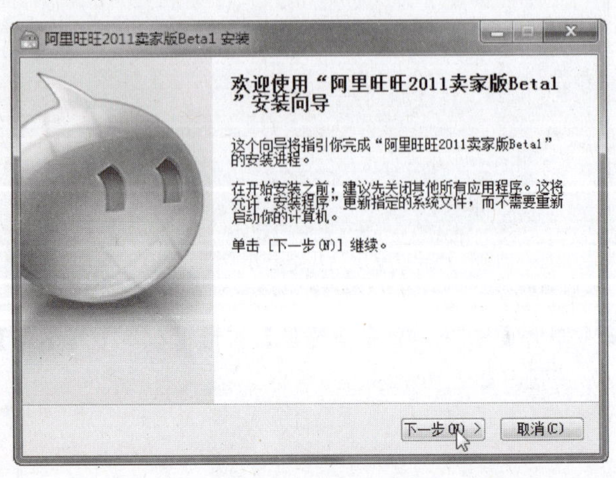

8 进入【许可协议】页面，单击【我接受】按钮，如下图所示。

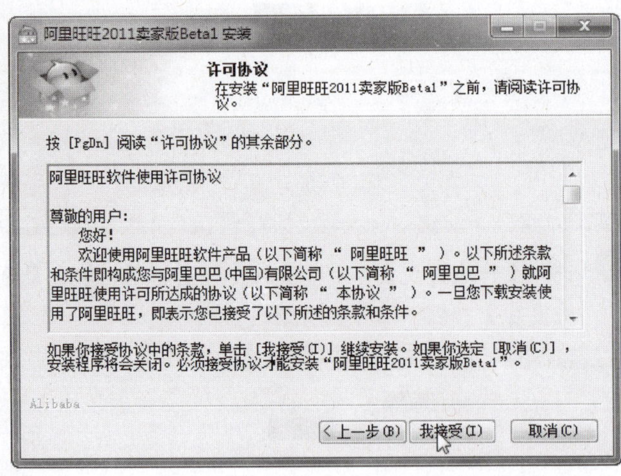

9 进入【选择安装位置】页面，这里保持默认设置，即安装在 D 盘，然后单击【安装】按钮，如下图所示。

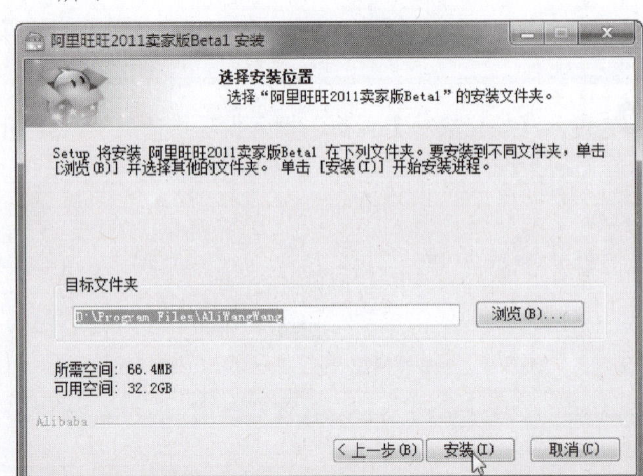

10 开始安装，并可显示安装的进度，如下图所示。

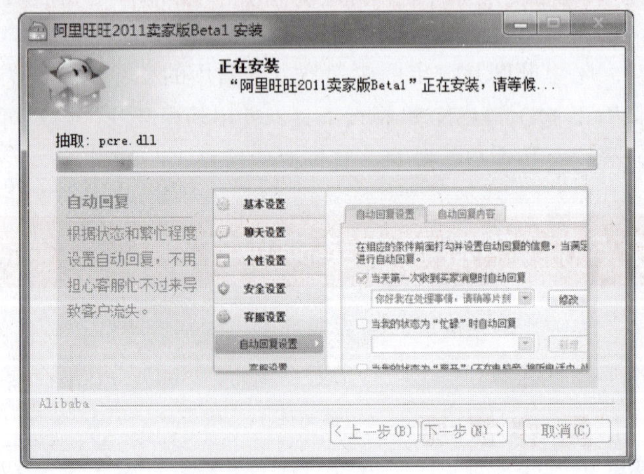

11 阿里旺旺安装完成后，进入如下图所示的页面，单击【完成】按钮。

支付宝还将提供：账单自动提醒、账单自动代扣、打电话完成缴费等更丰富和人性化的服务，同时也将继续新增如养路费、行政代收费、学费、有线电视费等各种公共事业费用缴费，真正打造“生活，因支付宝而简单”的网络时代生活理念。

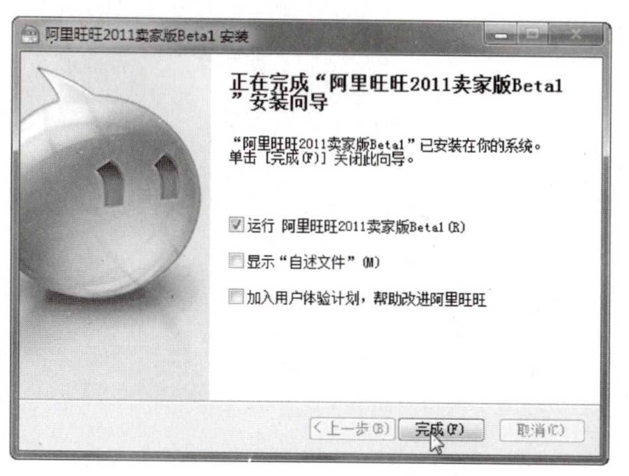

⓬ 这时弹出阿里旺旺的登录界面，输入在淘宝网申请的会员名以及密码，然后单击【登录】按钮，如下图所示。

⓭ 这时即可登录到阿里旺旺的主界面，如下图所示。

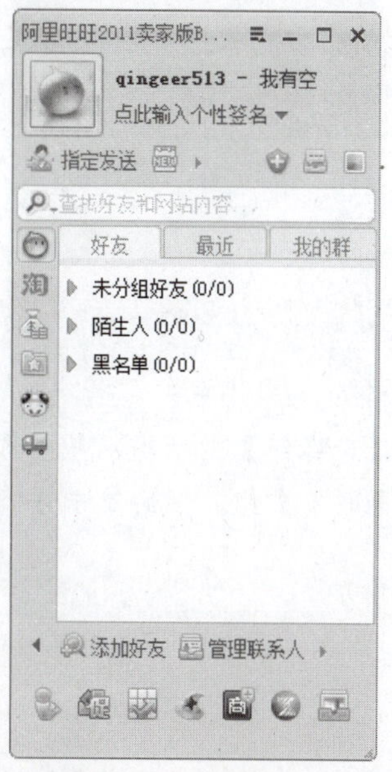

2.5.2　添加联系人

要与客户或其他淘友聊天，应先将他们添加为自己的好友。双击该好友的名称，即可打开聊天窗口进行聊天。

操作步骤

❶ 在阿里旺旺主界面上单击【添加好友】按钮，如下图所示。

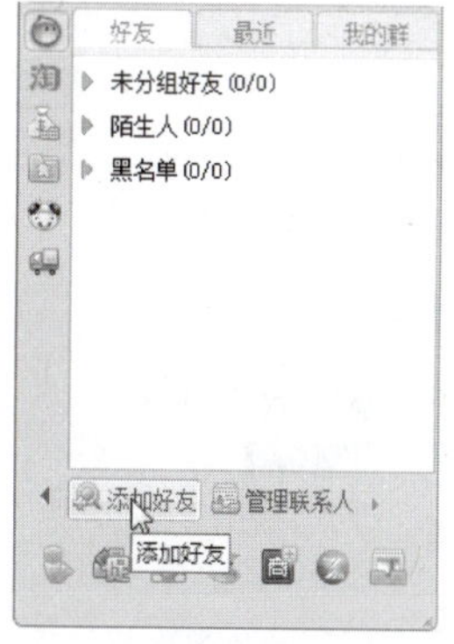

❷ 弹出【查找/添加】对话框，选中【精确查找】单选按钮，然后输入对方会员名，并单击【查找】按钮，如下图所示。

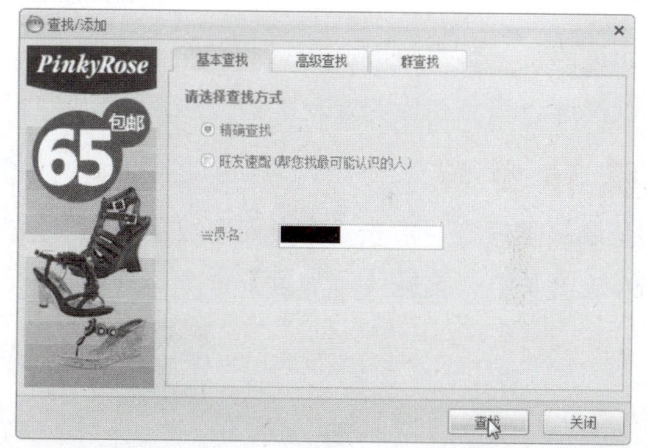

❸ 这时即可显示查找到的好友，单击【加为好友】按钮，如下图所示。

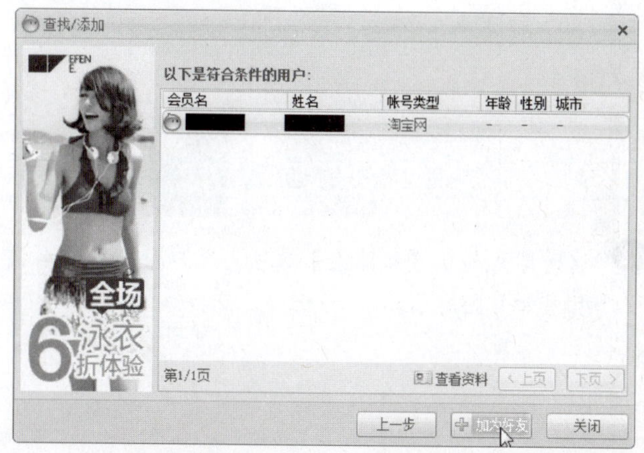

阿里旺旺是将原先的淘宝旺旺与阿里巴巴贸易通整合在一起的新品牌，它是淘宝和阿里巴巴为商人量身定做的免费网上商务沟通软件。

长见识

❹ 在弹出的安全验证对话框中，输入验证字符，然后单击【确定】按钮，如下图所示。

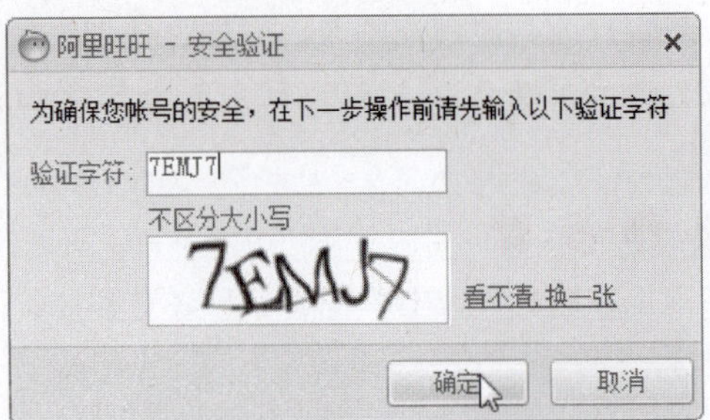

❺ 这时即可弹出【添加好友成功】对话框，在【选择组】下拉列表框中选择联系人应归入的组，然后单击【确定】按钮，如下图所示。

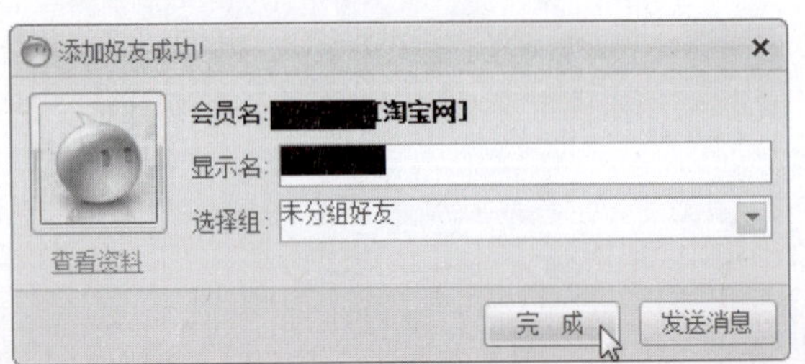

2.5.3 为联系人分组

如果添加了许多好友，可以将他们进行分组，这样就可以快速查找到相应的好友了。

操作步骤

❶ 登录阿里旺旺，右击【未分组好友】选项，在弹出的快捷菜单中选择【添加组】命令，如下图所示。

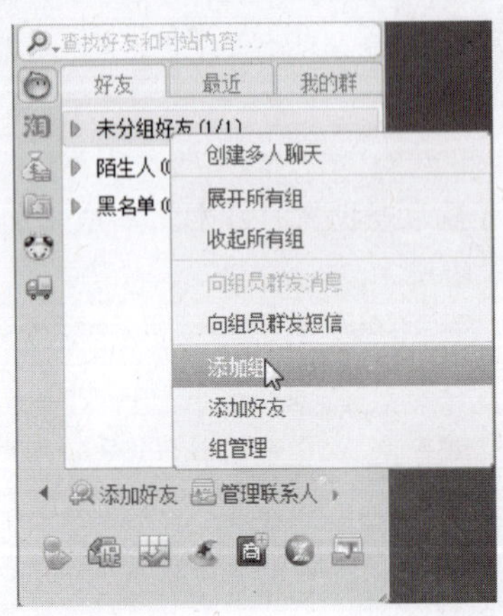

❷ 这时即可显示【新建组】选项，用户可以重命名该组，如下图所示。

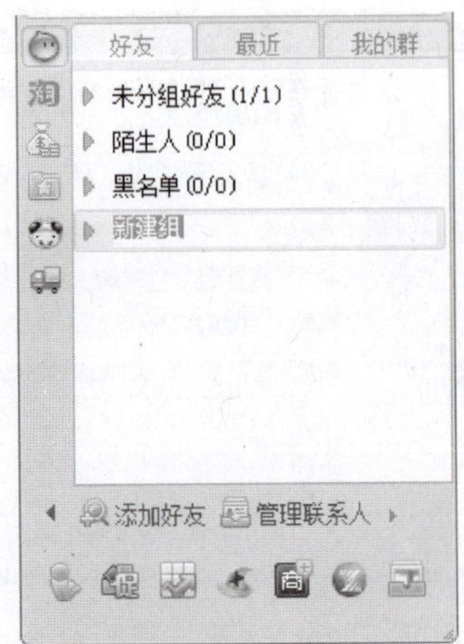

❸ 在【新建组】选项中输入“朋友”，如下图所示。

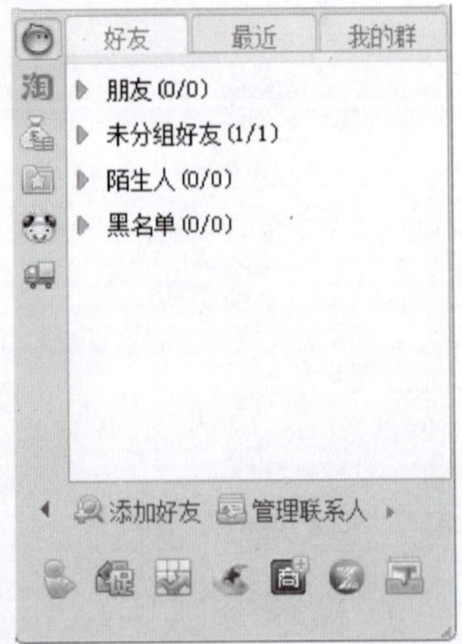

❹ 添加了新组后，就可以将好友分配到相应的组中了。例如，单击【未分组好友】左侧的展开按钮，再右击下方的好友，然后在弹出的快捷菜单中选择【移动好友】命令，如下图所示。

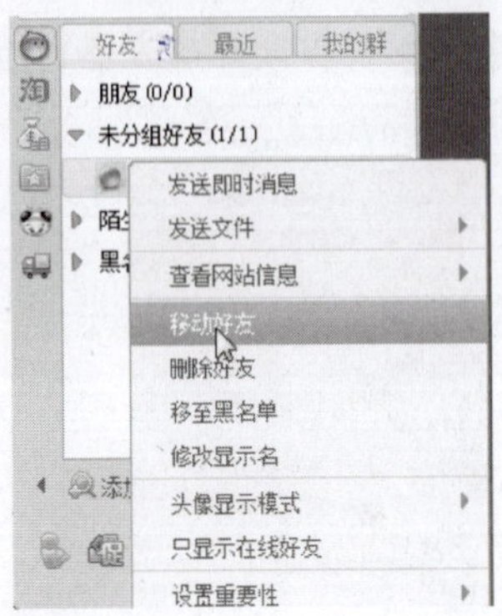

❺ 这时弹出【选择组】对话框，从中选择合适的组，这里选择【朋友】组，然后单击【确定】按钮，如下图所示。

长见识 像现实生活中一样，网络中也有百货商店，它只有一个卖家。这种商店为了满足日常消费需求而具有丰富的产品线，并且有自己的仓库，会库存系列产品，以备更快的物流配送和客户服务。更甚者会有自己的品牌。

❻ 单击【朋友】组左侧的展开按钮，即可看到刚才移动过来的好友了，如下图所示。

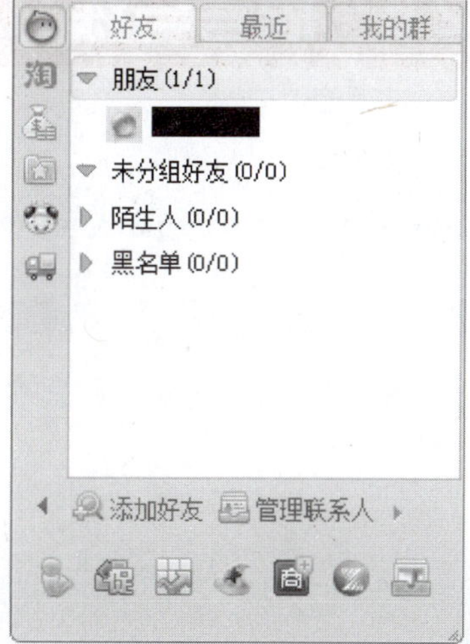

技巧

在为好友分组时，也可以单击选中要移动的好友，然后按下鼠标左键不松，将其拖动到其他的组中，再释放鼠标左键即可将好友移动到新组中了。

2.5.4　和联系人对话

使用阿里旺旺与好友对话，操作非常简单，找到该好友，双击即可打开聊天窗口，也可以右击该好友头像，在弹出的快捷菜单中选择【发送即时消息】命令。

操作步骤

❶ 找到要进行对话的好友，右击该好友头像，在弹出的快捷菜单中选择【发送即时消息】命令，如下图所示。

❷ 这时即可打开聊天窗口，在文本输入区插入光标即可输入对话内容，然后单击【发送】按钮，如下图所示。

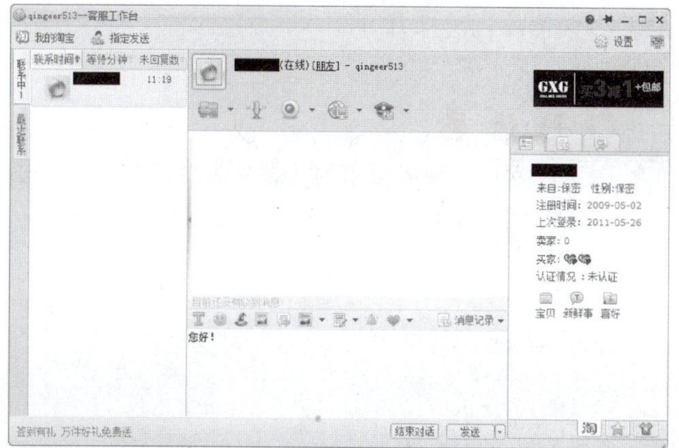

❸ 在对话窗口中单击【我的表情】按钮即可弹出表情菜单，可以从中选择一种表情，如下图所示。

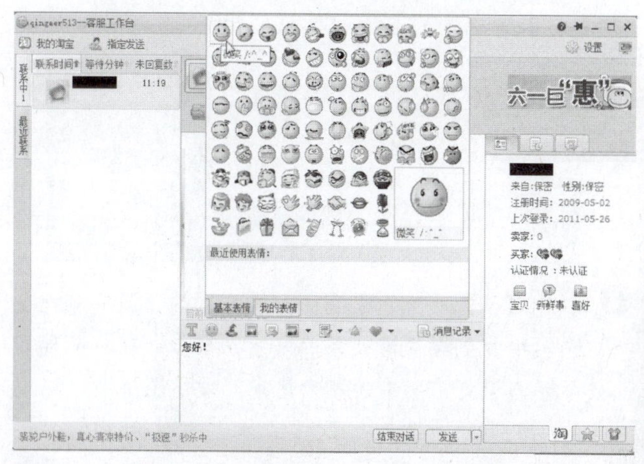

❹ 单击【发送】按钮即可将文本信息和表情发送出去，如下图所示。

学以致用系列丛书

长见识

服务型网店是为了满足人们不同的个性需求而产生的，例如帮忙排队买电影票。目前服务型的网店越来越多，种类越来越齐全。

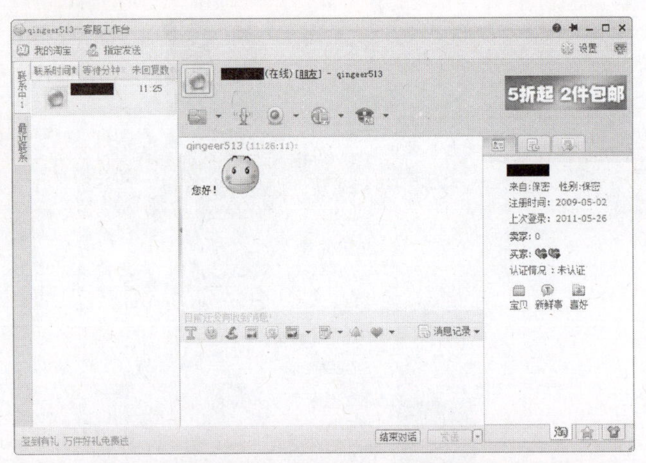

2.5.5 查看聊天记录

通过聊天记录，可以查看客户的信息以及双方承诺过的口头协议，从而建立客户档案，还可以总结交流经验。

操作步骤

❶ 单击阿里旺旺主界面中的【菜单】主菜单，在弹出的菜单中选择【消息记录】|【查看全部消息】命令，如下图所示。

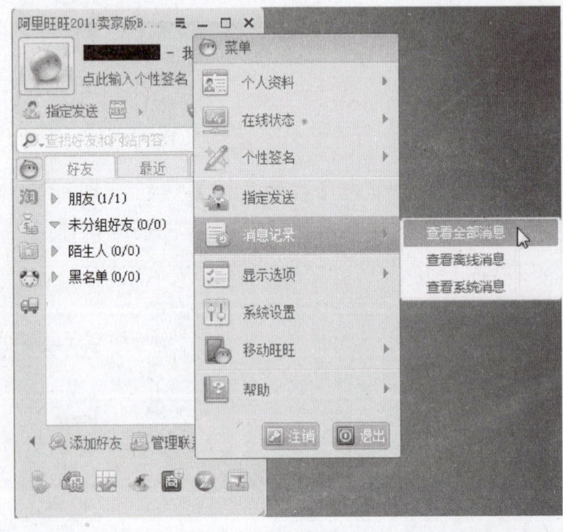

❷ 弹出【消息管理器】页面，在左侧的【所有分组】选项中找到要查看记录的好友并单击，在右侧即可显示与该好友所有的聊天记录，如下图所示。

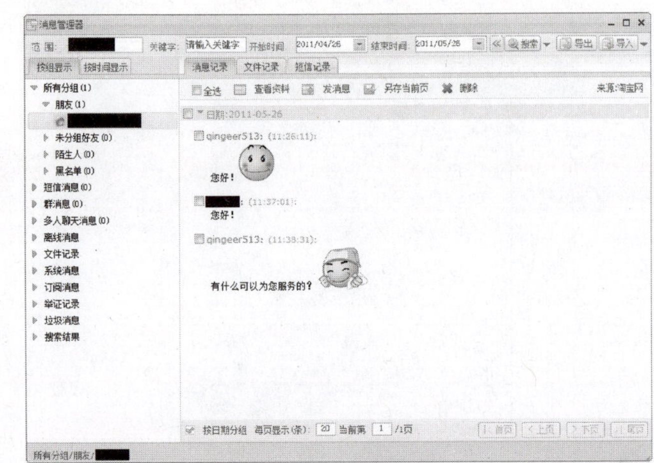

2.6 思考与练习

选择题

1. 注册与激活支付宝账户的方式主要有______种。

A. 1　　B. 2

C. 3　　D. 4

2. 为支付宝密码设置安全保护问题时，要设置______个问题。

A. 4　　B. 5

C. 2　　D. 3

操作题

1. 注册成为淘宝会员并开通支付宝账户。
2. 为淘宝和支付宝密码分别进行安全设置。
3. 下载并安装阿里旺旺。

长见识　使用阿里旺旺服务时不能以任何方式损坏或破坏阿里旺旺服务，使其不能运行、超负荷或干扰任何其他方对阿里旺旺服务的使用和享受。

第 3 章

安家落户——网店开张

在淘宝网注册成为会员和开通支付宝后，接下来就可以在网上开店了。本章将为大家介绍如何发布商品上架信息、设计自己的店铺以及怎样浏览自己的店铺等。

学习要点

- ❖ 淘宝网店开张
- ❖ 发布商品上架信息
- ❖ 设计店铺
- ❖ 浏览自己的店铺

学习目标

通过本章的学习，读者应该熟知如何成为卖家，怎样申请店铺地址，学会发布商品到店铺和修改上架商品信息，以及掌握如何设计店铺和浏览自己的店铺等。

3.1 淘宝网店开张

注册了淘宝会员和支付宝账户后，就可以开一个属于自己的淘宝网店了，下面就一起来看看如何开设店铺。

3.1.1 成为卖家

注册完淘宝并进行实名认证后，就可以上传商品信息了，在淘宝网上开店，最少要上传10种商品，上传成功后即可成为淘宝卖家了。上传商品的具体操作步骤，在下面的章节中会具体介绍。

3.1.2 申请店铺地址

在淘宝网中申请的店铺地址，是由淘宝网根据建店的时间系统自动生成的。卖家可以将该店址传给朋友和顾客，邀请他们进入到自己的店铺中。

操作步骤

1 登录淘宝网，进入【我的淘宝】页面，在窗口左侧【店铺管理】一栏中单击【我要开店】链接，如下图所示，即可申请店铺认证。

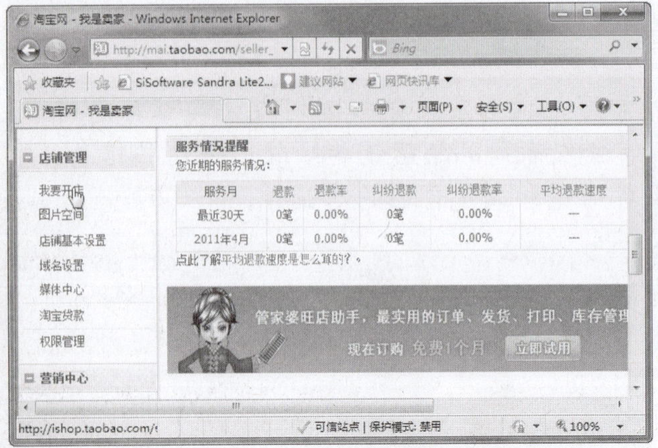

2 在弹出的网页中单击【参加考试】按钮，如下图所示。

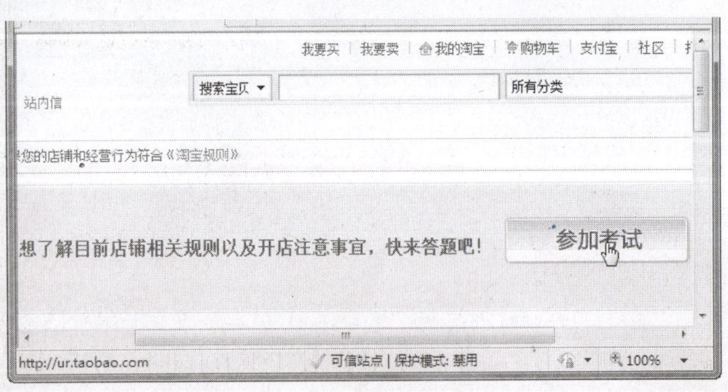

3 进入【免费开店考试】页面进行答题，如下图所示。

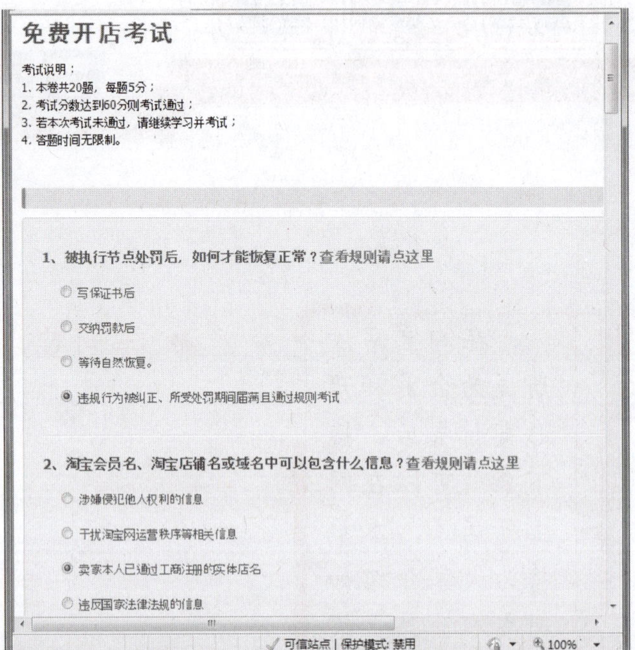

4 答题完成后单击【提交】按钮，如下图所示。

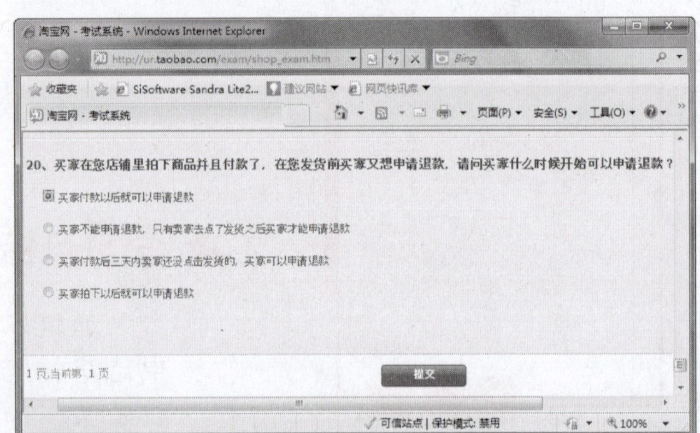

5 进入如下图所示的页面，提示考试通过，单击【请点击这里填写店铺信息，创建店铺吧】链接。

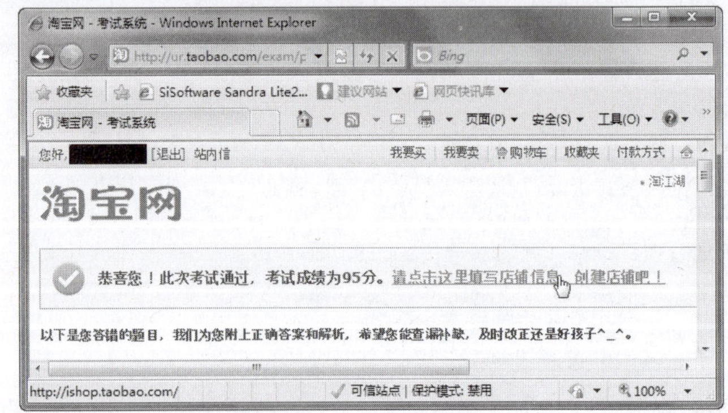

6 在弹出的对话框中显示了淘宝网网民应遵守的承诺，仔细阅读后单击【同意】按钮，如下图所示。

学以致用系列丛书

长见识 从网上收集一些符号组合而成的图形，与文字结合使用可以起到很好的宣传效果，使单纯的文字更生动、更有趣。

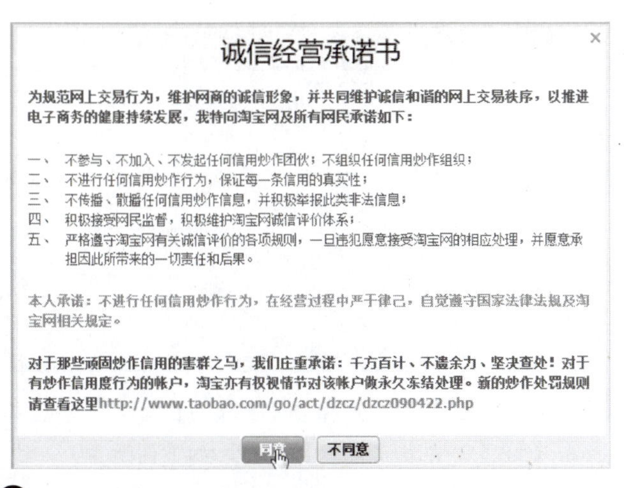

诚信经营承诺书

为规范网上交易行为，维护网商的诚信形象，并共同维护诚信和谐的网上交易秩序，以推进电子商务的健康持续发展，我特向淘宝网及所有网民承诺如下：

一、　不参与、不加入、不发起任何信用炒作团伙；不组织任何信用炒作组织；
二、　不进行任何信用炒作行为，保证每一条信用的真实性；
三、　不传播、散播任何信用炒作信息，并积极举报此类非法信息；
四、　积极接受网民监督，积极维护淘宝网诚信评价体系；
五、　严格遵守淘宝网有关诚信评价的各项规则，一旦违犯愿意接受淘宝网的相应处理，并愿意承担因此所带来的一切责任和后果。

本人承诺：不进行任何信用炒作行为，在经营过程中严于律己，自觉遵守国家法律法规及淘宝网相关规定。

对于那些顽固炒作信用的害群之马，我们庄重承诺：千方百计、不遗余力、坚决查处！对于有炒作信用度行为的帐户，淘宝亦有权视情节对该帐户做永久冻结处理。新的炒作处罚规则请查看这里http://www.taobao.com/go/act/dzcz/dzcz090422.php

同意　不同意

❼ 根据提示设置店铺基本信息，如店铺名称、店铺类目和店铺介绍等，如下图所示。

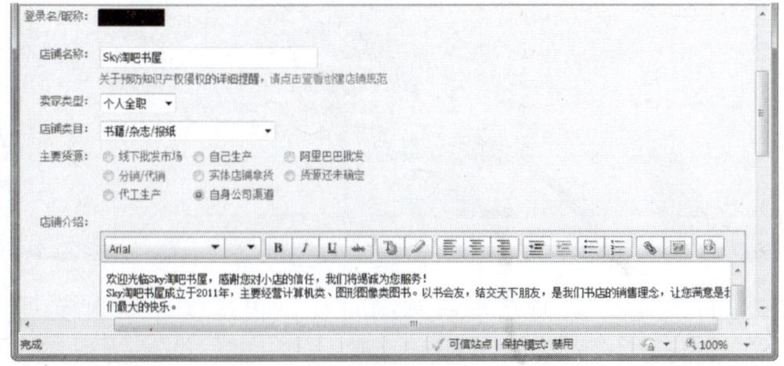

❽ 选中输入的文本，然后设置字体、大小以及颜色，如下图所示。

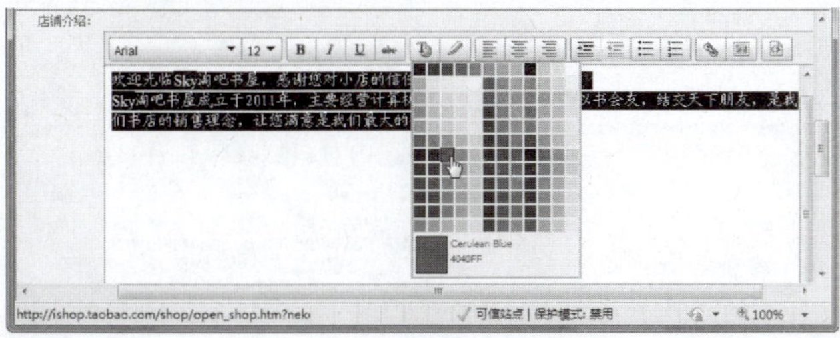

❾ 店铺基本信息填写完毕后，单击【确定】按钮提交信息，如下图所示。

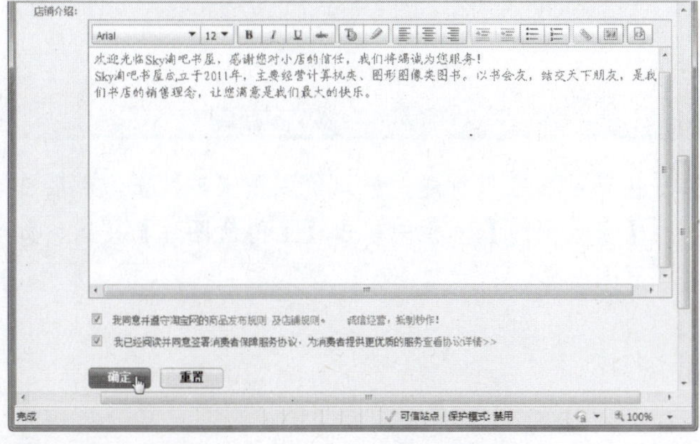

❿ 弹出以下提示，这里单击【暂不升级】按钮，如下图所示。

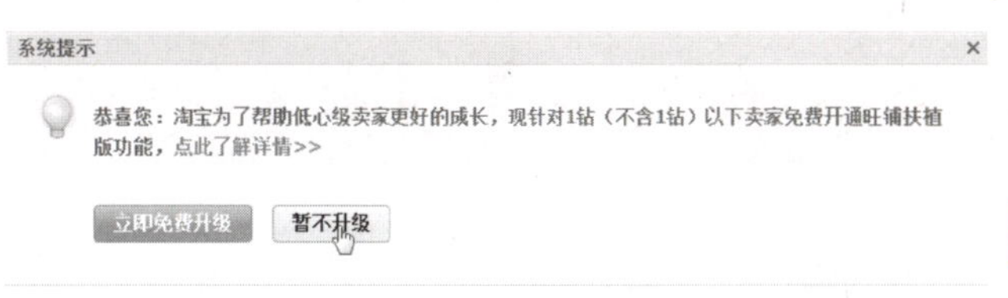

⓫ 在进入的网页中，即可看到成功创建的店铺信息以及系统提供的店铺地址，如下图所示。

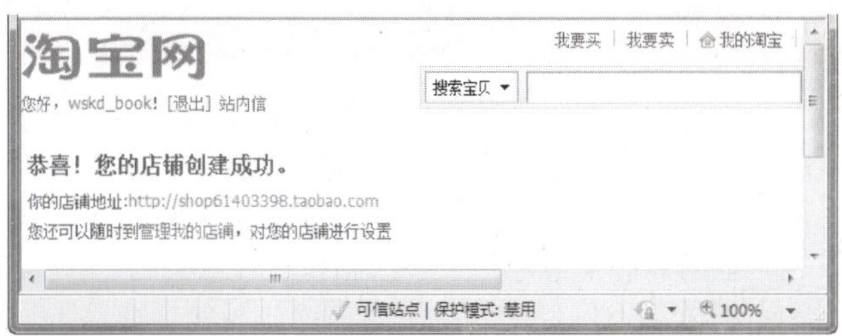

3.1.3　浏览店铺

申请了店铺地址后，现在就可以浏览自己的店铺了。

操作步骤

❶ 启动IE浏览器，在地址栏中输入刚申请的网店地址http://shop61403398.taobao.com，然后单击【转至】按钮➜，如下图所示。

❷ 在打开的网页中，可以看见所开店铺的基本信息，如店铺名称、店铺类目等内容，如下图所示。

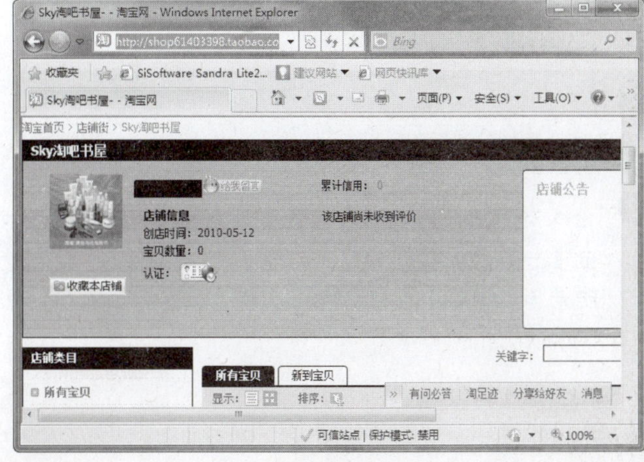

学以致用系列丛书

3.2 发布商品上架信息

店铺申请成功后，接下来就可以发布商品上架信息了。

3.2.1 准备至少10种商品的信息资料

在淘宝网开店，必须至少发布10件商品信息。申请完店铺后，就可以把商品放入店铺中出售。在发布商品之前，需要准备商品信息，以便在发布的时候能一气呵成。这里的商品信息包括文字信息和图片信息。

文字信息不仅包括对商品的描述，还包括商品的属性，不同类型的商品具有不同的属性；图片信息一般包括商品的整体图片和商品的细节图片，细节图片一般放在商品的描述栏中。

3.2.2 一口价方式发布商品到店铺

在开店初期，商品只能在淘宝网上直接发布，发布商品有【一口价】和【拍卖】两种方式，建议第一次发布商品时，使用【一口价】方式发布，具体步骤如下。

操作步骤

❶ 登录淘宝网，进入【我的淘宝】页面，然后单击【我是卖家】页面左侧的【我要卖】链接，如下图所示。

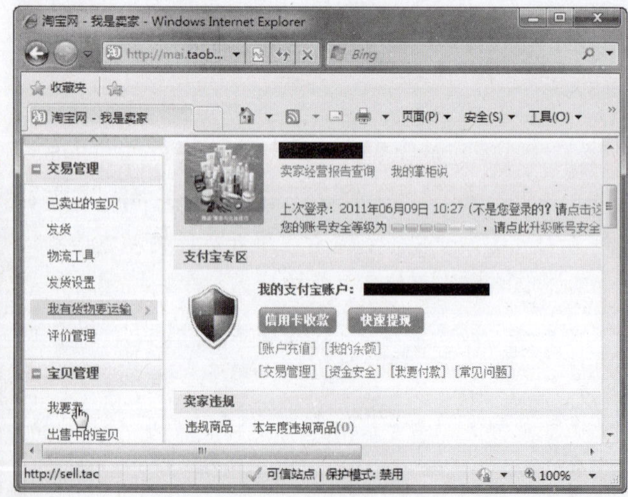

❷ 进入发布商品的页面，选择宝贝发布方式，这里单击【一口价】按钮，以一口价的方式发布，如下图所示。

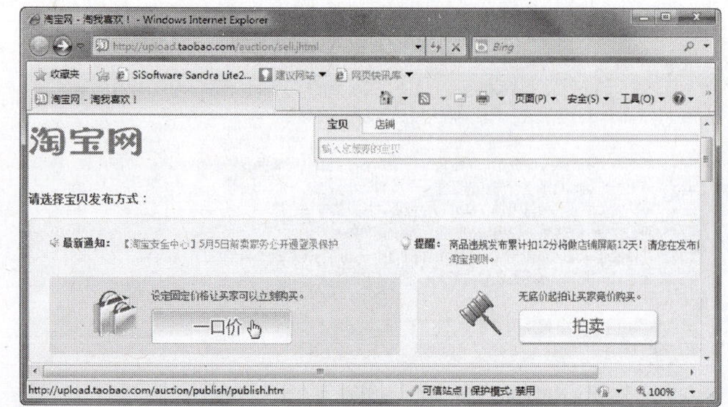

❸ 在打开的网页中，选择要发布宝贝的类目，然后单击【好了，去发布宝贝】按钮，如下图所示。

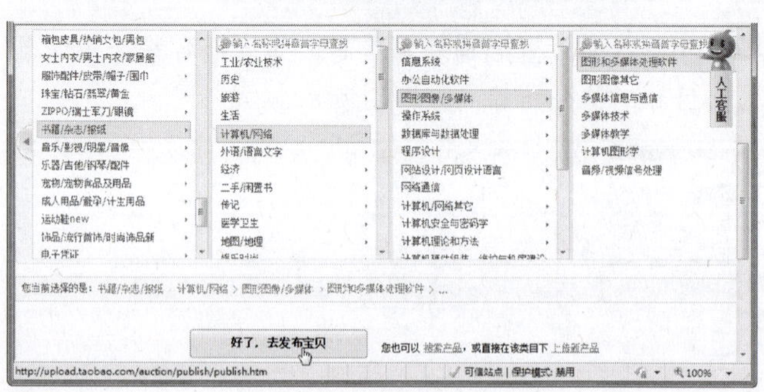

❹ 进入填写宝贝基本信息的页面，根据提示输入宝贝的相关信息，如下图所示。

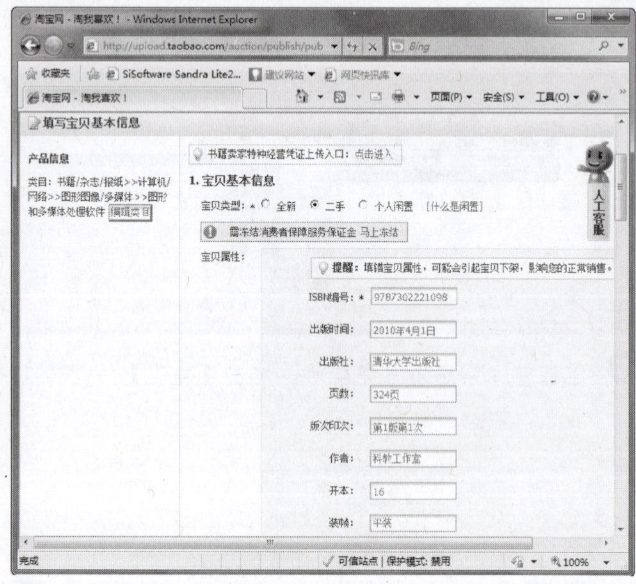

❺ 接着输入宝贝标题、一口价以及宝贝数量，然后在【宝贝图片】一栏中单击【上传新图片】按钮，如下图所示。

长见识：公告栏中的内容可以是图文混排的，在图片下面还可以再输入文字，并且可插入多张图片。

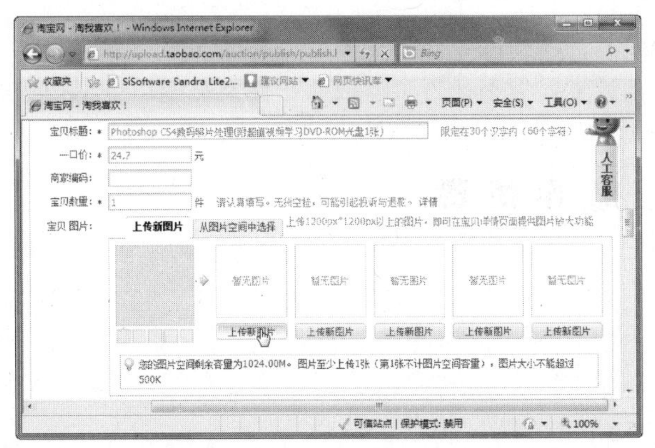

❻ 弹出【选择要加载的文件】对话框，从中选择图片文件，再单击【打开】按钮，如下图所示。

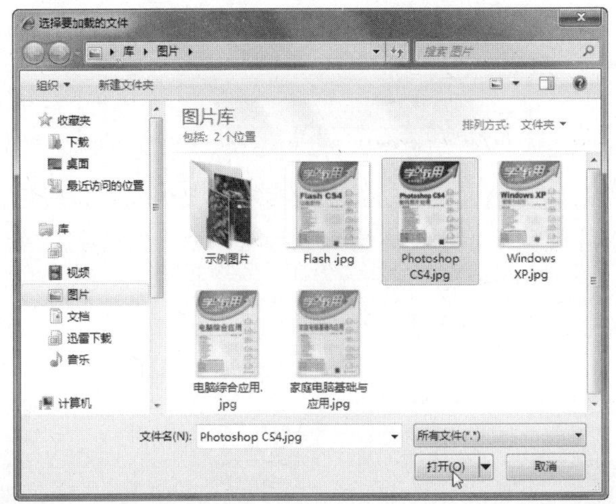

❼ 接下来在【宝贝描述】文本框中输入对宝贝的详细描述，使浏览者对该商品的状况有个清晰的了解，如下图所示。

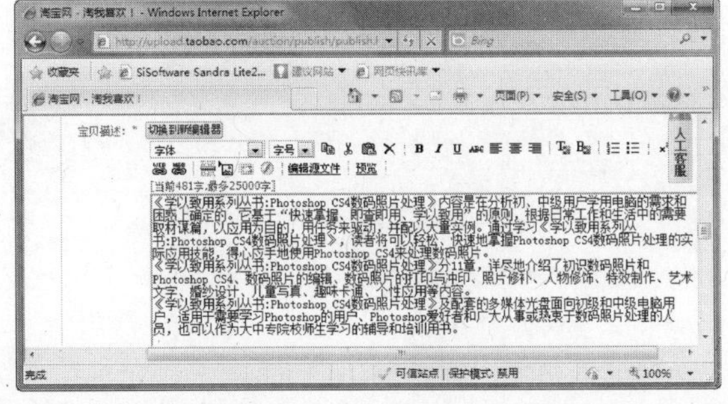

❽ 继续填写宝贝物流信息，包括所在地和运费等内容，如下图所示。

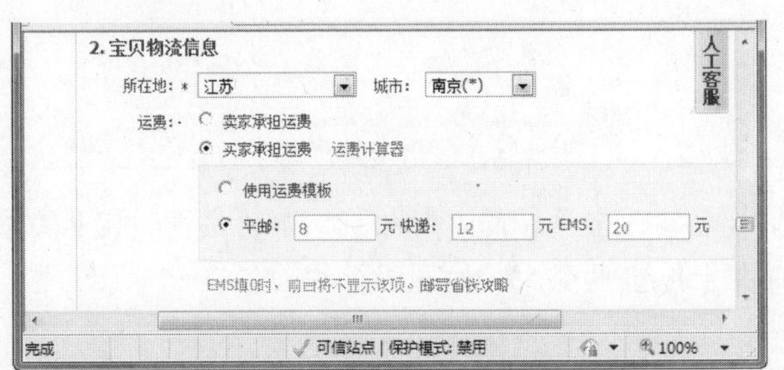

❾ 选择商品在店铺中所属的类目，如下图所示。

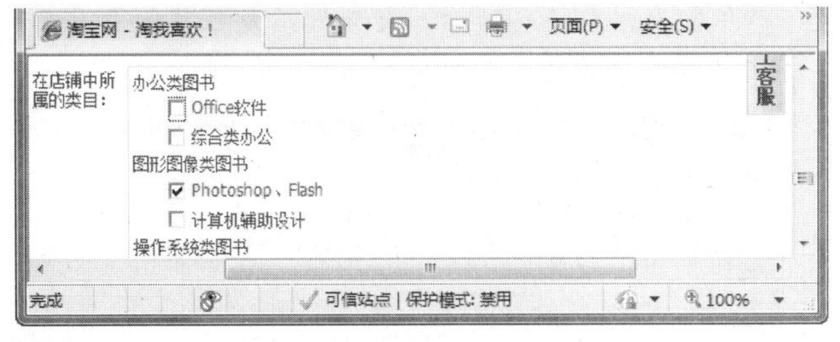

❿ 最后填写有效期、开始时间等信息，填写完毕后，单击【预览】按钮，如下图所示。

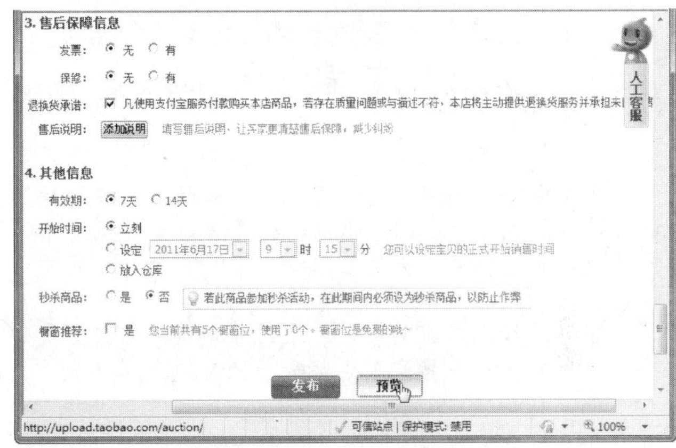

⓫ 这时即可在弹出的页面中预览该宝贝的图片、一口价、运费等信息，如下图所示。

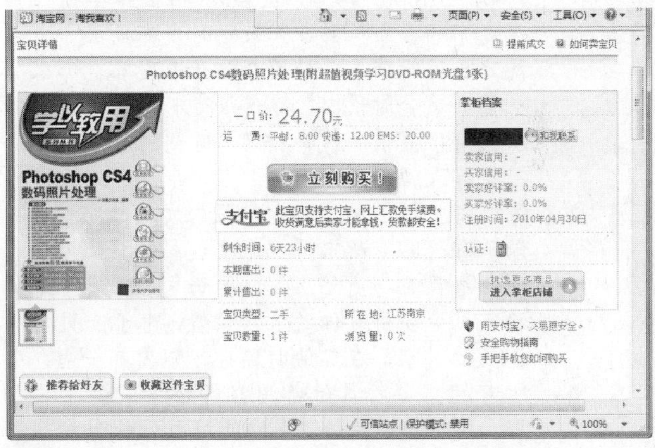

⓬ 确认信息无误后，返回之前发布信息的页面，单击【发布】按钮，发布该宝贝信息，如下图所示。

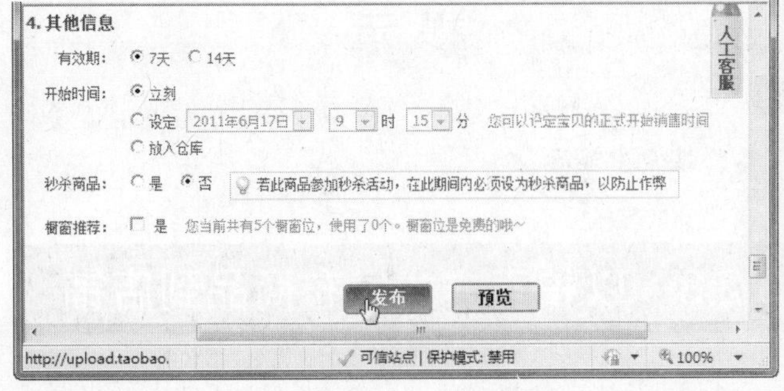

公告栏中的文本内容需要在中间单元格内进行制作，因此把中间单元格制作成背景，但为了公告栏中的内容不会覆盖到两侧的边框上，可以使用嵌套表格。

长见识

⑬ 在打开的网页中，可以看到第一件宝贝发布成功的提示信息，如下图所示。若要继续发布其他商品，可以单击【继续发布宝贝】链接。

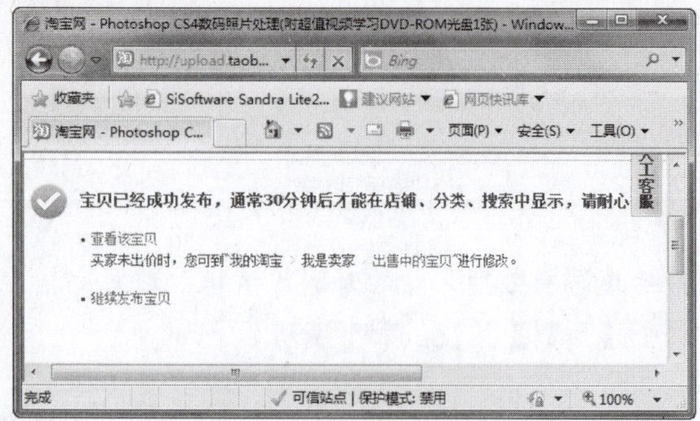

注意

网店中宝贝的发布时间也是有讲究的，发布的时机好坏将影响宝贝的排名情况，选择恰当的时间发布宝贝能最大限度地将宝贝展示给买家。下面是宝贝发布时间的一些注意事项。

- 选择有效期为七天。原因很简单，淘宝宝贝的位置是按宝贝下架剩余的时间来排定的，越接近下架的宝贝，排得就越靠前。选择7天比选择14天多了一次下架的机会，当然可以获得更多的宣传机会。
- 商品一定选择在黄金时段内上架。如：11:00～16:00，19:00～23:00，每隔半小时左右发布一个新商品。如果同时发布商品，也就容易同时消失；如果分隔开来发布，那么在整个黄金时段内，都有即将下架的商品可以获得很靠前的搜索排名，店铺的流量也肯定会有大幅度的上升。
- 每天都坚持在两个黄金时段内发布新宝贝。保证每天都有新宝贝上架，这样一周之后，就会每天都有商品下架，周而复始，店铺中的宝贝会获得最佳的宣传位置。对于宝贝数量多的卖家，在其他时段也可以发布一些。
- 所有的橱窗推荐位都用在即将下架的宝贝上。安排合理的话，用户的推荐位就会发挥巨大的威力。

提示

宝贝发布成功后，通常30分钟后才能在店铺、分类、搜索中显示。

3.2.3 以拍卖方式发布商品到店铺

以拍卖方式发布商品的方法和一口价方式发布商品的方法基本相同。以拍卖方式出售商品可以为卖家带来店铺流量，但不是每个阶段、每件商品都适合用拍卖的方式发布。

操作步骤

❶ 参照前面的操作步骤进入发布商品的页面，单击【拍卖】按钮，如下图所示。

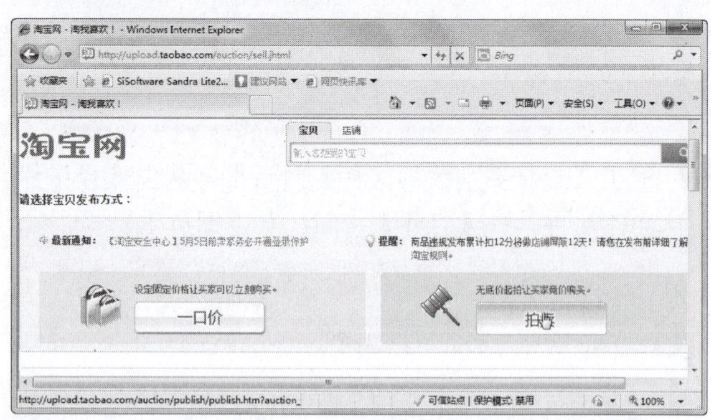

❷ 在打开的网页中，选择要发布宝贝的类目，然后单击【好了，去发布宝贝】按钮，如下图所示。

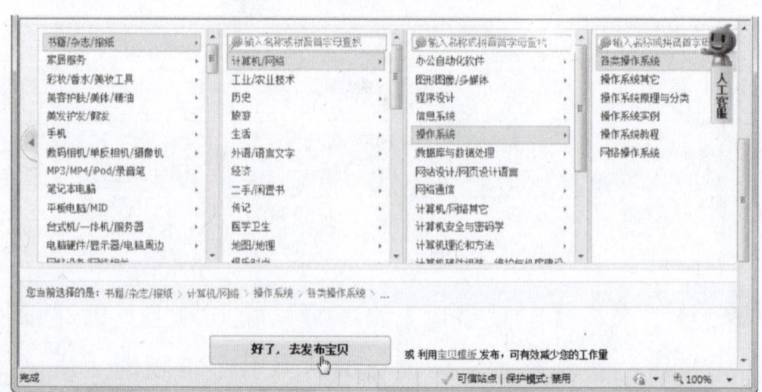

❸ 进入填写宝贝基本信息的页面，根据提示输入宝贝的相关信息，如下图所示。

❹ 接着输入宝贝标题、起拍价、加价幅度、宝贝数量并上传宝贝图片，如下图所示。

长见识 店铺管理平台是淘宝旺铺卖家特有的管理店铺的平台，在【店铺管理平台】页面可以装修自己的店铺，查看近一段时间的销售统计数据，订购和使用旺铺新功能。

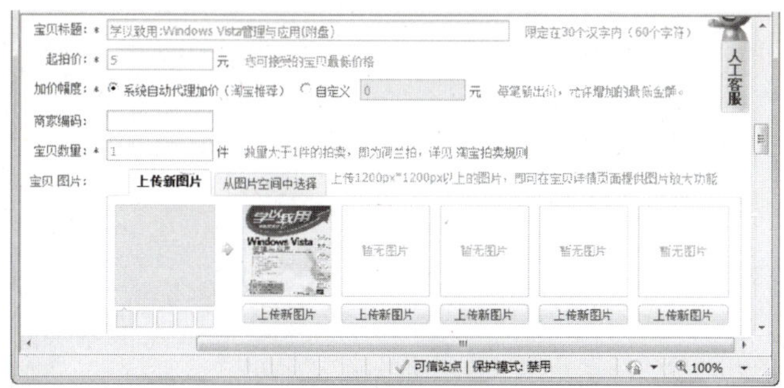

5 在【宝贝描述】文本框中输入对宝贝的详细描述，如下图所示。

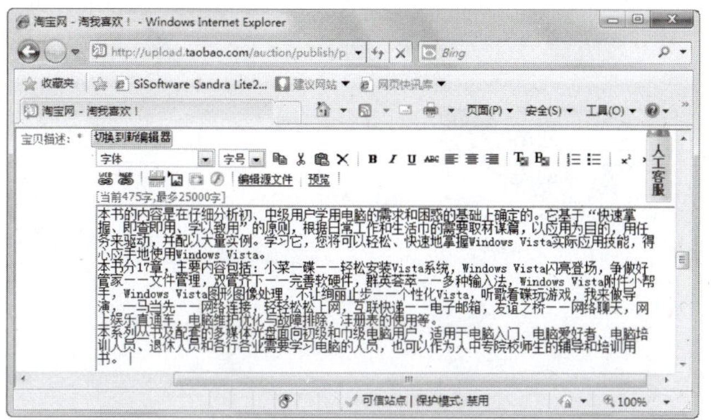

6 接着选择商品在店铺中所属的类目，如下图所示。

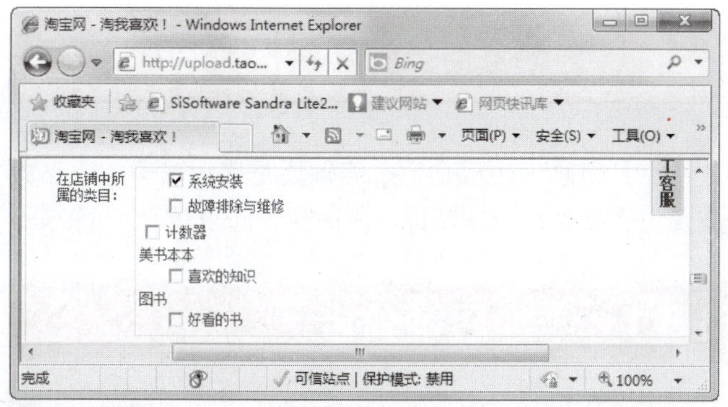

7 最后填写宝贝物流信息有效期、开始时间等，填写完毕后，单击【预览】按钮，如下图所示。

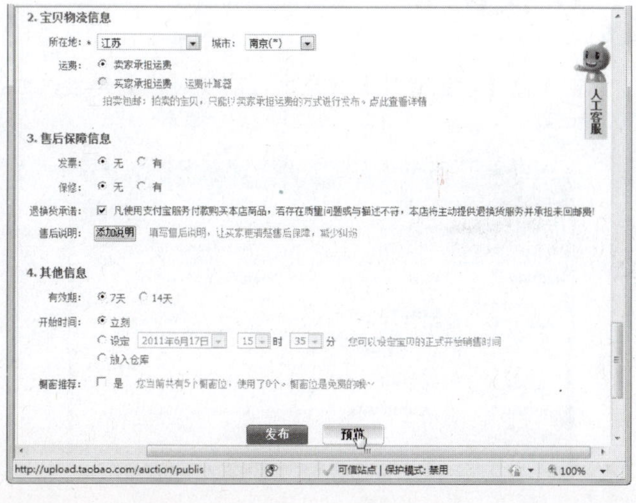

8 这时即可在弹出的页面中预览该宝贝的图片、当前价格、运费等信息，如下图所示。

9 确认信息无误后，返回之前发布信息的页面，单击【发布】按钮，发布该宝贝信息，如下图所示。

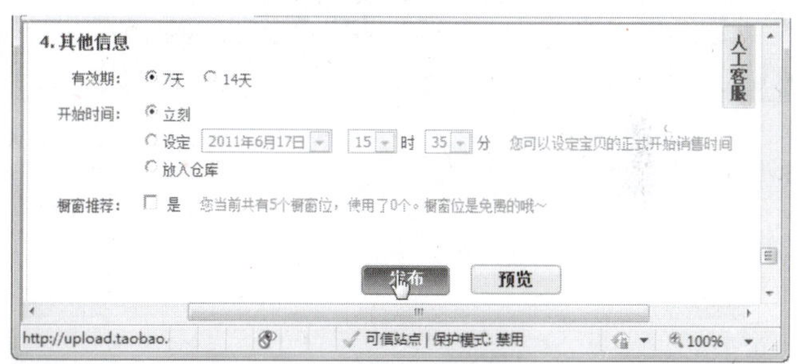

10 在打开的网页中，可以看到宝贝发布成功的提示信息，如下图所示。若要继续发布其他商品，可以单击【继续发布宝贝】链接。

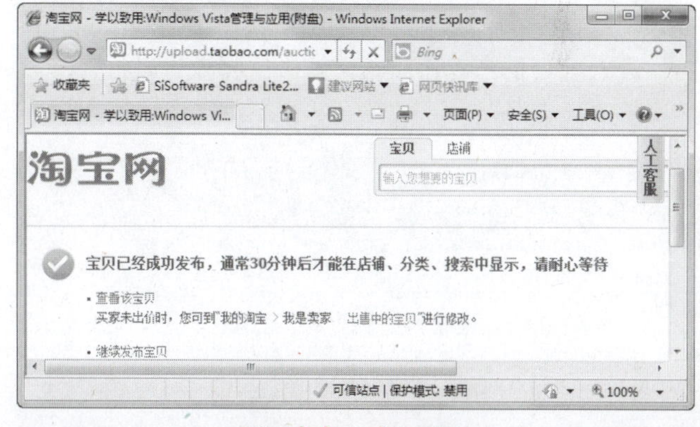

注意

拍卖的商品，只能以卖家承担运费的方式进行发布。

3.2.4 修改上架商品信息

已经上架的商品信息该如何修改呢？下面以修改宝贝起拍价为例，一起来学习一下吧！

拍卖的商品最好是当季热卖的商品，选择分类时尽量选择热门搜索词，热门搜索词在搜索栏下面可以看到。选好分类以后就要给宝贝起个响亮的名字，因为热门关键词也是很重要的。

长见识

操作步骤

❶ 登录淘宝网，进入【我的淘宝】页面，然后单击【我是卖家】页面左侧的【出售中的宝贝】链接，如下图所示。

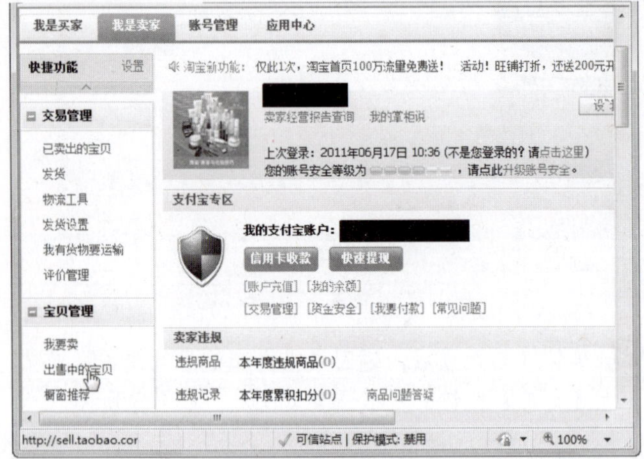

❷ 进入【出售中的宝贝】页面，单击右侧的【编辑宝贝】链接，如下图所示。

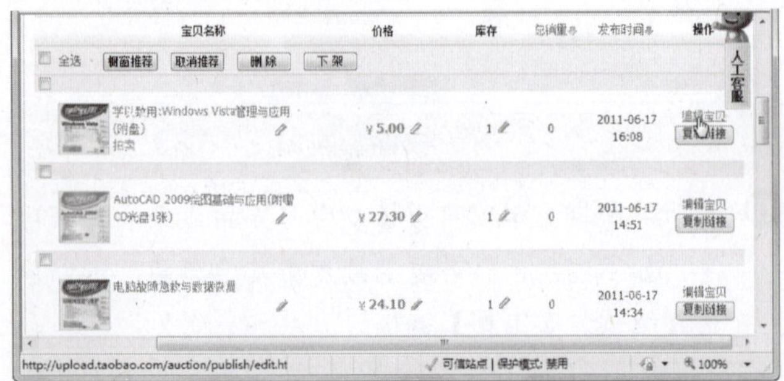

❸ 进入宝贝信息页面，在这里修改宝贝的起拍价，如下图所示。

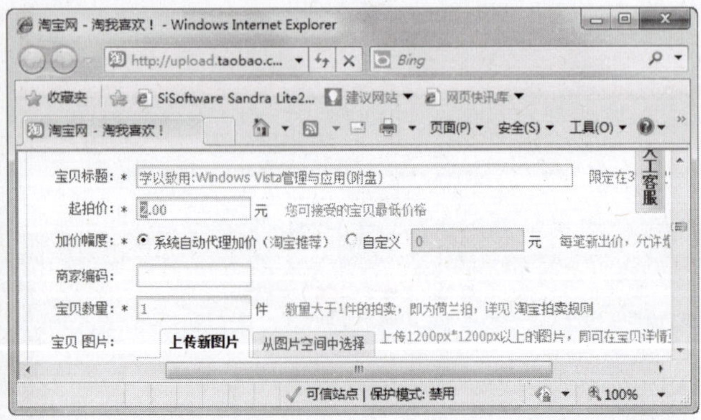

❹ 修改宝贝信息后拖动页面右侧的滑块，单击【确认】按钮，如下图所示。

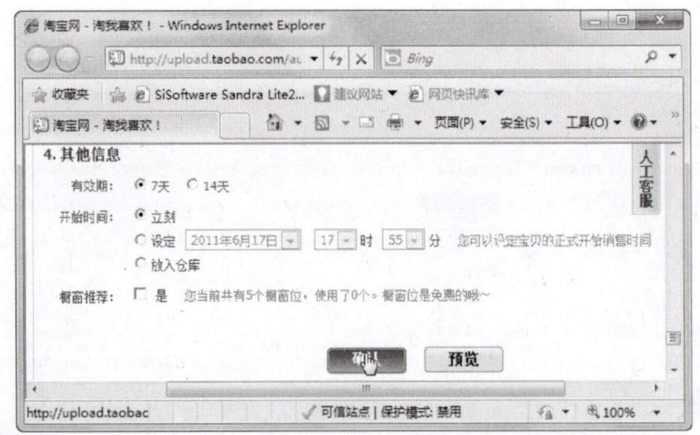

❺ 这时即可发现宝贝的起拍价格已经进行了修改，如下图所示。

3.3 设计店铺

宝贝信息上传成功后，店铺还是比较单调的，这就需要为店铺添加一些装饰，下面就一起来学习一下吧。

3.3.1 添加店铺公告

店铺公告是买家获取店主信息的一个重要地方，所以在开店初期也要对店铺公告进行简单的设计。

操作步骤

❶ 登录淘宝网首页，进入【我的淘宝】页面，然后单击左侧【店铺管理】栏下的【店铺装修】链接，如下图所示。

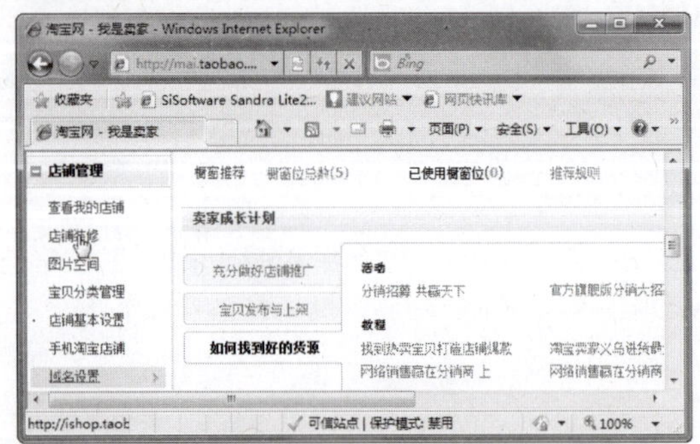

长见识：拍卖时，宝贝数量建议设成2个，这样方便起价，如果设成5个或6个，很可能最终会因为买家数量不足而以起拍价成交。

❷ 进入【店铺装修】页面，拖动滚动条显示【店铺公告】板块，单击【编辑】链接，如下图所示。

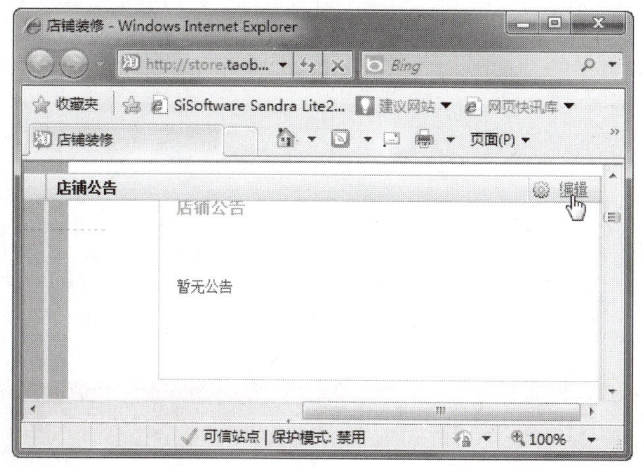

❸ 在文本框中输入公告的内容，如下图所示。

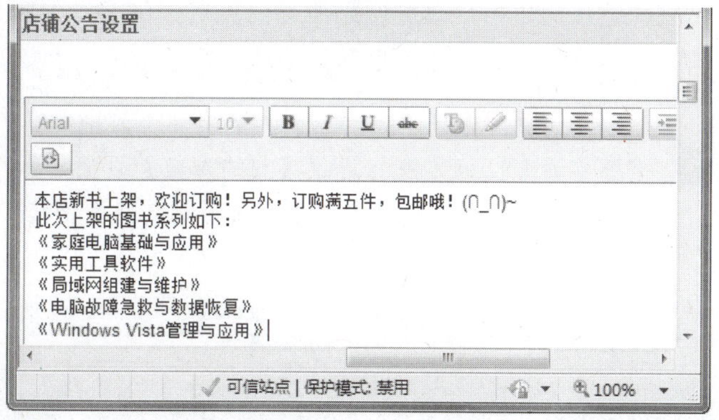

❹ 文本输入完毕后将其选中，使用文本框上方的工具按钮，设置文本字体、大小以及颜色，如下图所示，然后单击【保存】按钮。

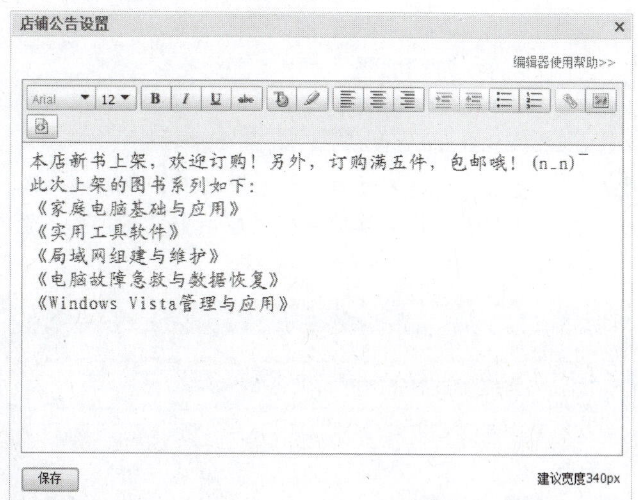

❺ 这时在【店铺公告】板块中即可看到公告设置后的效果，如下图所示。

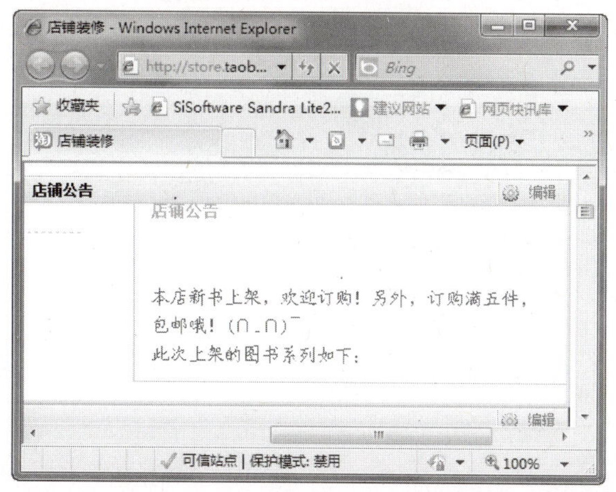

3.3.2　制作店标

店标是淘宝网上普通店铺的标志，下面我们具体来学习下如何制作店标吧。

操作步骤

❶ 登录淘宝网，进入【我的淘宝】页面，然后单击左侧【店铺管理】栏下的【店铺基本设置】链接，如下图所示。

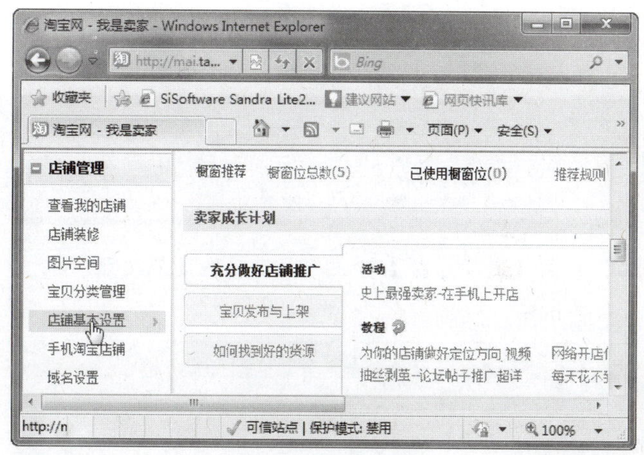

❷ 进入【店铺基本设置】页面，单击店标下面的【更换店标】按钮，如下图所示。

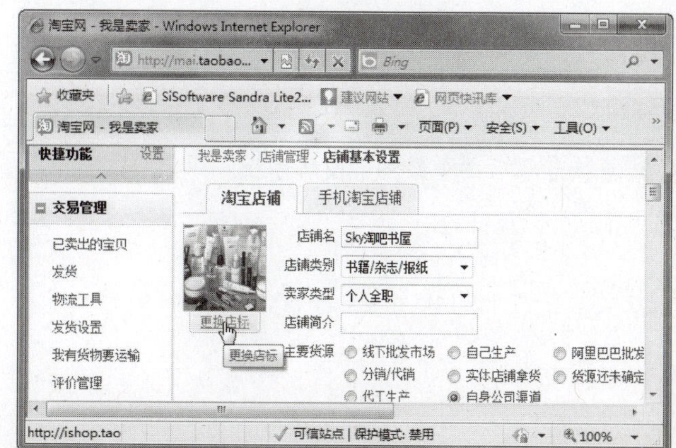

长见识：拍卖时，起拍价一般设置成1.99元，这样可以最大程度地满足进入1元区的规则。

3 弹出【更换店标】页面，单击右侧的【浏览】按钮，如下图所示。

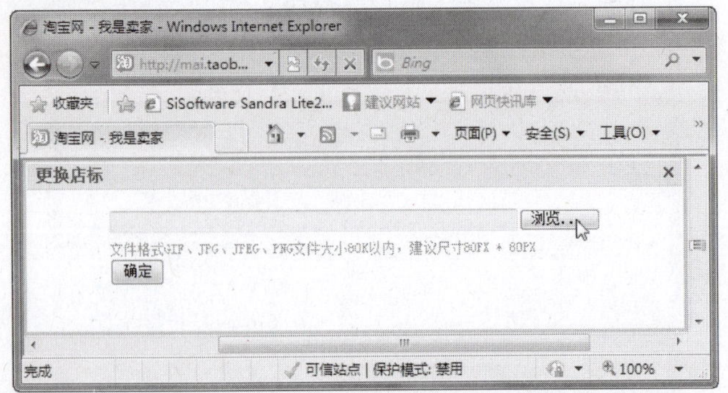

4 弹出【选择要加载的文件】对话框，从中选择图片文件，再单击【打开】按钮，如下图所示。

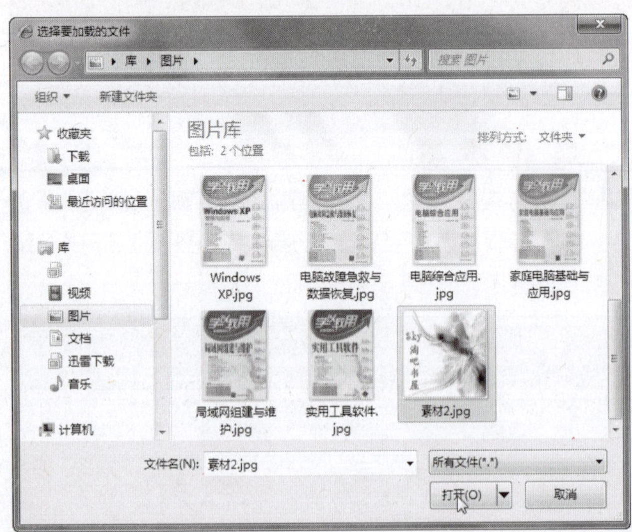

5 返回【更换店标】页面，单击【确定】按钮，如下图所示。

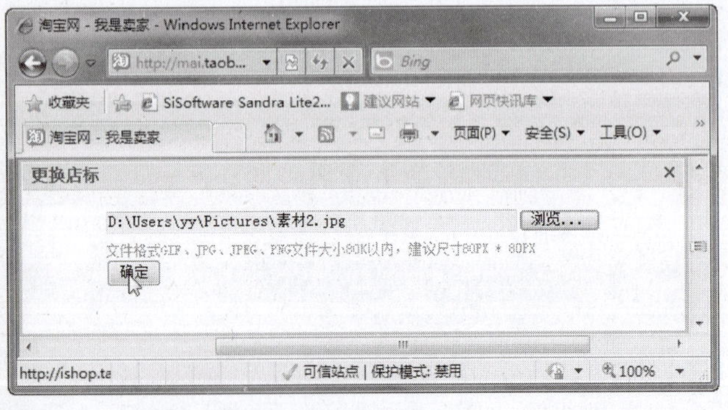

6 更换店标后的效果如下图所示。

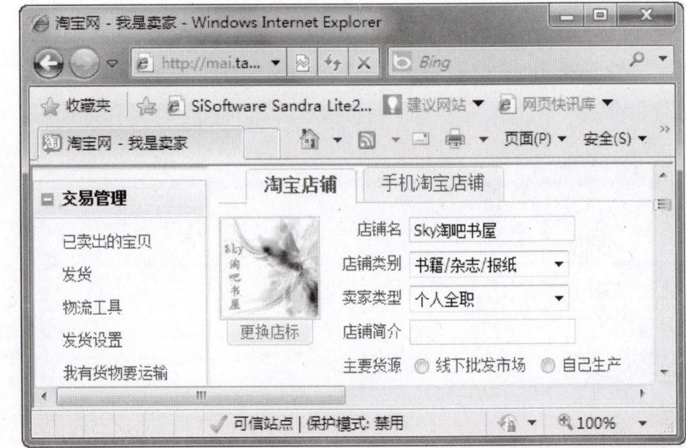

3.3.3 选好店铺风格

为了让自己的店铺具有独特的个性，可选择适合自己店铺宝贝的风格。淘宝网站服务商免费提供了许多店铺的风格模板，用户可以随意选择。

操作步骤

1 按照前面介绍的方法，进入【我的淘宝】页面，然后单击左侧【店铺管理】栏下的【店铺装修】链接，如下图所示。

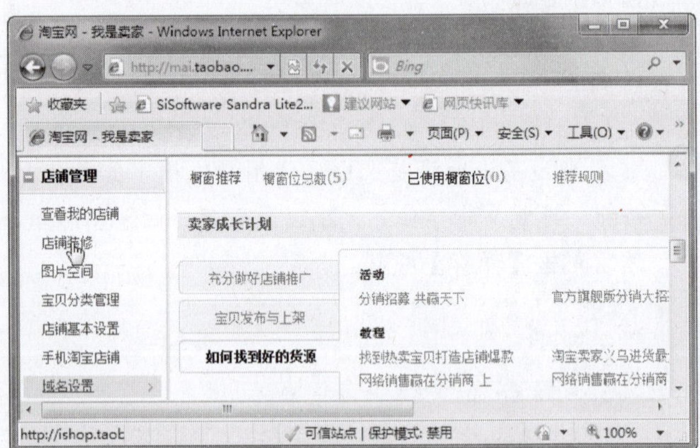

2 进入【店铺装修】页面，这里提供了 8 种店铺风格，选择喜欢的店铺风格后单击【应用】按钮，如下图所示。

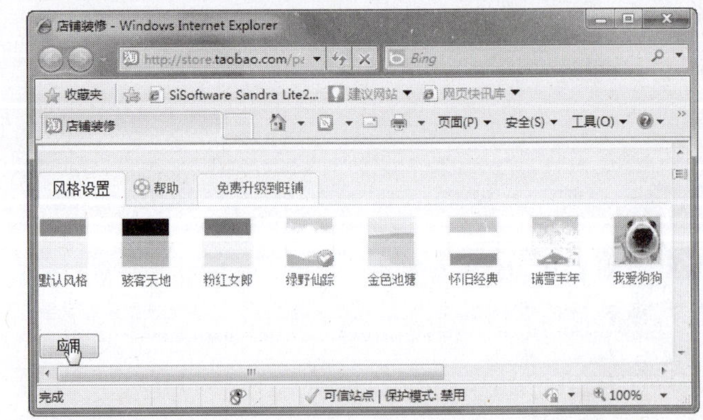

长见识 拍卖时加价幅度很重要，因此首先应该预估一下宝贝的热卖程度，可以到网上搜索一下，或者到同行的前辈店里考察比较一下。拍卖有效期一般选择 7 天，但是想要高价结束的可以设置成 14 天。

❸ 应用该风格后的效果如下图所示。

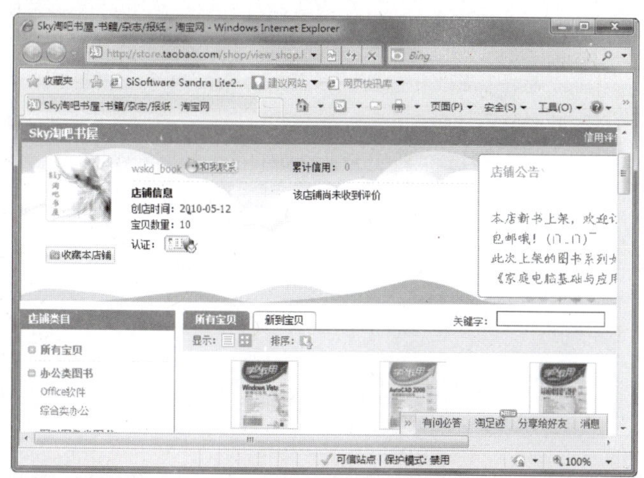

3.3.4 分类店铺中的商品

若店铺中有许多宝贝需要出售，可以将其进行分类摆放，这样买家进入店铺后，就可以有目的地进行查找，从而提高成交量。

操作步骤

❶ 按照前面介绍的方法，进入【我的淘宝】页面，单击【店铺管理】栏下的【宝贝分类管理】链接，如下图所示。

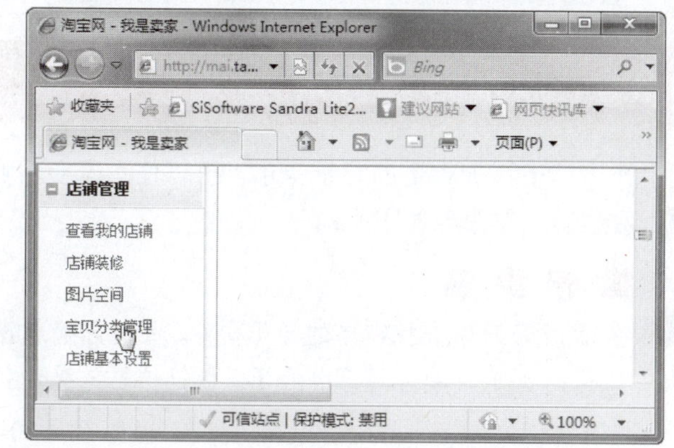

❷ 在打开的页面中单击【添加新分类】按钮，如下图所示。

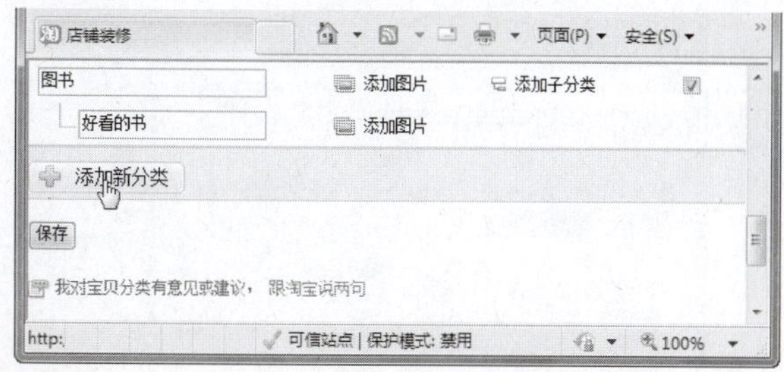

❸ 在文本框中输入分类的名称，如下图所示。

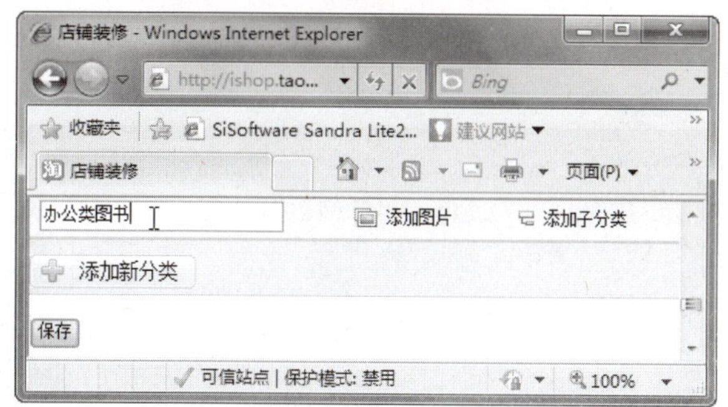

❹ 单击该项右侧的【添加子分类】按钮，如下图所示。

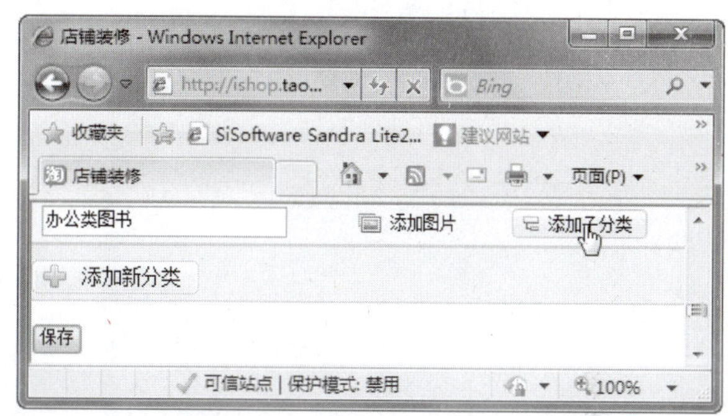

❺ 在添加的新分类下面的文本框中输入子分类名称，如下图所示。再次单击【添加子分类】按钮，可以继续设置其他子分类类别。

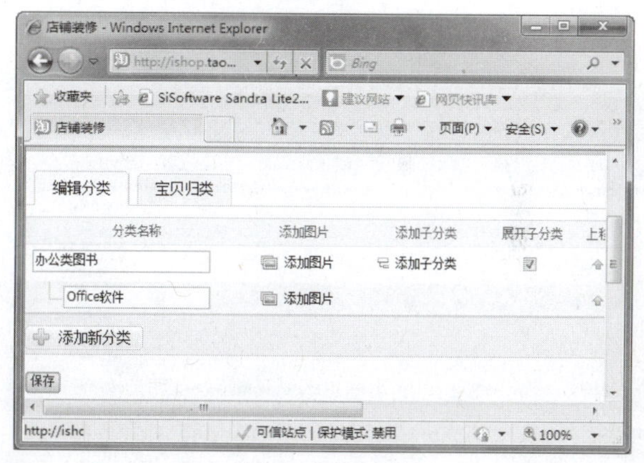

❻ 子分类添加完成后，单击【添加新分类】按钮继续添加新分类，如下图所示。

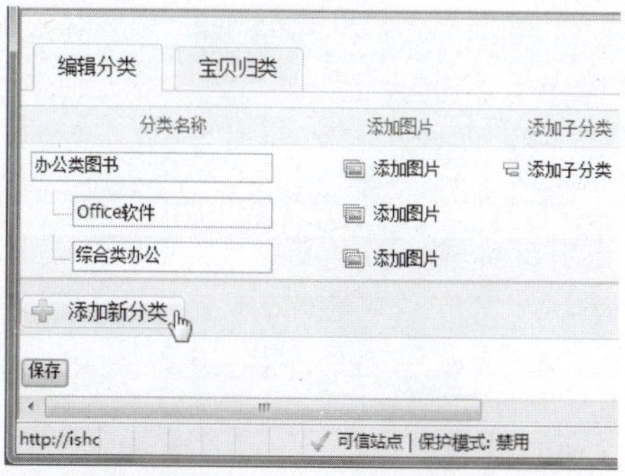

❼ 所有分类添加完成后，单击【保存】按钮，保存这

人气类目是为了卖家更好地了解自己店铺的经营状态而添加的参数。参数设置是参考包括卖家的商品销售状态等数值，综合分析出卖家所涉及的类目在各个类目中最有优势的一个。

学以致用系列丛书

些设置，如下图所示。

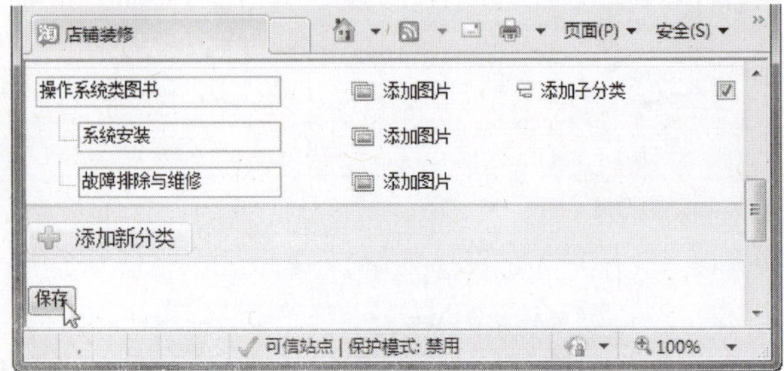

8 这时在每一项子分类右侧都会显示【宝贝列表】链接，单击该链接，如下图所示。

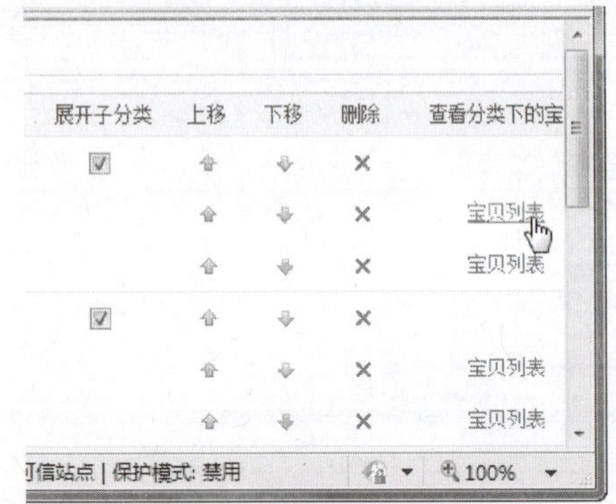

9 在弹出的网页中单击【选择分类】下拉列表框右侧的下三角按钮，在弹出的下拉列表中选择【全部宝贝】选项，如下图所示。

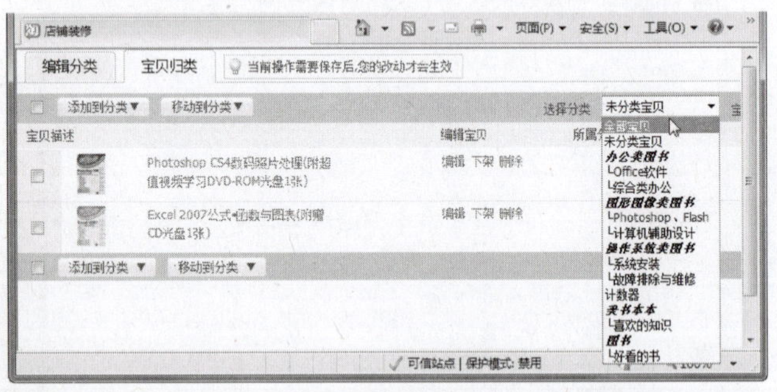

10 然后选中同一类的宝贝前的复选框，再单击【添加到分类】下拉列表右侧的下三角按钮，在弹出的下拉列表中选择一个子分类，如下图所示。

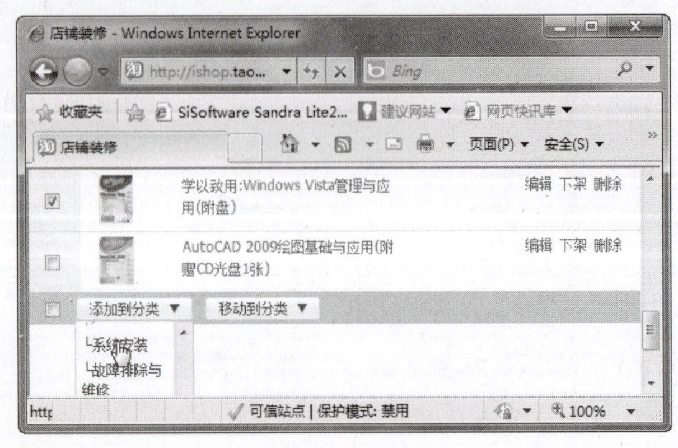

11 按照同样的方法，对其他宝贝进行分类添加，然后单击【确定】按钮，如下图所示。

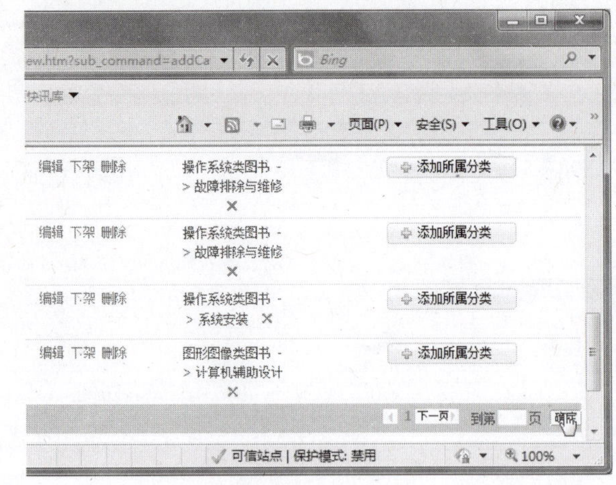

12 添加分类后的效果如下图所示。

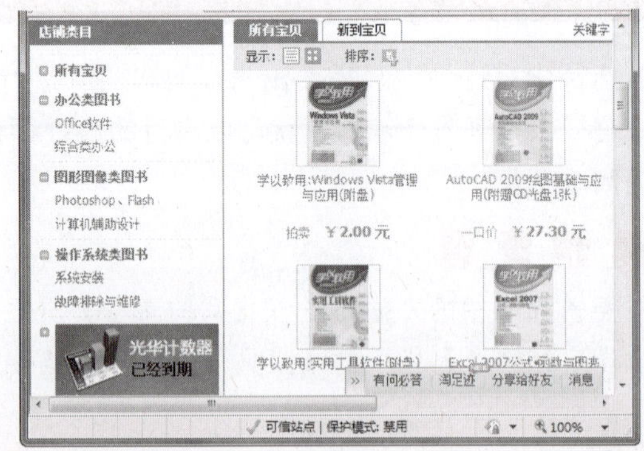

3.3.5 添加背景音乐

在店铺中添加合适的背景音乐，可以使买家心情愉悦，对店铺产生深刻的印象。

操作步骤

1 在百度音乐中查找需要的音乐文件，并打开播放窗口进行试听，单击网页中的【复制链接】链接，如下图所示。

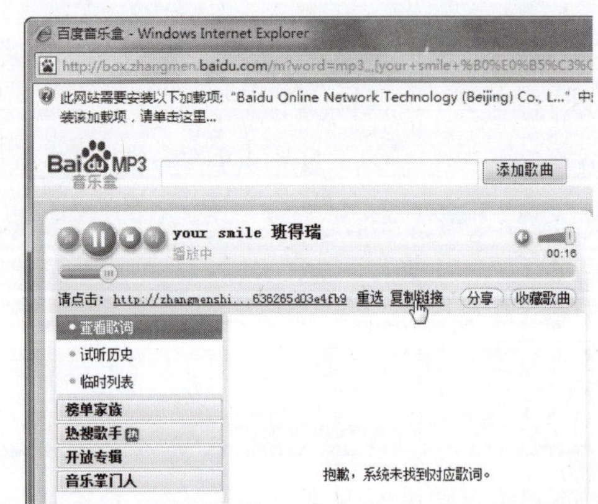

无论卖家所拥有的类目有多少，每个店铺都只有一个人气类目。

❷ 执行操作后，在页面中弹出【提示】对话框，提示链接复制成功，如下图所示。

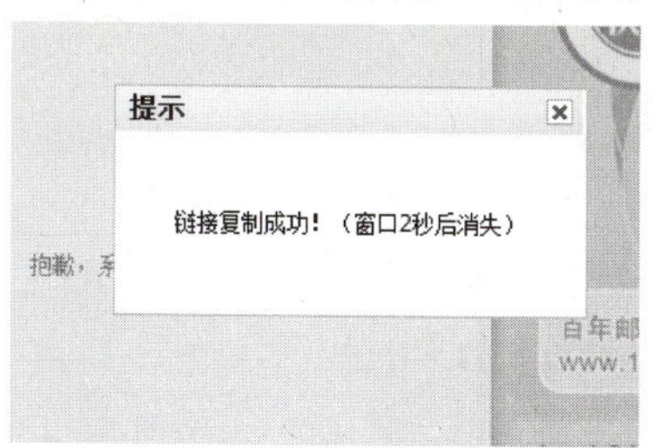

❸ 进入【我的淘宝】页面，单击【店铺管理】栏下的【店铺装修】链接，如下图所示。

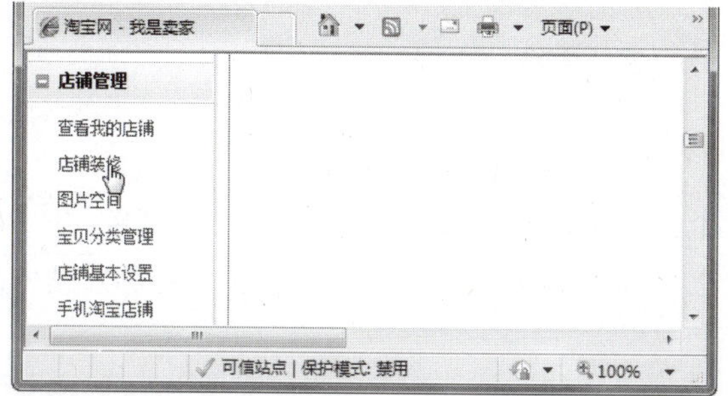

❹ 在【店铺装修】页面中的【店铺公告】板块中单击【编辑】链接，如下图所示。

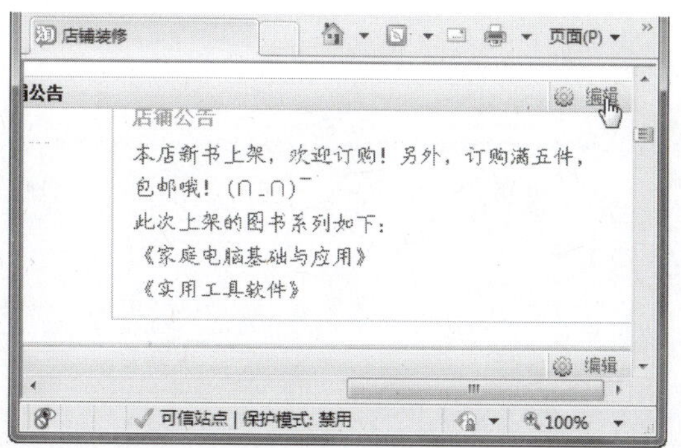

❺ 在弹出的【店铺公告设置】对话框中，单击【编辑HTML源码】按钮，如下图所示。

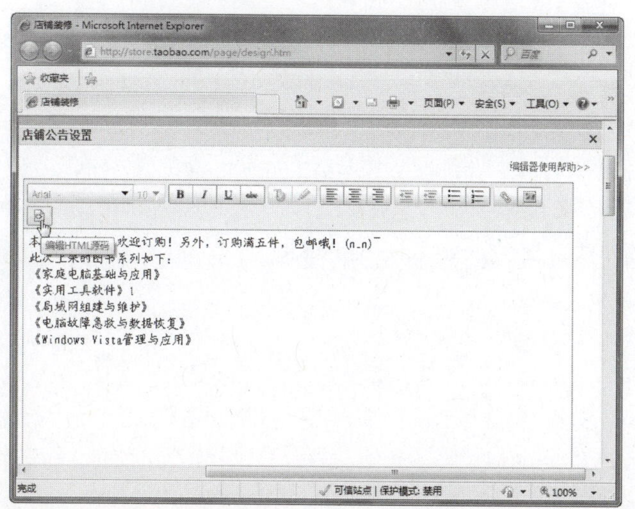

❻ 插入音乐代码，然后单击【保存】按钮即可，如下图所示。

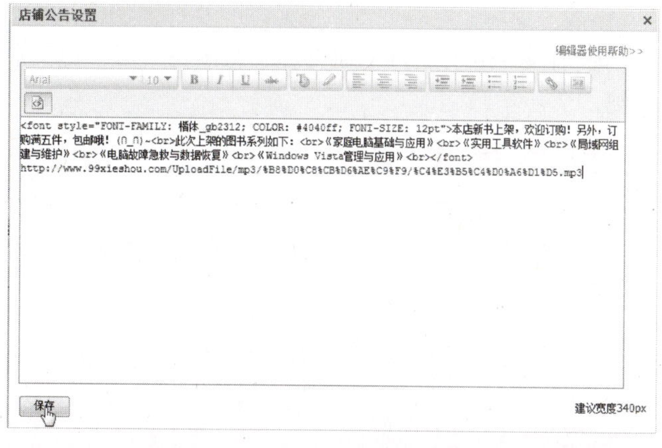

3.3.6 美化商品描述

美化商品描述是吸引顾客的重要方法。商品描述应包含以下4类重要的基本信息。

❖ 基本信息：包括尺寸、材质、颜色等。

❖ 物流信息：包括采用何种方式递送货品，收取多少物流费用等信息。

❖ 支付信息：为买家提供多种支付方式，包括银行转账和邮局汇款。这里不建议公开银行账号，一般卖家都在成交后才提供银行账号信息。

❖ 售后服务信息：如退还条件等。

提示

除了以上基本信息外，还可以在商品描述中加入一些有助于销售的补充信息。

❖ 商品描述要尽量个性化，例如，为商品增加一些小故事和特殊来历，使买家产生亲切感。

❖ 加入店铺的促销活动信息，例如，“爆卖5冠限时抢 围巾长丝巾 折扣达40%！”、“冲双皇冠特惠 100元3条包邮”等。

注意

商品描述应该遵循以下两个原则。

❖ 真实性。商品描述一定要真实，这个真实的掌握度是很重要的。买家收到产品时，如果发现产品跟描述的不符，轻则投诉要求退货，重则可能要负法律责任。

❖ 专业性。专业的商品描述会给买家一种无形的影响力，因为这代表了店铺的实力。如果商品在同类中描述显得专业，也会有助于提高成交率。

店铺的人气类目不能手动改变，此数据只是帮助卖家了解自己的优势类目，如果卖家的各个类目状态有所改变，系统也会做出更新判断。

3.4 浏览自己的店铺

店铺设计成功后，下面就一起来浏览一下自己的店铺吧。

操作步骤

❶ 登录淘宝网，进入【我的淘宝】页面，然后单击左侧【店铺管理】栏下的【查看我的店铺】链接，如下图所示。

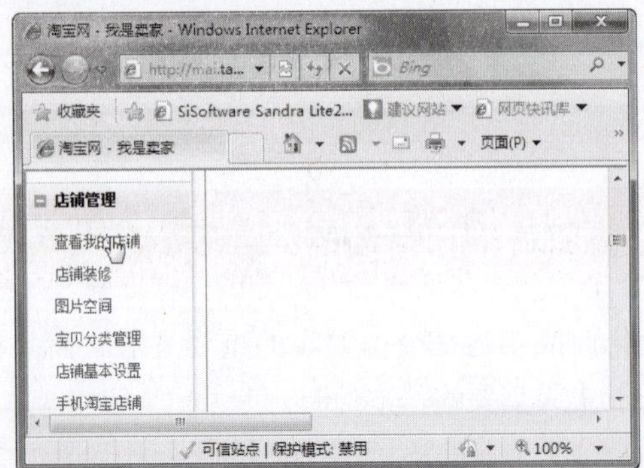

❷ 进入【我的店铺】页面，该页面包含了公告栏、店铺类目栏、所有宝贝栏等几大板块，如下图所示。

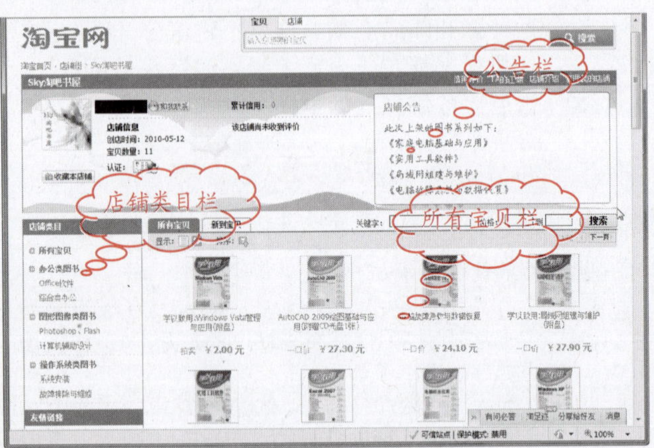

3.5 思考与练习

选择题

1. 在淘宝网开店，必须至少发布________商品。

A. 10 件　　B. 9 件

C. 5 件　　D. 6 件

2. 店铺风格是在________页面中设置的。

A. 图片空间

B. 宝贝分类管理

C. 店铺基本设置

D. 店铺装修

操作题

1. 以一口价和拍卖的方式分别上传商品。

2. 为店铺添加公告和背景音乐，并分类店铺中的商品。

学以致用系列丛书

长见识：淘宝上的店铺是不能转让的。由于涉及到支付宝账户款项和认证问题，必须使用本人有效证件申请开店经营。

第4章 旗开得胜——安全成交第一笔生意

在淘宝网中搭建好自己的网络店铺后，就可以来出售商品了。出售商品之前，首先需要与买家进行沟通，达成购买意愿后，然后等待买家汇款等。本章将详细介绍这些一系列内容。

学习要点

- 与买家沟通
- 进行第一笔交易
- 使用支付宝管理收支账目
- 处理买家退款

学习目标

通过本章的学习，读者应该熟知如何与买家沟通，怎样进行第一笔交易，学会使用支付宝管理收支账目，以及掌握如何处理买家退款等。

4.1 与买家沟通

在淘宝网中，与买家沟通的方法有很多种。除了使用阿里旺旺进行沟通外，还有许多别的方法可以进行沟通，下面就来逐一介绍。

4.1.1 在店铺交流区发帖和回帖

买家可以在店铺首页的店铺交流区中发帖留言，掌柜应及时回复这些帖子，以便让其他买家也能够更多地了解自己的店铺。

操作步骤

1. 首先登录淘宝网，单击左侧【店铺管理】栏中的【查看我的店铺】链接，如下图所示。

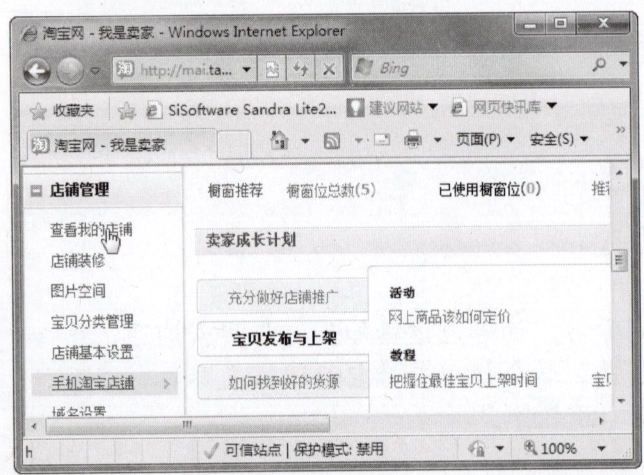

2. 进入自己的店铺后，查看【店铺交流区】板块中的留言，然后单击【查看详情】链接，如下图所示。

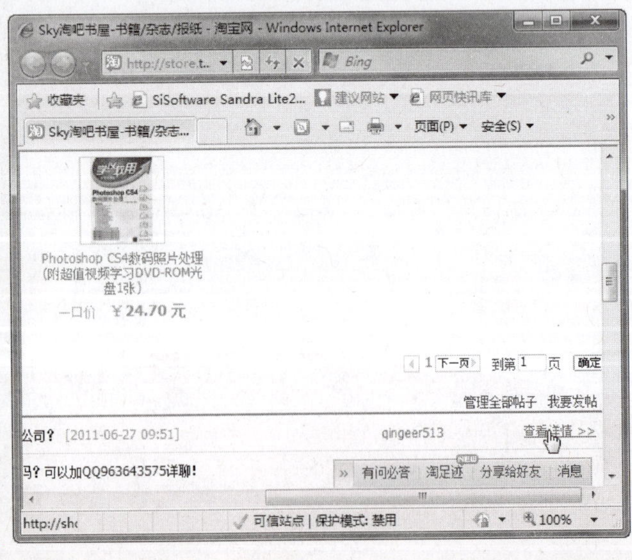

3. 在【发表回复】下面的【内容】文本框中，输入回复的内容，然后单击【确定】按钮，如下图所示。

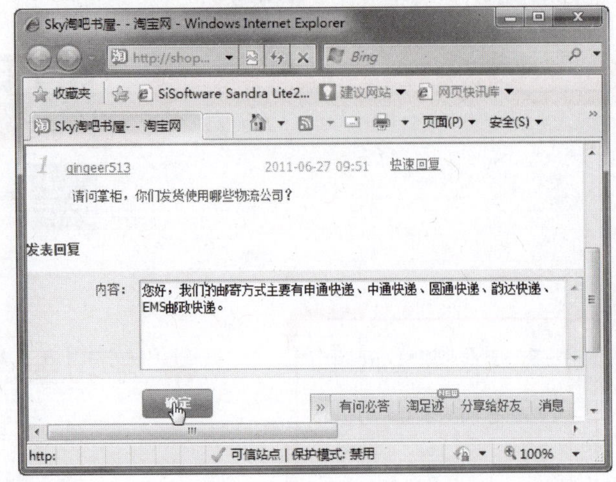

4. 接着在页面中显示回复成功的提示信息，等待几秒钟，该页面会自动返回当前帖子，如下图所示。

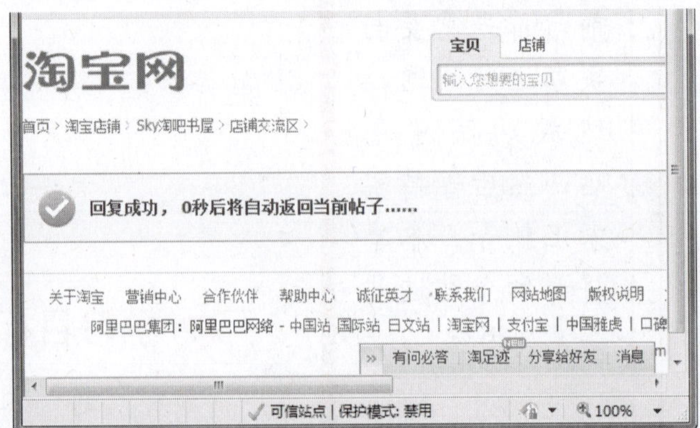

5. 经过几秒钟后，在页面中显示了刚才回复的内容，如下图所示。

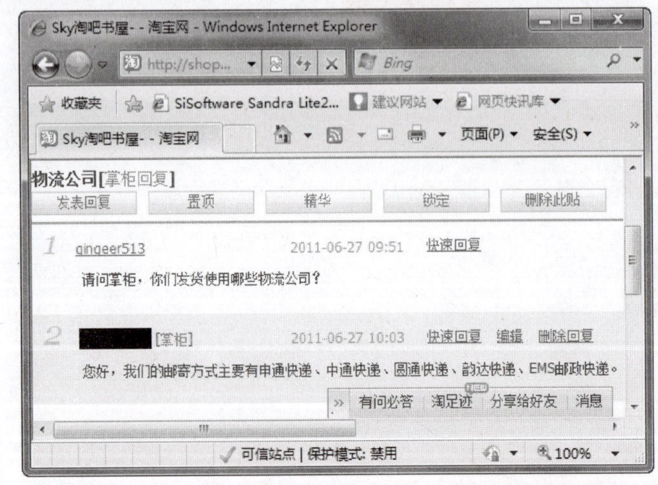

4.1.2 接收与回复站内信

在注册为淘宝网会员后，每一个会员都可以收发站

长见识：如果卖家在网上与买家发生冲突，可能买家会占下风，但从长远来看，失败的总是卖家，一旦买家发起投诉，或者在淘宝社区中发表不利于店铺的帖子，就得不偿失了。

内信件。淘宝网会员只要进入【我的淘宝】页面，就会看到站
内信。

操作步骤

1 登录淘宝网，单击左上角的【站内信】链接，如下图所示。

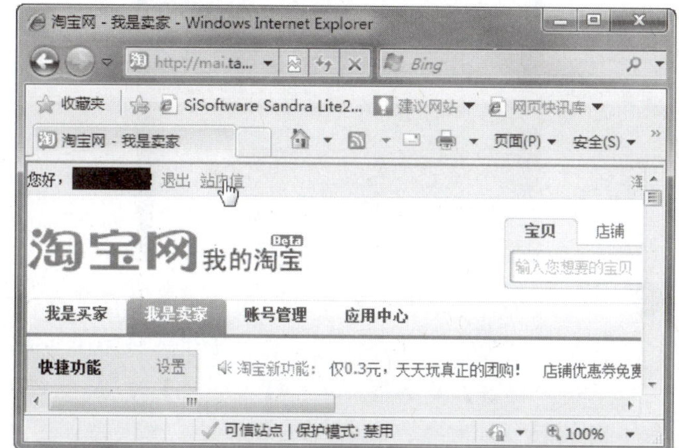

2 进入【站内信】页面，单击【私人信件】选项，如下图所示。

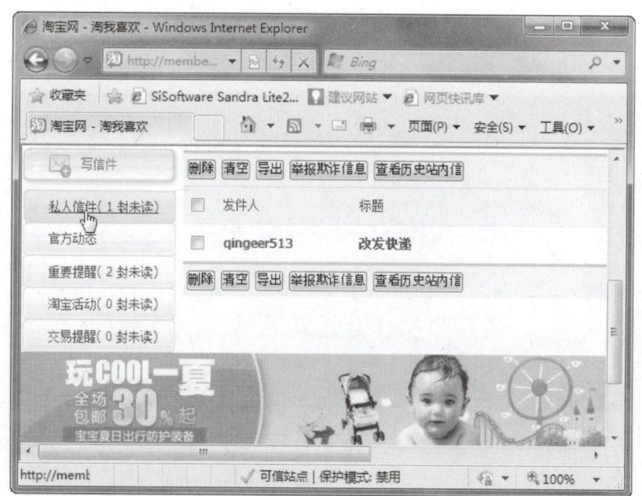

3 在【私人信件】页面中显示了当前的信件，从中单击要阅读的信件，如下图所示。

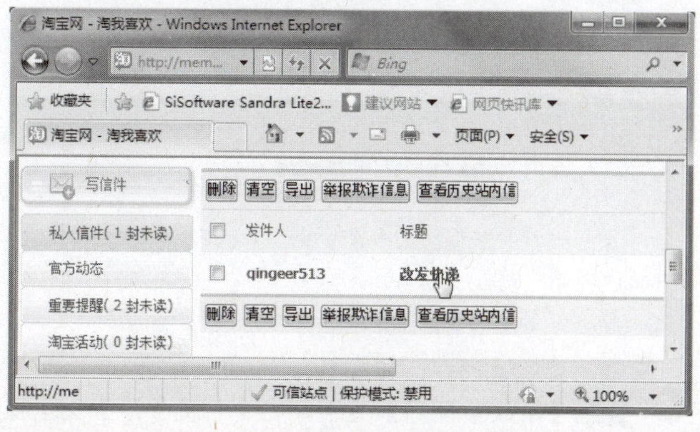

4 阅读所选信件，然后单击【回复该信件】按钮，如下图所示。

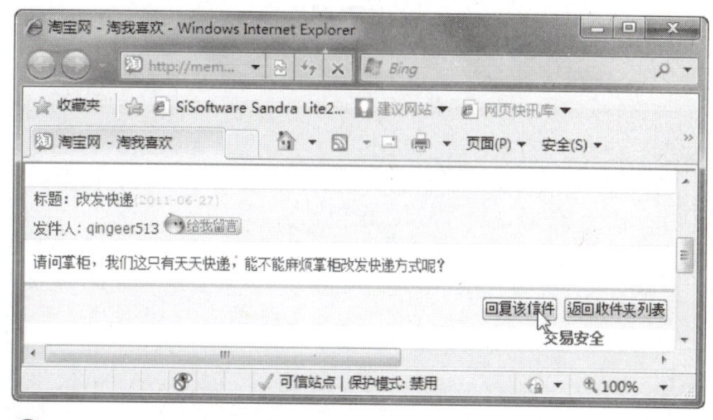

5 进入【发送新信件】页面，在【内容】文本框中输入回复的信息以及校验码，然后单击【发表】按钮，如下图所示。

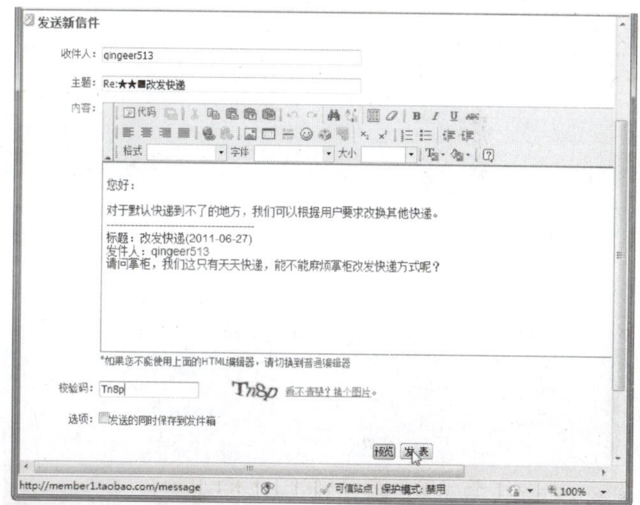

6 这时在打开的页面中显示“站内信发送成功”的提示信息，如下图所示。

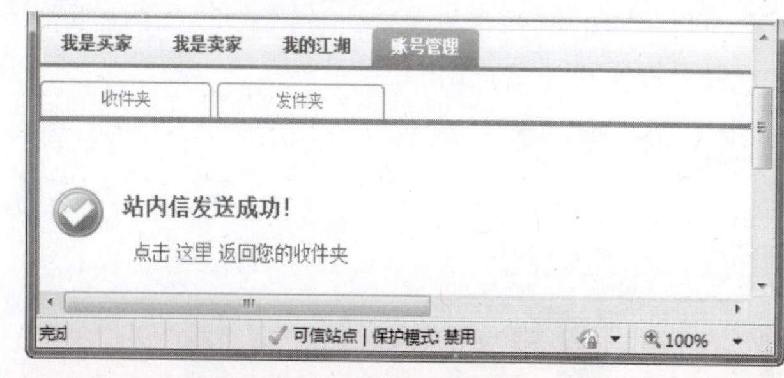

4.1.3 使用阿里旺旺与买家沟通

阿里旺旺是淘宝买卖双方最常见的交流方式，用户可以使用阿里旺旺与买家沟通。

操作步骤

1 登录阿里旺旺界面，双击需要沟通的买家的头像，

B2C商务的收益模式有三种：①收取服务费；②根据不同的方式及服务的范围收取会员的会费；③降低价格，吸引网上买家，扩大销售量。

如下图所示。

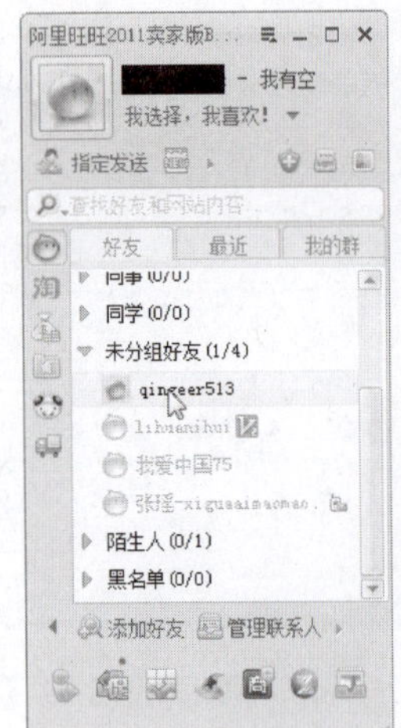

❷ 在打开窗口下方的文本框中输入内容后，单击【发送】按钮，就可以开始对话了，如下图所示。

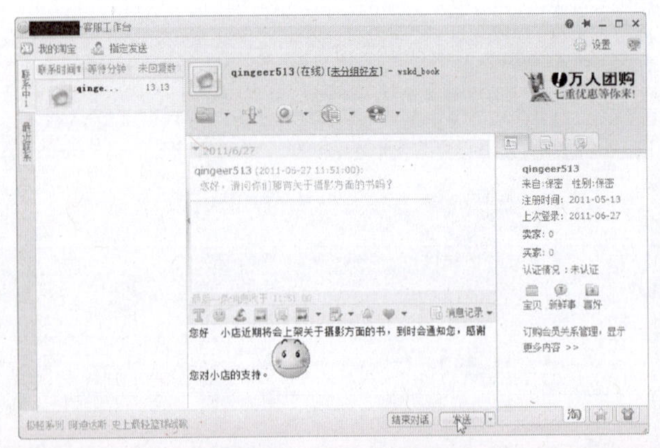

4.1.4 使用移动旺旺与买家沟通

移动旺旺，简单地说就是阿里旺旺的手机版，可以免费地将阿里旺旺与手机绑定，让用户无论在哪里都可以收到来自客户的消息。

操作步骤

❶ 登录阿里旺旺界面，在界面中单击【主菜单】图标 ，如下图所示。

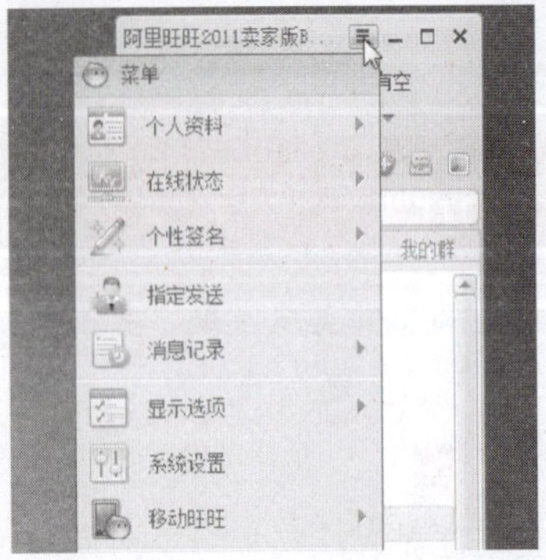

❷ 在菜单窗口中选择【绑定手机】命令，如下图所示。

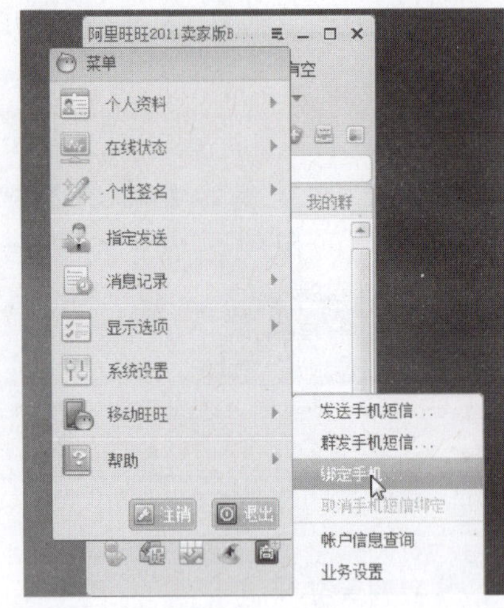

❸ 弹出【绑定手机】页面，在该窗口中单击【资费详情】链接可查看资费详情，选中【我已经阅读并同意用户协议】复选框，单击【下一步】按钮，如下图所示。

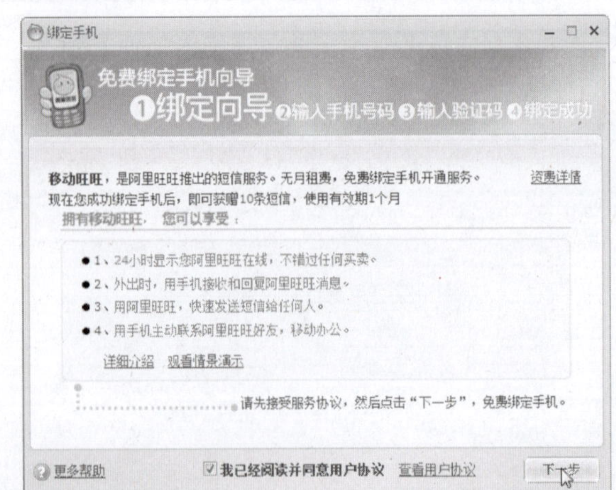

❹ 单击【下一步】按钮后，进入【输入手机号码】页面，在【请输入手机号码】文本框中输入自己的手机号，然后单击【下一步】按钮，如下图所示。

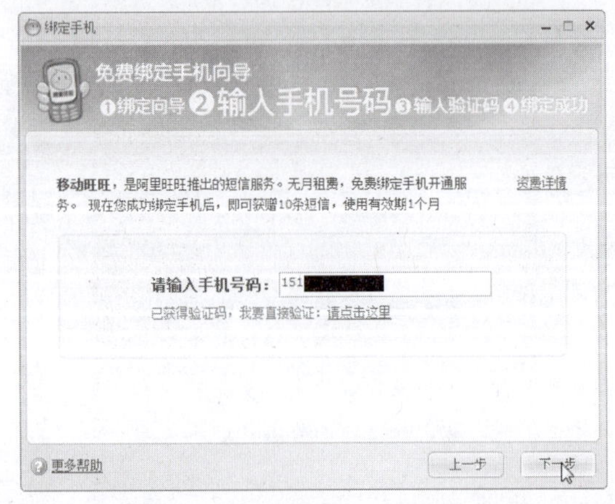

❺ 进入【输入验证码】页面，在【手机号码】文本框

长见识 如果新手卖家觉得自己制定的退货和换货政策比较麻烦，可以加入“7天无理由退货”服务。

中显示了前一步骤输入的手机号码，在【验证码】文本框中输入验证码，然后单击【下一步】按钮，如下图所示。

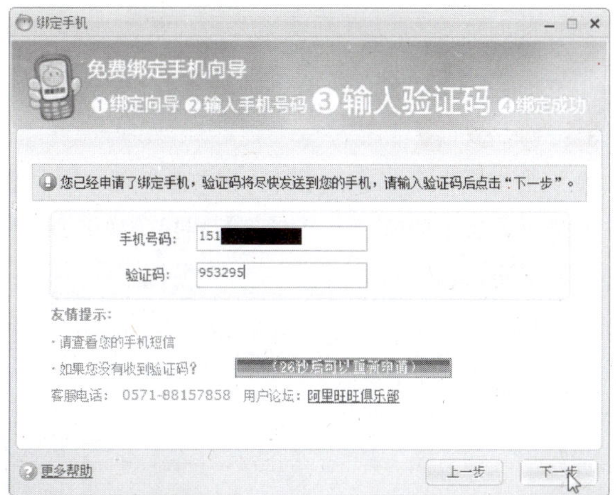

6 进入【绑定成功】页面，在【请选择您需要的移动旺旺功能】下面选中需要的功能复选框，然后单击【完成】按钮，如下图所示。

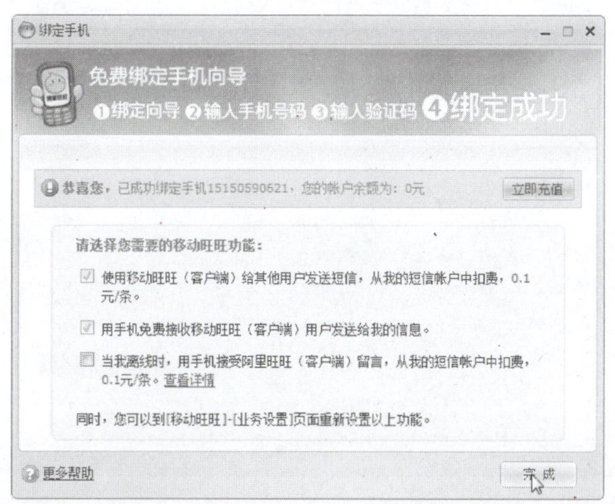

7 返回阿里旺旺界面，在主菜单中选择【发送手机短信】命令，如下图所示。

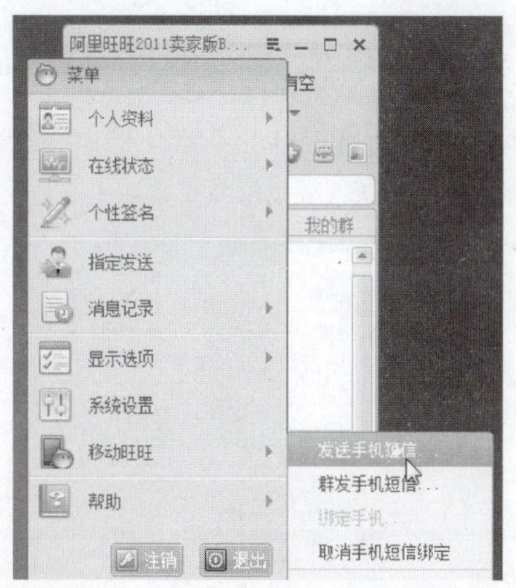

8 弹出【发送手机短信】页面，选择好接收人，输入信息内容，最后单击【发送】按钮即可，如下图所示。

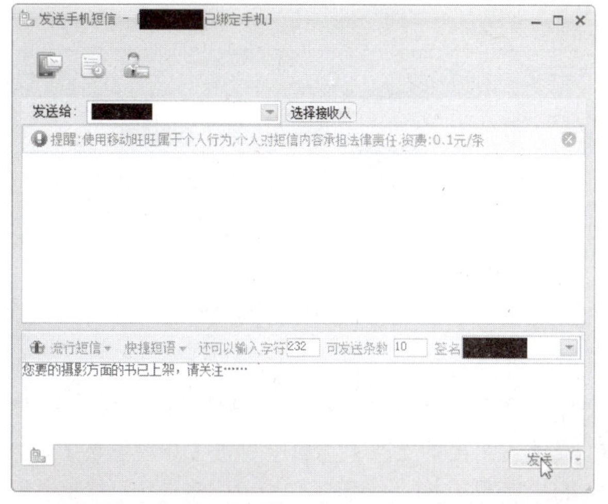

4.1.5 使用QQ与买家沟通

除了能利用淘宝网上的通信工具和客户交流外，还可以使用淘宝网以外的通信工具，例如腾讯QQ。将QQ号码发布到店铺中，让不是淘宝网会员的客户拥有和会员客户一样的权限与你联系，这样你就可以拥有更多的客户群。

在店铺公告中添加QQ号码的具体信息，如下图所示，也可以注明买家可联系该QQ。

4.2 进行第一笔交易

在淘宝网进行交易，除了要学会如何发布商品、与买家交流外，还应掌握一些基本的技能，如修改交易价格，选择物流方式，以及给买家评价等。

4.2.1 修改交易价格

在网上进行交易，买家通常会讨价还价，这时就需要卖家修改最初设定的一口价，从而完成宝贝的交易。

如果退货是卖家的责任导致的，要勇于承担，同时要尽快同买家达成退换货协议，否则容易使买家感到失望而丧失再次购买的欲望；如果是买家的责任问题，一般是不予退换的，但也要向买家详细地说明原因，最好能为对方提供相应的弥补建议，切忌在沟通中恶言恶语。

操作步骤

❶ 登录淘宝网首页，单击左侧【交易管理】栏下的【已卖出的宝贝】链接，如下图所示。

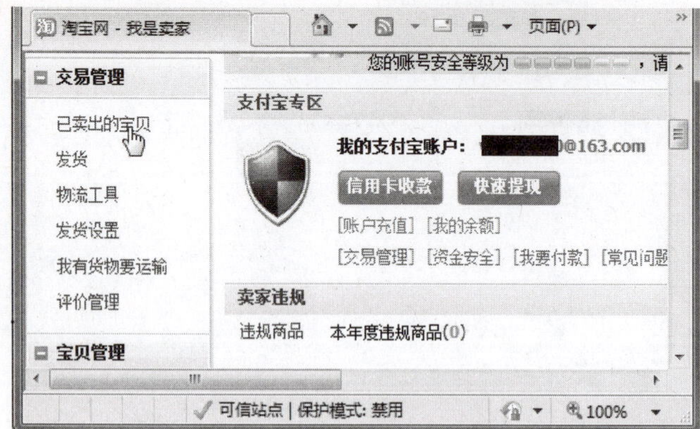

❷ 在【已卖出的宝贝】页面中单击【修改价格】链接，如下图所示。

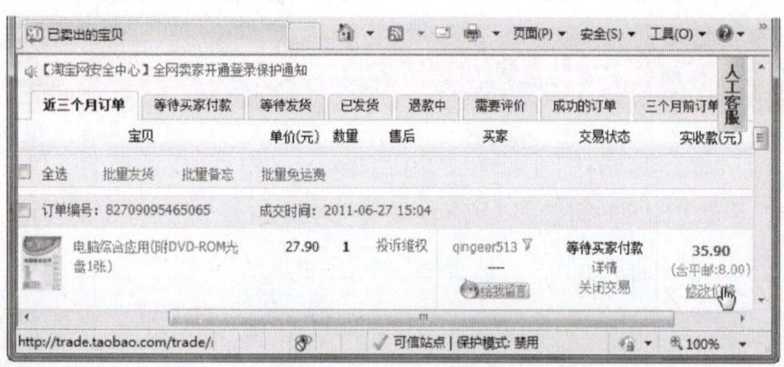

❸ 在打开的窗口中重新设置折扣或邮费，然后单击【确定】按钮，如下图所示。

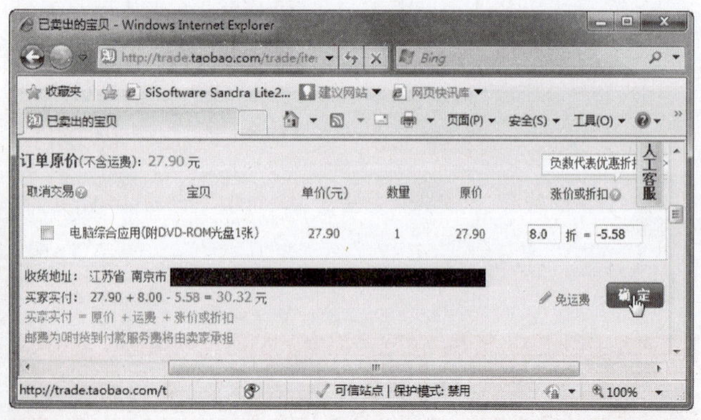

❹ 返回【已卖出的宝贝】页面，可以看到该宝贝修改后的价格，如下图所示。

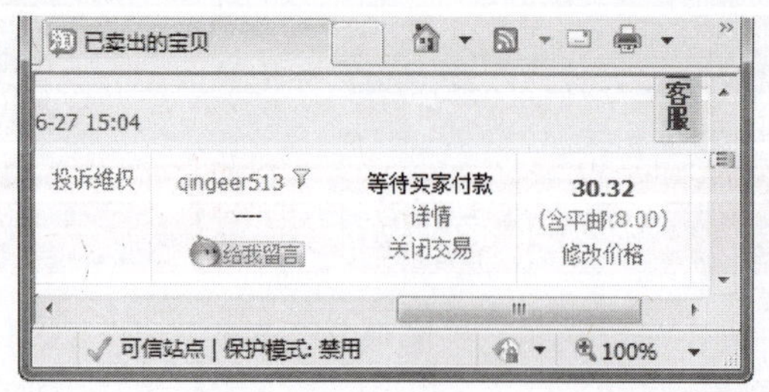

4.2.2 使用支付宝推荐物流发货

买家付款后，所卖宝贝的交易状态就变成“买家已付款”，此时卖家可以联系物流公司向买家发货。下面来介绍如何在线下单发货，具体操作步骤如下。

操作步骤

❶ 登录淘宝网首页，进入【我的淘宝】页面，单击【交易提醒】栏中的【待发货订单】链接，如下图所示。

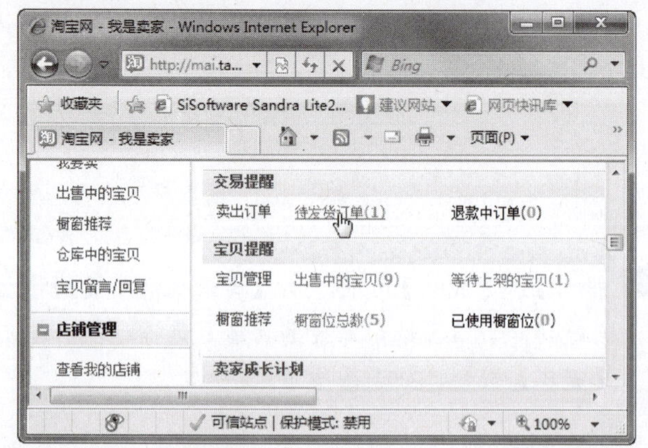

❷ 在打开的页面中确认付款信息，然后单击【发货】按钮，如下图所示。

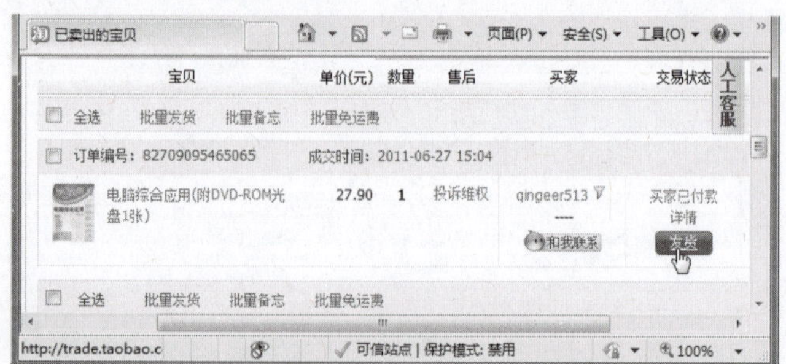

❸ 在【选择物流服务】栏中选择一种物流方式，这里单击【在线下单】链接，如下图所示。

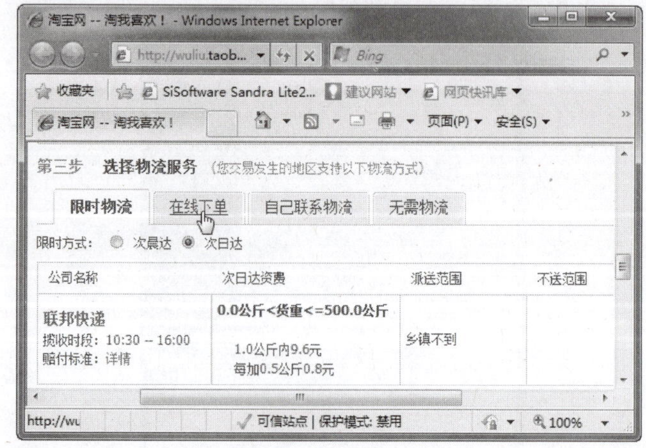

❹ 这里需要设置预约日期及时段，然后选择一家物流

在找快递公司时至少要关心以下几个方面：快递公司擅长的递送范围，服务报价，公司成立的时间，资产实力，业务范围，服务质量。

公司，单击其后的【选择】按钮即可，再单击【确认】按钮，如下图所示。

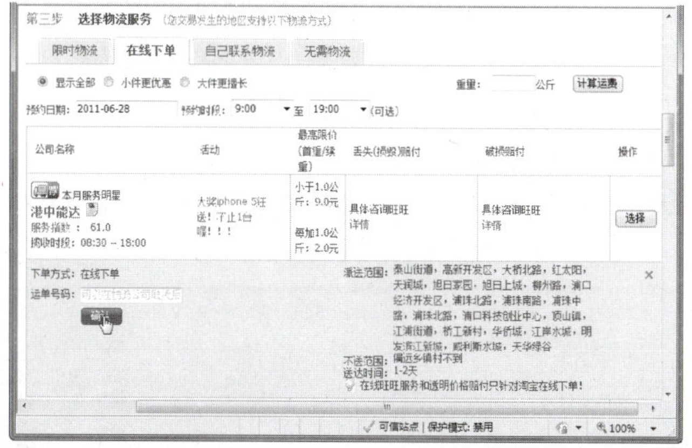

❺ 在弹出的页面中显示了操作成功的提示信息，如下图所示，这时等待物流公司确认即可。

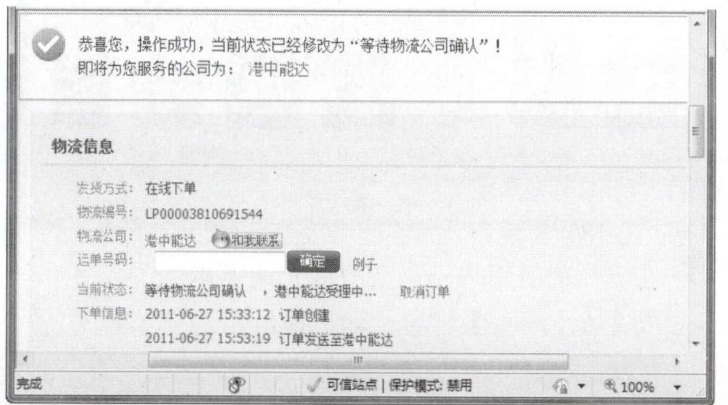

4.2.3　为买家评价

买家收到货并将货款支付给卖家后，卖家应及时对买家做出评价。只要交易顺利，买卖双方可以互给“好评”。“好评”要不断积累，这样才能逐步提高店铺的信誉。

操作步骤

❶ 登录淘宝网，单击左侧【交易管理】栏下的【已卖出的宝贝】链接，如下图所示。

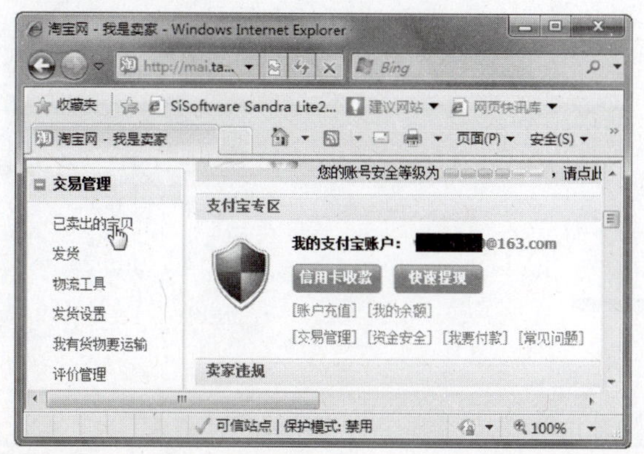

❷ 在打开的页面中可以看到【交易成功】的信息，然后单击【评价】链接，如下图所示。

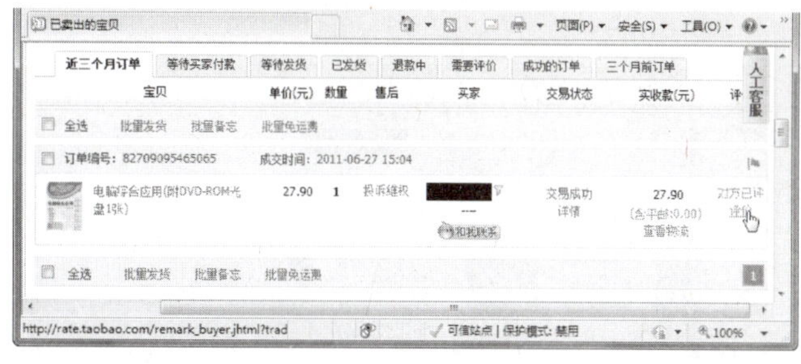

❸ 弹出评价买家的页面，选中【好评】单选按钮，也可以在文本框中留言，最后单击【确认提交】按钮，如下图所示。

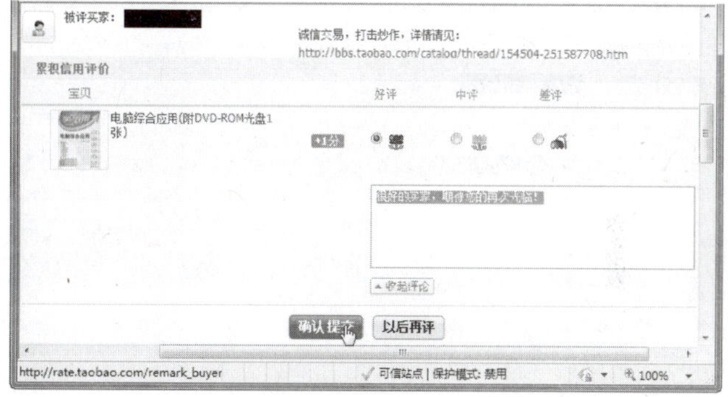

❹ 这时即可显示“信用评价成功1个”提示信息，如下图所示。

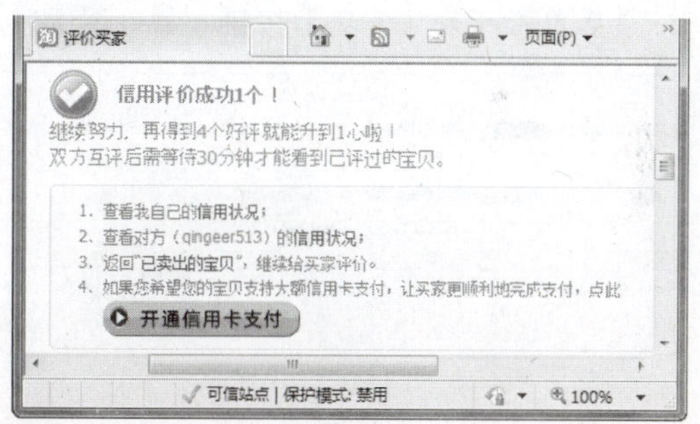

4.3　使用支付宝管理收支账目

卖家发货后，若买家收到了宝贝，则会在淘宝网上确认货已收到，这时支付宝管理员会把货款打入卖家的支付宝账号中。

1. 申请提现

如果卖家想把支付宝账户上的“电子钱”换成“现金”，就需要从支付宝账户中提取现金。

每个快递公司都有自己擅长的范围，但是，每个快递公司都希望更多的业务，在自己的能力范围外承接业务的公司不在少数，这会产生许多问题。所以，要根据需要选合适的快递公司。

操作步骤

❶ 登录支付宝，在页面的右侧单击【提现】按钮，如下图所示。

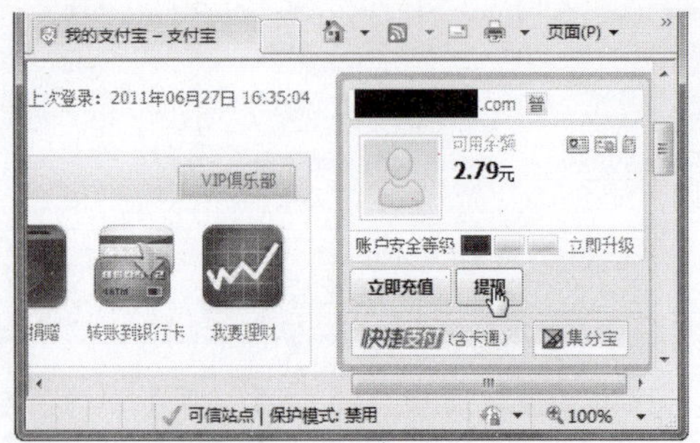

❷ 在打开的页面中输入提现金额，然后单击【下一步】按钮，如下图所示。

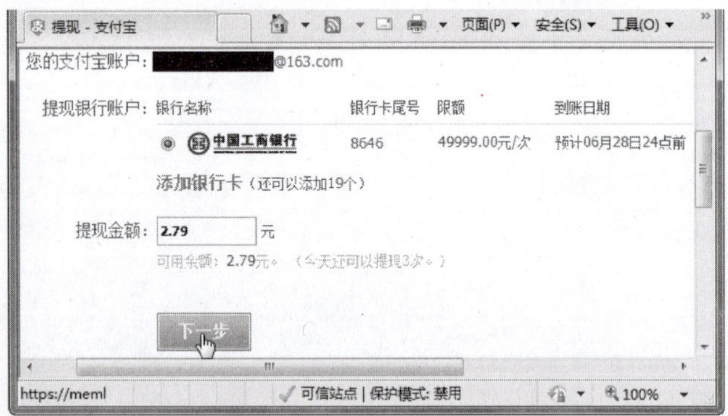

❸ 进入【提现确认】页面，确认信息后，输入支付密码，最后单击【确认提现】按钮，如下图所示。

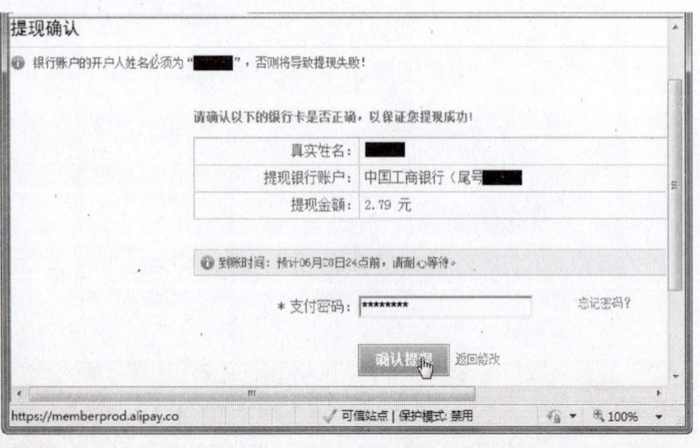

❹ 在弹出的页面中显示了“您的提现申请已提交成功”的信息，资金会在1～2个工作日内到达账户，如下图所示。

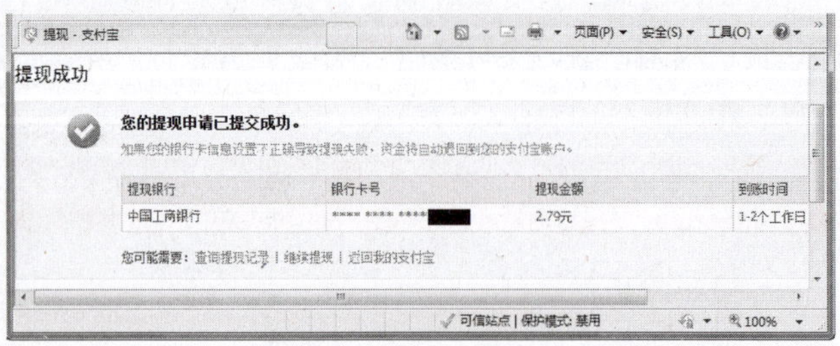

2. 收支明细查询

在支付宝中除了能够提现，还可以查询收支情况，这样用户就可以随时查询到自己的历史账户转账或提现明细记录了。

操作步骤

❶ 登录支付宝，单击左侧【我的支付宝】选项下的【我的账户】链接，如下图所示。

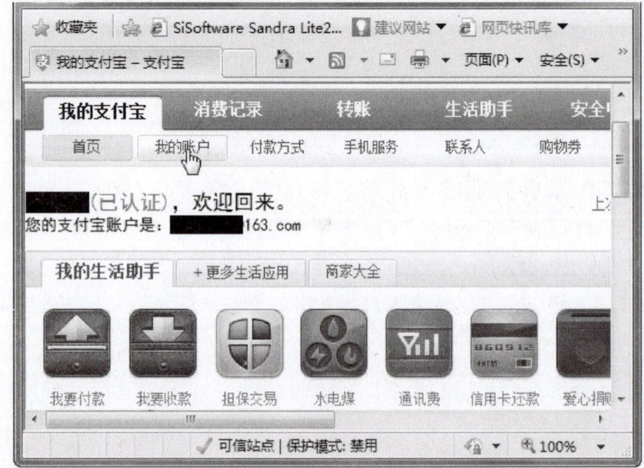

❷ 在出入的页面中可以看到账户的基本信息，然后单击【收支明细】链接，如下图所示。

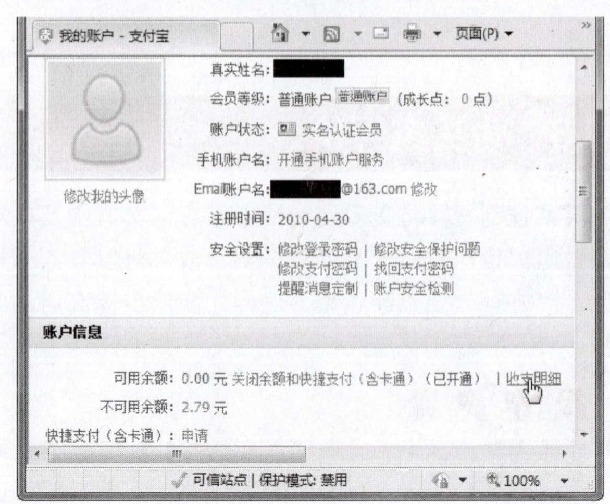

❸ 在弹出的页面中显示了最近一个月的收支情况，若要查询某项交易的详情，可以单击【查看】链接，如下图所示。

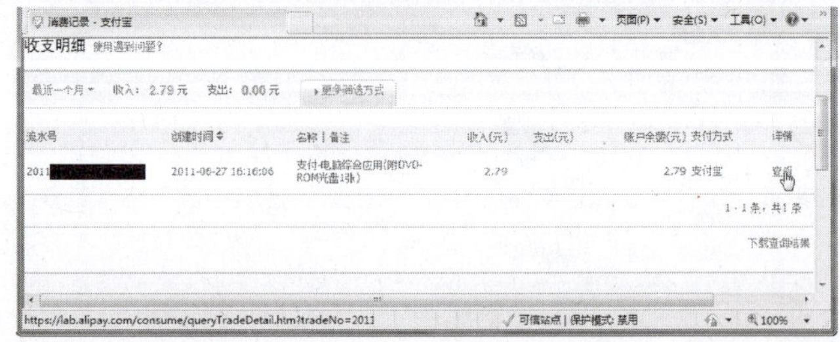

长见识

如果对价格比较敏感，即使同一个业务也不能仅选择一家公司，例如同城业务，许多小公司报价低，但是擅长的范围小，因此必须根据自己业务需要组合几个快递企业为自己服务。

学以致用系列丛书

❹ 这时即可显示该项交易的有关信息，如下图所示。

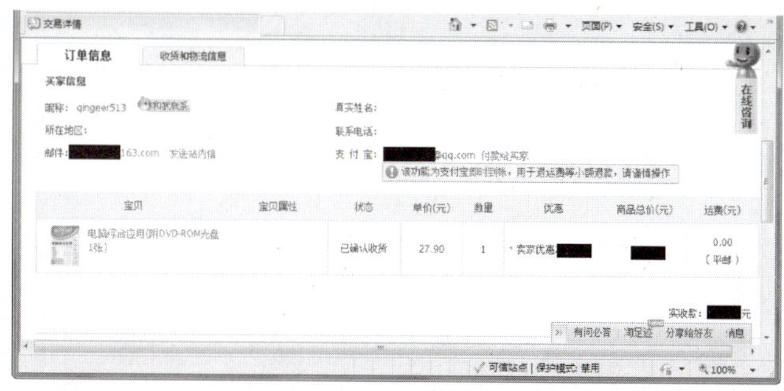

4.4　处理买家退款

退款是指买方将不满意的商品退还给卖方，然后卖方将买家支付的购物金额退还给他的过程。那么，像网店这样虚拟的店铺是如何处理买家退款的？这就是本节要介绍的内容，快来学习吧。

注意

买家自付款之时起即可申请退款，自买家申请退款之时起两天内卖家仍未点击发货的，淘宝会通知支付宝退款给买家。

4.4.1　查看退款信息

买家退款一般有两种情况：一种是没有收到商品；另一种是买家在收到货以后，因宝贝破损或宝贝与网店上的图片不符等原因对宝贝不满意，要求退货。此时，卖家必须对此申请及时做出回应，是同意退款还是拒绝退货。做出回应前应首先查看买家因为何种原因退货。

操作步骤

❶ 登录淘宝网，进入【我的淘宝】页面，在【支付宝专区】中的【交易提醒】一栏中单击【退款中订单】链接，如下图所示。

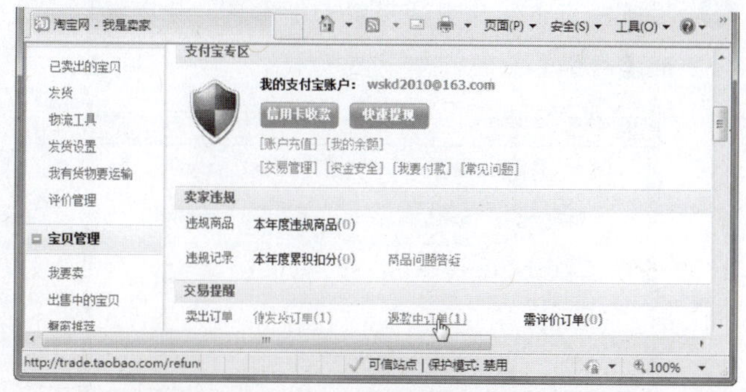

❷ 在要查看的买家退款信息列表右侧单击【查看】链接，如下图所示。

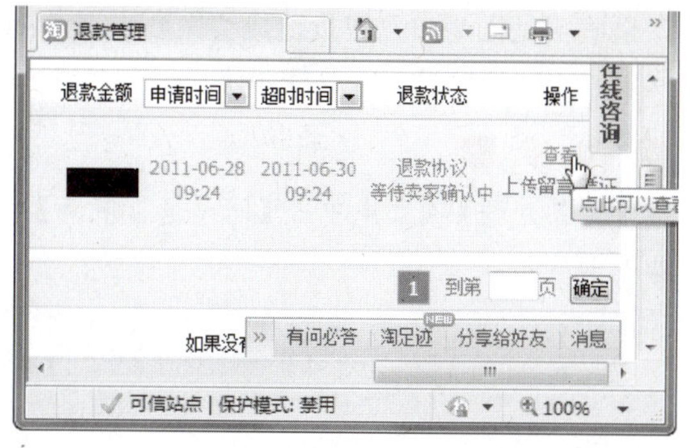

❸ 弹出【退款详情】页面，在该页面的中间位置可以看到“申请退款时间”、“退款状态”、“货物状态”、“退款原因”和“退款说明”等信息，如下图所示。

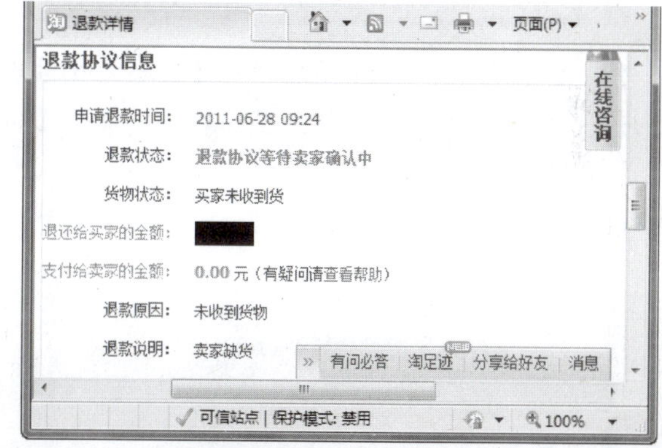

提示

买家申请退款后的超时规则：在买家申请退款后，会依据以下情况分别处理。

(1) 卖家拒绝退款，买家有权修改退款协议，要求淘宝介入或确认收货。买家在卖家拒绝退款后7天内未操作的，退款流程关闭，交易正常进行。

(2) 卖家同意退款或在5天内未操作的，且不要求买家退货的，淘宝通知支付宝退款给买家。

(3) 卖家同意退款或5天内未操作的，且要求买家退货的，则按以下情形处理。

❖ 买家未在7天内点击退货的，退款流程关闭，交易正常进行。

❖ 买家在7天内点击退货，且卖家确认收货的，淘宝通知支付宝退款给买家。

❖ 买家在7天内点击退货，通过快递退货10天内、平邮退货30天内，卖家未确认收货的，淘宝通知支付宝退款给买家。

快递业务较多的公司既重视成本又重视质量，这就需要与快递公司保持经常性的沟通，了解其具体问题，通过协助快递公司解决问题，帮助快递公司发展来解决不断更换快递服务的问题。

4.4.2　同意买家退款协议

如果确实是因为自己缺货造成买家要求退款的，可在退款信息中选择同意买家退款协议。

操作步骤

1 在【退款处理】页面中单击【同意退款申请】按钮，如下图所示。

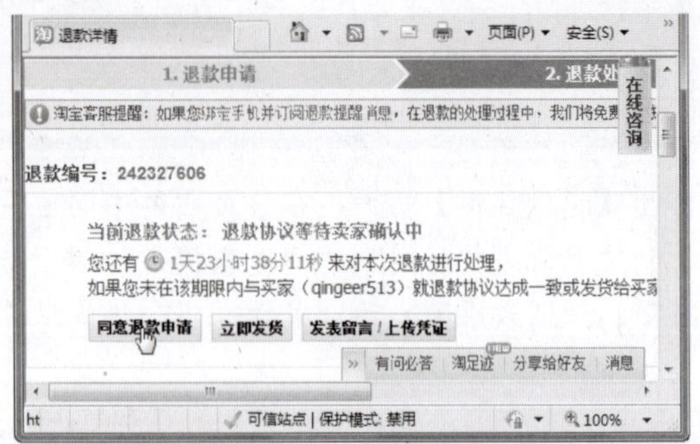

2 弹出【处理退款协议】页面，在【请输入支付宝账户支付密码】文本框中输入密码，然后单击【同意退款协议】按钮，如下图所示。

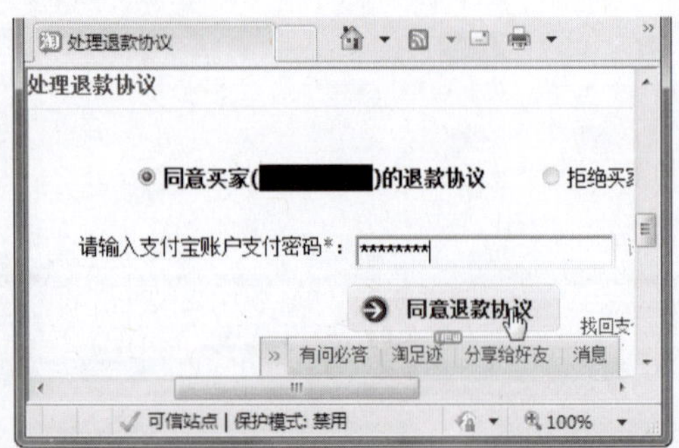

3 弹出提示框，单击【确定】按钮，如下图所示。

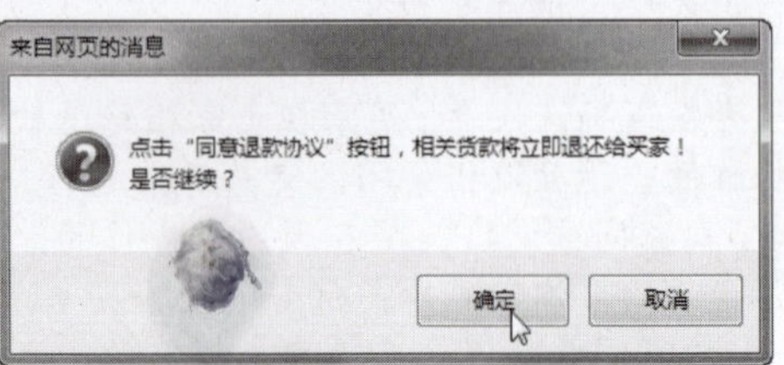

4 弹出新的页面，在页面中显示“退款成功”字样，如下图所示。用户在该页面单击【查看退款详情】链接。

5 进入以下页面，显示退款详情，如下图所示。

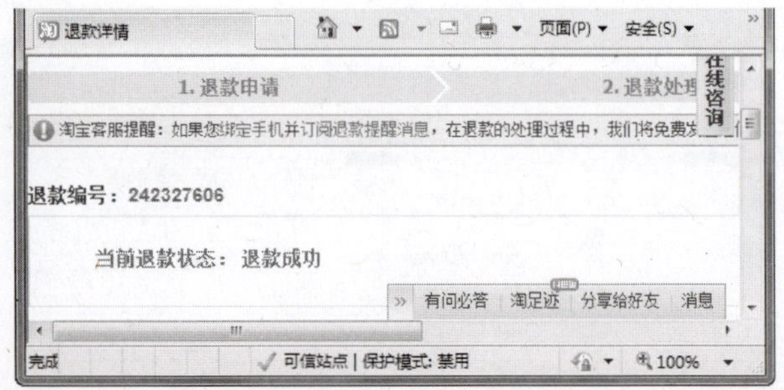

4.4.3　拒绝买家退款协议

若买家为无理由退款，卖家可以选择拒绝买家退款协议，并上传发货信息等内容，证明买家的退货理由是无依据的；如果买家因没有收到发货信息提出退款，卖家可立即上传发货信息，以表示拒绝退款。

操作步骤

1 在【退款处理】页面中，单击【立即发货】按钮，如下图所示。

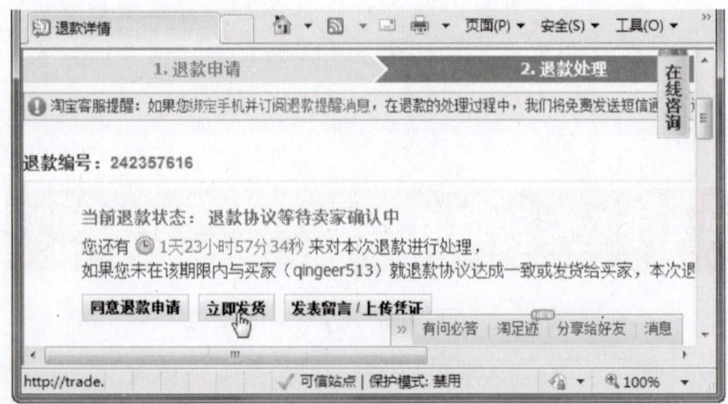

2 弹出提示框，单击【确定】按钮，如下图所示。

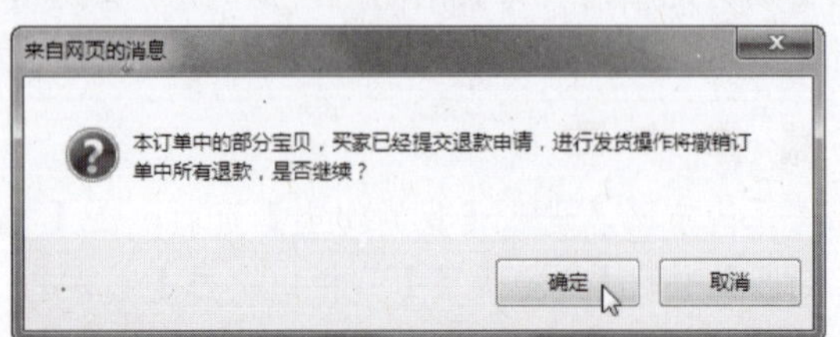

3 按照前面介绍的方法设置发货信息，设置完毕后单击【确认】按钮，如下图所示。

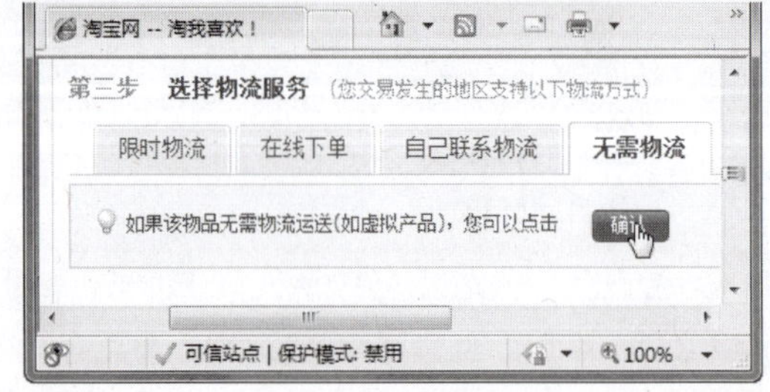

长见识　快递包裹与普通包裹大致相同。邮局快递的费用一般是邮局平邮的2~2.5倍，邮局快递在许多地区能够做到送货上门，并且邮局快递的送货时间一般是4~7天。

❹ 进入以下页面，提示发货完成，如下图所示。

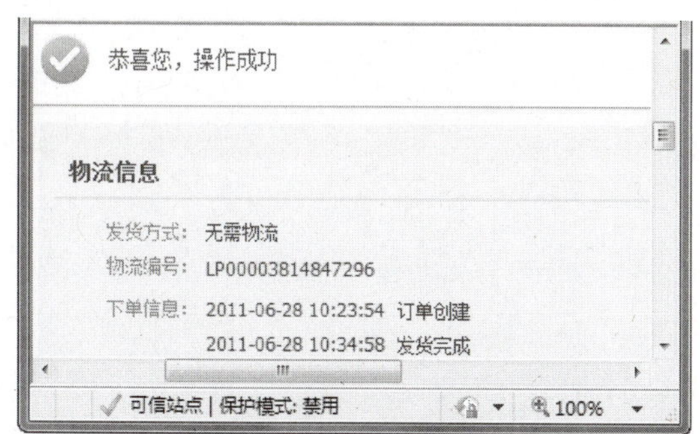

❺ 返回“退款管理”页面，这时在页面中显示“退款关闭”字样，如下图所示。

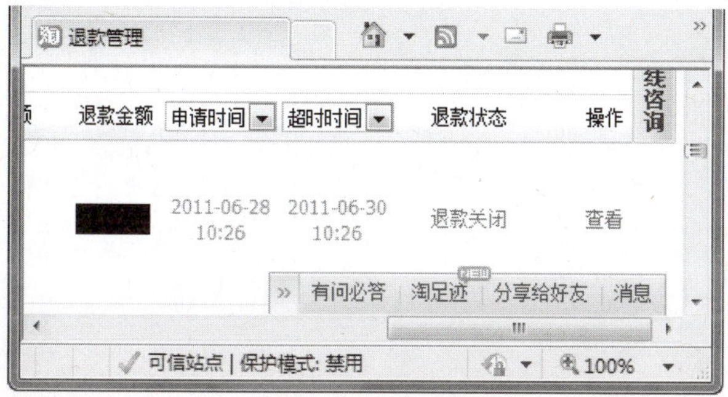

4.4.4 解决常见的退款问题

在退款中或多或少会遇到一些问题，遇到问题时怎么办呢？下面就来介绍一下如何解决常见的退款问题。

1. 买家收货不确认

买家一直没“确认收货”(如下图所示)有可能是忘记了，你可以发旺旺、留言或打电话提醒。如果觉得时间太长了，可以登录支付宝账户之后，在页面右上角单击【我要提问】链接，提供发货单及对方的签收单申请打款。支付宝收到后会为你联系买家核实解决。

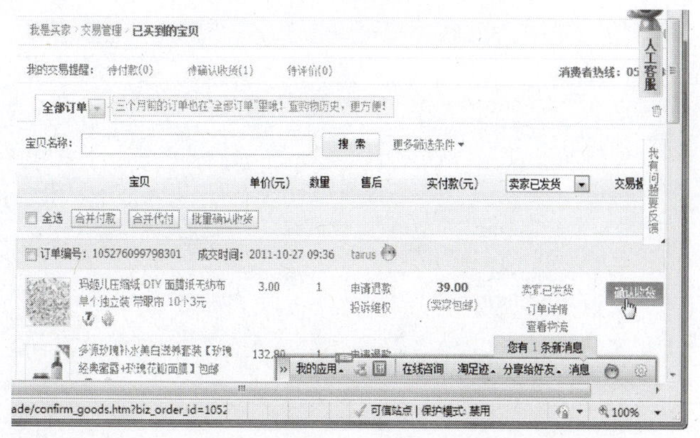

2. 非本人签收，买家说没收到货

根据卖家上传的发货凭证查询商品为他人签收，根据支付宝交易纠纷处理规则：收货人不能亲自签收，委托第三人签收时，第三人应当提供收货人的授权并出示收货人及第三人本人身份证件。这时可与承运方沟通，并且在规定时间内出具此快件为合法进行签收的相应凭证，客服人员收到后将核实处理。

3. 已确认收货，是不是不能再退款了

买家确认收货，支付宝将自动打款给卖家，当时的这笔交易就已经结束了，此时就无法再申请退款操作。如果对货物有疑问，可以在线下联系卖家协商解决。

4. 运输过程中货物损坏

由于承运方的责任导致货物损坏，可与买家一起联系承运方，向承运方发起投诉并要求索赔，同时提醒买家收货时注意验收货物，避免不必要的麻烦。

4.5 思考与练习

选择题

1. 卖家处理退款的时间限制为________。

A. 1天 B. 7天

C. 3天 D. 2天

2. 卖家可以在________中修改交易价格。

A. 宝贝分类管理

B. 出售中的宝贝

C. 已卖出的宝贝

D. 店铺基本设置

操作题

1. 运用多种方式与买家沟通。
2. 完成第一笔交易并为买家评价。

学以致用系列丛书

邮政特快专递简称EMS，是邮政系统最快的发货方式，使用航空邮递，一般省内24小时之内到达，外省一级城市之间48小时到达，全国范围内基本上是72小时到达，很方便，也很安全，丢失的几率非常低，但价格相对来说比较昂贵。

第5章 省时省力——使用淘宝助理管理网店

对于刚接触淘宝网的新手来说，店内的商品需要逐个发布商品信息才能上架出售，劳动量很大，也容易出错。那么，有没有专门的工具软件能够提高商品信息的发布效率呢？淘宝助理就是这样的一款工具软件，通过它就可以轻松地完成这些工作。

学习要点

- ❖ 启动淘宝助理
- ❖ 使用淘宝助理发布商品
- ❖ 交易管理

学习目标

通过本章的学习，读者应该熟知如何下载并安装淘宝助理，怎样使用淘宝助理创建并上传宝贝，学会使用淘宝助理批量编辑宝贝、更新数据、下载商品，以及使用淘宝助理导出/导入商品信息和使用淘宝助理备份宝贝数据等。

5.1 启动淘宝助理

若有批量的商品需要发布时，按照在网页中发布商品的方法，会显得比较麻烦，且浪费时间。若使用淘宝助理批量发布商品的功能，不仅减少了工作量，而且在不登录淘宝网的情况下就可以发布商品。

5.1.1 认识淘宝助理

淘宝助理是一款免费的、功能强大的客户端工具软件，可以不用登录淘宝网就能直接编辑商品信息，快速批量地上传商品。

淘宝助理主要有以下几个特点。

❖ 离线管理、轻松编辑商品信息。
❖ 数秒内建立专业的宝贝销售页面。
❖ 能一次性快速、成批地上传大量宝贝。
❖ 能保存常用的交易方式并当做模板反复使用。

5.1.2 下载并安装淘宝助理

如果要使用淘宝助理软件，用户首先需要下载和安装淘宝助理，淘宝助理的下载和安装的具体步骤如下。

操作步骤

❶ 在浏览器地址栏中输入淘宝助理网址(http://www.taobao.com/tbassistant/index.php)，然后在打开的网页中单击【立刻下载】按钮，如下图所示。

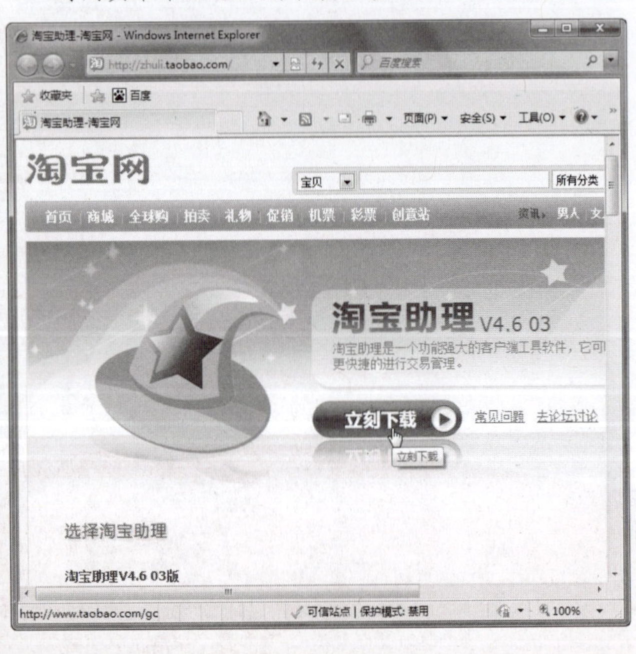

❷ 弹出【文件下载-安全警告】对话框，单击【保存】按钮，如下图所示。

❸ 弹出【另存为】对话框，选择保存的位置，然后单击【保存】按钮，如下图所示。

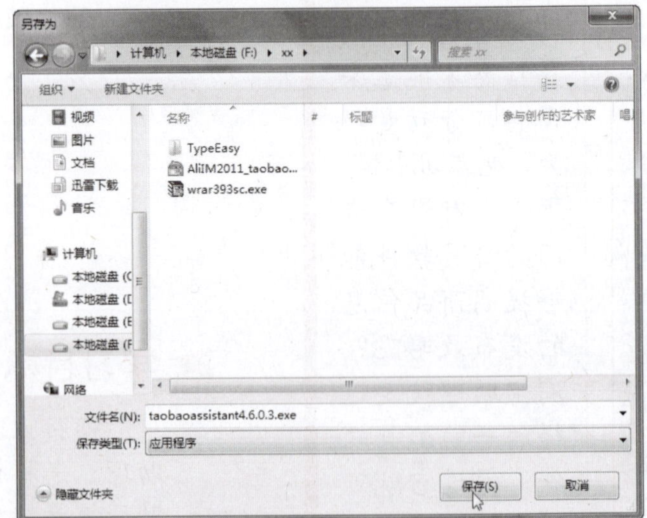

❹ 在弹出的对话框中显示了正在下载该文件，并提示下载的进度，如下图所示。

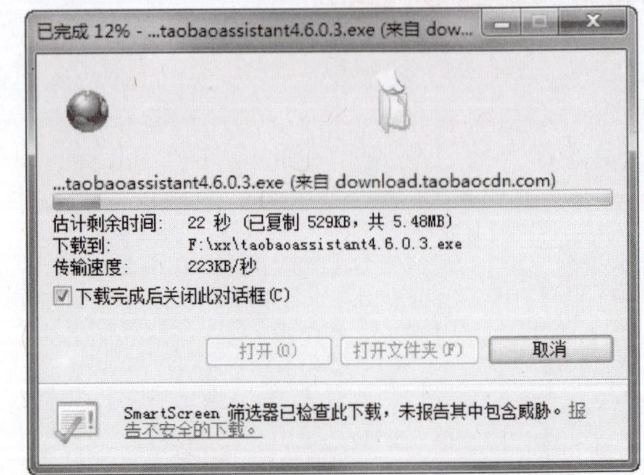

❺ 文件下载完毕后，找到该文件所在的文件夹，双击淘宝助理安装文件，在弹出的安装向导界面中，单击【下一步】按钮，如下图所示。

长见识：淘宝助理支持本地图片，上传宝贝时自动将本地图片上传到图片空间，让用户的本地图片在宝贝描述中尽情展现。

❻ 进入【许可证协议】页面，单击【我接受】按钮，如下图所示。

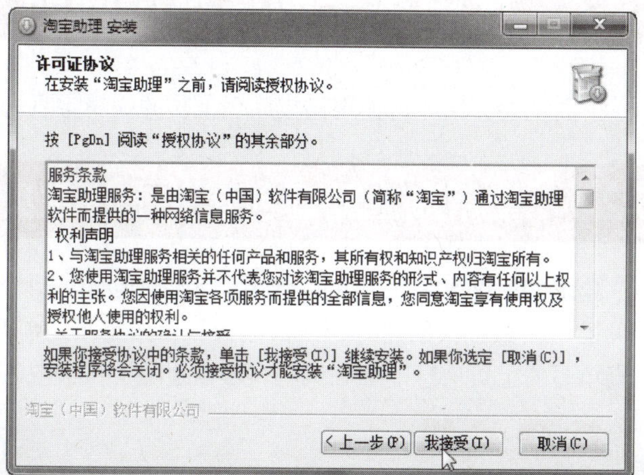

❼ 进入【选择安装位置】页面，单击【浏览】按钮可以设置新的安装位置，也可选择保持默认设置，单击【安装】按钮，如下图所示。

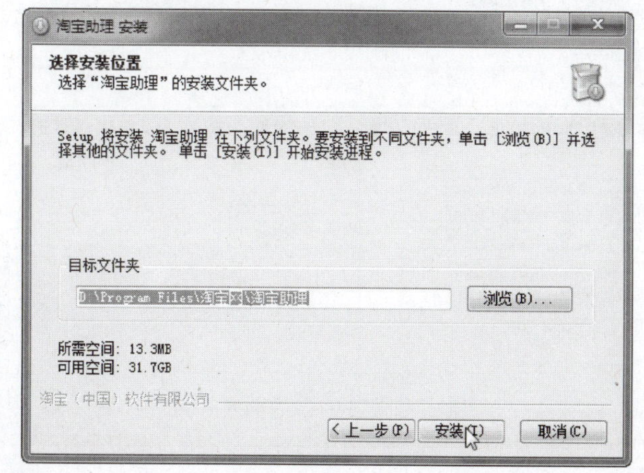

❽ 在弹出的对话框中显示了正在安装该文件，并提示安装的进度，如下图所示。

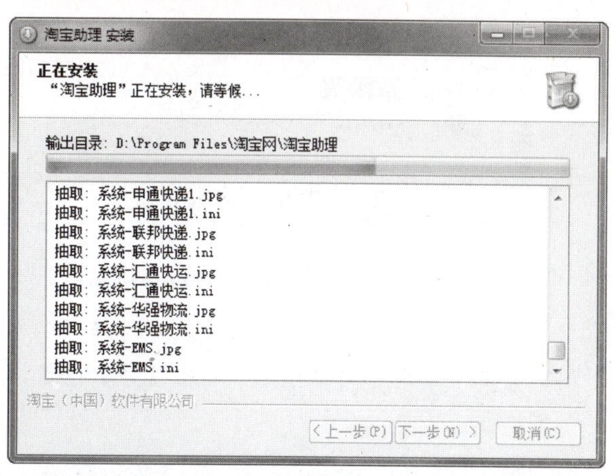

❾ 淘宝助理安装完成后，进入如下图所示的页面，单击【完成】按钮即可。

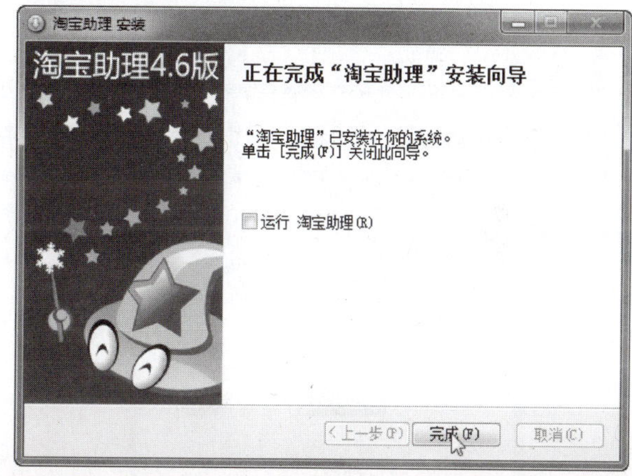

5.1.3 登录淘宝助理

安装完成后，接下来就学习如何登录淘宝助理吧。

操作步骤

❶ 安装好淘宝助理后，在桌面上会显示【淘宝助理】快捷方式图标，双击该图标，如下图所示。

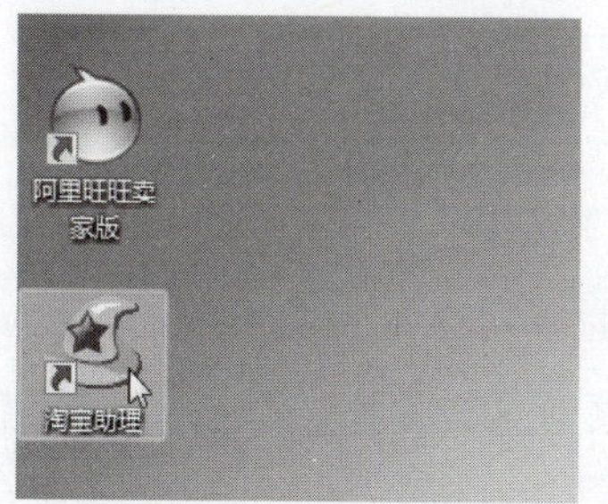

❷ 弹出【淘宝助理-用户登录】对话框，输入自己的淘宝网会员名及密码，然后单击【确定】按钮，如下图所示。

淘宝助理方便卖家快速打开淘宝的常用页面，并自动登录，减少麻烦。

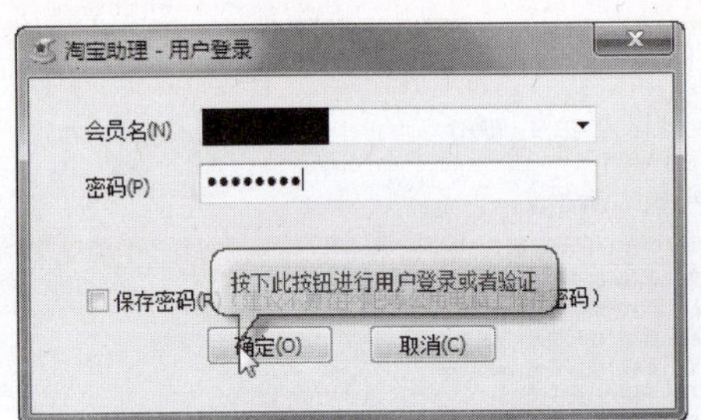

❸ 第一次登录淘宝助理时，需要进行身份验证，在弹出的【淘宝助理】对话框中，单击【是】按钮，如下图所示。

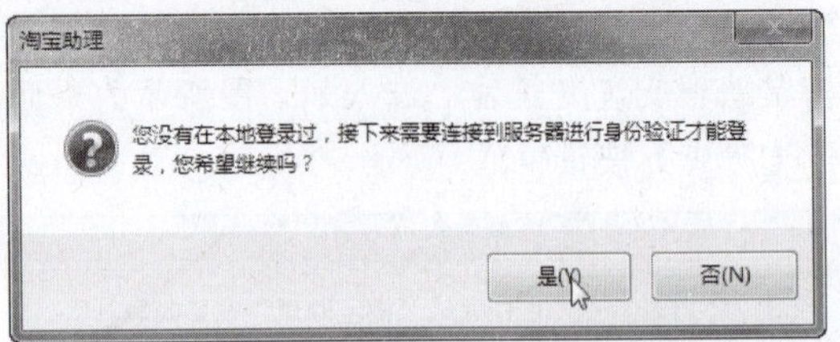

❹ 弹出【二次验证】对话框，单击【发送验证码】按钮，系统会在一分钟内将验证码发送到绑定的手机上，如下图所示。

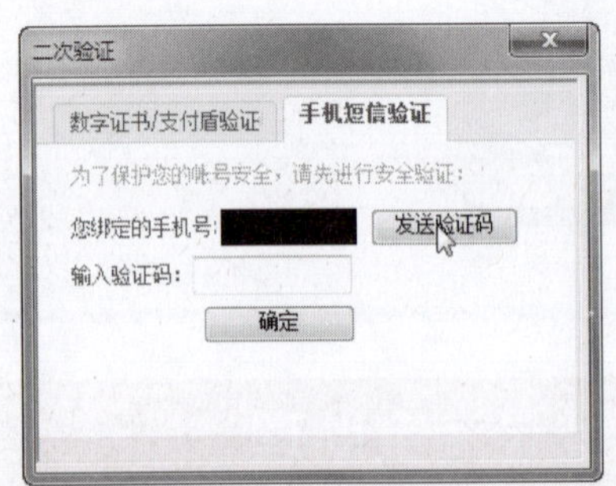

❺ 输入收到的验证码，单击【确定】按钮，如下图所示。

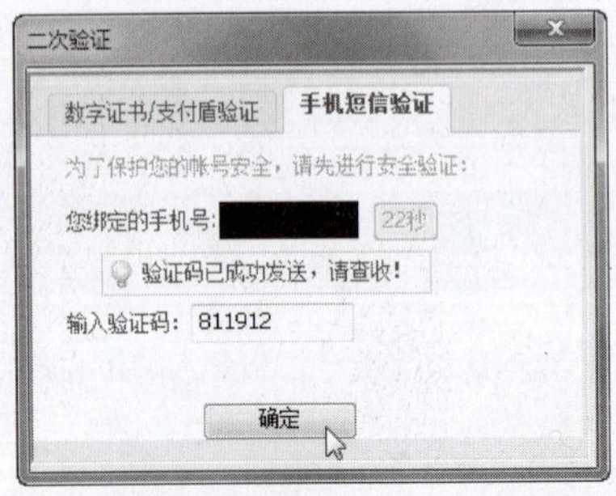

❻ 弹出【更新数据】对话框，开始更新数据，如下图所示。

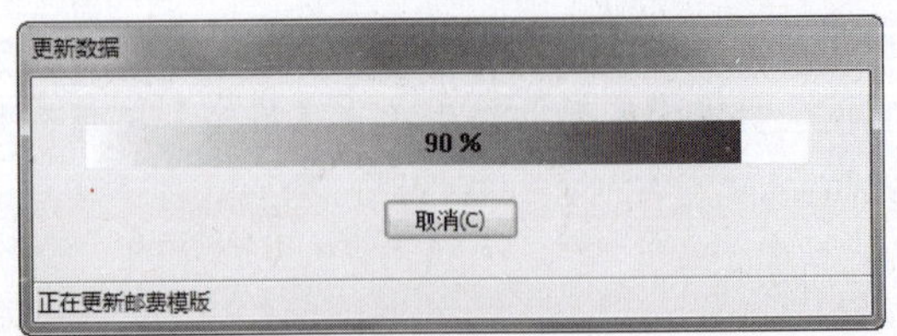

❼ 稍等片刻即可打开淘宝助理软件，如下图所示。

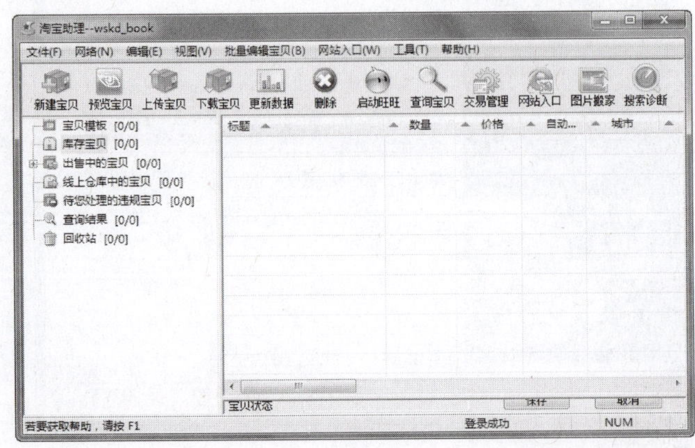

5.2 使用淘宝助理发布商品

下面主要介绍如何使用淘宝助理上传并编辑宝贝。

5.2.1 使用淘宝助理创建并上传宝贝

登录淘宝助理后，就可以使用淘宝助理创建并上传宝贝了，在第一次创建时为空白模板。上传宝贝之前要检查填写的宝贝信息，准确地填写可以避免上传失败。

操作步骤

❶ 登录淘宝助理，在工具栏中单击【新建宝贝】按钮，并在弹出的下拉菜单中选择【空白模板】命令，如下图所示。

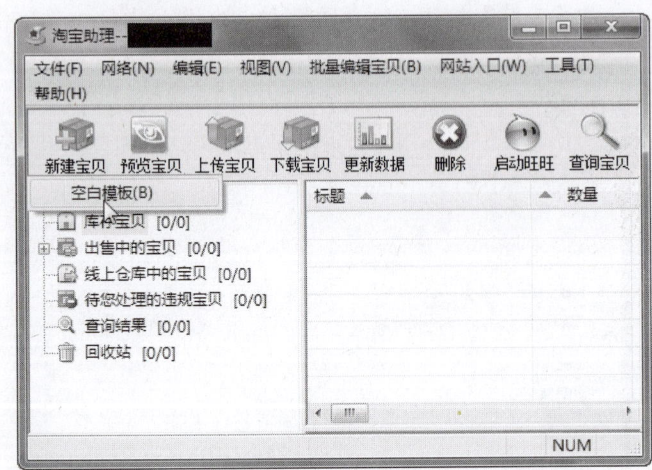

❷ 弹出【编辑单个宝贝】页面，切换到【编辑基本信息】选项卡，然后在【常规信息】选项组的【宝贝名称】文本框中输入要上传商品的名称，接着单击【店铺类目】右侧的【浏览】按钮，如下图所示。

长见识：在淘宝助理中删除宝贝不会直接影响到淘宝网站上的宝贝状态，如果要真正删除宝贝，可以到【我的淘宝】页面中删除。

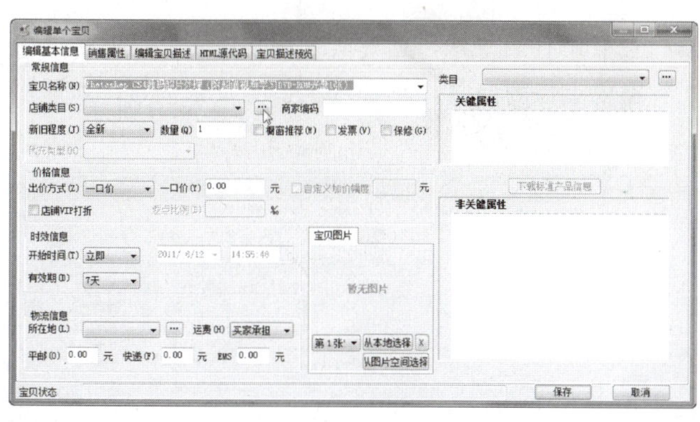

3 弹出【选择店铺类目】对话框，在列表框中设置店铺类目，再单击【确定】按钮，如下图所示。

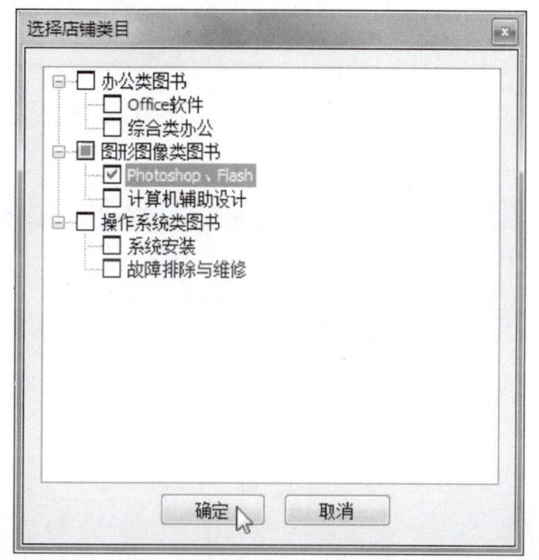

4 接着在【常规信息】选项组中设置商品的新旧程度和数量，并选中【橱窗推荐】复选框；在【价格信息】选项组中设置商品的出价方式及价格；在【时效信息】选项组中设置商品的开始时间及有效期；在【物流信息】选项组中设置商品所在地及运费；在【宝贝图片】选项组中设置图片的张数顺序。如右上图所示。最后选择商品图片，这里单击【从本地选择】按钮。

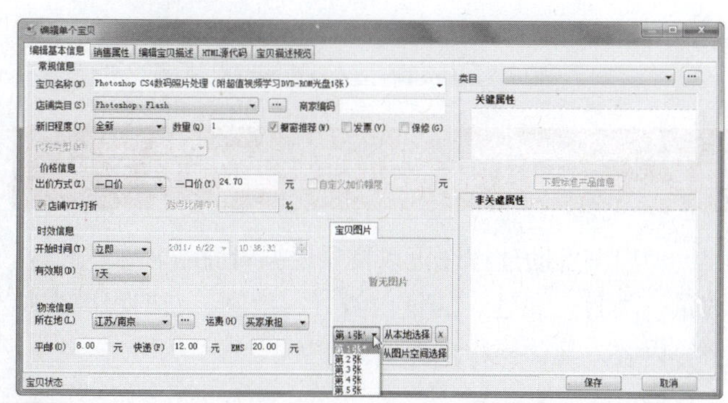

5 弹出【打开】对话框，从中选择商品图片，再单击【打开】按钮，如下图所示。

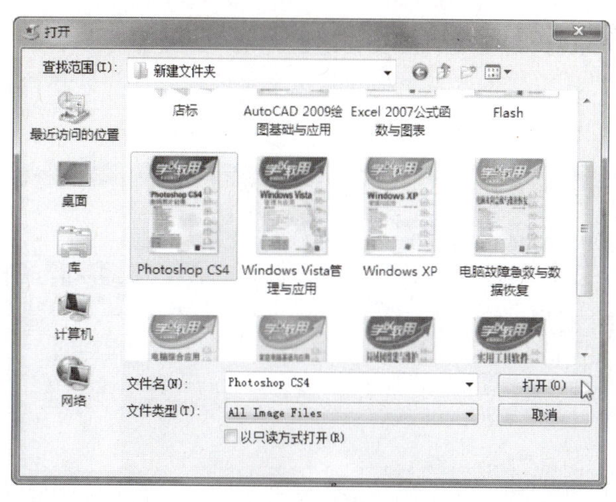

提示

如果图片已经上传到淘宝空间中，可以在【编辑单个宝贝】对话框的【编辑基本信息】选项卡中单击【从图片空间选择】按钮，打开【选择图片空间图片】对话框，接着在【从图片空间中选择】选项卡中选择要插入的图片，再单击【插入】按钮即可，如下图所示。

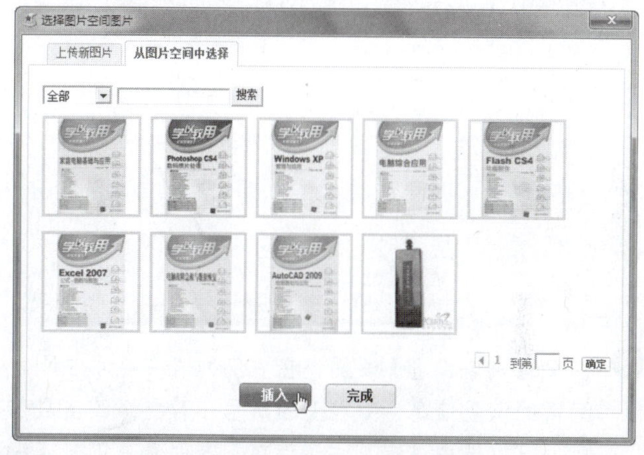

6 返回【编辑单个宝贝】页面，接着设置商品类目、ISBN编号以及商品的属性信息，如下图所示。

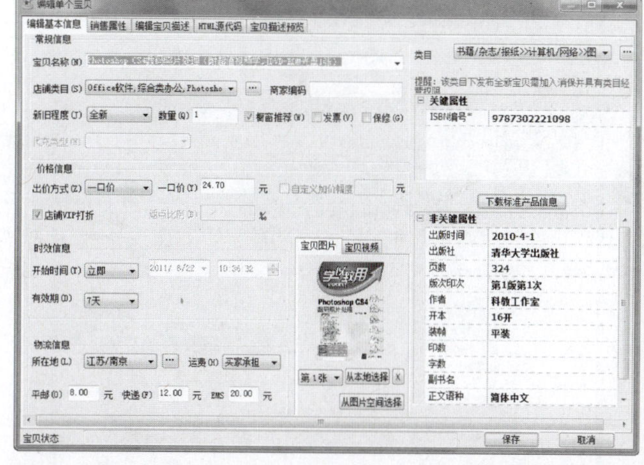

学以致用系列丛书

淘宝官方活动是指由淘宝官方发起并组织的，由淘宝官方统一协调形式、内容、时长、参与卖家或商品以及后续服务的活动。例如网站常规推广或促销活动(如淘宝网、一淘网、淘宝商城在年中或年底促销活动等)、网站不定期推广或促销活动(如淘代码推广测试活动等)。

❼ 切换到【编辑宝贝描述】选项卡，设置字体格式，接着在文本框中输入描述宝贝的信息，并调整段落格式，如下图所示。

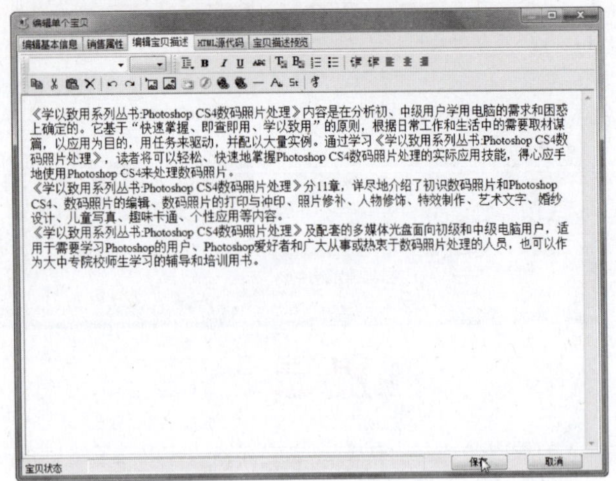

❽ 切换到【宝贝描述预览】选项卡，查看设置的宝贝描述效果，如下图所示，满意后单击【保存】按钮。

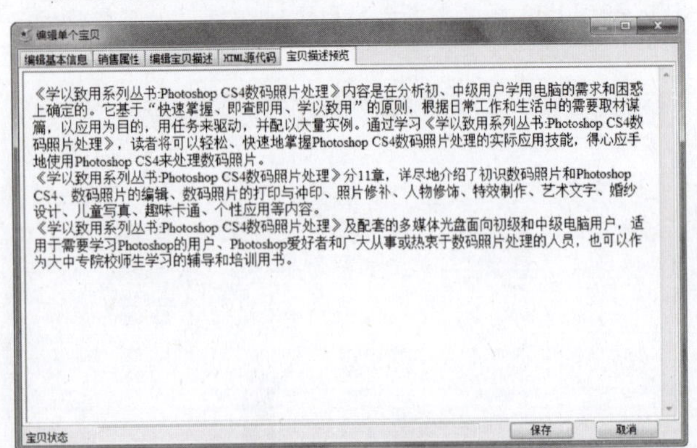

❾ 回到【淘宝助理】页面，在右侧列表中显示了刚才编辑的宝贝信息，如右上图所示。若要修改宝贝信息，可以选中该宝贝，然后在下方列表中单击【编辑基本信息】选项卡，接着修改宝贝信息，再单击【保存】按钮进行保存。

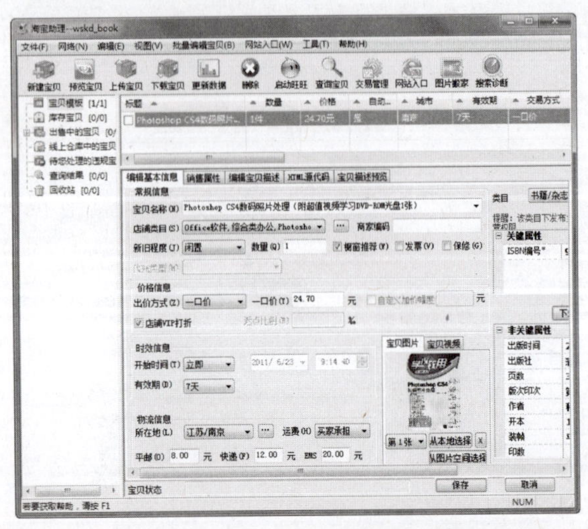

❿ 按照同样的方法，创建其他的宝贝信息，然后选中需要上传的宝贝，单击【上传宝贝】按钮，如下图所示。

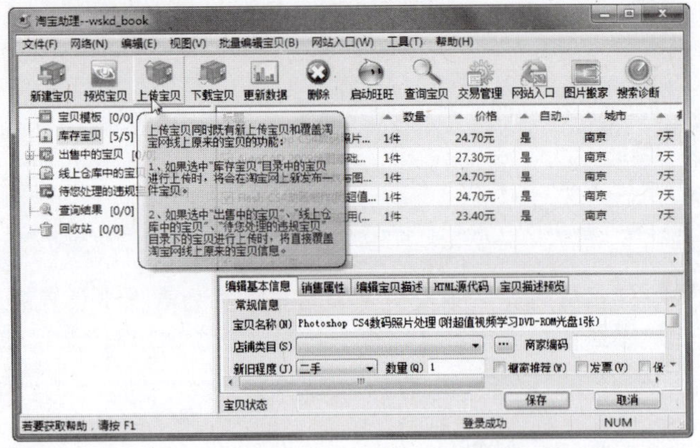

⓫ 弹出【上传宝贝】对话框，单击【确定】按钮，如下图所示。

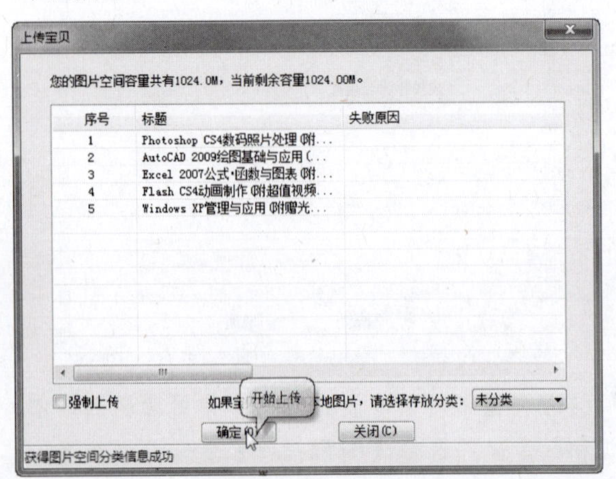

⓬ 宝贝上传完成后，在弹出的提示对话框中单击【确定】按钮，如下图所示。

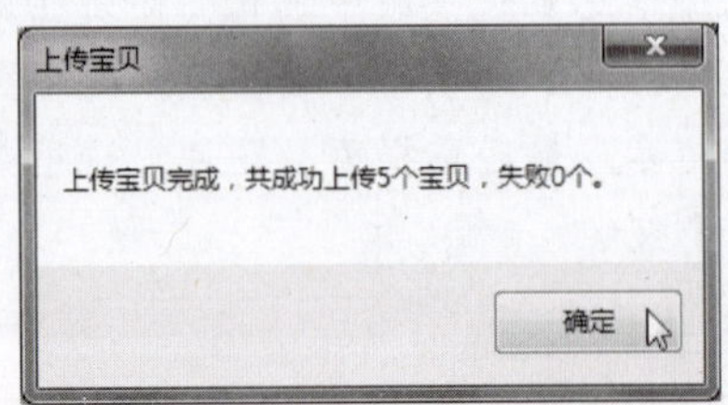

5.2.2 使用淘宝助理批量编辑宝贝

使用淘宝助理程序可以批量地编辑商品名称、价格、数量、类目、属性、店铺内类目、地区、新旧程度、邮费等内容，具体操作步骤如下。

操作步骤

❶ 在【淘宝助理】窗口中选择要批量编辑的宝贝，然后在菜单栏中选择【批量编辑宝贝】|【快递邮费】

目前，淘宝助理大部分功能都是免费提供给会员使用的，但交易管理中的打印快递单和打印发货单这两个功能只有旺铺和商城卖家才能使用。

命令，如下图所示。

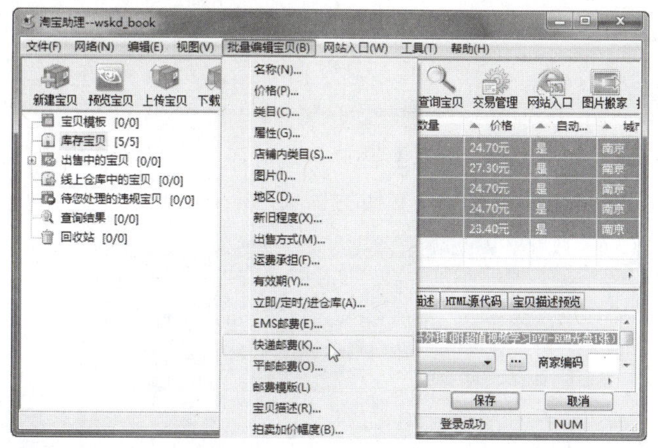

❷ 弹出【批量编辑宝贝】对话框，在【新的价格】右侧的文本框中输入最新的价格，单击【保存】按钮，如下图所示。

❸ 这时即可发现【淘宝助理】窗口中的快递费用已经进行了修改，如下图所示。

5.2.3 更新数据

“更新数据”具有同步更新淘宝网线上的类目、属性和店铺内类目等信息的功能，以保证淘宝助理本地的信息与淘宝网线上的信息保持一致，避免淘宝助理发布的商品出现问题，具体操作步骤如下。

操作步骤

❶ 首先登录淘宝助理，然后在工具栏中单击【更新数据】按钮，并从打开的菜单中选择【更新数据】命令，如下图所示。

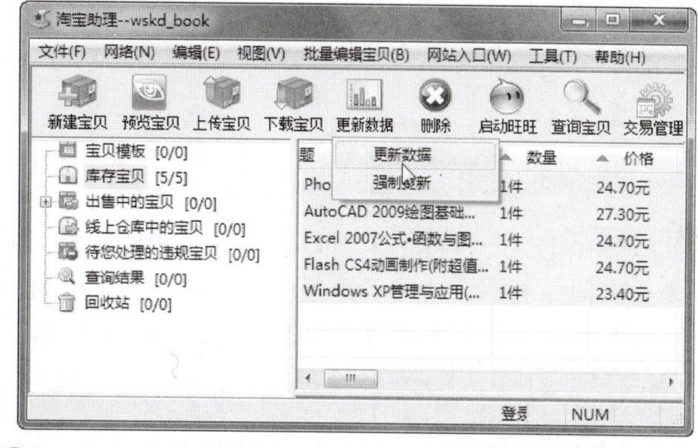

❷ 开始更新数据，并弹出如下图所示的进度对话框，稍等片刻。

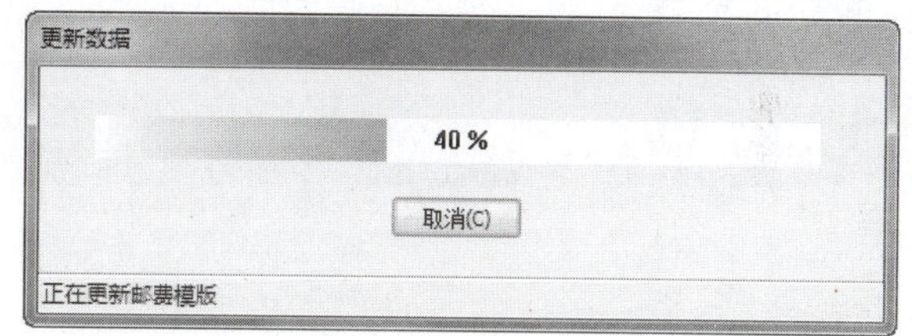

提示

若在步骤1中选择【强制更新】命令，则会弹出【确认强制更新】对话框，若用户需要修复类目属性数据，可以单击【是】按钮，使用该功能强制更新数据，如下图所示。

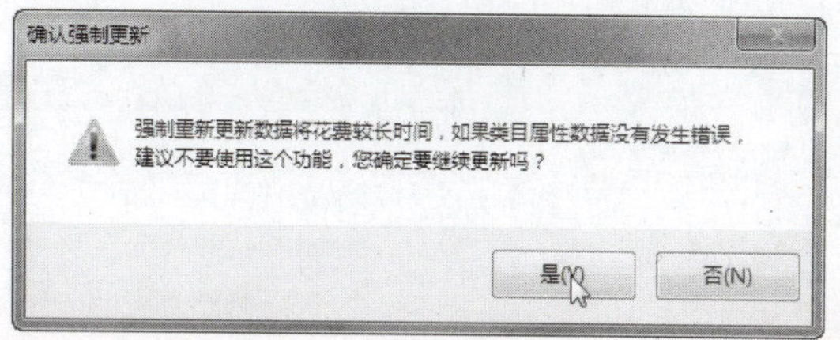

5.2.4 使用淘宝助理下载商品

淘宝助理不仅可以上传商品到淘宝店铺，还提供了按宝贝类目、店铺类目、宝贝状态、关键字、时间范围等条件下载淘宝网线上出售中和仓库中的宝贝的功能。

操作步骤

❶ 首先登录淘宝助理，然后在工具栏中单击【下载宝贝】按钮，如下图所示。

淘宝卖家助理界面采用的是典型的九宫式布局，显得尤为简洁明了。订单管理、发货管理、宝贝管理、评价管理、店铺动态、会员服务、意见反馈及wap旺旺等功能按照轻重缓急优先处理等原则排序，迎合广大店主的心思，也便于店主打理淘宝店铺。

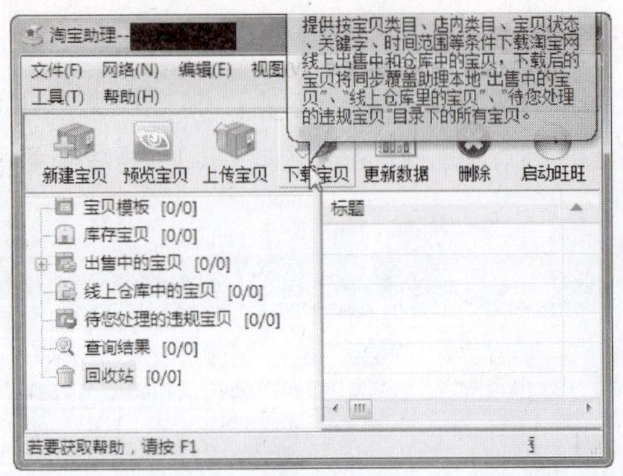

❷ 在弹出的【下载宝贝】对话框中设置宝贝类目、宝贝时间范围以及宝贝状态等选项，并选中【强制下载】复选框，再单击【下载】按钮，如下图所示。

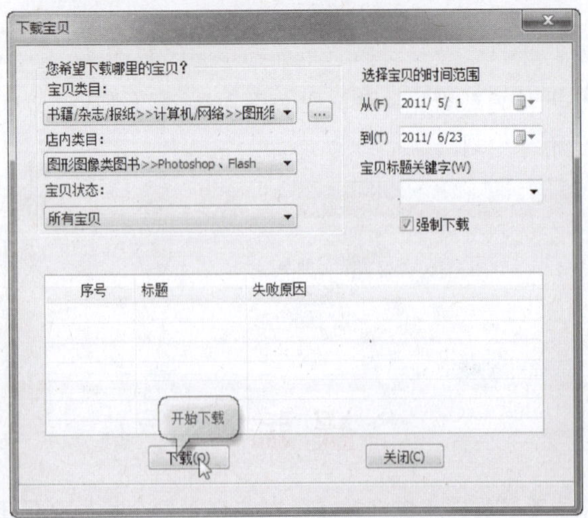

❸ 开始下载宝贝，并在【下载宝贝】对话框中显示出下载进度，如下图所示。同时，在对话框的底部会显示下载个数、当前一共下载了多少个宝贝、失败了多少个等提示信息。

❹ 当宝贝下载完成后，弹出如下图所示的对话框，单击【确定】按钮。

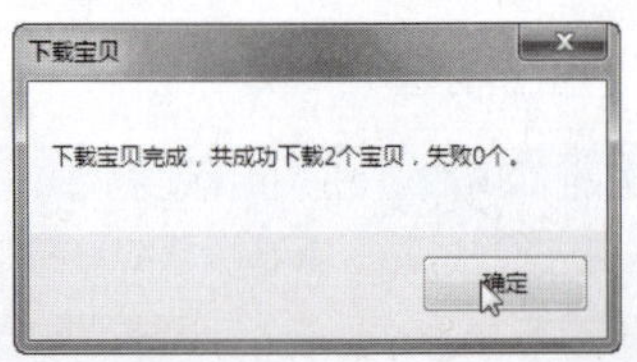

❺ 返回【淘宝助理】窗口，这时即可发现下载的宝贝出现在淘宝助理右侧的区域中，如下图所示。

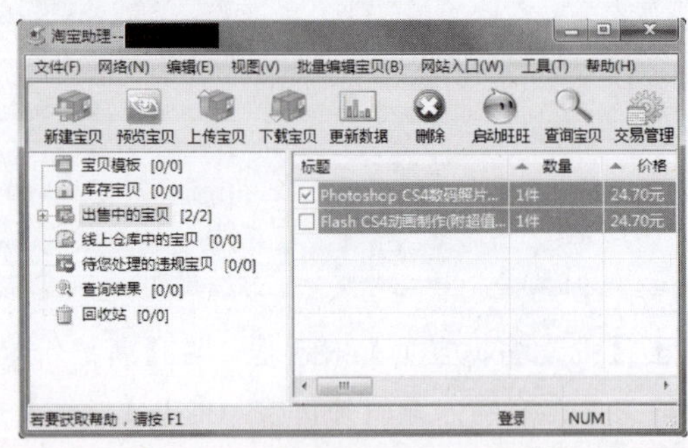

5.2.5 使用淘宝助理导出/导入商品信息

使用淘宝助理可以导出/导入商品信息，便于商家更快捷地编辑商品。

1. 导出商品信息

用户可以将商品信息导出为 CSV 文件，该文件包含了商品的完整文件和图片信息。

操作步骤

❶ 在【淘宝助理】窗口的左侧导航窗格中选择要导出商品所属的类别，例如单击【库存宝贝】选项，接着在右侧窗格中选中要导出的商品并单击鼠标右键，从弹出的快捷菜单中选择【导出到 CSV 文件】命令，如下图所示。

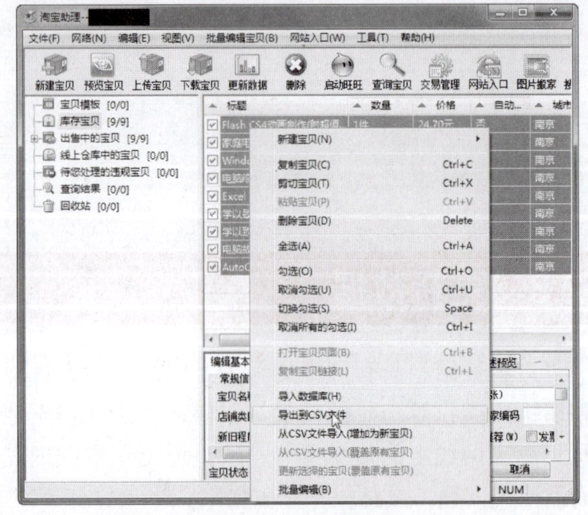

长见识 为了保障用户的账户安全，淘宝网从 2011 年 5 月 5 日起实行全网卖家网页登录保护。新版淘宝助理(4.6.02 版本)增加了登录保护的功能。

❷ 在弹出的对话框中选择文件的保存位置，并在【文件名】文本框中输入文件名称，再单击【保存】按钮，即可导出选择的商品信息了，如下图所示。

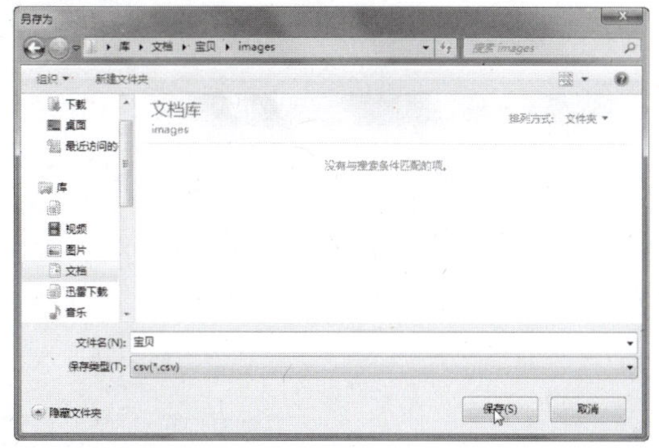

❸ 成功导出 CSV 文件后会弹出如下图所示的对话框，单击【确定】按钮即可。

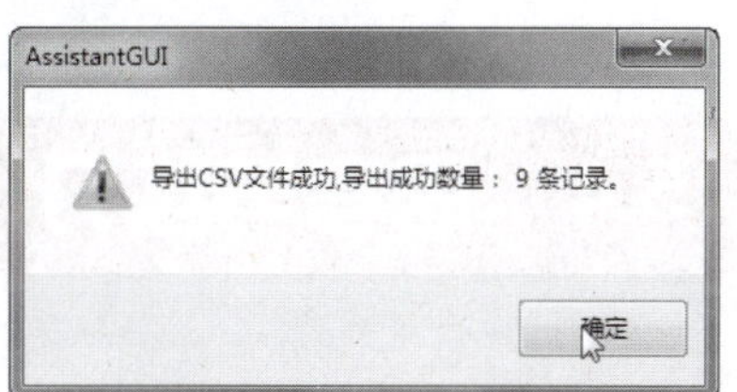

提示

在【数据导入】对话框中，若选中【替换现有数据库】单选按钮，则会删除现有的宝贝并以备份宝贝取代；若选中【合并到现在数据库中】单选按钮，则会将备份宝贝合并到现有宝贝中，包括宝贝的图片、宝贝详情以及文件夹结构等数据。若出现相同的宝贝数据，系统默认保存现有宝贝数据。

2. 导入商品信息

将本地计算机上的数据导入到淘宝助理软件中的操作步骤如下。

操作步骤

❶ 在【淘宝助理】窗口的左侧导航窗格中选择要导入数据的组，接着在菜单栏中选择【工具】|【导入数据库】命令，如下图所示。

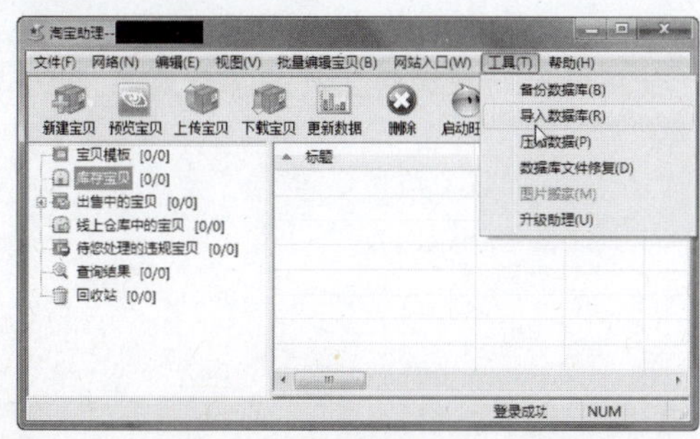

❷ 弹出【数据导入】对话框，然后单击【浏览】按钮，选择要导入文件的路径，接着选中【合并到现在数据库中】单选按钮，再单击【确定】按钮，如下图所示。

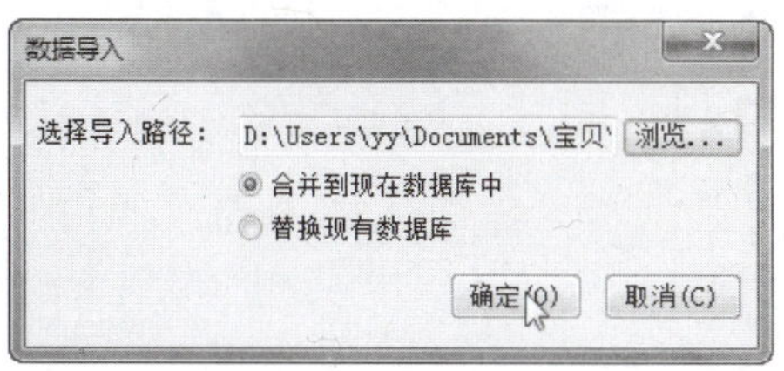

❸ 成功导入数据后，将会弹出如下图所示的提示对话框，单击【确定】按钮即可。

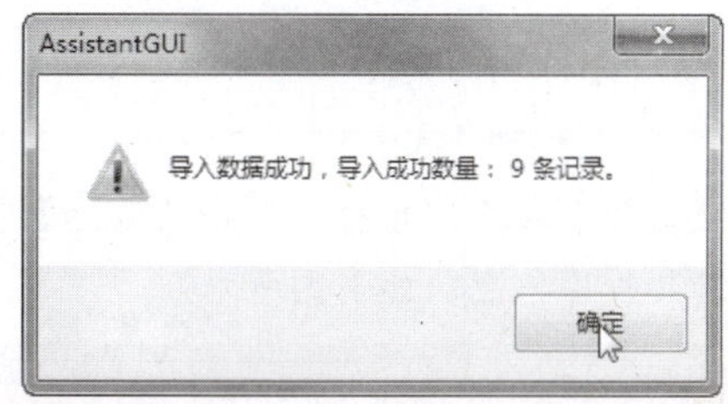

5.2.6 使用淘宝助理备份宝贝数据

使用淘宝助理的备份数据库功能，可以更全面地备份宝贝信息。

操作步骤

❶ 在【淘宝助理】窗口中的菜单栏中选择【工具】|【备份数据库】命令，如下图所示。

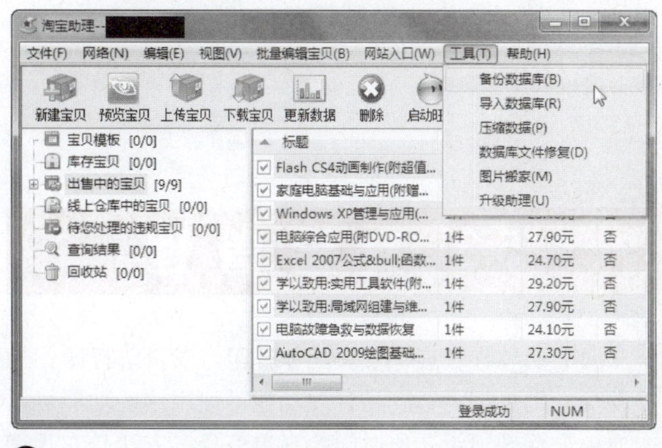

❷ 弹出【数据备份】对话框，单击【浏览】按钮，如下图所示。

学以致用系列丛书

淘宝助理发布的商品都没有橱窗推荐和店铺推荐，用户需要定期到【我的淘宝】页面上推荐一下，需要说明的是，在售的宝贝一般排在最后几页，不要推荐前面的宝贝，因为它们还没有到发布的日期。

3 弹出【另存为】对话框，设置文件的保存位置，并在【文件名】文本框中输入文件名称，再单击【保存】按钮，如下图所示。

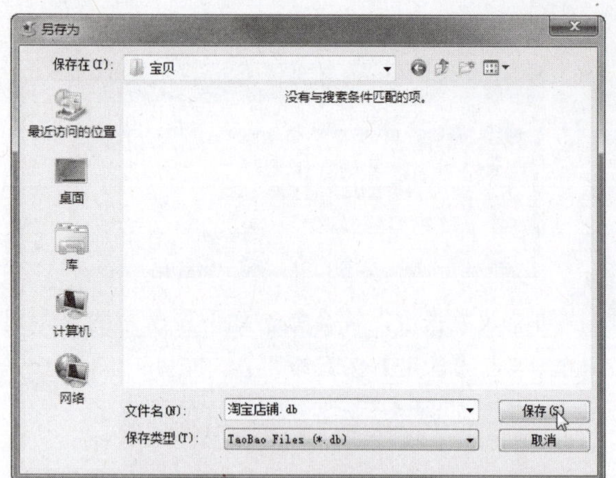

4 返回【数据备份】对话框，单击【确定】按钮，开始备份数据库信息，如下图所示。

5 数据备份完成后，将会弹出如下图所示的提示对话框，单击【确定】按钮即可。

5.3 交易管理

淘宝助理程序提供了快递单打印、发货单打印、批量发货、批量好评等交易管理功能，使用这些功能可以方便用户管理最近一段时间的订单信息。方法是在【淘宝助理】窗口的工具栏中单击【交易管理】按钮，然后在弹出的【交易管理】对话框中单击【下载订单】按钮，开始下载淘宝网店中的订单信息，并会弹出【订单下载】对话框，如下图所示。订单下载完成后将会在【交易管理】对话框中显示出来，接着即可使用工具栏中的各按钮管理淘宝交易信息了。

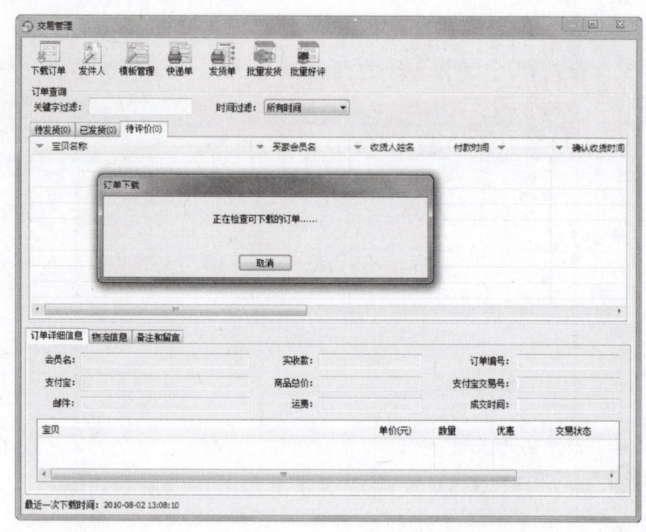

5.4 思考与练习

选择题

1. 导入数据库命令在________选项卡中。

A. 编辑

B. 网络

C. 工具

D. 网站入口

2. 导出商品信息的操作步骤是________。

A. 在菜单栏中选择【工具】|【导出到 CSV 文件】命令

B. 选中要导出的商品并右击，从弹出的快捷菜单中选择【导出到 CSV 文件】命令

C. 在菜单栏中选择【编辑】|【导出到 CSV 文件】命令

D. 在菜单栏中选择【网络】|【导出到 CSV 文件】命令

操作题

1. 下载并安装淘宝助理。

2. 使用淘宝助理编辑宝贝并下载商品。

长见识 淘宝助理目前与 IE9 浏览器不能兼容，会导致主图不出现等问题，请在使用前检查浏览器以及其控件配置。

第 6 章 取长补短——在易趣网上开店

易趣网(ebay)作为世界上最大的网上交易平台，为世界经济的发展带来了商机。在这个诚实、开放的环境中，人人都可以进行网上创业，享受在线购物的快乐。下面就来介绍一下如何在易趣网上实现自己的梦想。

学习要点

- ❖ 易趣网店开业
- ❖ 发布商品
- ❖ 店铺设置
- ❖ 店铺管理
- ❖ 使用易趣助理

学习目标

通过本章的学习，读者应该熟知如何在易趣网上开店、怎样在易趣网上发布商品，学会如何设置和管理店铺，以及掌握如何使用易趣助理来管理店铺。

6.1 易趣网店开业

易趣网是一个可以让全球民众上网买卖物品的线上拍卖、购物网站，它与淘宝网不同，在易趣平台上，所有的交易将通过易趣 ebay 收取登录和交易服务费。在进行易趣交易之前，需要先成为易趣会员。

6.1.1 注册成为易趣会员

注册易趣会员很简单，根据提示操作即可获取易趣的会员账号。下面介绍如何在易趣网注册易趣会员账户的具体步骤。

操作步骤

❶ 打开易趣网主页(http://www.eachnet.com)后，单击【注册】链接，如下图所示。

❷ 进入【注册第一步】页面，根据提示填写基本信息，包括电子邮箱、会员名、密码等，然后单击【我已阅读并接受上述条款，继续】按钮，如下图所示。

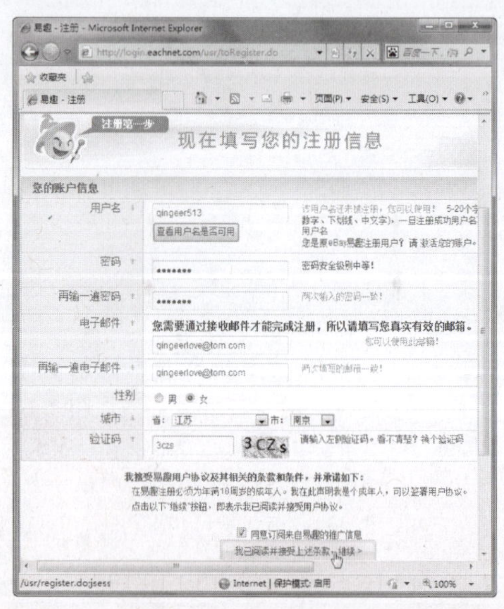

❸ 进入【注册第二步】页面，提示进入邮箱确认注册成功。如下图所示。

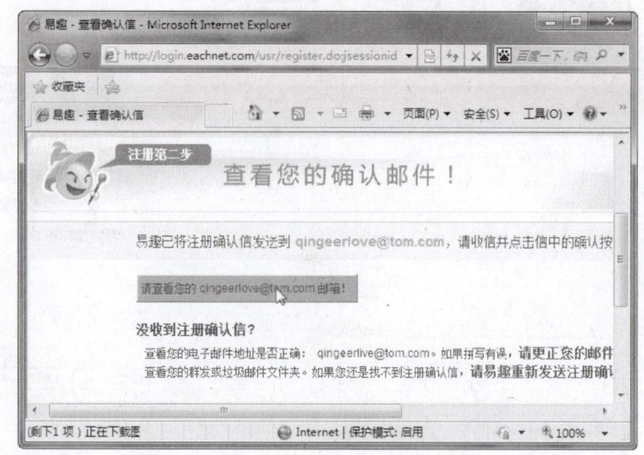

❹ 打开 TOM 邮箱登录页面，输入用户名和密码，再单击【登录】按钮，如下图所示。

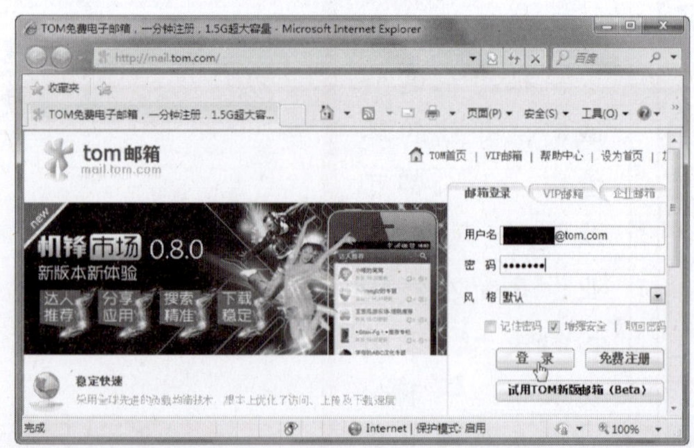

❺ 登录 TOM 邮箱，如下图所示，然后在左侧导航窗格中单击【收件箱】选项。

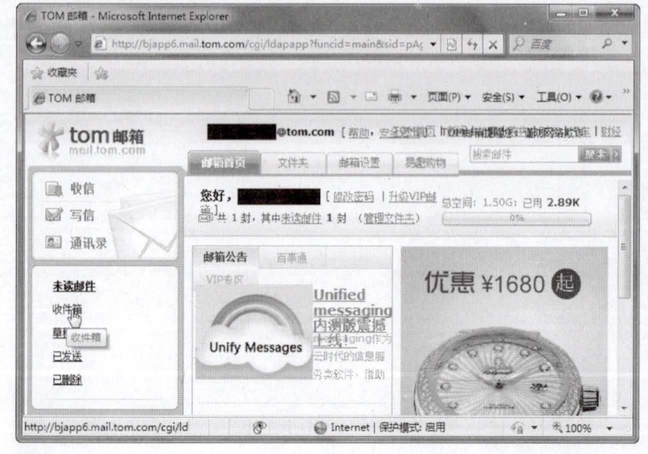

❻ 在右侧窗格中单击易趣网发送的确认注册成功信息邮件，如下图所示。

长见识 目前易趣代购支持以下三种支付方式：安付通支付、网上银行支付、邮局汇款。

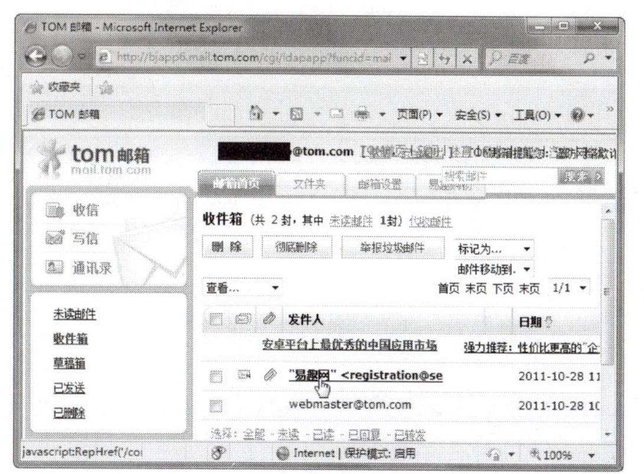

7 打开易趣网发送的确认注册成功信息，接着单击【激活您的易趣用户资格】链接，如下图所示。

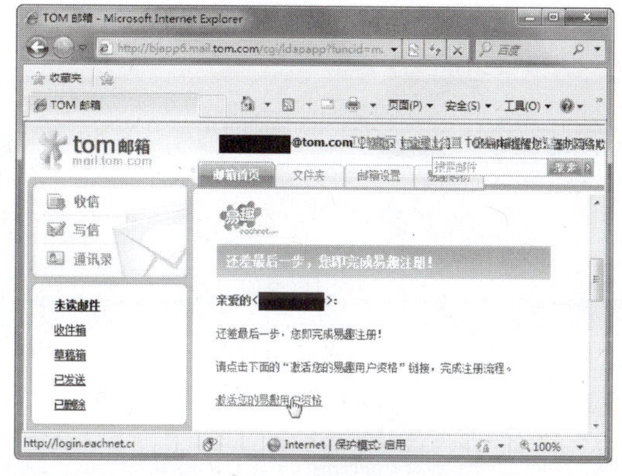

8 弹出如下图所示的网页，提示注册成功。

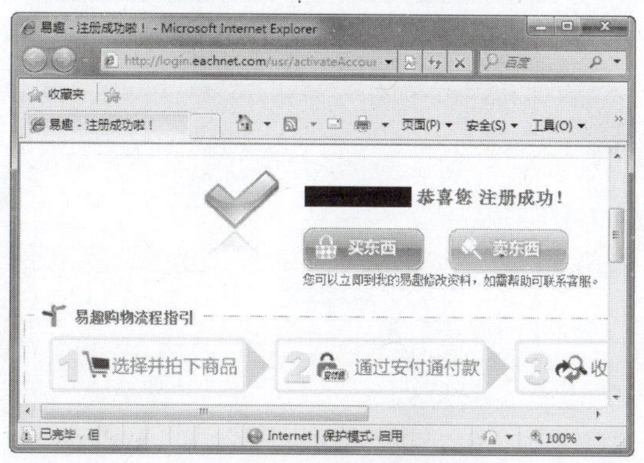

注意

用户名是用户在易趣网上标识自己的唯一名称，设置用户名时要注意以下几项。

(1) 用户名可以包含字母、数字、下划线和中文字，但不能包含空格。

(2) 用户名最短为 5 个字符，最长为 20 个字符。

(3) 用户名不能有淫秽、亵渎的含义，也不能违反易趣的规则。

(4) 用户名不能是电子邮箱地址或网址。

(5) 用户名不能以其他用户的店铺名称作为注册用户名。

6.1.2 认证成为易趣卖家

认证的目的是为了帮助卖家在易趣平台上扩展自己的业务，一旦通过认证成为卖家，就可以拥有一间专属于自己的网上店铺和独立网址。

操作步骤

1 首先打开易趣网首页，然后单击【登录】链接，如下图所示。

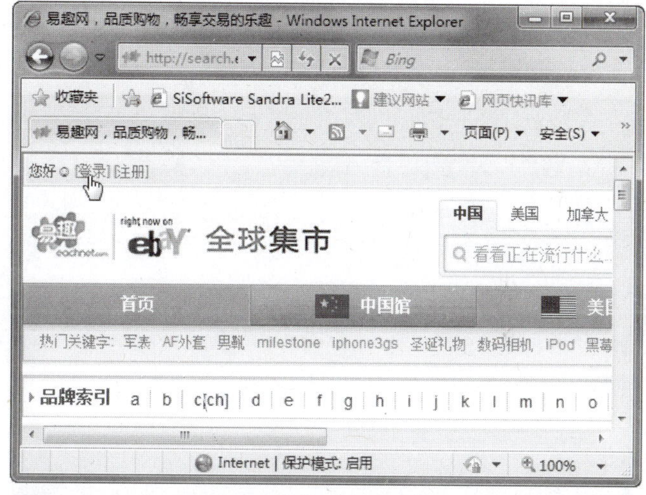

2 弹出【易趣-登录】网页，输入易趣用户名和密码，再单击【登录】按钮，如下图所示。

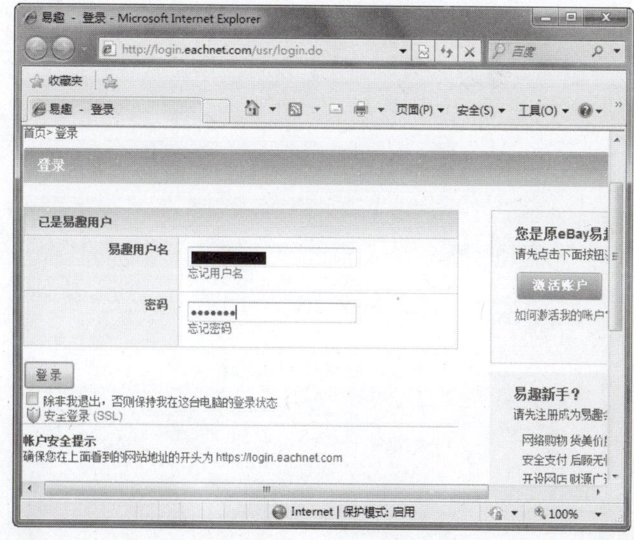

3 登录易趣后，在网页中单击【我的易趣】按钮，如下图所示。

❹ 在弹出的网页中单击【我是卖家】下的【我要开店】链接，如下图所示。

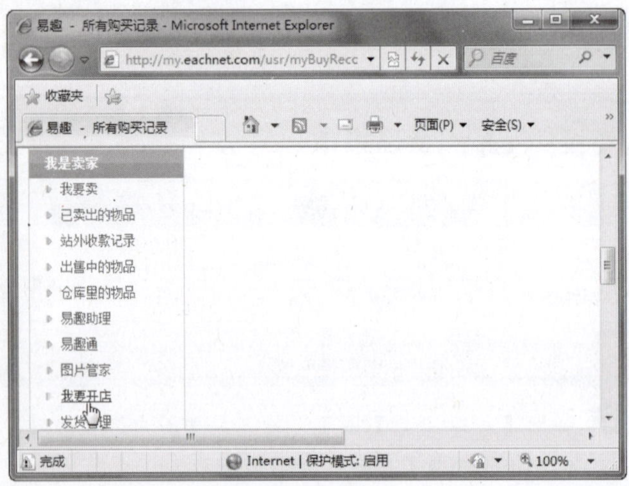

❺ 在弹出的网页中选择店铺类型，然后输入店铺名称，并单击【检查店铺名称】按钮，检查店铺名称是否已被注册，如下图所示。

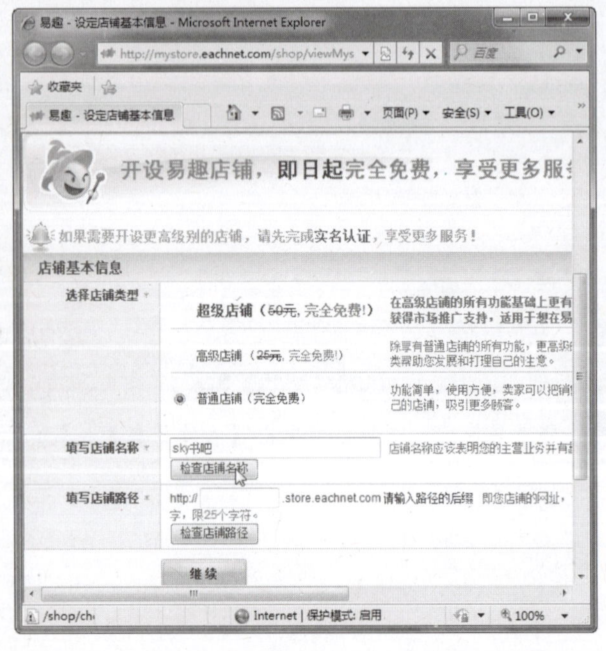

❻ 接着设置店铺路径，再单击【继续】按钮，如下图所示。

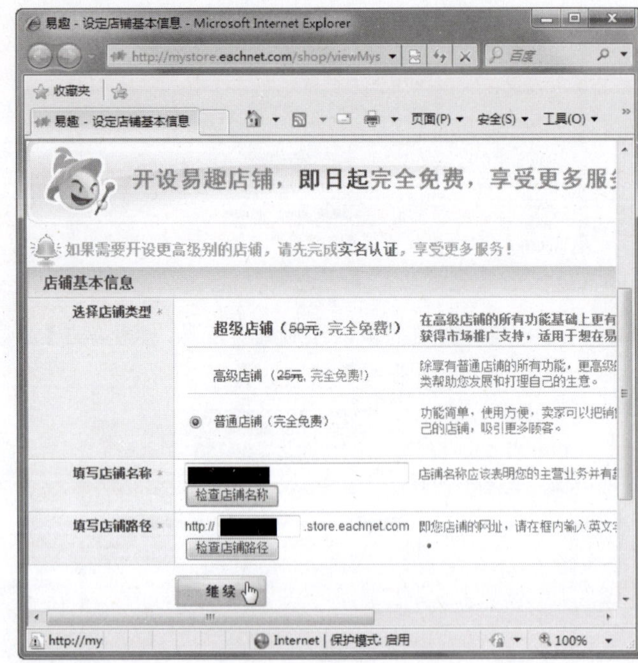

❼ 这时将会弹出如下图所示的网页，提示成功开设店铺。

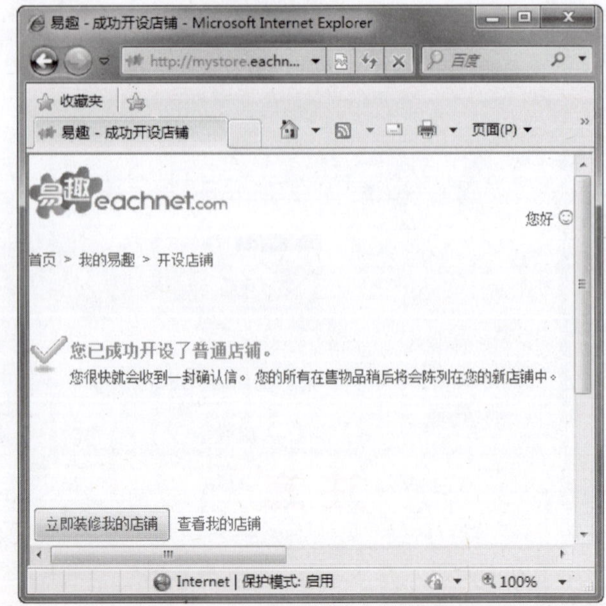

6.1.3 激活安付通

安付通是专业的在线支付平台，它为互联网用户和企业提供了安全、便捷、专业的在线支付服务。

操作步骤

❶ 首先登录【我的易趣】网页，然后在左侧导航栏中单击【安付通管理】链接，如下图所示。

如果卖家在商品描述中注明提供购物发票(小票)，发票将会随包裹一同寄出；如不提供发票(小票)，买家需要的话，易趣可提供网站购买凭证。

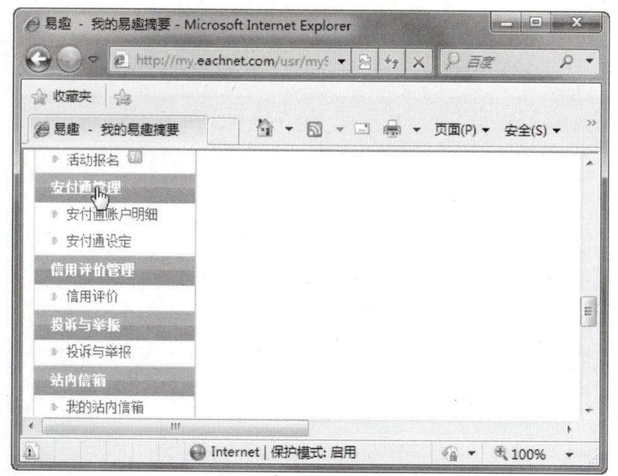

❷ 在弹出的网页中单击【实名认证】链接，如下图所示。

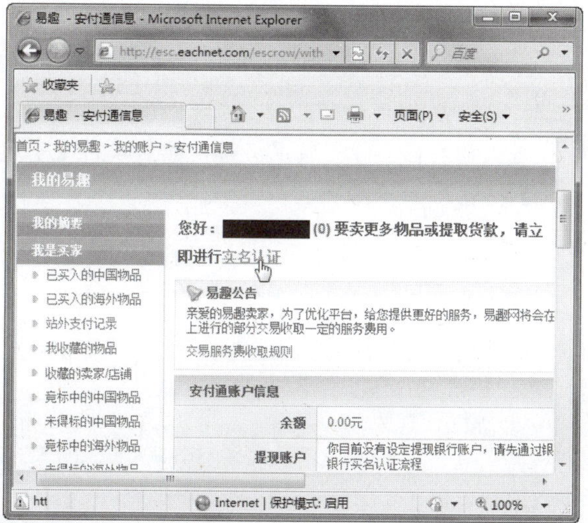

❸ 在弹出的网页中填写基本信息，再单击【确认并提交】按钮，如下图所示。

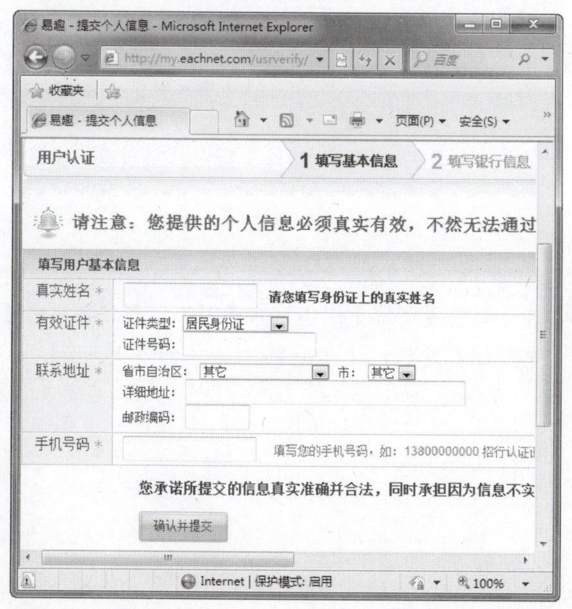

❹ 在进入的网页中填写银行信息，再单击【确认并提交】按钮，如下图所示。

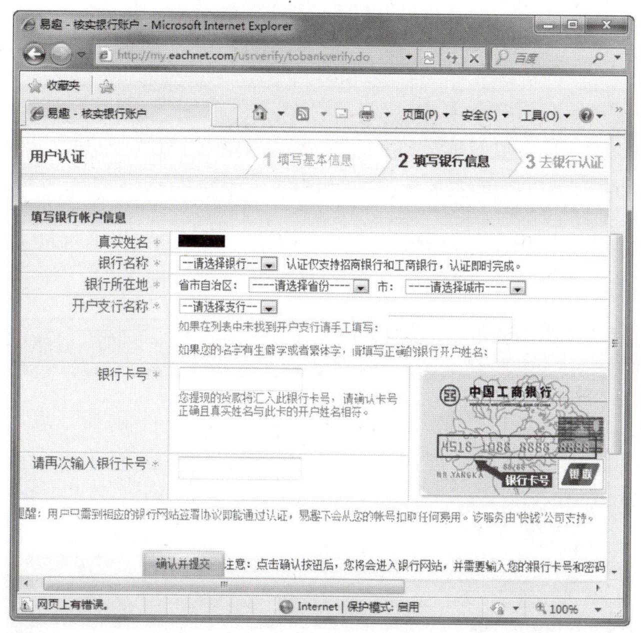

❺ 接着将进入等待银行实名认证状态。当银行账户核实已通过，会进入如下图所示的网页，提示银行实名认证成功，下面就可以开始卖东西了。

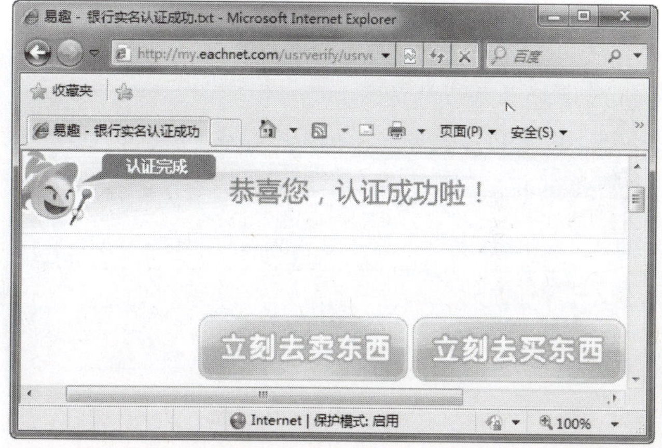

6.2　发布商品

用户通过认证成为卖家后，就可以登录自己的店铺，发布商品信息了。

6.2.1　准备要出售的商品

在认证成为易趣卖家并激活安付通之后，就可以发布商品了。与淘宝网开店不一样，在易趣网上开店，无需发布最少 10 件商品。在发布商品之前，同样需要准备

长见识：用户收到的商品如存在问题，需要申请退换货的，必须在签收货物后的三天内(如有明确签收时间的，以该签收时间后的 72 小时为 3 天；如签收时间仅有日期的，以该日后的第 2 天零时为起算时间，满 72 小时为 3 天)通过 complain@service.eachnet.com 联系易趣客服工作人员提出退换货申请。

商品信息。

本小节主要介绍如何准备商品图片。准备商品图片的方式主要有两种：一种是从网上下载；一种是自己拍摄。

1. 网上下载图片

在网上搜索商品信息，这些商品可能已经在网上有销售了，卖家只需要找到一些清晰的照片，并确保照片上没有水印，如果有水印就需要做后期处理。

2. 自己用数码相机拍摄

自己用数码相机拍摄照片相对于前者比较难一点，要求卖家必须掌握一定的拍摄技能，这些技能在后面的章节中会一一介绍。

6.2.2 商品上架

在易趣网登录商品的操作非常简单，只要按照登录页面的说明进行操作即可。

操作步骤

❶ 首先登录【我的易趣】网页，然后在左侧导航栏中单击【我要卖】链接，如下图所示。

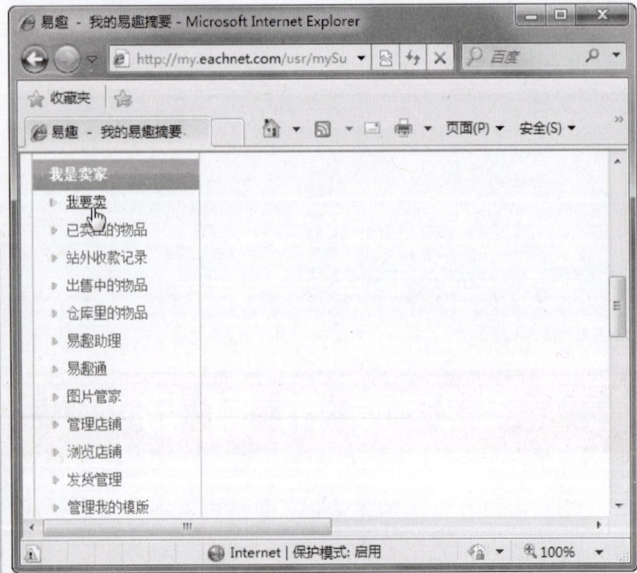

❷ 在弹出的网页中选择商品类目，再单击【继续】按钮，如下图所示。

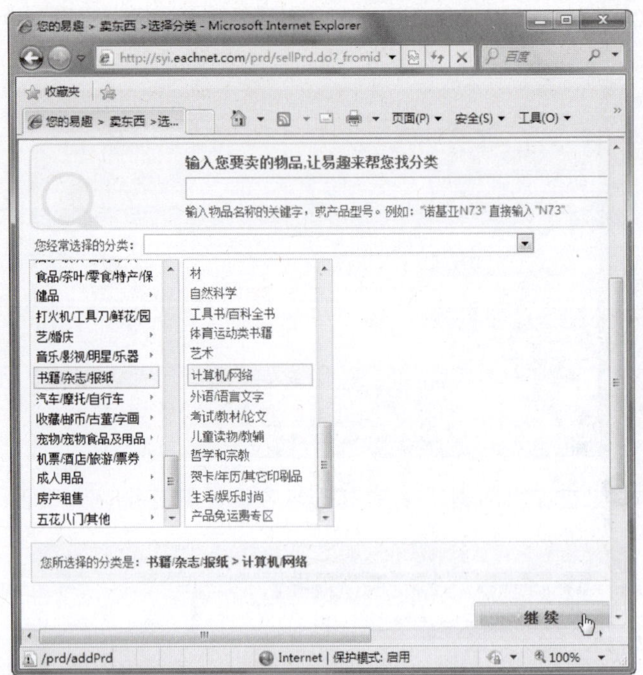

❸ 在进入的页面中输入物品名称，然后单击【本地图片】按钮，如下图所示。

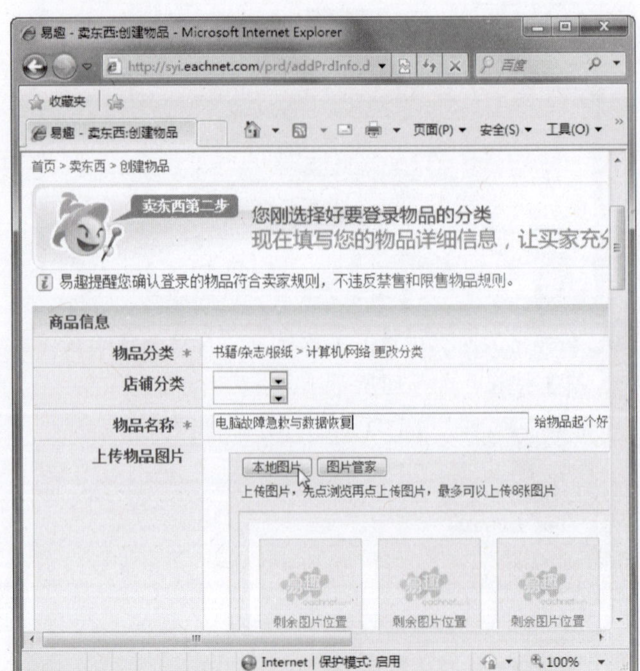

❹ 接着单击【浏览】按钮，选择图片位置，再单击【上传图片】按钮，上传物品图片，如下图所示。

长见识 eBay/Paypal 规定从购买成功起到向卖家发起投诉时限为 45 天，在此期间易趣可协助买家与卖家进行沟通协商；超过受理期限的，eBay 卖家将不对商品负责，易趣将无法协助买家与卖家进行沟通协商，请用户理解和配合。

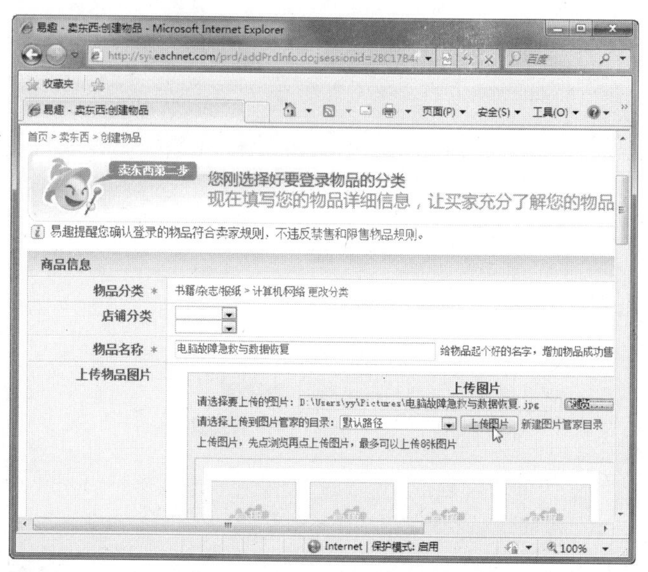

5 图片上传成功后，设置物品的新旧程度，然后在【物品描述】文本框中输入物品描述信息，如下图所示。

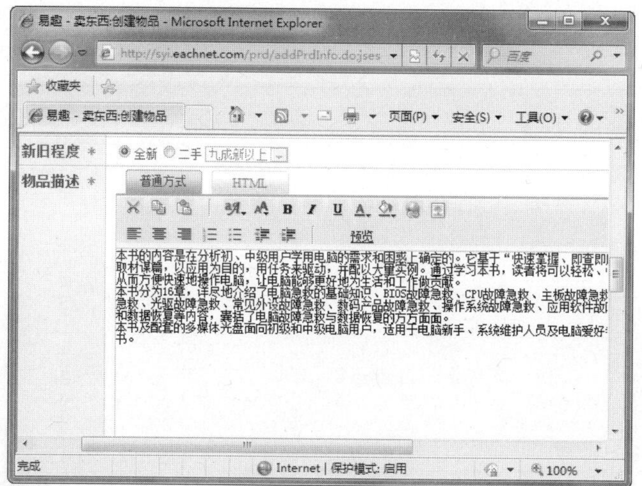

6 向下拖动滑块，设置商品卖法类型、价格、数量以及交易方式等内容，如下图所示。

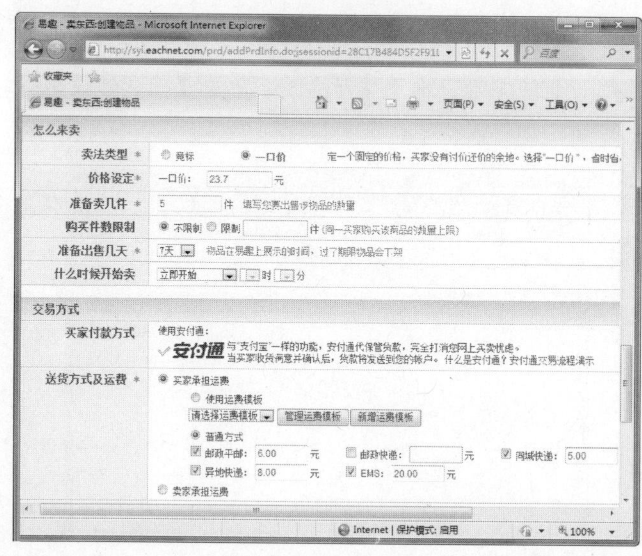

7 商品信息设置完毕后，单击【确认无误，提交】按钮，如下图所示。

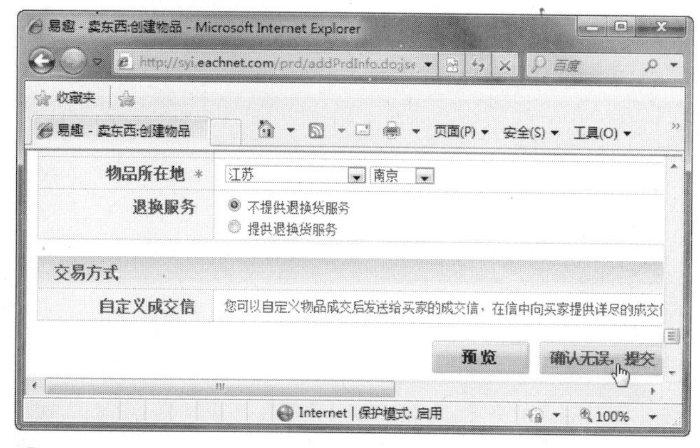

8 进入【卖东西：提交物品】页面，选择一种上架方式，这里选择自动上架，单击【确认，登录商品】按钮，如下图所示。

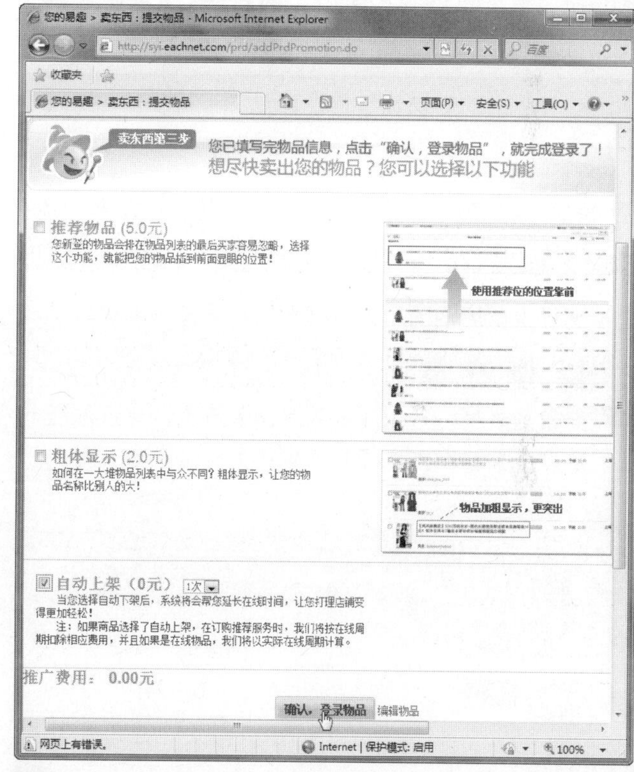

9 这时会弹出如下图所示的网页，提示成功上传商品，店家可以单击【继续登录物品】按钮，继续上传商品。

长见识

凡易趣代购的商品经由Paypal完成支付的，一般情况下，易趣在受理买家的退换货申请后的20个工作日内协助买家完成该纠纷的处理。

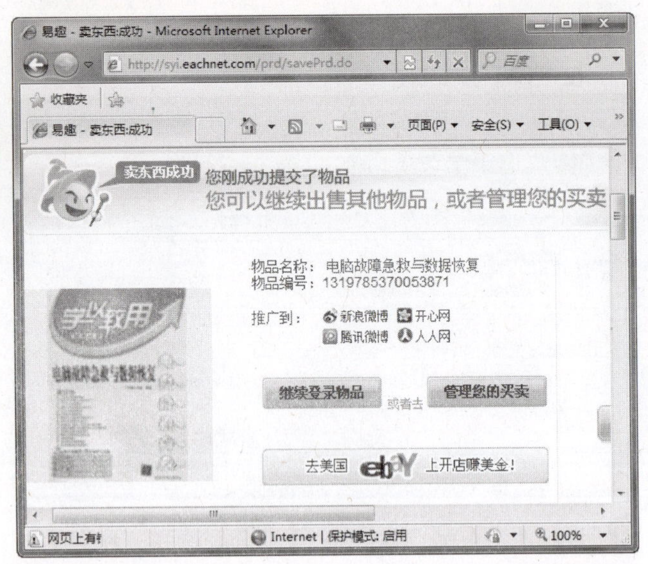

6.3 店铺设置

一个成功的店铺，装修设计是必不可少的。下面主要介绍如何装修易趣店铺。

6.3.1 店铺基本信息

怎样设置店铺的基本信息呢？具体操作步骤如下。

操作步骤

❶ 登录易趣网，进入【我的易趣】页面，然后在【我是卖家】栏下单击【管理店铺】链接，如下图所示。

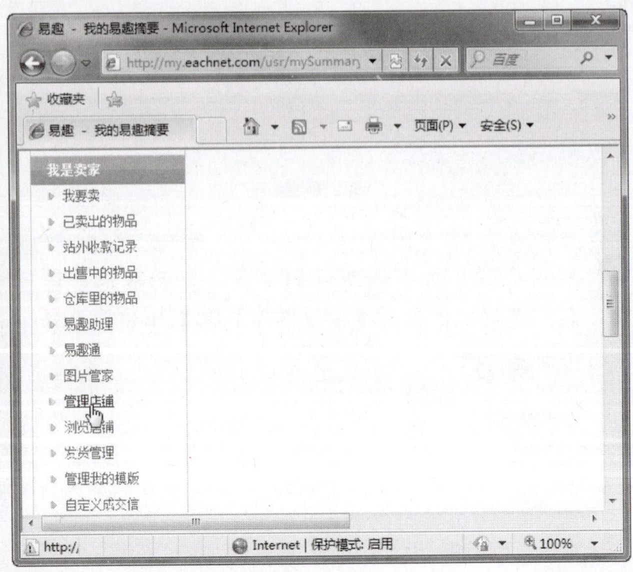

❷ 进入如下图所示的页面，在左侧导航栏中单击【基本设置】链接。

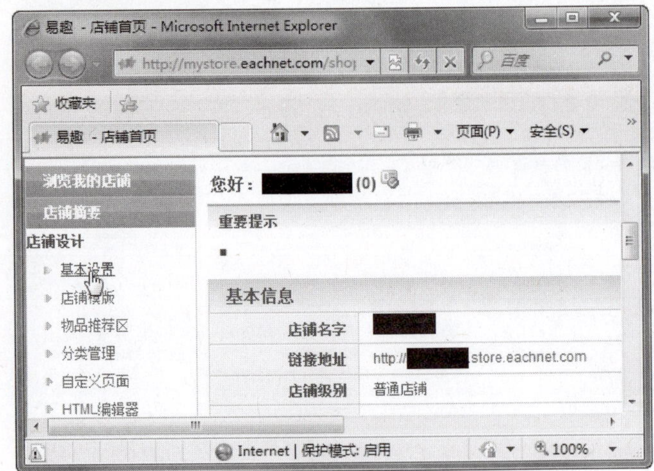

❸ 进入【店铺基本设置】页面，在此页面中可以修改店铺名称、设置店铺介绍、添加店铺公告等，如下图所示。

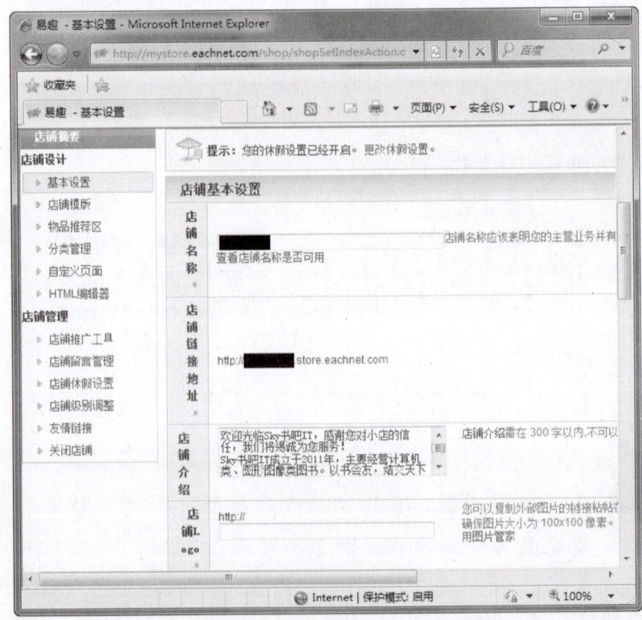

❹ 设置完毕后，向下拖动滑块，单击【确认修改】按钮，如下图所示。

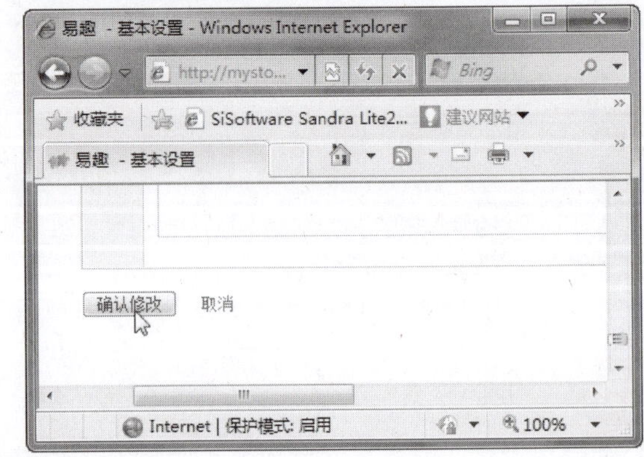

长见识

代购付款后不能取消。在用户下单并付款后，用户与易趣网之间的委托代购关系立即成立，易趣网根据用户的指示购买其指定的商品，用户不得擅自终止、变更或撤销订单内容。

5 进入如下图所示的页面，提示成功修改店铺的基本设置。

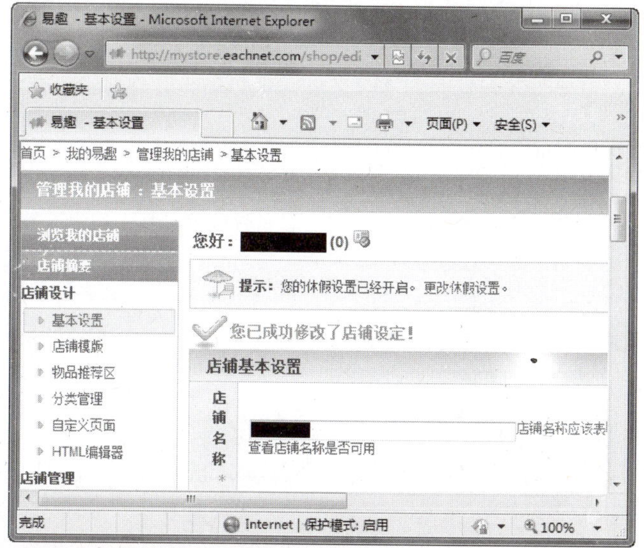

6.3.2 调整店铺模版

用户还可以为店铺选择一种模版，易趣提供了多种风格各异的模版供用户选择。

操作步骤

1 参照 6.3.1 的操作步骤，进入【店铺管理】页面，在左侧导航栏中单击【店铺模版】链接，如下图所示。

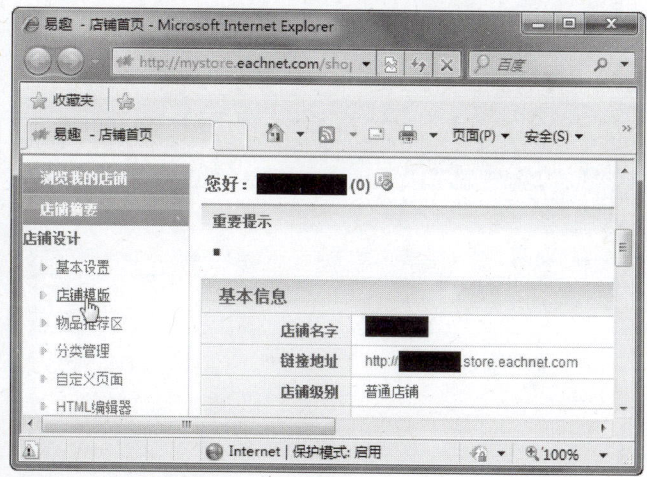

2 选择一种模版，如下图所示。

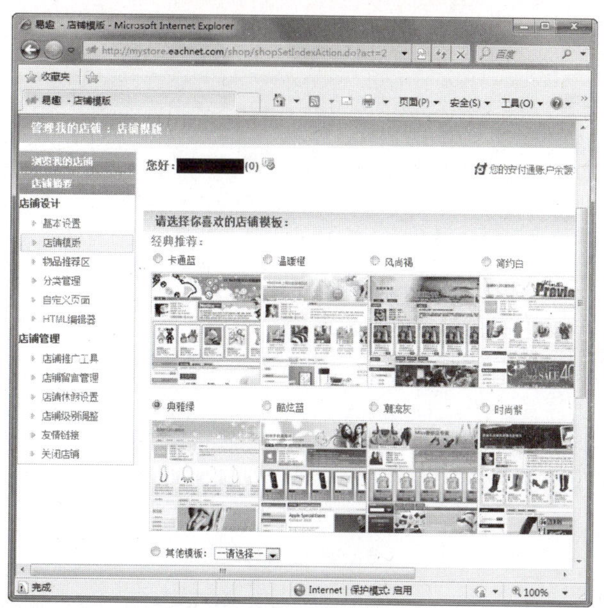

3 向下拖动滑块，设置【物品显示方式】和【物品排列方式】，最后单击【确定发布】按钮，如下图所示。

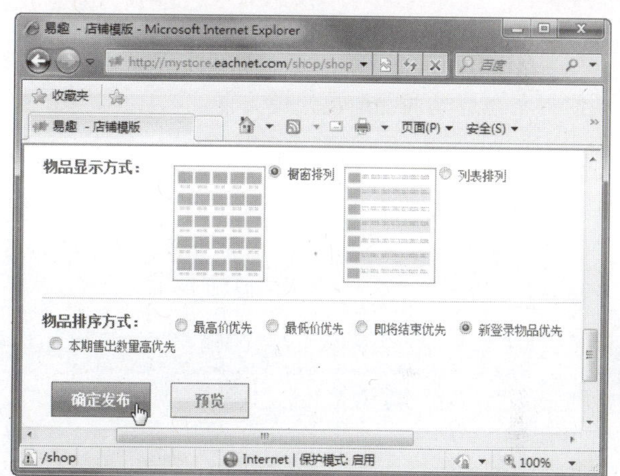

4 提示修改设定成功后，单击【浏览我的店铺】链接，如下图所示。

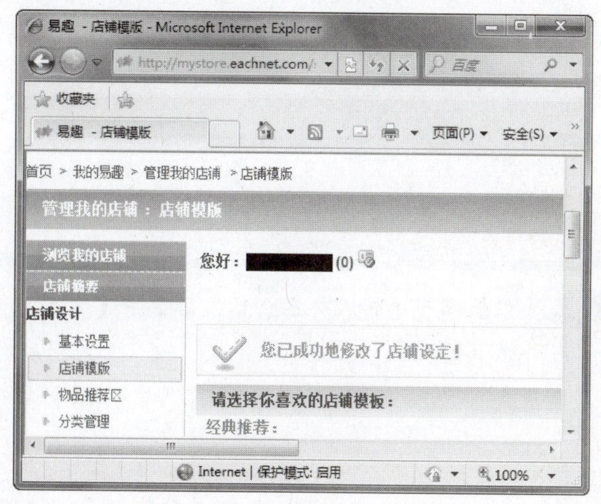

5 设置后的效果如下图所示。

当实际金额小于预付金额时，用户签收后易趣会退款，所有退款将在用户签收后 7 日内返还到用户的安付通账户中。

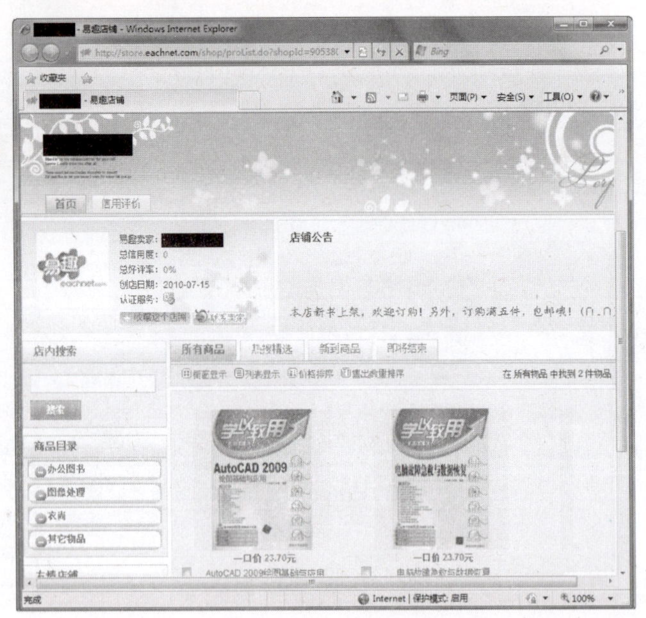

6.3.3 分类管理

店铺中的商品过多时，卖家可以分类管理出售的商品，使买家在选购商品时更快捷方便。

操作步骤

❶ 进入【店铺管理】页面，在左侧导航栏中单击【分类管理】选项，然后在右侧面板中单击【新增分类】链接，如下图所示。

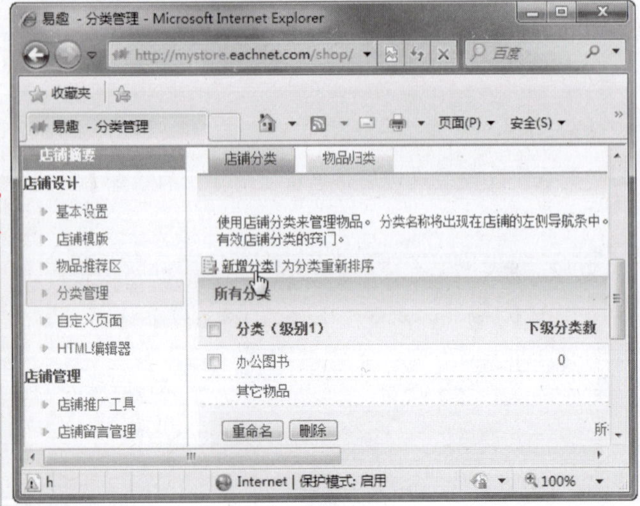

❷ 在弹出的网页中输入分类名称，再单击【保存】按钮，如下图所示。

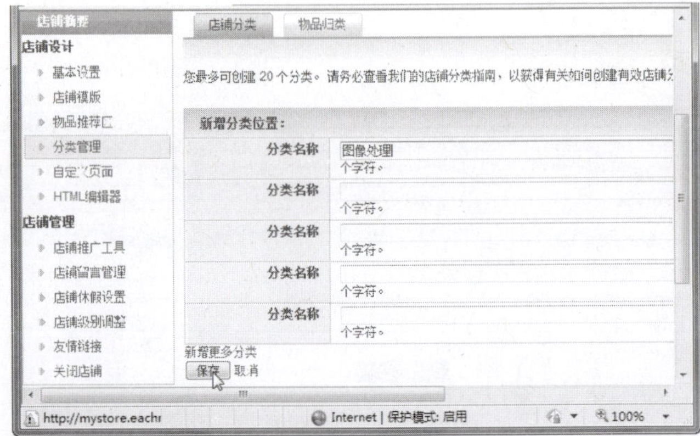

❸ 成功添加店铺分类后，单击【物品归类】选项卡，如下图所示。

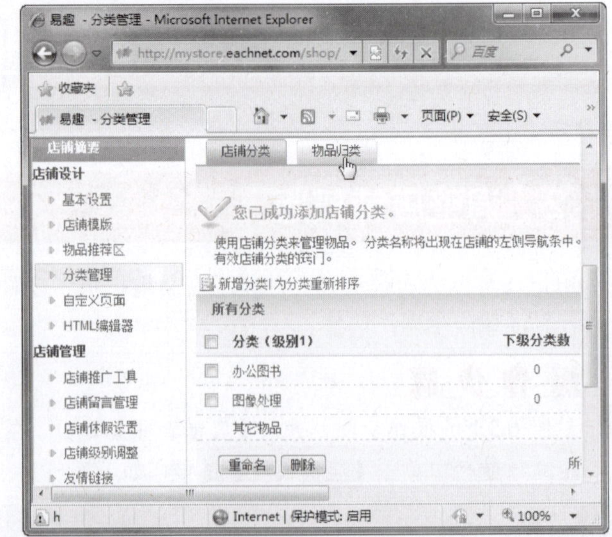

❹ 在【物品归类】选项卡下选择要归类的物品，并在【所属分类】列中设置该物品的类别，如下图所示。

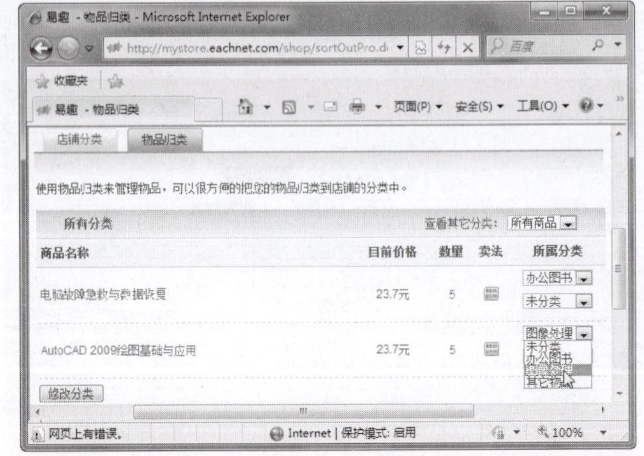

6.3.4 自定义店铺页面

如果对系统自带的页面不满意，卖家还可以根据需要自定义店铺页面。

长见识

用户收到的物品质量有问题且从外观上无法判断的，应当出具质量监督管理局的检测证明或相应品牌维修中心针对物品如实地进行检测或鉴定后出具的带有公章的书面检测凭证。此凭证需在买家提出纠纷的1个星期内提供，过期纠纷则不予受理。易趣收到用户提供的证明后将尽力协助买家跟国外商家沟通协商。

操作步骤

1. 进入【店铺管理】页面，在左侧导航栏中单击【自定义页面】链接，然后在右侧面板中单击【新建页面】链接，如下图所示。

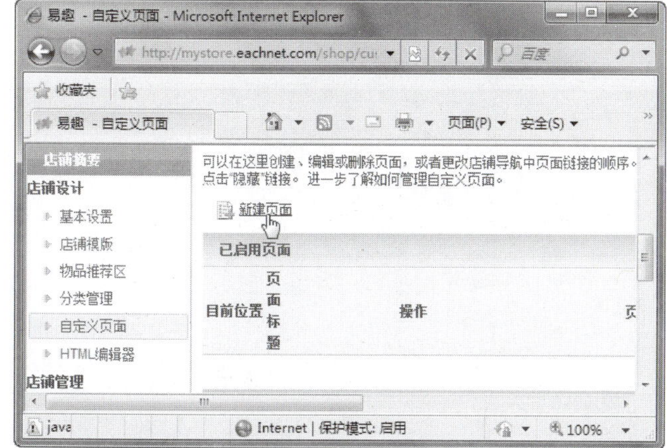

2. 在弹出的网页中自定义页面中的各模块，再单击【发布并保存】按钮，如下图所示。

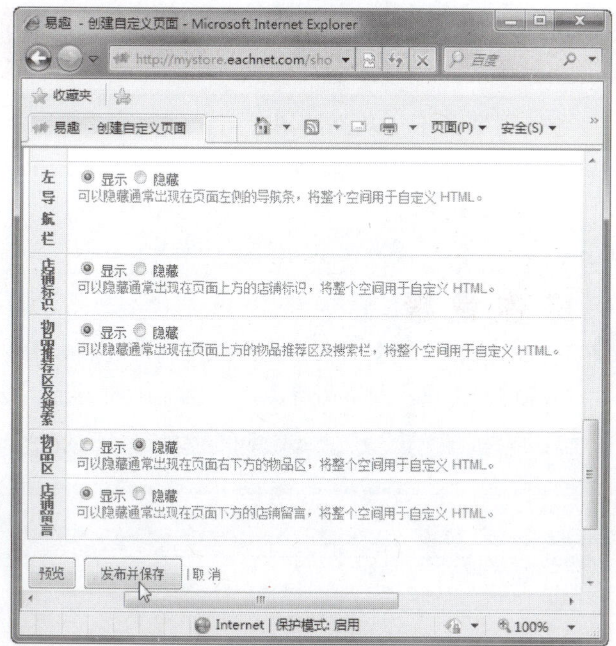

6.4　店铺管理

下面介绍一下店铺管理的方法，包括管理店铺留言、休假设置、调整店铺级别等内容。

6.4.1　管理店铺留言

在易趣中还会收到客户给店铺的留言，只要进入【店铺管理】页面，在左侧导航栏中单击【店铺留言管理】链接，然后在右侧面板中就可以管理店铺留言了，如下图所示。

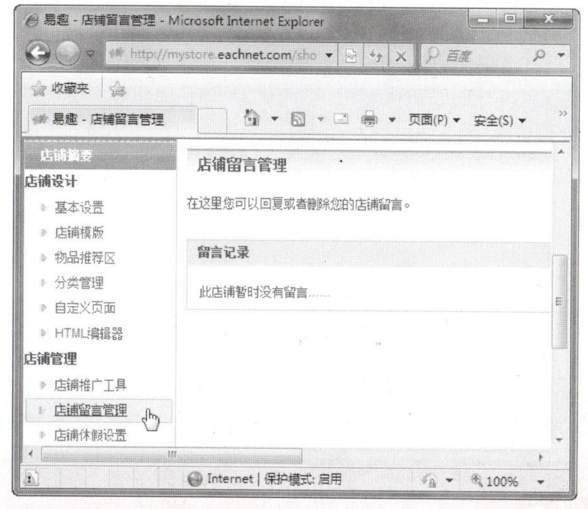

6.4.2　设置店铺休假信息

碰到节假日或卖家需要休息时，店铺就不能正常运作了，这时就需要设置店铺休假信息，通知买家择日再进行选购，具体步骤如下。

操作步骤

1. 进入【店铺管理】页面，在左侧导航栏中单击【店铺休假设置】链接，然后在右侧面板中选中【开启休假设置】单选按钮，接着设置物品登录和休假信息选项，如下图所示。

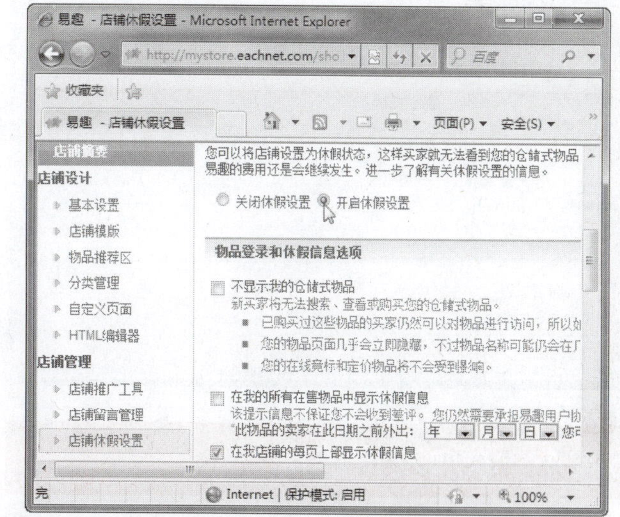

2. 向下拖动滑块，然后在文本框中输入休假信息，再单击【保存设置】按钮即可，如下图所示。

由于运输原因造成的纠纷，包括但不限于物品丢失、物品破损，易趣将根据用户购买的保险向物流承运商进行索赔(详见保险和费用及赔偿标准)。

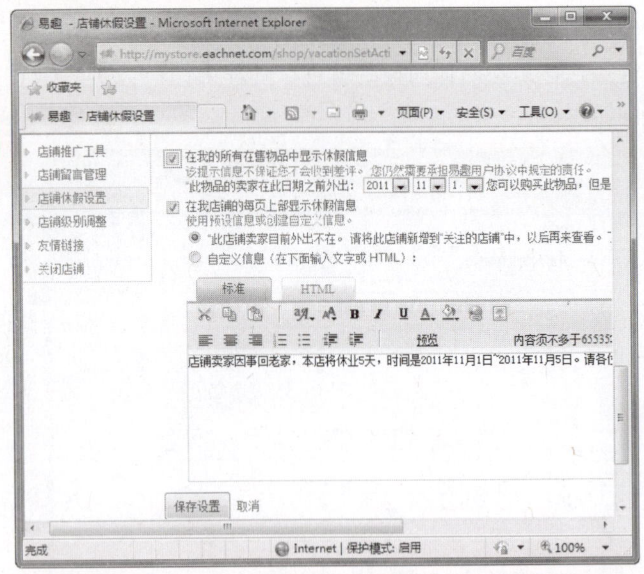

6.4.3　调整店铺级别

易趣网把店铺设成了三个级别，并根据每个级别提供的功能不同而收取相应的费用，卖家可以根据自己的实际情况，选择适合自己的店铺级别。

调整店铺级别的方法如下：进入【店铺管理】页面，在左侧导航栏中单击【店铺级别调整】链接，然后在右侧面板中选择店铺类型，再单击【确认】按钮即可，如下图所示。

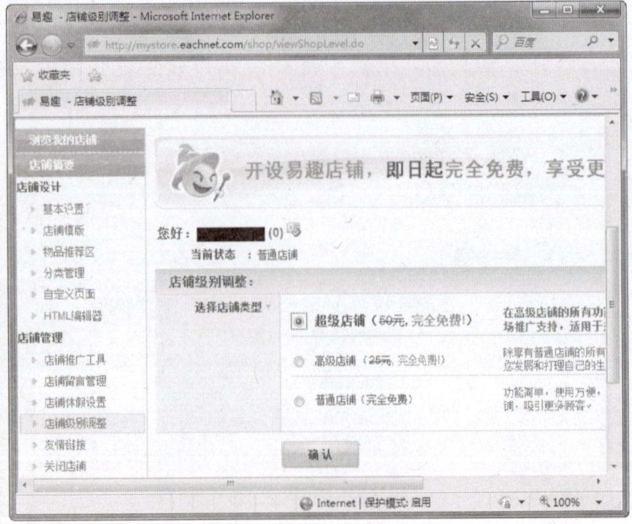

6.4.4　添加友情链接

如果卖家和别的店铺有业务上的合作，卖家可以在自己的店铺中添加友情链接：从而提高商品的成交量。

添加友情链接的方法如下：进入【店铺管理】页面，在左侧导航栏中单击【友情链接】链接，然后在右侧面板中的【易趣用户名】文本框中输入要链接的对方的易趣用户名，再单击【提交】按钮即可，如下图所示。

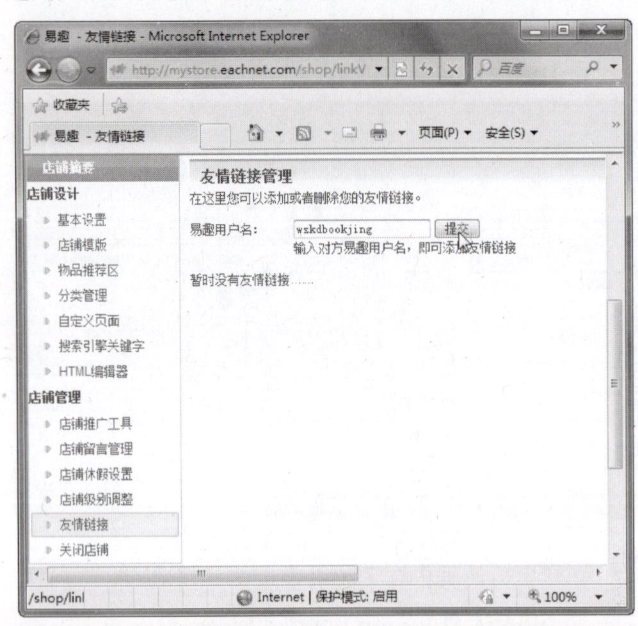

6.4.5　关闭店铺

关闭店铺并不是从易趣网注销店铺，而是通过关闭店铺，删除店铺中的自定义页面、店铺分类、结束所有在线的仓储式商品等，店铺还在易趣网中，具体步骤如下。

操作步骤

❶ 进入【店铺管理】页面，在左侧导航栏中单击【关闭店铺】选项，如下图所示。

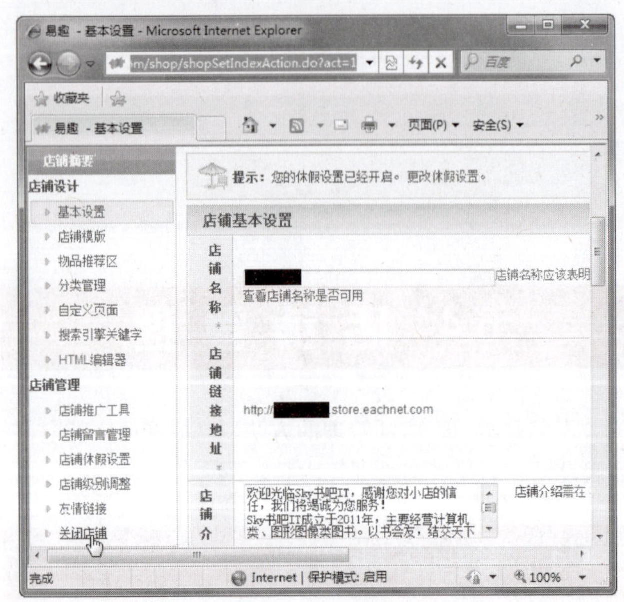

❷ 在弹出的网页中单击【是】按钮，确认关闭店铺，

长见识 如果用户怀疑所代购的商品是假货，请出具中国相关部门专业的检测报告，易趣将代表用户按照 PayPal 规则向 PayPal 提出纠纷仲裁，并按照 PayPal 的仲裁结果进行处理，或根据其他海外电子商务网站公示的纠纷解决规则代表用户与卖家交涉。

如下图所示。

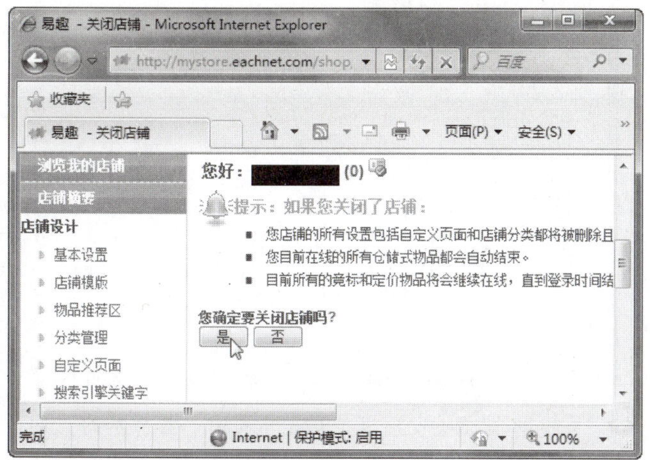

6.5　使用易趣助理

与在淘宝商城上开店一样，在易趣商城开店也可以借助专业的助理软件管理店铺，这就是本节要介绍的易趣助理程序，下面一起来认识一下吧。

6.5.1　认识易趣助理

易趣助理是一个简便易用的软件程序，可以帮助您在计算机中快速地创建、编辑、储存物品资料，并一次性将物品上传到易趣上，为您节省大量的时间。其功能包括以下几方面。

❖ 简单易用的栏目编辑，让您能够对物品进行快速更改。

❖ 创建和编辑流程进一步简化，并提供用户自定义选项。

❖ 轻松填入付款条件、运费以及您希望添加的任何信息。

❖ 上述信息只需输入一次即可反复使用。

❖ 轻松预售，开始登录物品的时间由您选择。

❖ 只需点击一下，就能同时将多个物品上传到易趣店铺上。

6.5.2　下载并安装易趣助理

在使用易趣助理之前，需要先下载安装软件，具体操作步骤如下。

操作步骤

1. 首先登录【我的易趣】，然后在左侧的导航栏中单击【我是卖家】下的【易趣助理】链接，接着在右侧面板中单击【下载易趣助理】按钮，如下图所示。

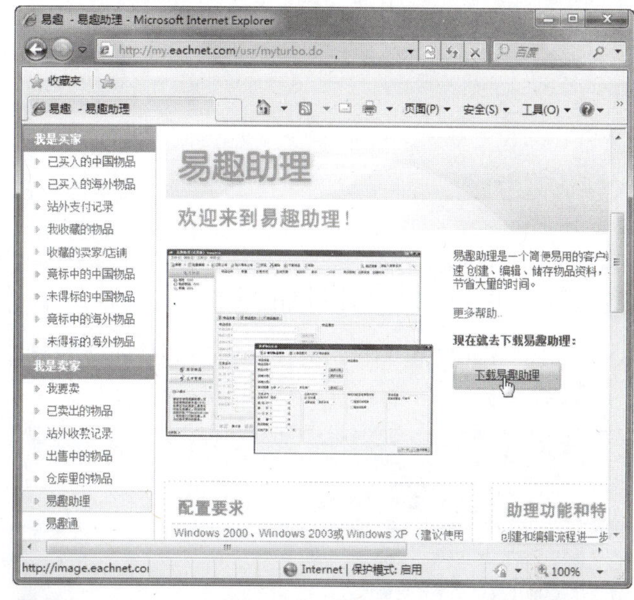

2. 弹出【文件下载-安全警告】对话框，单击【运行】按钮，如下图所示。

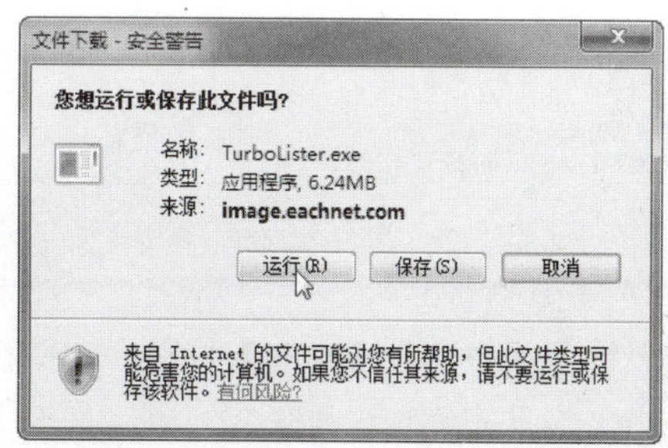

3. 开始下载易趣助理程序，并弹出如下图所示的进度页面。

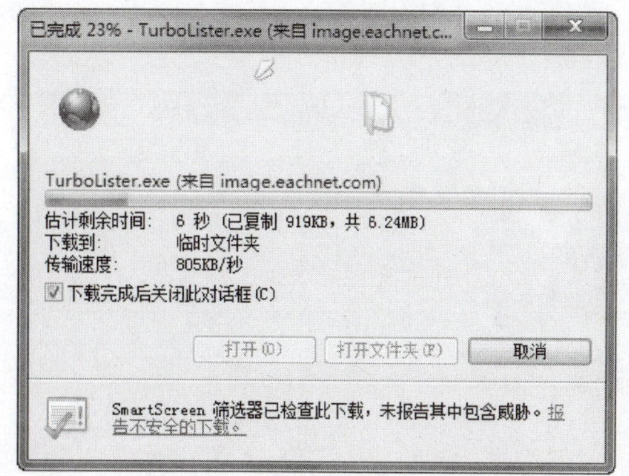

4. 易趣助理程序下载完成后，将会弹出如下图所示的页面，单击【下一步】按钮。

虚拟及服务类产品不受 eBay 第三方保护(包括但不限于游戏装备、虚拟账号、以旧换新服务、鉴定服务等)，代购前买家请慎重考虑。

长见识

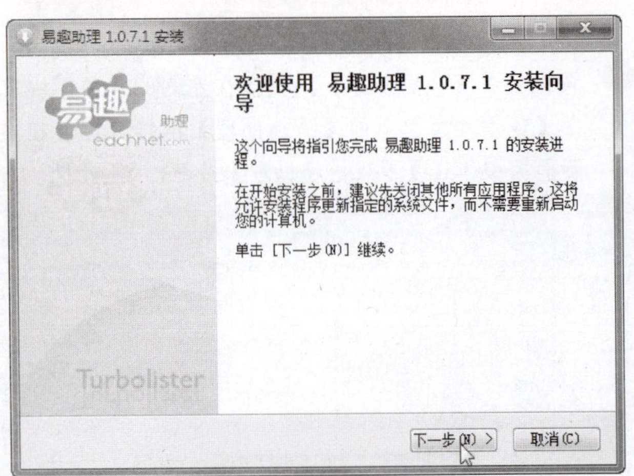

❺ 在进入的页面中阅读易趣助理最终用户许可协议，并选中【我同意“许可协议”中的条款】单选按钮，再单击【下一步】按钮，如下图所示。

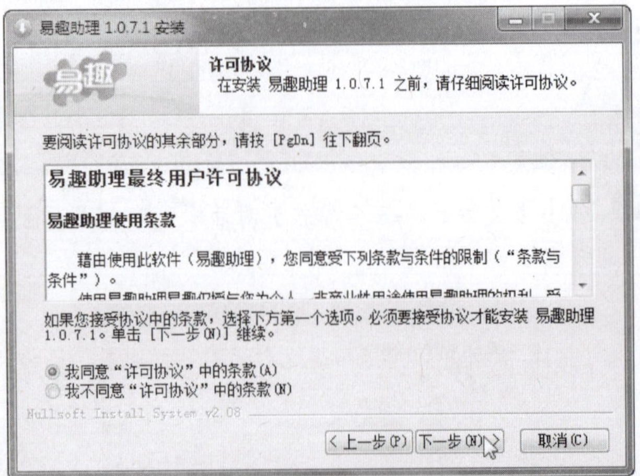

❻ 在进入的页面中单击【浏览】按钮，选择程序的安装位置，这里使用默认的安装位置，单击【安装】按钮，如下图所示。

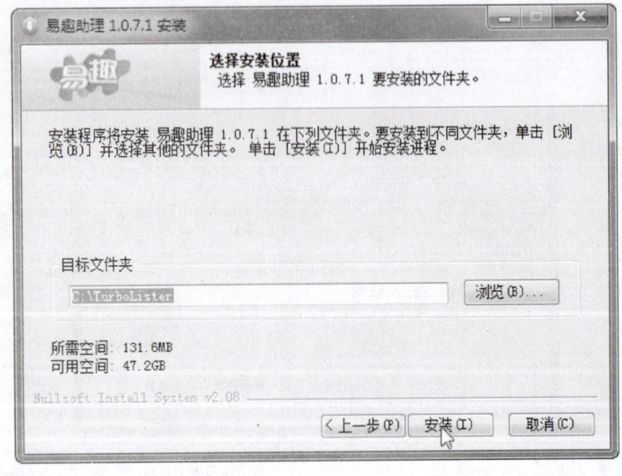

❼ 开始安装易趣助理程序，并进入如下图所示的页面。

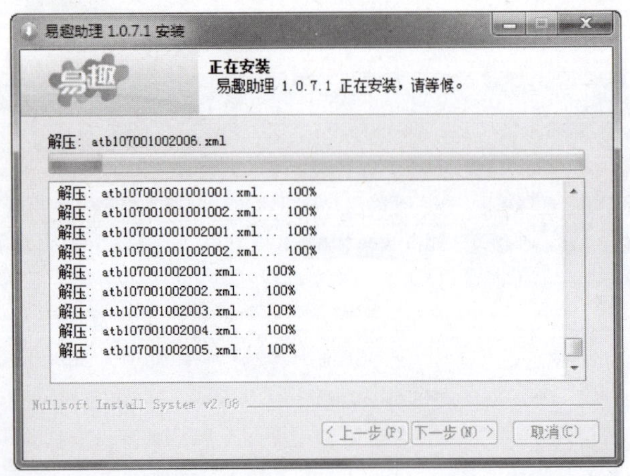

❽ 易趣助理程序安装完成后，进入如下图所示的页面，单击【完成】按钮即可。

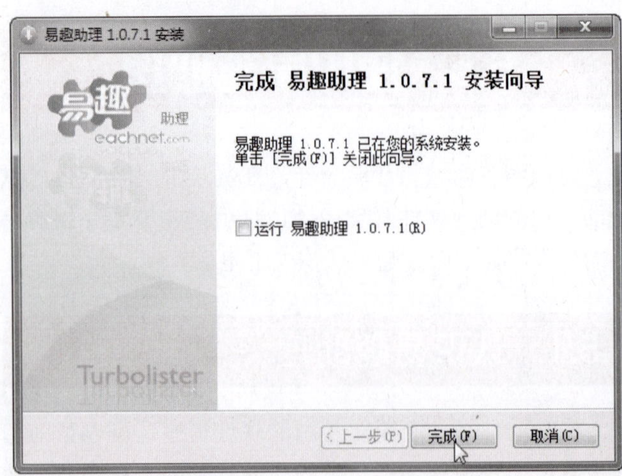

6.5.3 添加并上传商品

当易趣助理安装完成后，即可登录该程序，在窗口中创建新的物品信息，将其添加到库存商品中。

1. 绑定账户

在登录易趣助理之前，用户可以先创建一个简单、好记的易趣助理专用的本地用户名和登录密码，这个本地用户名可以与你的易趣用户名一致，也可以不一致，然后再与易趣用户名进行绑定，就可以将物品上传到易趣了。

操作步骤

❶ 双击计算机桌面上的易趣助理快捷方式图标，在第一次启动程序时会自动检测更新程序版本，并弹出如下图所示的进度对话框。

长见识 所有退、换货情况必须符合该商品的海外原网站退换货条件(即海外原网站可以退换该商品，并且在海外原网站退换货的期限内)，海外原网站明确声明不能退换货的产品不在可以退换货的范围内。

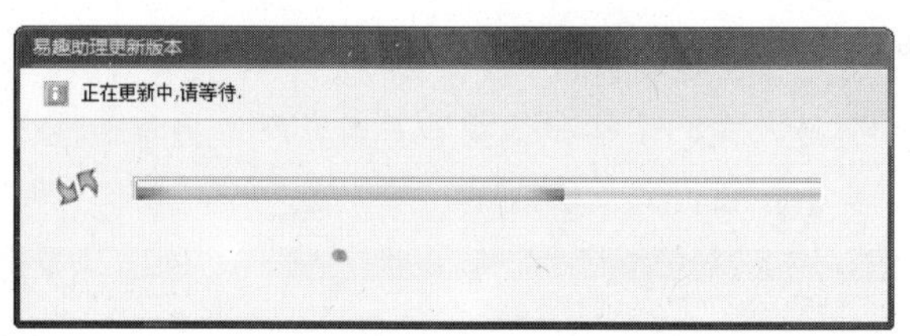

❷ 程序更新完成后，弹出【更新完成】对话框，单击【确定】按钮，如下图所示。

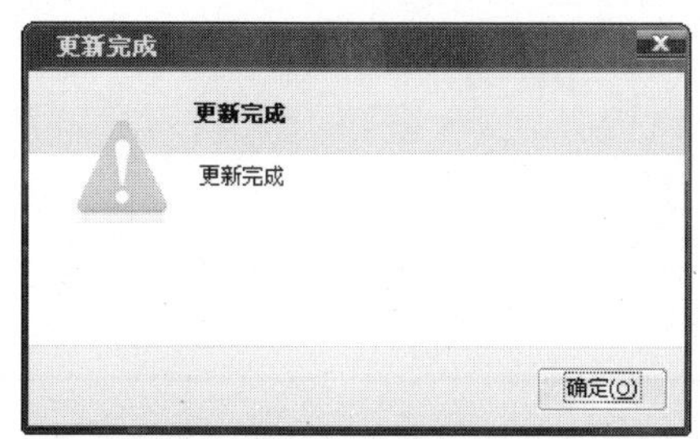

❸ 弹出【提示】对话框，开始下载分类属性文件，单击【确定】按钮，如下图所示。

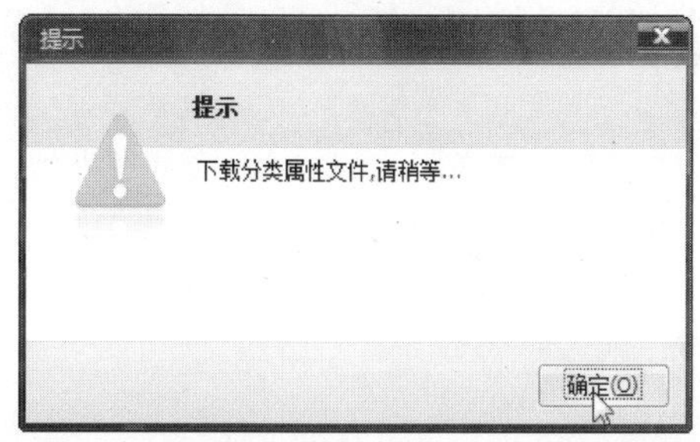

❹ 弹出【易趣助理-用户本地登录】对话框，单击【创建本地用户】链接，如下图所示。

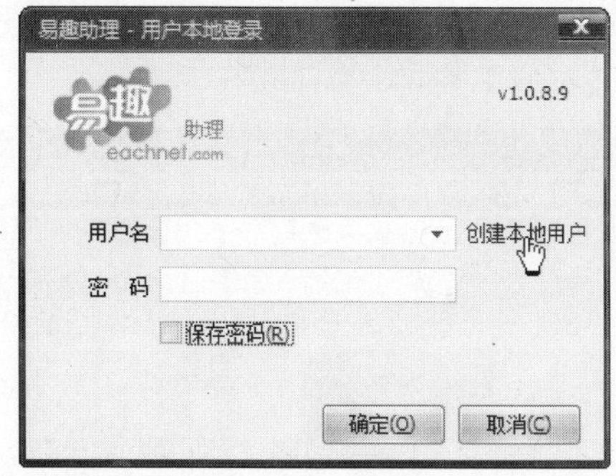

❺ 弹出【创建本地用户】对话框，设置用户名、密码及确认密码，再单击【创建】按钮，如下图所示。

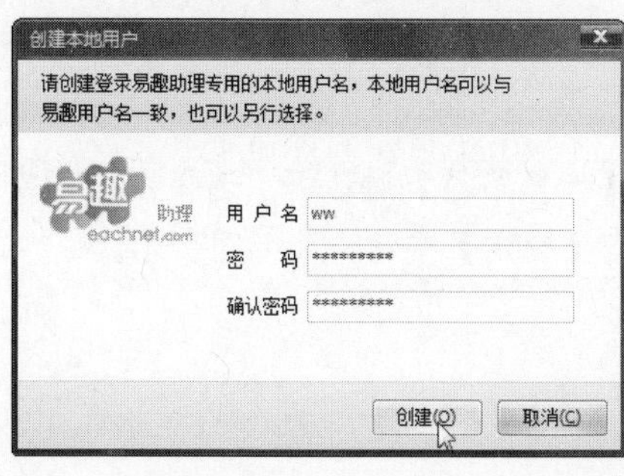

❻ 弹出【本地用户创建成功】对话框，提示成功创建本地用户，然后单击【绑定易趣用户】按钮，如下图所示。

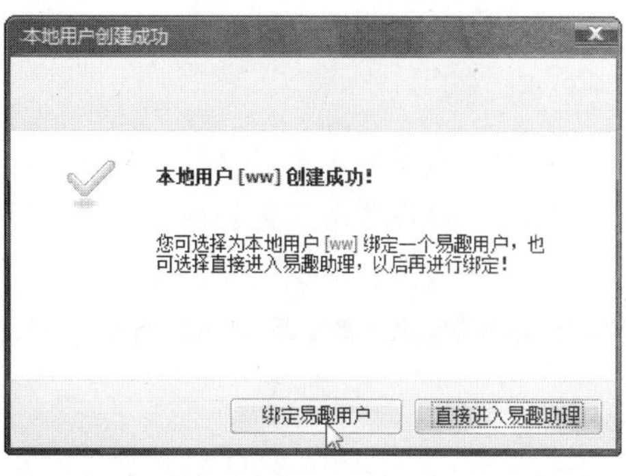

❼ 弹出【绑定易趣用户】对话框，输入要绑定的易趣用户名和密码，再单击【确定】按钮，如下图所示。

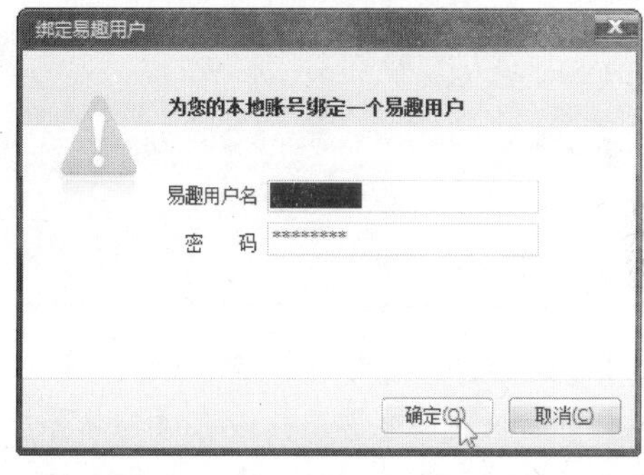

❽ 成功绑定易趣用户后，会弹出【系统提示】对话框，提示成功绑定易趣用户，单击【确定】按钮即可，如下图所示。

❾ 返回【本地用户创建成功】对话框，单击【直接进入易趣助理】按钮，即可使用新创建的本地用户登录程序了，如下图所示。

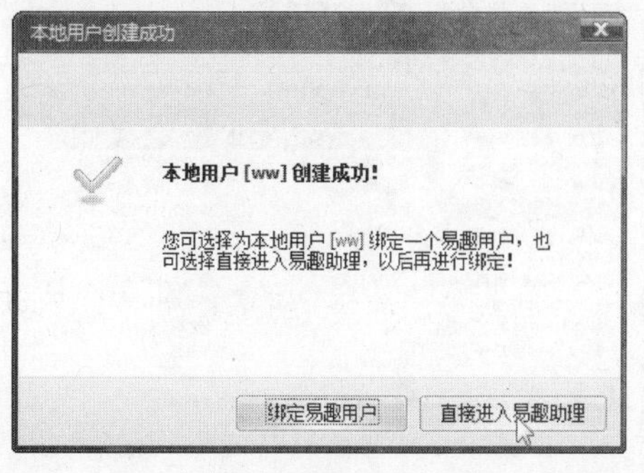

长见识　发现少货现象(必须有第三方快递证明实际收货数量)，请买家立即联系易趣，易趣将会和国外商家以及国际物流公司联系，确认少货的具体原因。

2. 添加商品

下面介绍如何在易趣助理中添加商品，具体操作步骤如下。

操作步骤

❶ 在【易趣助理】窗口中单击【库存物品】选项，接着在工具栏中单击【新建】按钮，并从打开的菜单中选择【新建物品】命令，如下图所示。

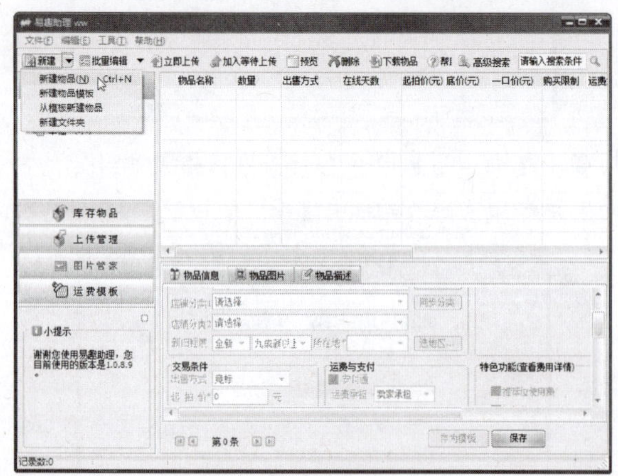

❷ 弹出【新建物品信息】对话框，然后在【物品名称】文本框中输入商品名称，接着在【物品分类】右侧单击【选择分类】按钮，如下图所示。

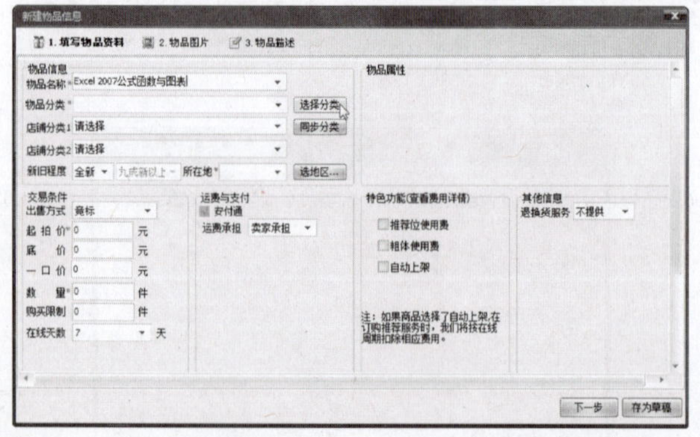

❸ 弹出【选择物品分类】对话框，然后在【浏览分类】选项卡下设置物品类目，再单击【确定】按钮，如下图所示。

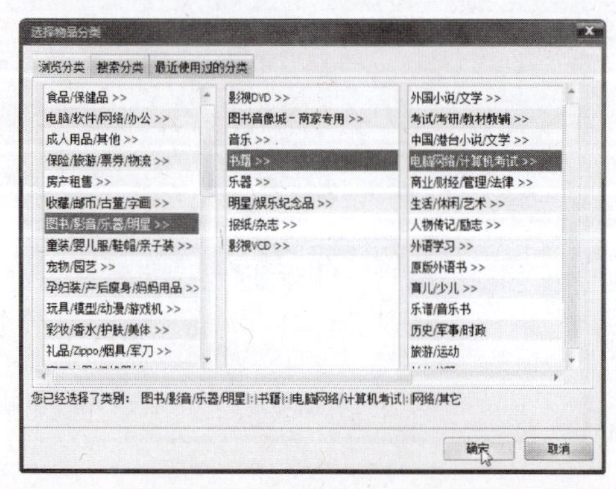

❹ 返回【新建物品信息】对话框，填写物品的所在地、交易方式、价格和运费等基本资料，再单击【下一步】按钮，如下图所示。

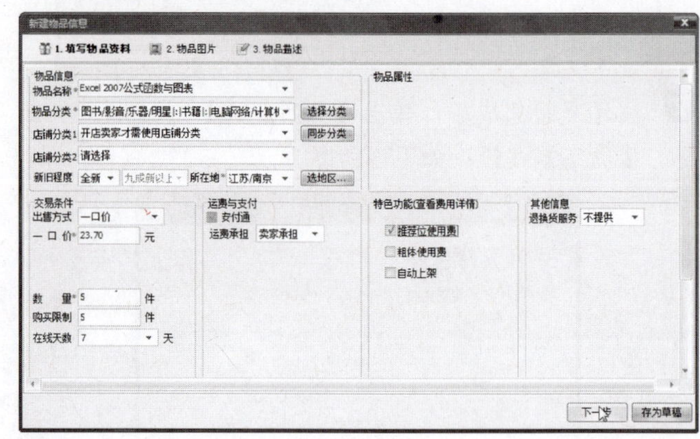

❺ 进入【2、选择物品图片】界面，单击【本地图片】按钮，如下图所示。

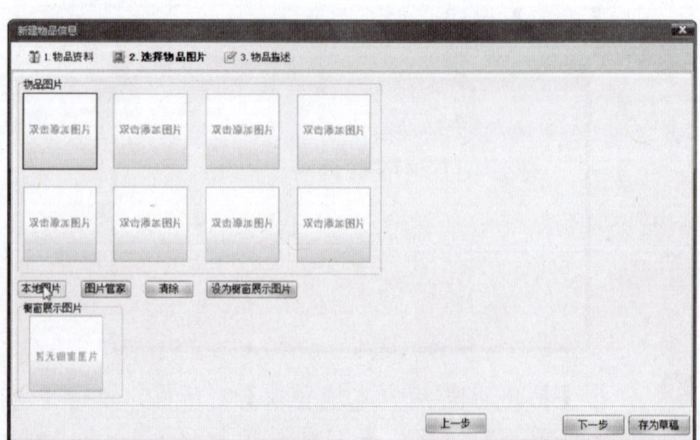

❻ 弹出【打开】对话框，选择要上传的物品图片，再单击【打开】按钮，如下图所示。

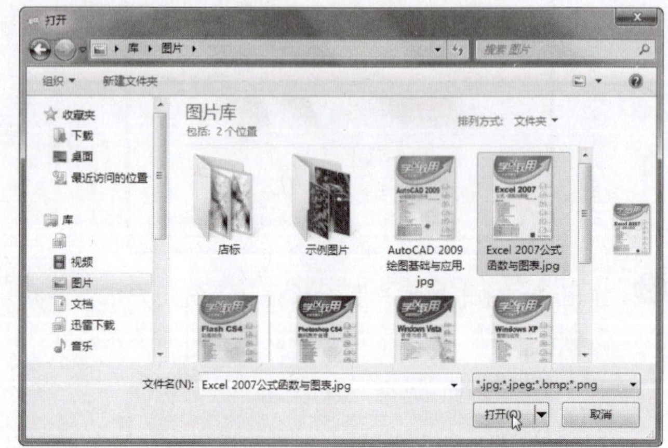

❼ 弹出【选择路径】对话框，选择图片存放的路径，再单击【确定】按钮，如下图所示。

在输入商品描述内容后，用户可以使用文本框上方工具栏中的按钮美化商品描述版面，也可以选中【HTML 源代码】复选框直接把源代码粘贴在文本框中，以便创建出更加专业美观的版面。在完成之前，还可以单击【预览描述】按钮查看商品描述的显示方式。

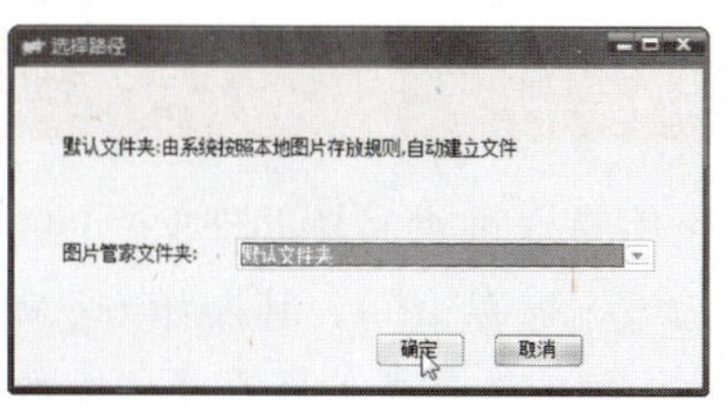

❽ 这时即可在【物品图片】选项组中看到上传的物品图片了，然后单击【下一步】按钮，如下图所示。

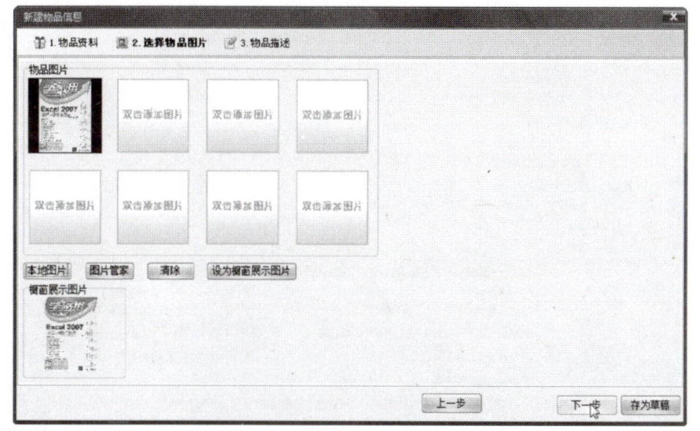

❾ 进入【3、填写物品描述】界面，然后在文本框中详细描述创建的物品，再单击【保存】按钮，如下图所示。

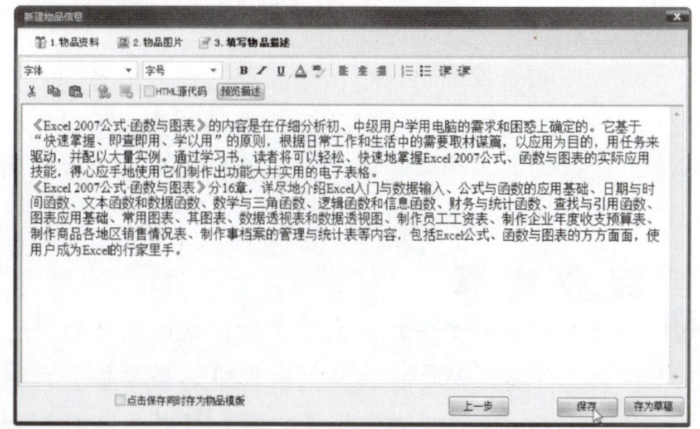

❿ 返回【易趣助理】窗口，这时即可在右侧的窗格中看到新创建的物品了，如下图所示。使用该方法，可以继续添加物品。

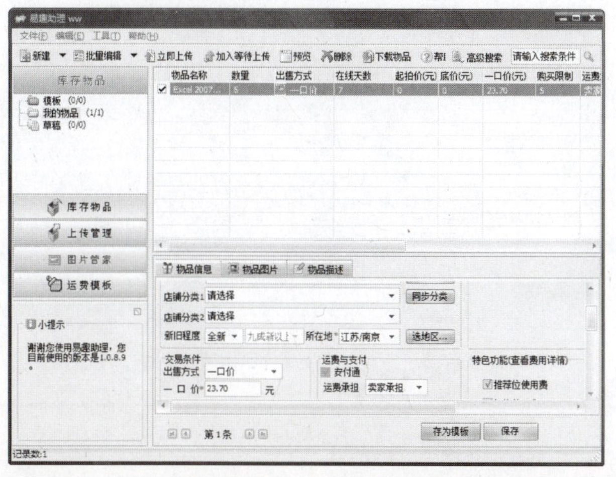

注意

在【新建物品信息】对话框中，【店铺分类】选项仅限开设了店铺的卖家使用。在使用之前，店铺卖家需要在连线的状态下先单击【同步分类】按钮，使易趣助理中的店铺分类与网上店铺的分类保持一致，以后若要对店铺分类进行增减或修改，也需要通过相同的操作使店铺分类与网上店铺同步。

技巧

如果新创建的物品的类目与以前添加过的某物品类目相同，用户可以在【选择物品分类】对话框中的【最近使用过的分类】选项卡下快速找到相应的类目；如果新创建的物品与以前的其他物品的类目都不相同，可以在【搜索分类】选项卡下搜索物品类目，方法是在文本框中输入搜索条件(即商品类目中的关键字)，然后单击【搜索】按钮，接着将会在下方的列表框中显示出搜索结果，选择要使用物品类目，再单击【确定】按钮即可，如下图所示。

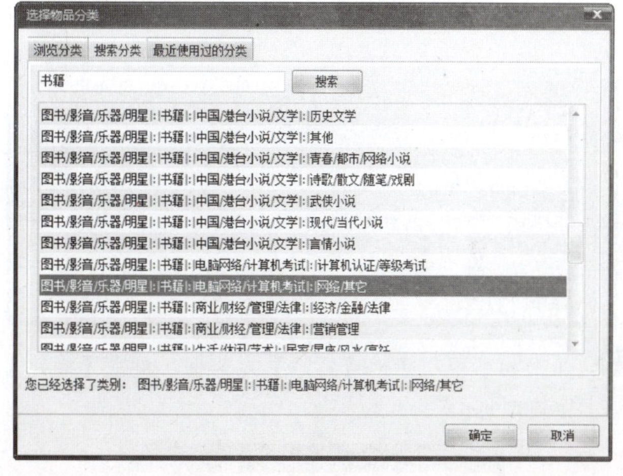

3. 上传商品

利用易趣助理将商品上传到易趣店铺中的操作步骤如下。

操作步骤

❶ 在【易趣助理】窗口中的【库存物品】选项下，单击【我的物品】链接，然后在右侧窗格中选择要上传的物品，接着在工具栏中单击【立即上传】按钮，如下图所示。

学以致用系列丛书

为了便于卖家管理网上店铺，及时与客户交流，在易趣商城中还提供了“易趣通”工具，它是基于互联网的网站实时交流程序，可以帮助买卖双方迅速快捷的进行图文交流和沟通，实时的对于易趣上物品进行了解并对买卖双方进行资料的整理和管理，同时还具有传送文件、发送截屏、历史记录保管、自动提示、评价对话、自动智能升级等多种功能

长见识

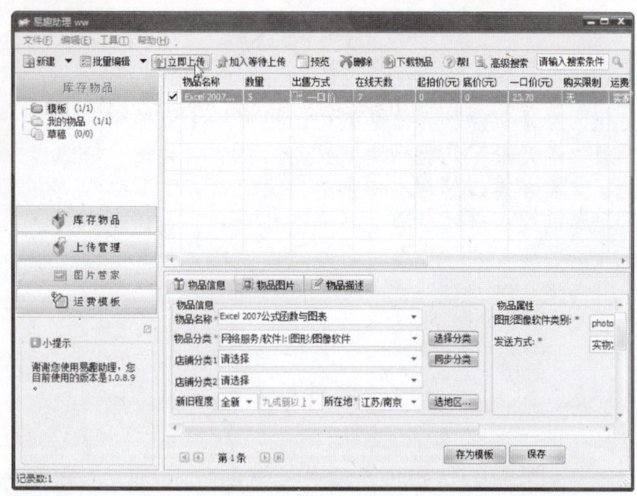

❷ 这时将弹出如下图所示的对话框，确认要上传的商品无误后单击【上传】按钮，即可将物品上传到易趣店铺中了，并可以立即出售该商品。

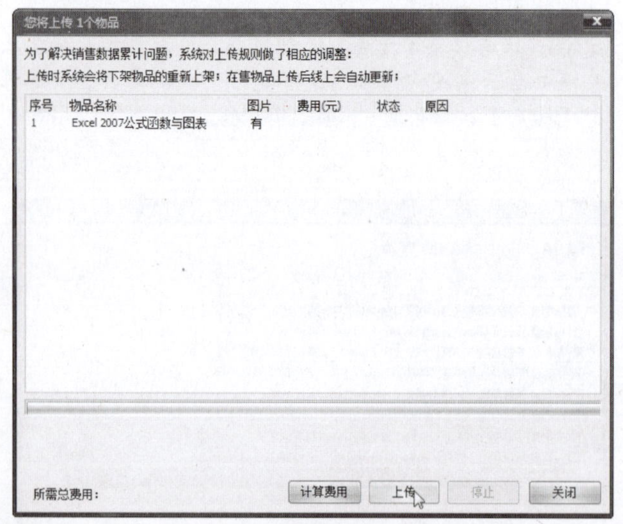

❸ 弹出如下图所示的【提示】对话框，单击【确定】按钮即可。

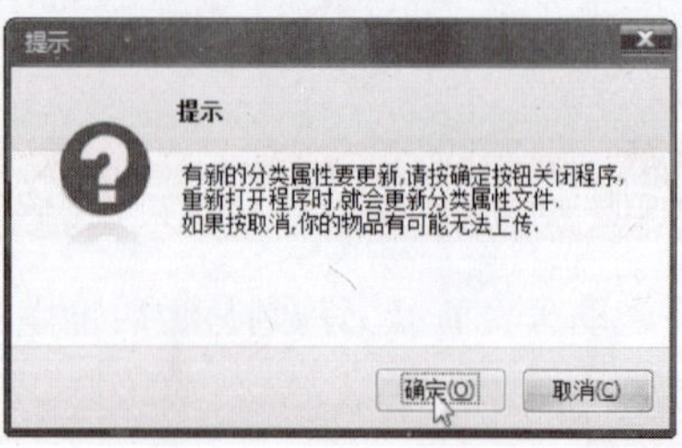

6.5.4 压缩并备份商品信息

易趣助理保存数据的空间有限。如果店铺中的商品比较多，为保证易趣助理的正常使用，建议用户定期对数据库中的信息进行压缩和备份。

1. 压缩数据库

压缩数据库是通过对易趣助理保存的数据进行优化而获得更多的数据储存空间，其操作方法是在【易趣助理】窗口的菜单栏中选择【工具】|【压缩数据库】命令，如下图所示，程序就会自动对数据库进行压缩。

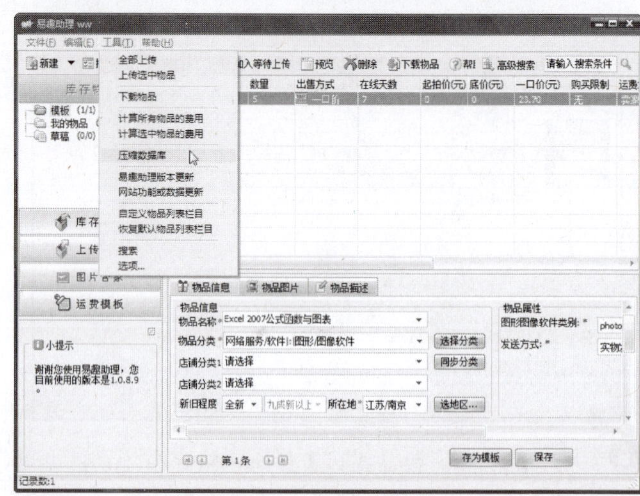

2. 备份数据信息

尽管压缩数据库可以更多地保存数据，但是随着商品种类的不断增加，一段时间后，商品的数据信息还是很多，这就需要用户把暂时不用的数据备份到电脑硬盘中保存，具体操作步骤如下。

操作步骤

❶ 在【易趣助理】窗口的左侧导航窗格中选择物品所在的文件夹，然后在右侧列表框中选择要备份的物品，接着在菜单栏中选择【文件】|【数据备份】命令，如下图所示。

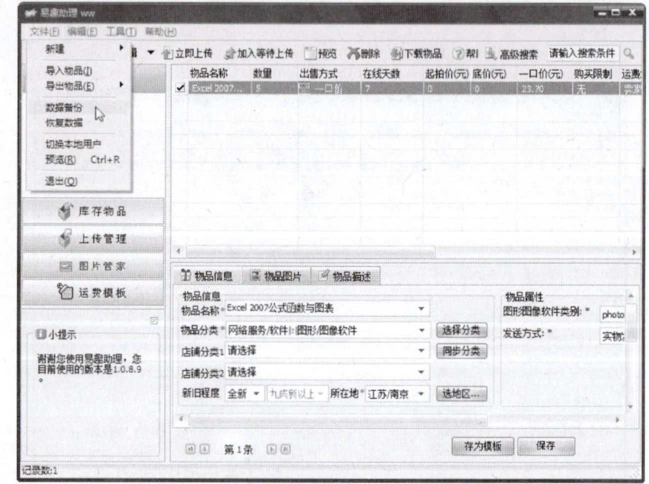

长见识 "图片管家"是易趣商场为广大用户提供的集上传、存储、管理图片及文件资料等功能于一体的个人空间，让卖家方便快捷地从自己的图片库中调取已制作好的宝贝图片，省去逐个上传图片的烦恼。

❷ 弹出【数据备份】对话框，单击【浏览】按钮，如下图所示。

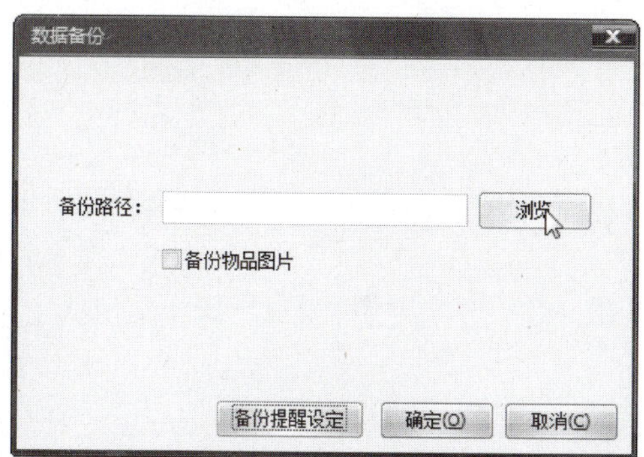

❸ 在弹出的对话框中设置备份文件的保存路径，并在【文件名】文本框中输入文件名称，再单击【保存】按钮，如下图所示。

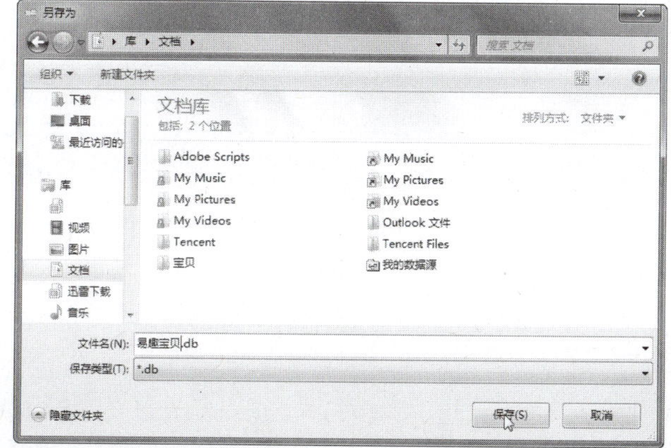

❹ 返回【数据备份】对话框，选中【备份物品图片】复选框，再单击【确定】按钮，如下图所示。

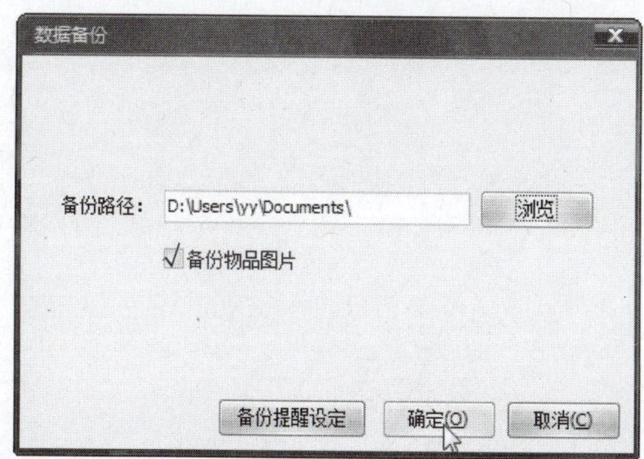

❺ 弹出【系统提示】对话框，提示数据备份成功，单击【确定】按钮即可，如下图所示。

6.6　思考与练习

选择题

1．下面对设置易趣用户名的说法，错误的是________。

A．用户名可以包含字母、数字、下划线和中文字，不能包含空格

B．用户名最短为 3 个字符，最长为 10 个字符

C．用户名不能是电子邮件地址或网址

D．用户名不能以其他用户的店铺名称作为注册用户名

2．下列不属于易趣店铺三个级别的是________。

A．普通店铺

B．超级店铺

C．会员店铺

D．高级店铺

操作题

1．注册易趣网会员并认证成为易趣买家。

2．下载并安装易趣助理，使用易趣助理发布并上传商品。

第 7 章 遥相呼应——在拍拍网上开店

拍拍网是中国知名的网络零售商圈，是腾讯旗下的电子商务交易平台。它依托于腾讯庞大的QQ用户群以及3亿多活跃用户的优势资源，具备良好的发展基础。下面将为大家介绍一下如何在拍拍网上开店。

学习要点

- ❖ 拍拍网店开业
- ❖ 管理店铺商品
- ❖ 店铺的基本设置
- ❖ 使用拍拍助理

学习目标

通过本章的学习，读者应该熟知在拍拍网上开设店铺的一般流程，了解如何在拍拍店铺中发布和管理商品，学会如何设置自己的拍拍店铺，以及如何使用拍拍助理管理店铺商品的方法。

7.1 拍拍网店开业

拍拍网凭借品种丰富的商品和高人气的 QQ 互动软件，与淘宝、易趣共同成为中国最具有影响力的三大 C2C 平台。下面将为大家介绍如何在拍拍网开设店铺。

7.1.1 注册拍拍账号

首先在拍拍网注册用户账号，具体操作步骤如下。

操作步骤

1. 首先打开【拍拍网】首页，然后单击【免费注册】链接，如下图所示。

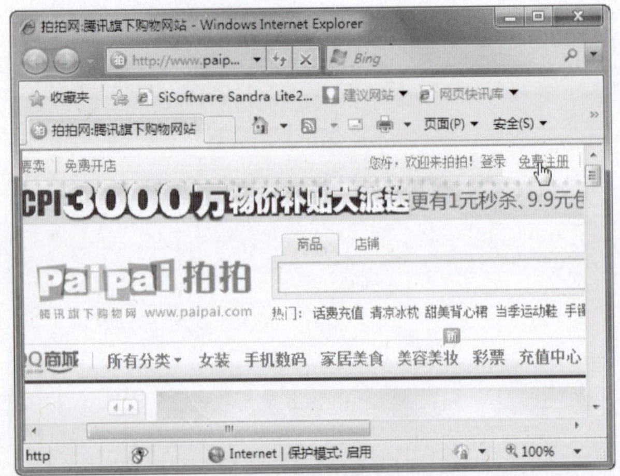

2. 在弹出的网页中填写注册信息，再单击【确定 并同意以下条款】按钮，如下图所示。

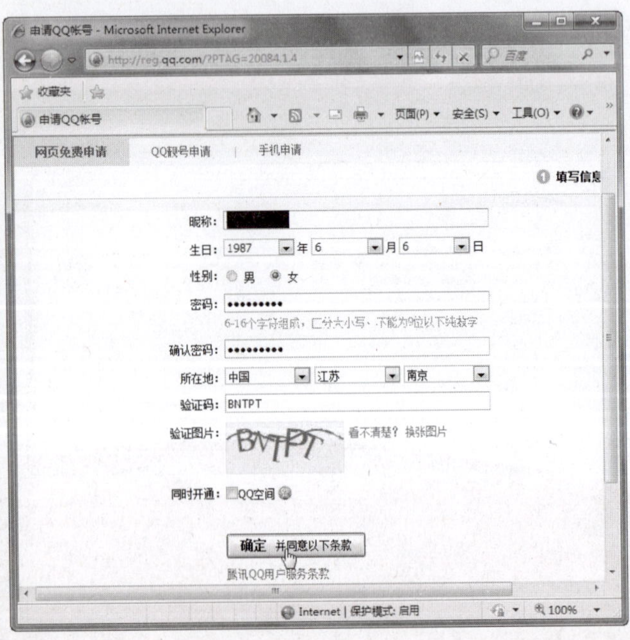

3. 弹出如下图所示的网页，提示账号申请成功，单击【立即获取保护】按钮。

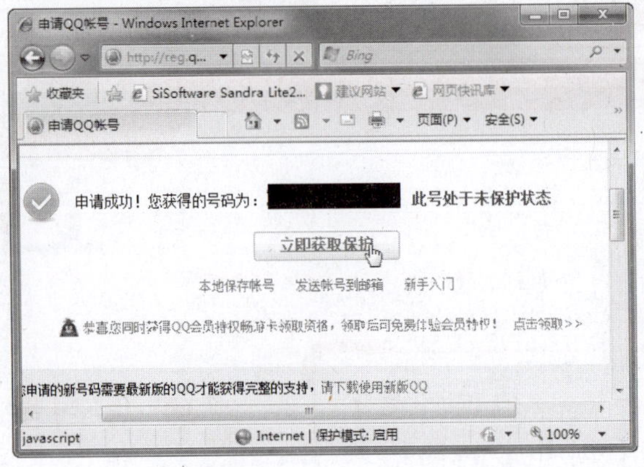

4. 选择一种密码保护选项，例如单击【密保问题】选项，如下图所示。

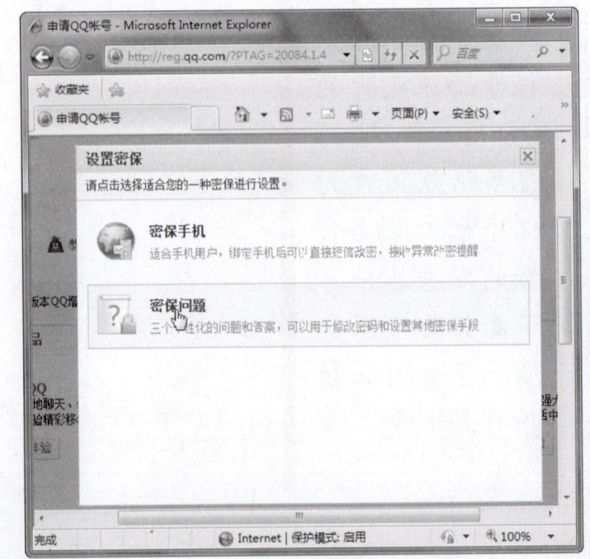

5. 在弹出的网页中设置密保问题，再单击【下一步】按钮，如下图所示。

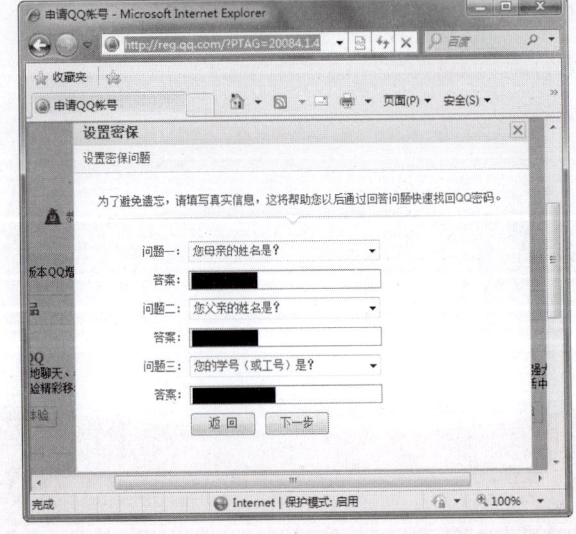

卖家注销拍拍店铺以后3个月内，拍拍网会自动把开设店铺时缴纳的保证金退还到卖家的财付通账户里。

6 弹出如下图所示的网页，确认密保问题，再单击【下一步】按钮。

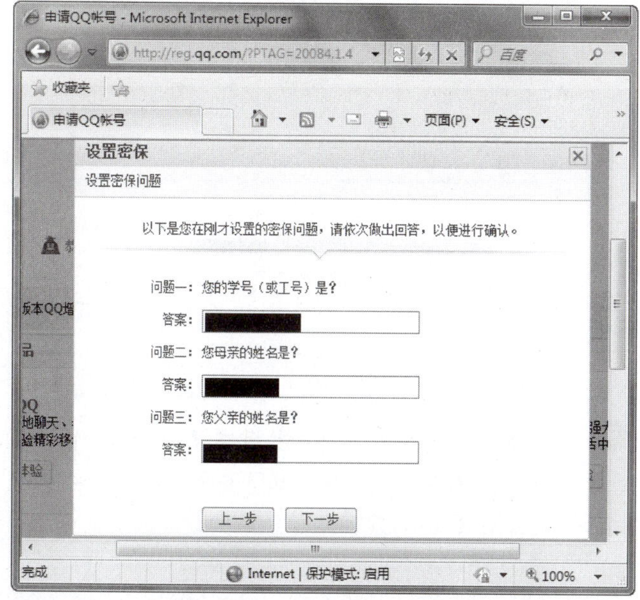

7 成功设置密保问题后进入如下图所示的页面，单击【完成】按钮即可。

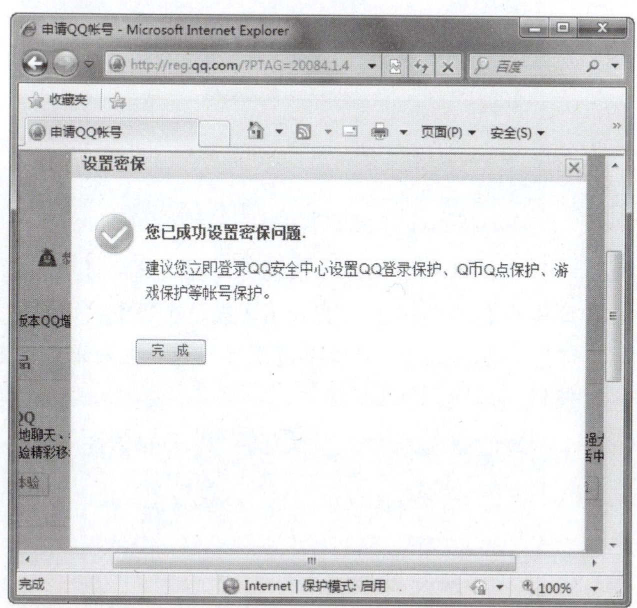

7.1.2 激活财付通

财付通是专业的在线支付平台，它为互联网用户和企业提供了安全、便捷、专业的在线支付服务。下面介绍一下如何在拍拍网中激活财付通的具体步骤。

操作步骤

1 首先在IE浏览器中打开拍拍网首页，然后单击【登录】链接，如下图所示。

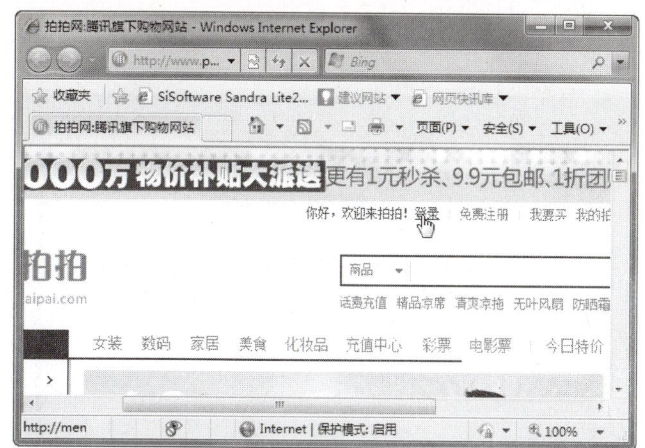

2 进入用户登录页面，在该页面中输入QQ账号、密码和验证码，再单击【登录】按钮，如下图所示。

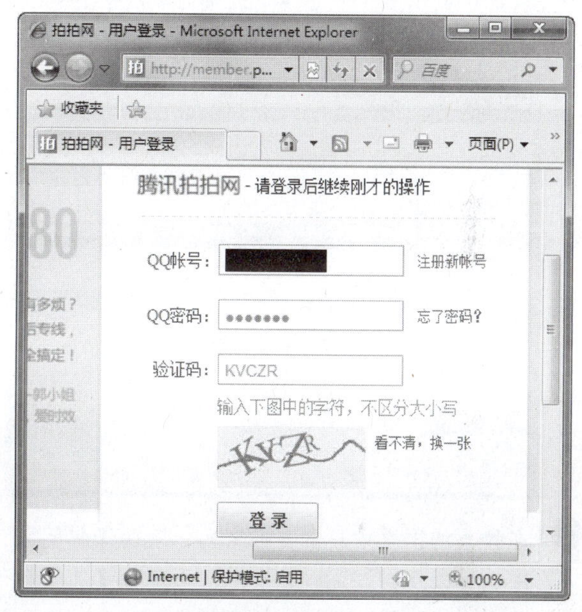

3 这时即可登录拍拍网，单击【我的拍拍】链接，如下图所示。

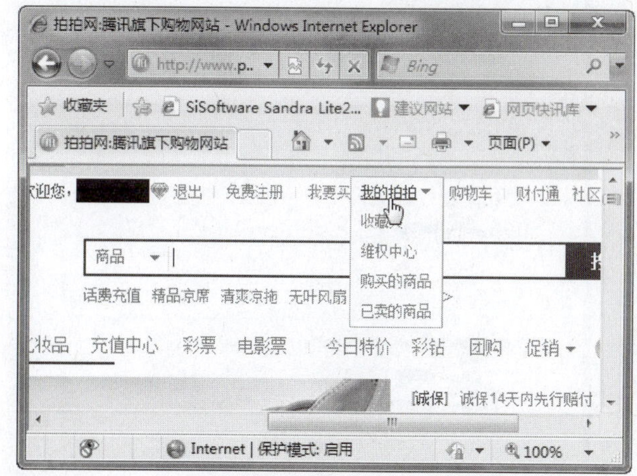

4 进入【我的拍拍】首页，然后在【财付通专区】区域中单击【马上去激活】按钮，如下图所示。

学以致用系列丛书

为了维护拍拍的交易秩序，保障用户的合法权益，针对交易过程中的违规行为制订投诉规则。对于买卖双方在网上交易过程中产生的纠纷，可以在交易过程中或交易后就当笔交易投诉对方。

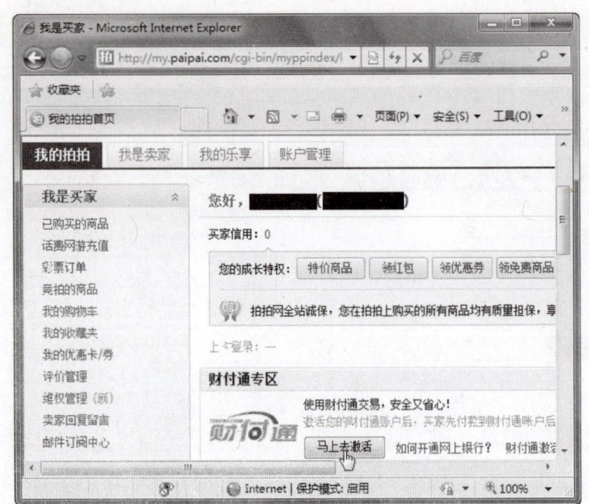

❺ 在弹出的网页中单击【立即激活账户】按钮，如下图所示。

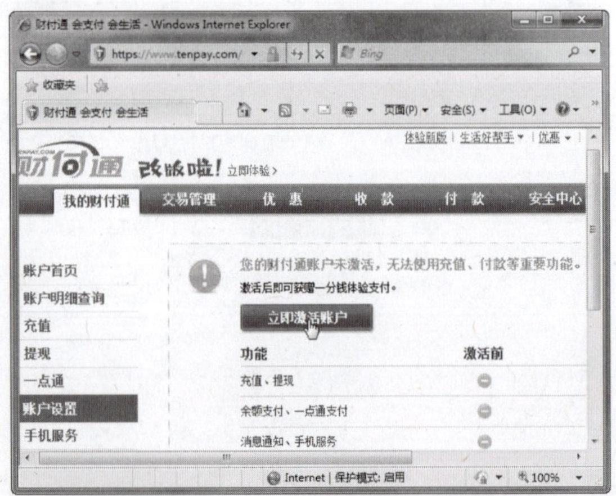

❻ 在弹出的网页中设置支付密码、密码保护问题、账户类型以及个人资料等信息，再单击【确认激活并同意以下条款】按钮，如下图所示。

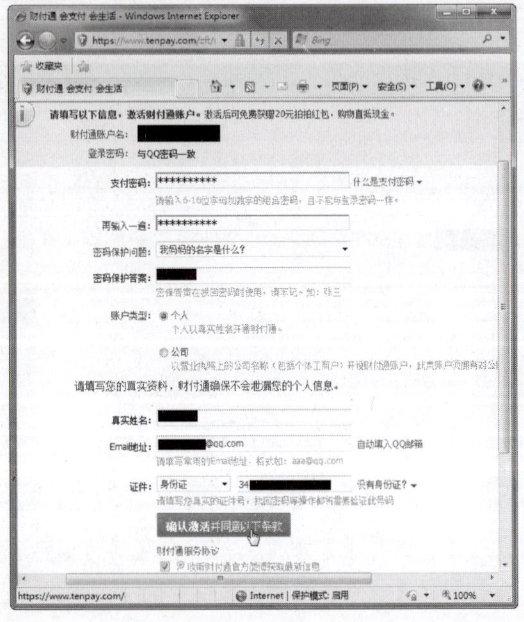

❼ 这时将会弹出如下图所示的网页，提示成功激活财付通。

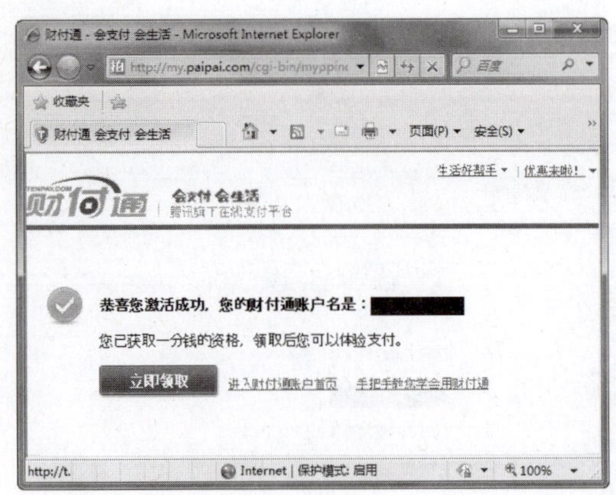

❽ 返回【我的拍拍】首页，然后在【财付通专区】区域中单击【充值】链接，如下图所示。

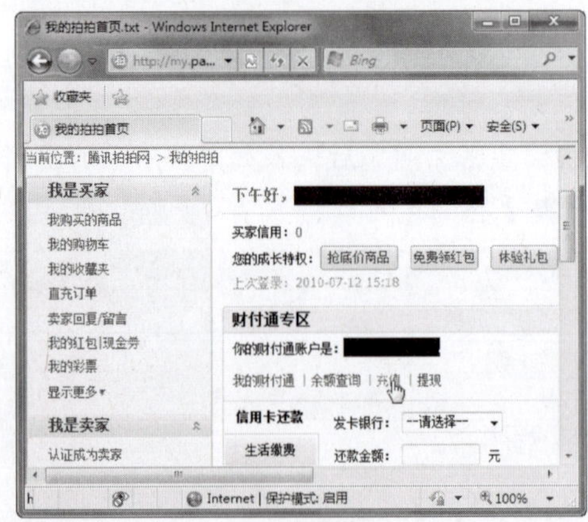

❾ 在弹出的网页中选择充值银行，例如选中【中国工商银行】单选按钮，然后在【充值金额】文本框中输入充值的金额，再单击【确定充值，去网银付款】按钮，如下图所示。

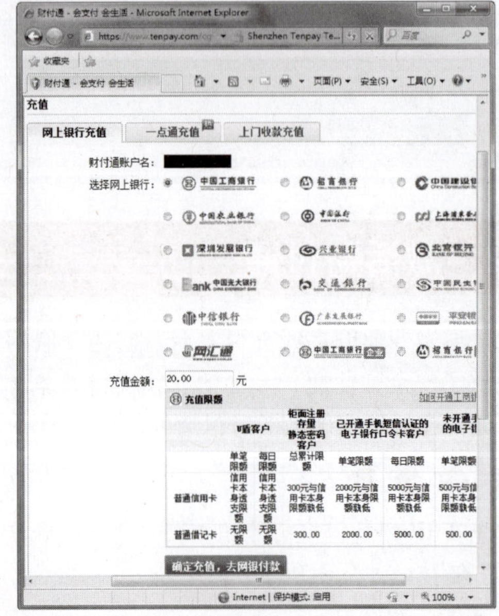

长见识

投诉方发起投诉且已经提供相关凭证，经拍拍网核实属实，或被投诉方在申诉时不能陈述正当的理由(不正当理由包括：不想要了、觉得价钱偏贵等)，则第1次对被投诉方作出“警告”15天的处罚。

❿ 在弹出的网页中输入支付卡账号及验证码，再单击【提交】按钮，如下图所示。

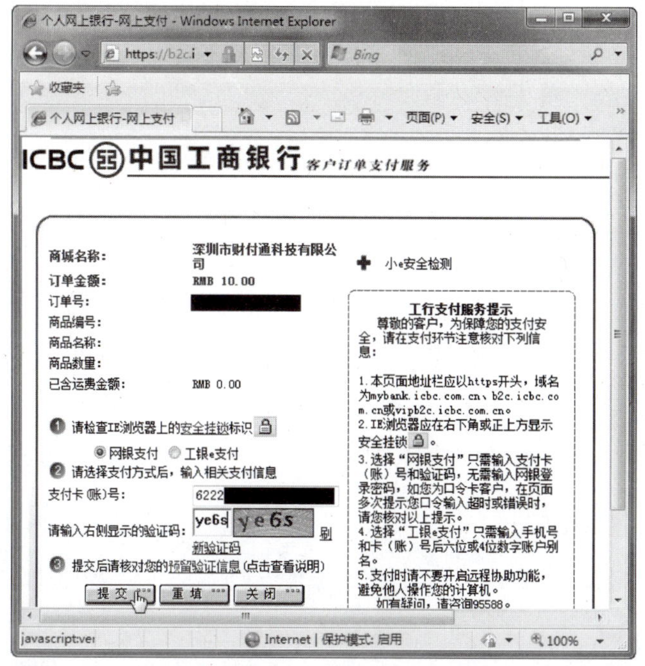

⓫ 在弹出的网页中单击【全额付款】按钮，继续进行操作，如下图所示。

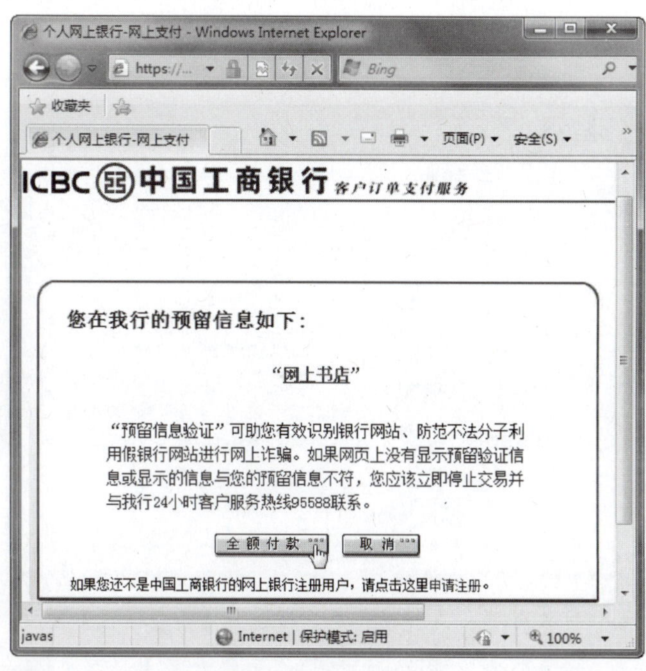

⓬ 在弹出的网页中根据显示位置输入电子银行口令卡的密码、网银登录密码及验证码，再单击【提交】按钮，如下图所示。

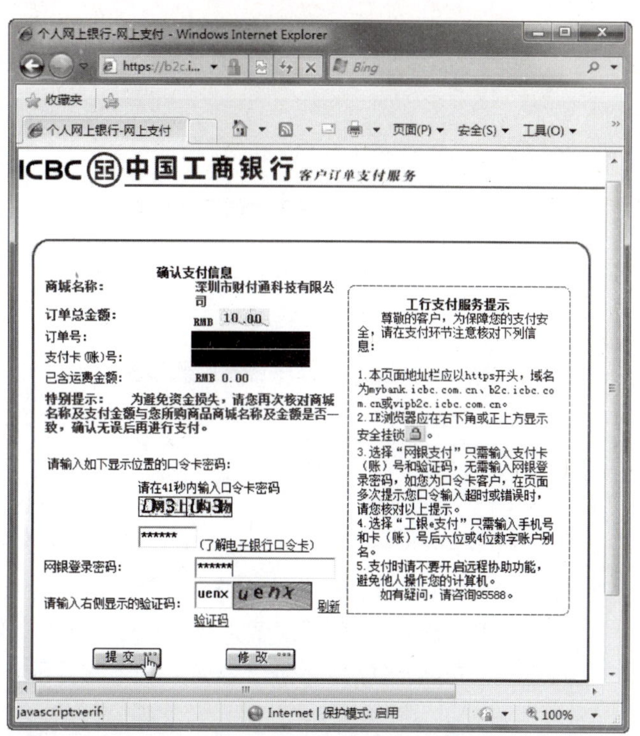

⓭ 充值成功后，会弹出如下图所示的网页，单击【关闭窗口】链接即可。

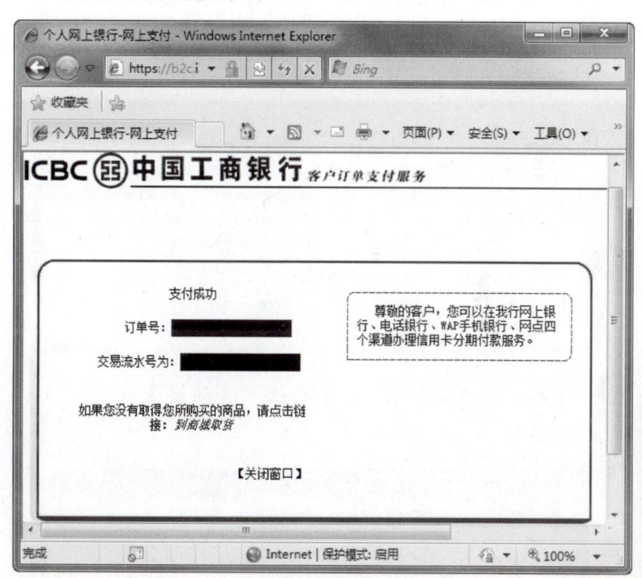

7.1.3　认证成为卖家

要想在拍拍网上出售商品，还需要认证成为卖家，具体操作步骤如下。

操作步骤

❶ 打开【我的拍拍】首页，登录后在【我是卖家】选项下单击【认证成为卖家】链接。

拍拍会员在拍拍网上的每一笔交易成功后，双方都会对对方交易的情况作一个如实的评价，这个评价就是信用评价，它是公平、公正的。通过查看交易评价，您可以增加对卖家及商品的了解。

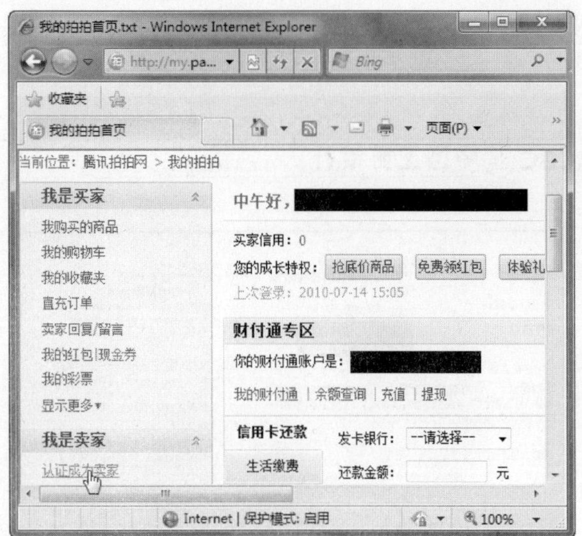

❷ 弹出【卖家认证】页面，向下拖动滑块阅读完协议后选中【已经阅读并同意“卖家须知和用户协议”】复选框，再单击【开始申请】按钮，如下图所示。

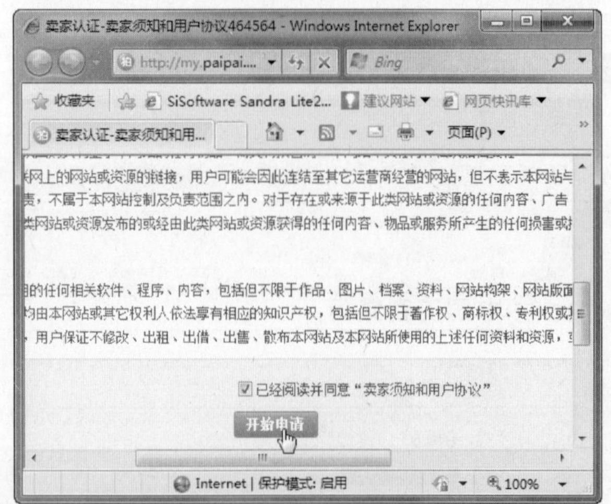

❸ 在打开的网页中单击【申请实名认证】按钮，如下图所示。

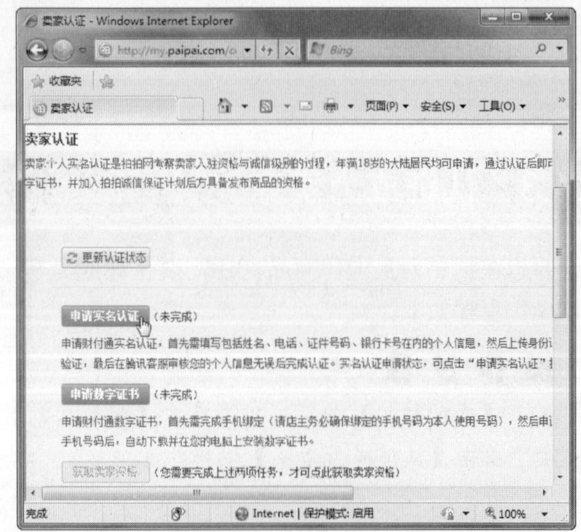

❹ 进入【财付通】网页，选择认证方式，这里选中【开通一点通同时完成实名认证】单选按钮，并单击【确定】按钮，如下图所示。

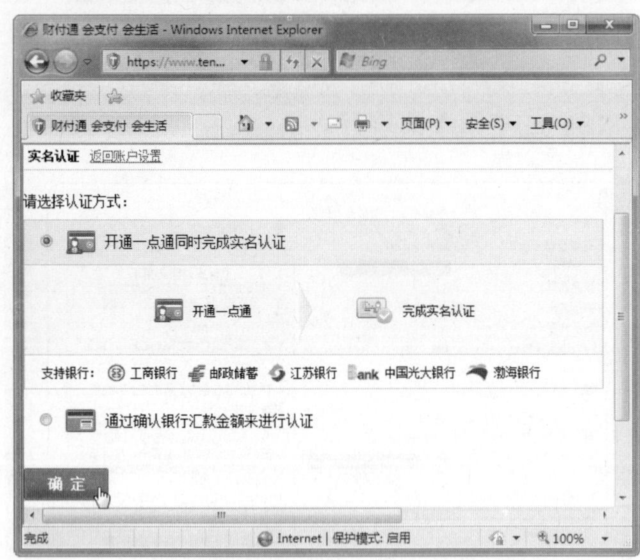

❺ 进入【开通一点通】网页，如下图所示，选择其中支持认证的银行，并单击【确定】按钮，然后根据提示完成开通一点通操作。

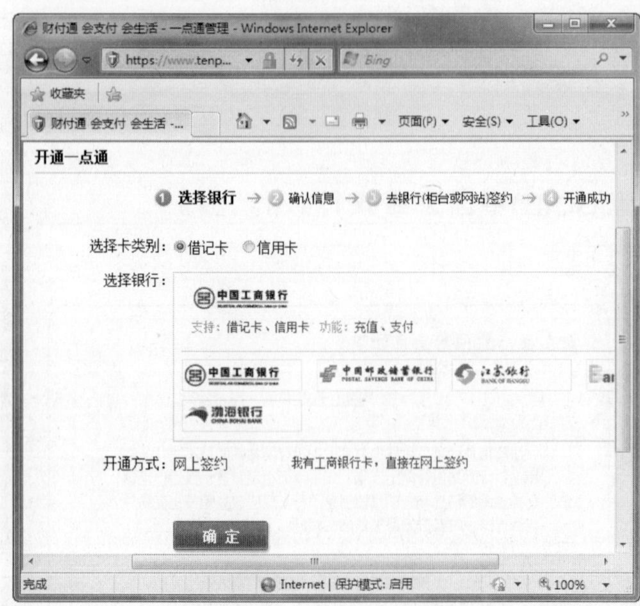

❻ 完成开通一点通操作后，将进入【实名认证】页面，填写实名认证信息，确认无误后单击【下一步】按钮，即可提交实名认证申请。银行卡认证成功后，等待工作人员审核信息，在审核通过后，实名认证即可完成。

长见识 信用度是记录拍拍会员在拍拍上的所有交易情况的综合，衡量陌生卖家信用时可是一个很重要依据。通常，该卖家信用度越高则表示过去达成的交易数目越多，并且好评居多。

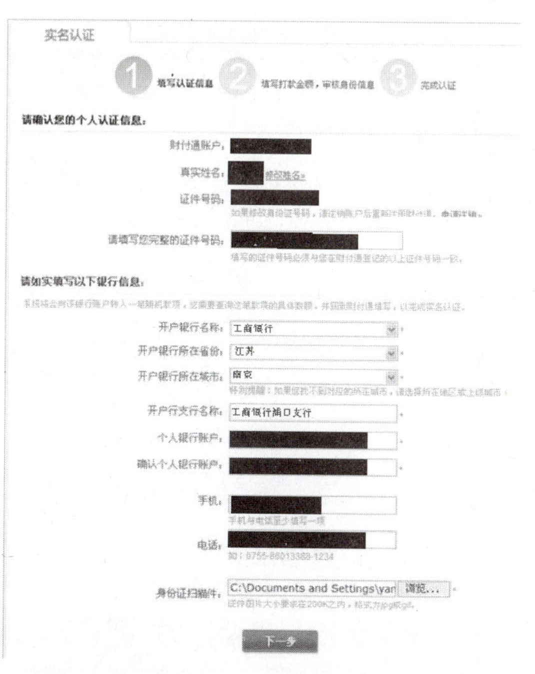

7.2　管理店铺商品

当用户认证成为卖家后，即可向网上店铺中上传商品了，下面一起来学习一下如何在拍拍网中发布与管理商品的具体步骤。

7.2.1　发布商品

当用户通过认证成为卖家后，即可向店铺上传商品了，具体操作步骤如下。

操作步骤

1. 首先打开【我的拍拍】页面，登录后在【我是卖家】栏下的【商品管理】选项中单击【发布新商品】链接，如下图所示。

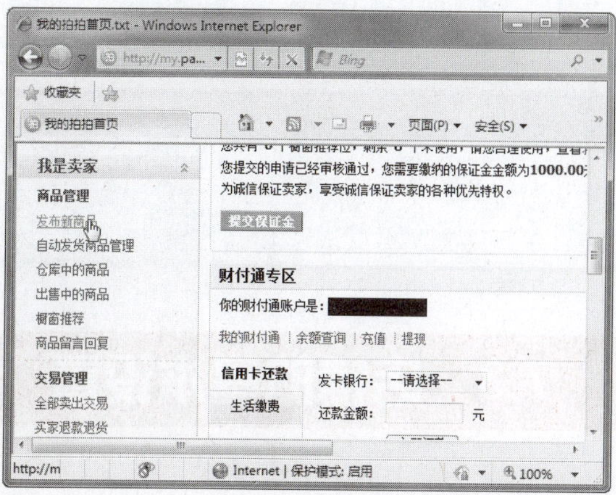

2. 进入【选择商品分类】页面，单击【加入诚保】按钮，如下图所示。

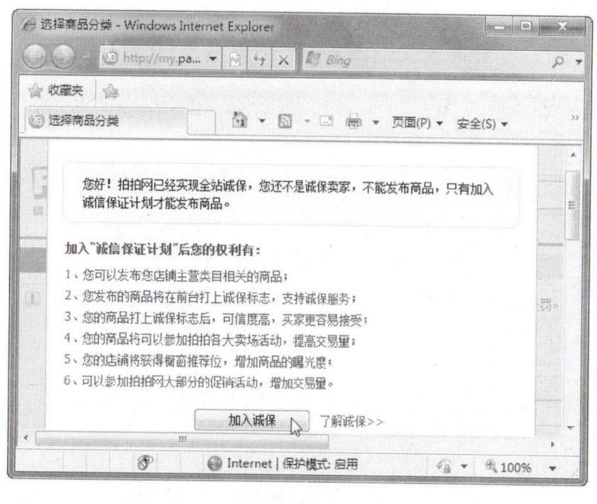

3. 进入【诚信保证计划】页面，单击【申请加入】按钮，如下图所示。

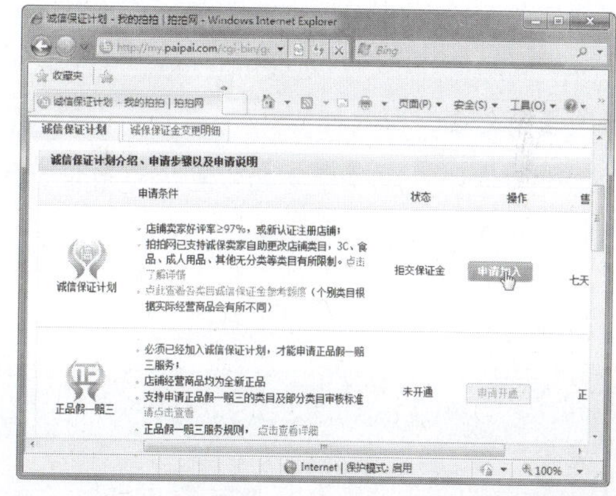

4. 进入【1、提出申请，同意协议】页面，阅读完协议后，选中【我已阅读并同意以上协议】复选框，最后单击【申请加入"诚信保证"计划】按钮，如下图所示。

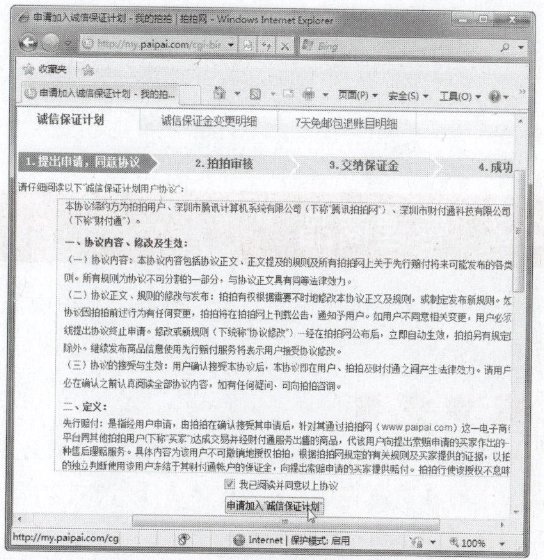

长见识

"QQ工具栏-拍拍版"是拍拍电子平台联合"QQ工具栏"为广大拍友精心打造的网络购物导航工具。未登录时可以直接查看自己的购物车、最近浏览的商品，并可以直达拍拍首页、QQ专区、便民充值、特惠频道、帮助中心。

5 进入【3、交纳保证金】页面，提示申请以通过审核，单击【去财付通交纳保证金】按钮即可，如下图所示。

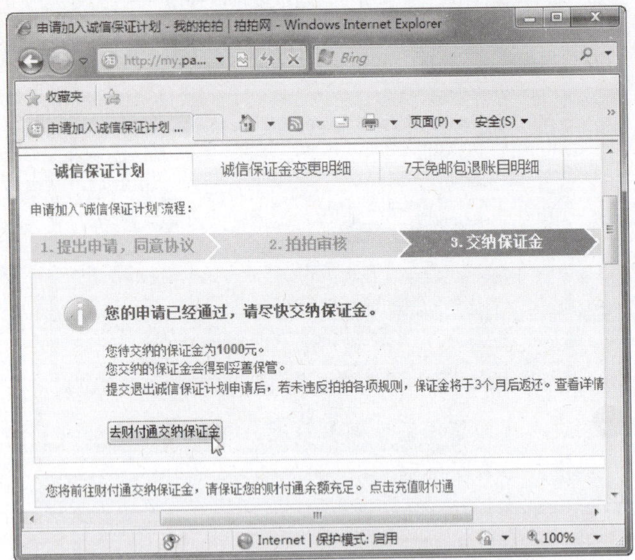

6 进入【财付通-会支付 会生活】页面，输入财付通支付密码后，单击【确认提交】按钮，接着按照页面的提示进行操作即可，交纳保证金，如下图所示。接着即可返回【选择商品类别】网页，选择要发布商品的类目，根据提示完成商品发布操作。

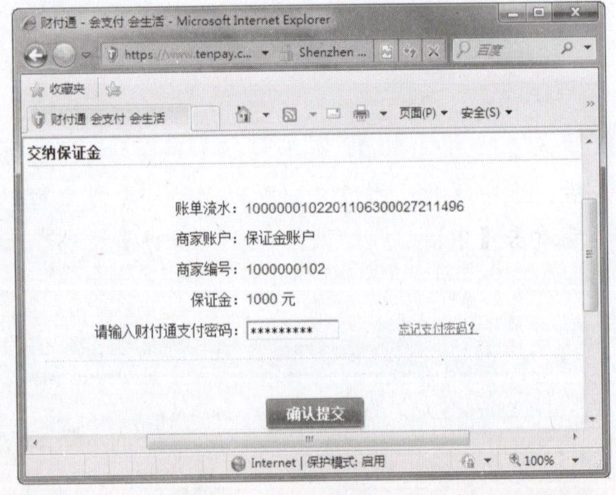

7.2.2 管理商品

商品添加完成后，还可以管理商品，具体操作步骤如下。

操作步骤

1 首先打开【我的拍拍】页面，登录后在【我是卖家】栏下的【商品管理】选项中单击【出售中的商品】链接，如下图所示。

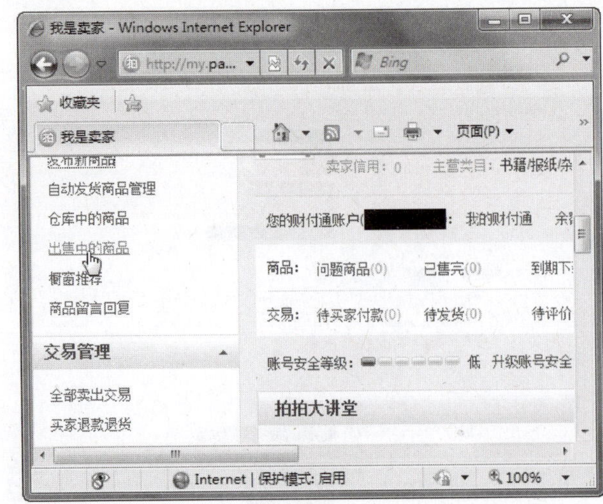

2 在弹出的网页中管理出售中的商品，包括修改商品信息，将商品下架以及删除商品等，如下图所示。

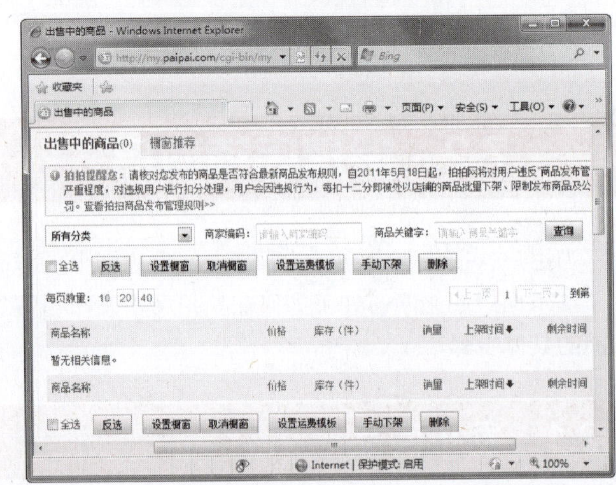

3 单击【橱窗推荐】选项卡，然后选择要推荐的商品，再单击【设置橱窗推荐】按钮即可，如下图所示。

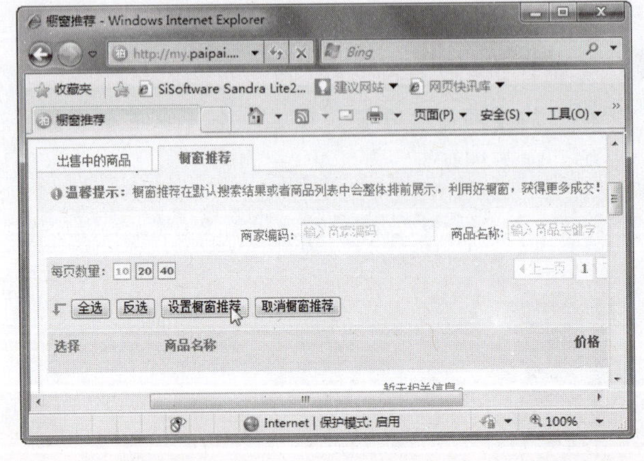

7.3 店铺的基本设置

为了更多地吸引顾客来店铺浏览商品信息，店铺的

学以致用系列丛书

长见识 目前对于普通商品、今日特价商品、试吃试用的商品交易，在卖家未标记发货时，买家需等待成功付款满24小时后才可进行申请退款操作。

设置是非常重要的步骤，好的店铺设置能让自己的店铺显得更专业更值得信赖，从而达到吸引买家的效果。此外，合理的促销信息设计与展示，能为店铺增加成交量。下面就来介绍一下如何在拍拍网中设置店铺。

1. 修改店铺基本设置

下面要介绍的基本设置包括设置店铺基本信息、自定义分类、商品页面设置等操作，具体操作步骤如下。

操作步骤

1 首先进入【我的拍拍】页面，登录后在【我是卖家】栏下的【店铺管理】选项中单击【店铺管理】链接，如下图所示。

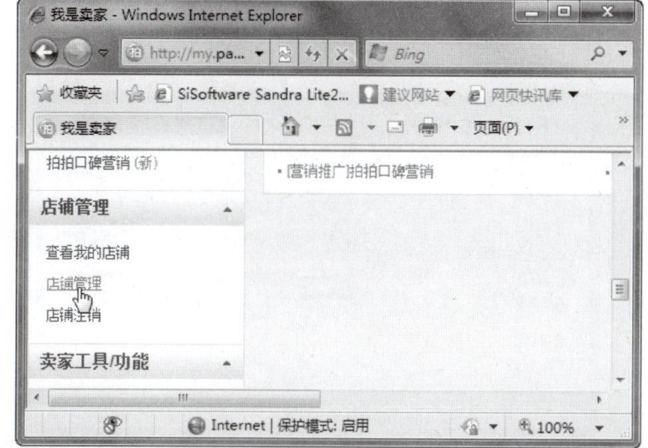

2 在弹出的网页中单击【基本设置】选项下的【基本信息】链接，如下图所示。

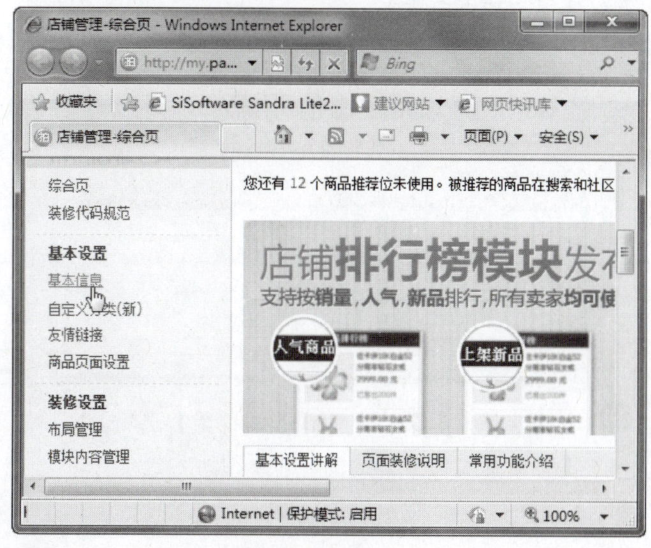

3 在弹出的网页中设置店铺的基本信息，包括店铺名称、店标、店铺类别、主营项目等内容，如下图所示。

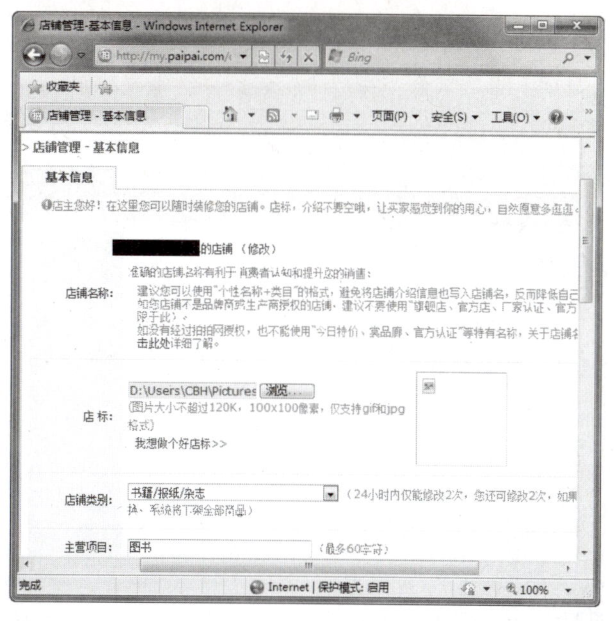

4 向下拖动滑块，填写店铺介绍内容，再单击【提交以上修改】按钮，如下图所示。

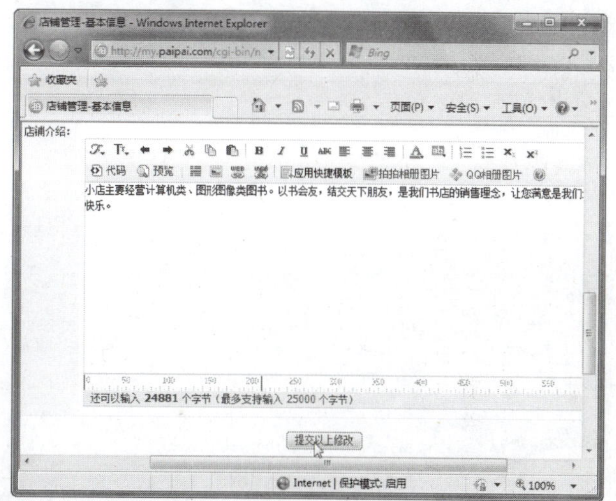

5 在【店铺管理】栏中的【基本设置】选项下，单击【自定义分类】链接，如下图所示。

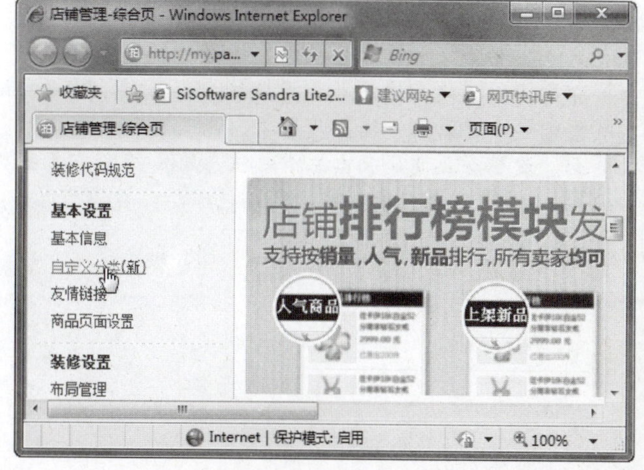

学以致用系列丛书

❻ 进入【店铺管理-自定义分类】页面，单击【添加分类】链接，如下图所示。

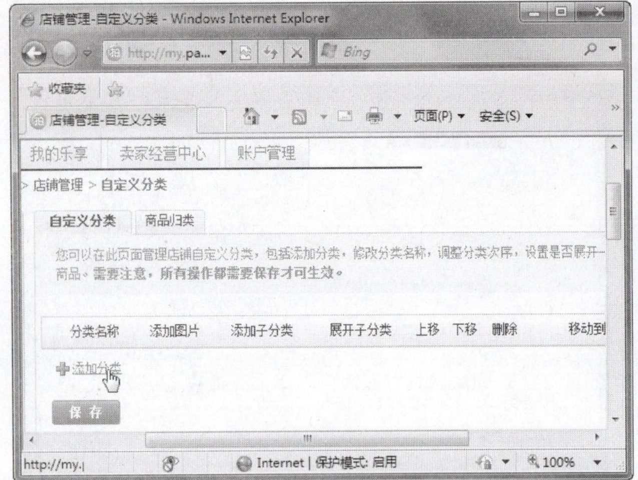

❼ 在【自定义分类】选项卡下设置分类名称，再单击【保存】按钮，即可创建新商品类别，如下图所示。

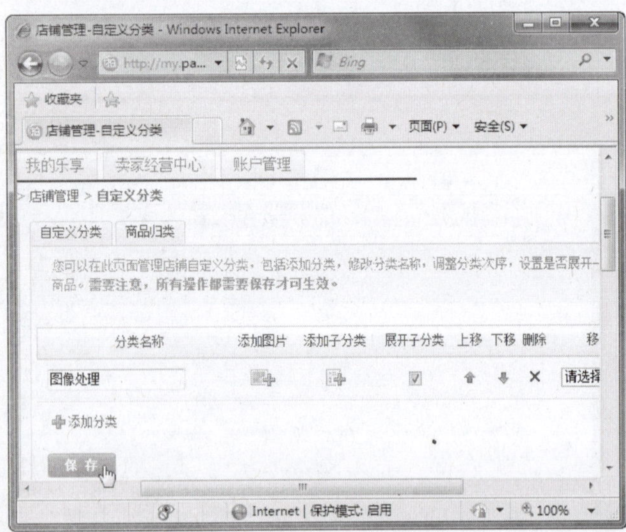

提示

在创建新的商品类别后，可以将上传的商品归类，这样不仅便于客户查找需要的商品，也方便店主管理自己的店铺。方法是在【店铺管理-自定义分类】网页中单击【商品归类】选项卡，进入如下图所示的页面，设置商品类别、商品所处状态等，并单击【查询】按钮，接着在搜索结果列表中选择要归类的商品，再单击【批量增加分类】按钮即可。

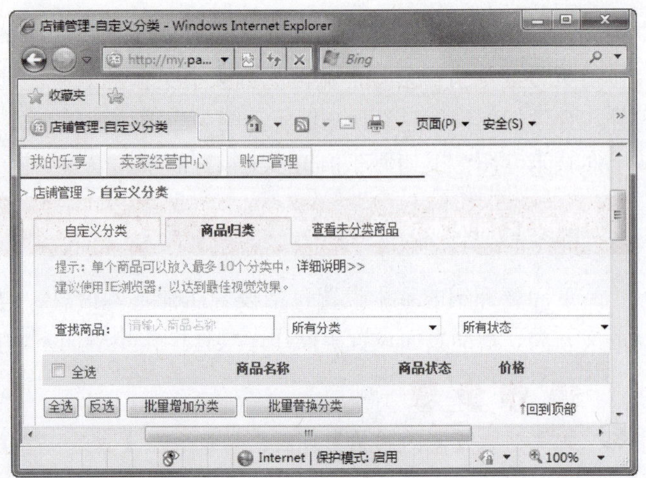

❽ 在【店铺管理】栏中的【基本设置】选项下，单击【友情链接】链接，如下图所示。

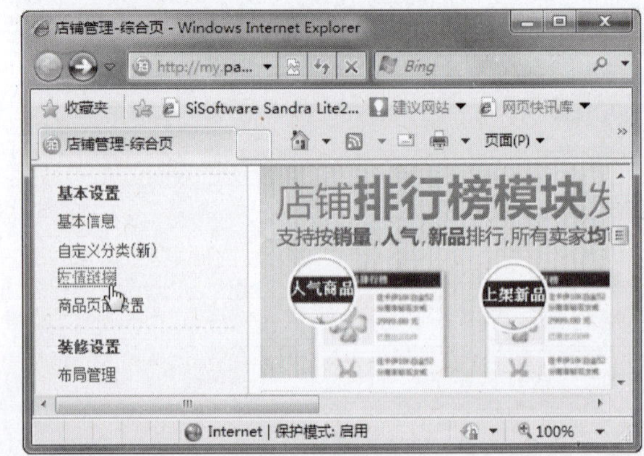

❾ 打开【友情链接】网页，在【对方QQ号码】文本框中输入要链接的好友的QQ号码，再单击【添加】按钮，如下图所示。

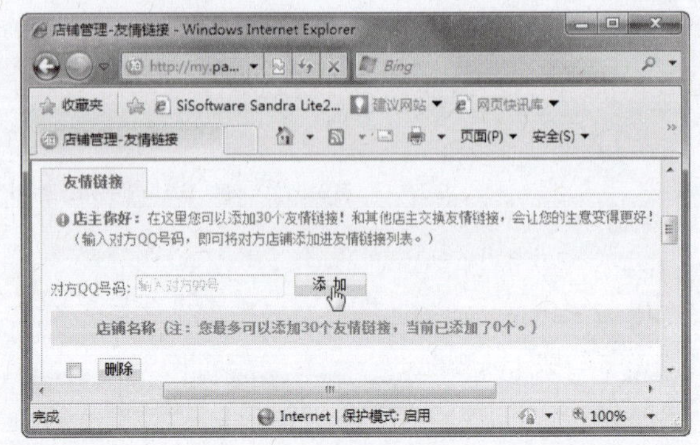

❿ 在【店铺管理】栏中的【基本设置】选项下，单击【商品页面设置】链接，如下图所示。

长见识 一般警告是指只要过了警告期限，又没有因为相同的原因再次违规，系统将会自动撤消警告。若受到的处罚是永远不能撤消，此类处罚即为永久警告。

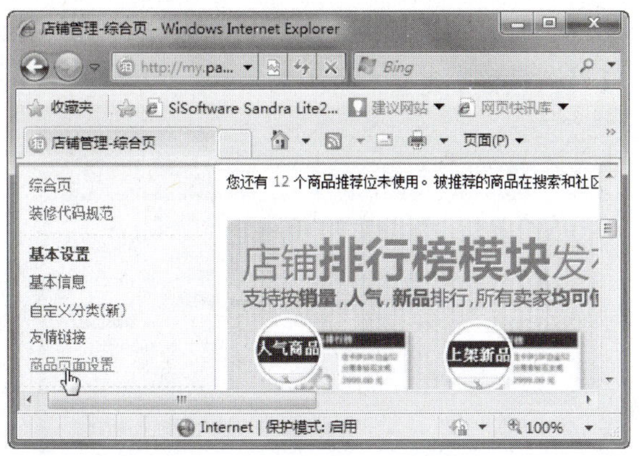

⓫ 在弹出的网页中设置是否显示店铺左侧栏，如下图所示。

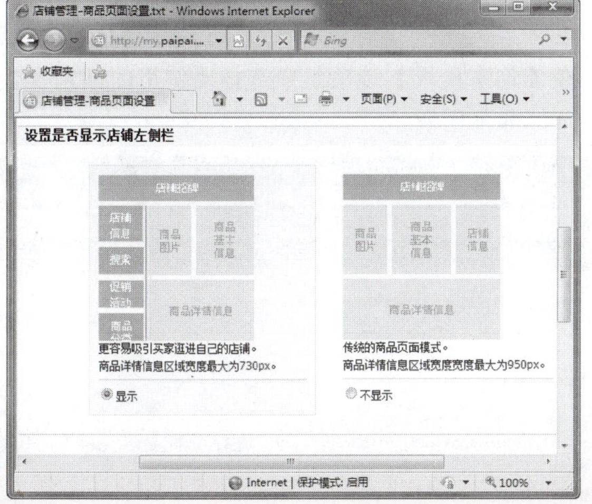

2．装修店铺

装修店铺是卖家充分利用店铺管理功能模块以及运用一些图片处理技术来美化自己的店铺，包括设置店铺招牌、自定义内容分区、颜色风格等，具体步骤如下。

操作步骤

❶ 首先登录【店铺管理】网页，然后在【店铺管理】栏中的【装修设置】选项下，单击【布局管理】链接，如下图所示。

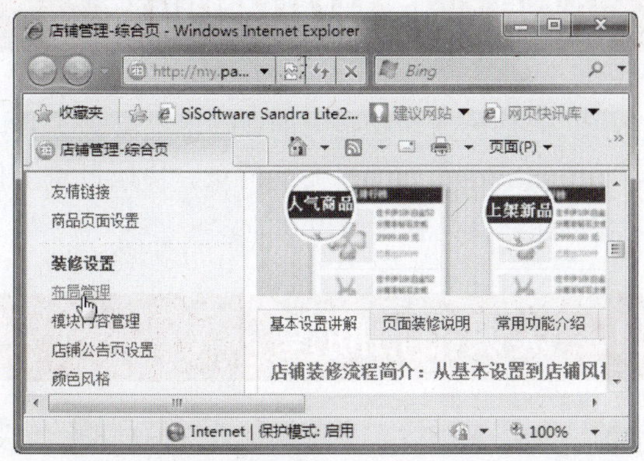

❷ 进入【店铺管理-布局管理】页面，按照需要添加或删除模块，设置完成后单击【保存】按钮即可，如下图所示。

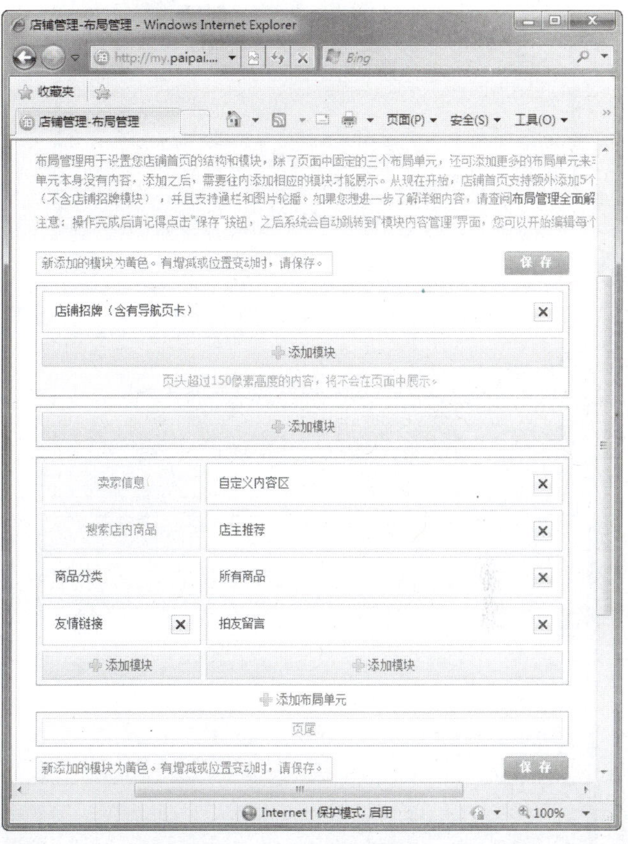

❸ 在【店铺管理】栏中的【装修设置】选项下，单击【模块内容管理】链接，可对添加的模块进行设置，如下图所示。

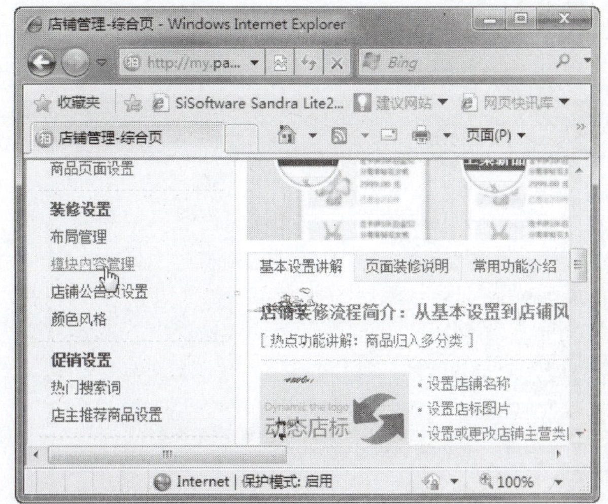

❹ 在【店铺管理】栏中的【装修设置】选项下，单击【店铺公告设置】链接，如下图所示。

交易密码是拍拍为用户提供的额外安全保障，若用户设置了交易密码，即当用户进行商品买卖、管理商品、进行评价均需要交易密码才可以进行，以便最大限度地保护用户的交易。若用户是拍拍卖家，建议用户设置交易密码，以获得

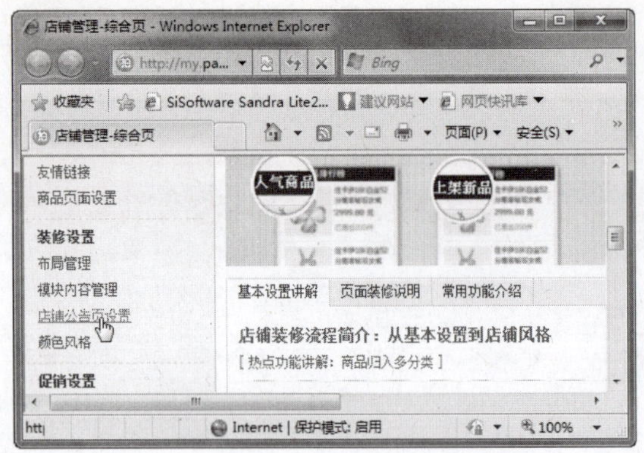

❺ 在进入的网页中设置店铺公告页内容，例如选中【空白页】单选按钮，再单击【新建】按钮，如下图所示。

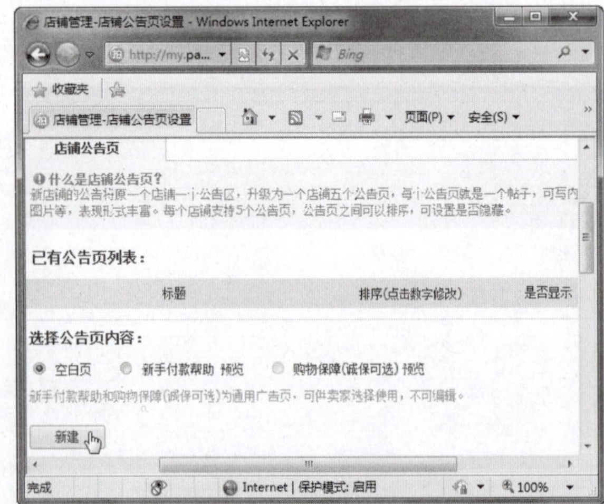

❻ 接着在网页中设置公告页标题、排序以及正文等内容，再单击【保存】按钮，即可创建公告页了，如下图所示。

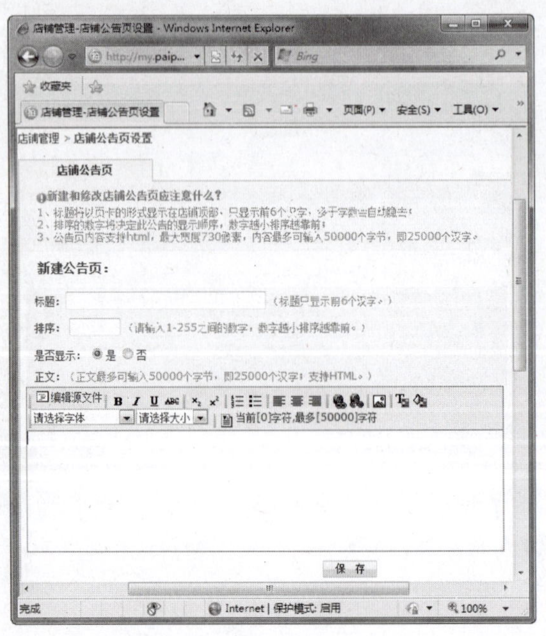

❼ 在【店铺管理】栏中的【装修设置】选项下，单击【颜色风格】链接，如下图所示。

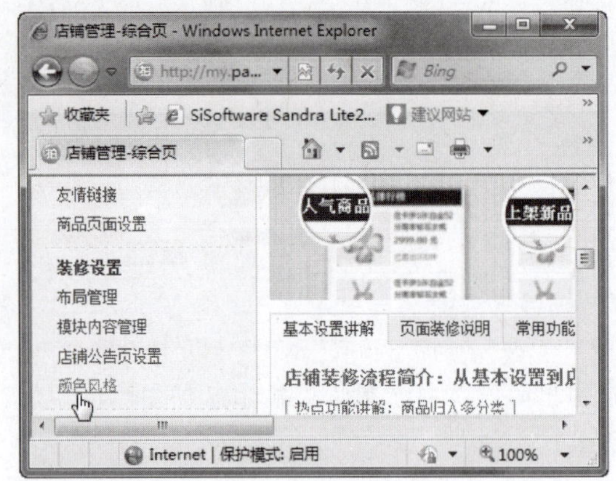

❽ 在进入的网页中设置店铺默认商品图片尺寸，接着在【色系模板】选项组中选择要使用的颜色模板即可，如下图所示。

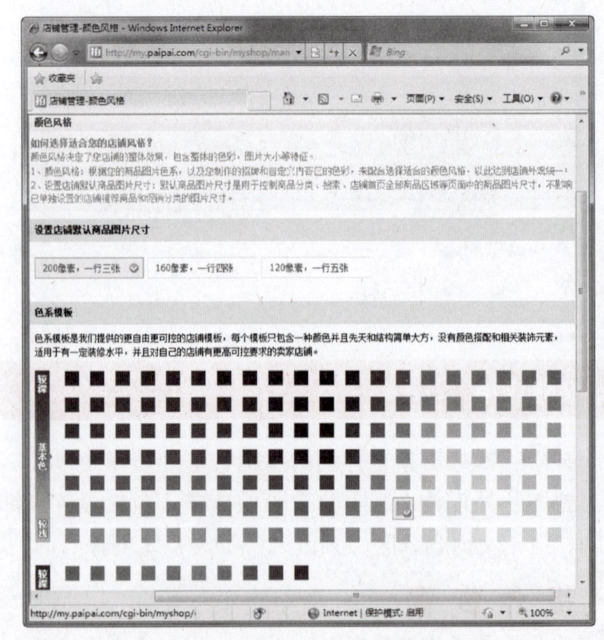

7.4　使用拍拍助理

拍拍助理是一款功能强大的在线商品管理工具，使用它可以使卖家在本地编辑商品信息、快速批量上传商品，并增加在线商品管理导出功能。

7.4.1　认识拍拍助理

拍拍助理是提供给大卖家批量处理商品的一种客户端工具，其主要功能包括本地商品文件夹管理、新建商

长见识　拍拍元宝是拍拍社区推出的一种奖励积分，用户通过每天登录社区，在社区发贴、回贴、参与分享、投票、访问他人主页，及帖子被加精华，参与社区活动等操作方式，均可获得元宝(银币)。获得元宝(银币)后，达到一定数量即可以在

品、上传商品、删除商品、批量编辑、商品数据导入、商品数据导出、刷新数据、商品描述模板管理和搜索商品等。

通过该软件还可以进行下载店铺的订单、执行单据打印、批量发货、批量评价等操作。

7.4.2　下载并安装拍拍助理

下面一起来下载并安装拍拍助理软件吧，具体操作步骤如下。

操作步骤

1. 首先搜索拍拍助理软件，打开如下图所示的下载网页，再单击【立即下载】按钮。

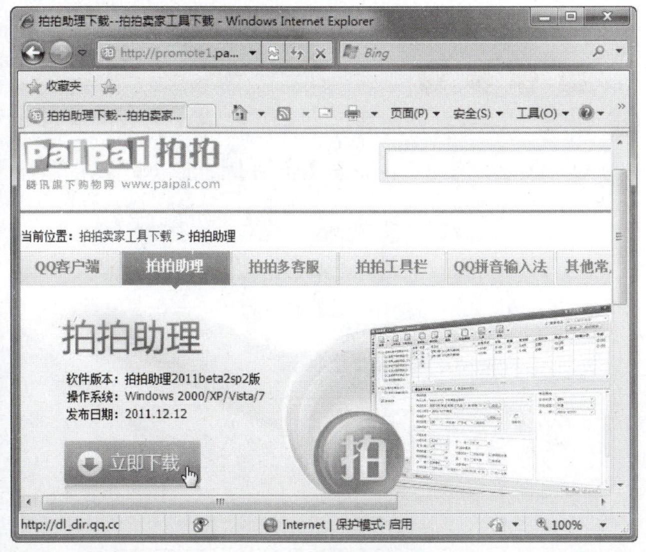

2. 弹出【文件下载-安全警告】对话框，单击【保存】按钮，如下图所示。

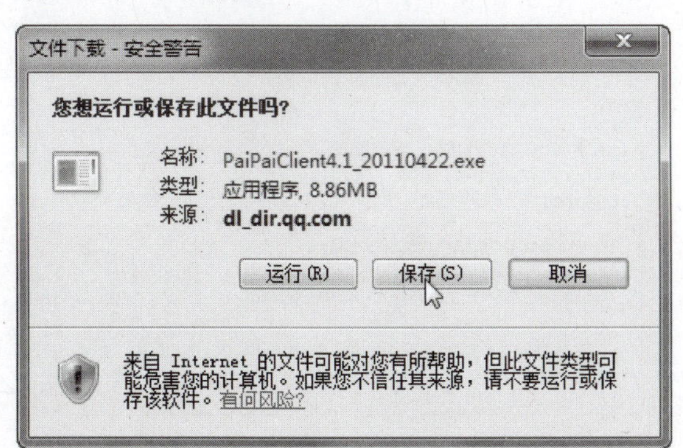

3. 弹出【另存为】对话框，输入文件名后单击【保存】按钮，如下图所示。

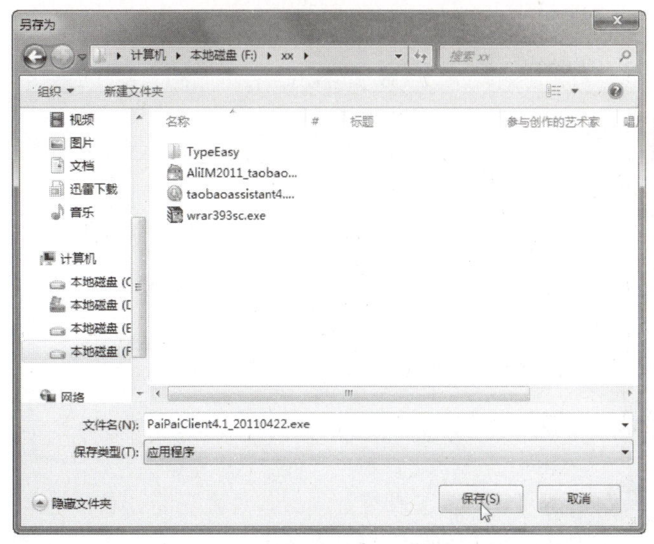

4. 进入文件的储存位置，双击拍拍助理安装程序图标 ，如下图所示。

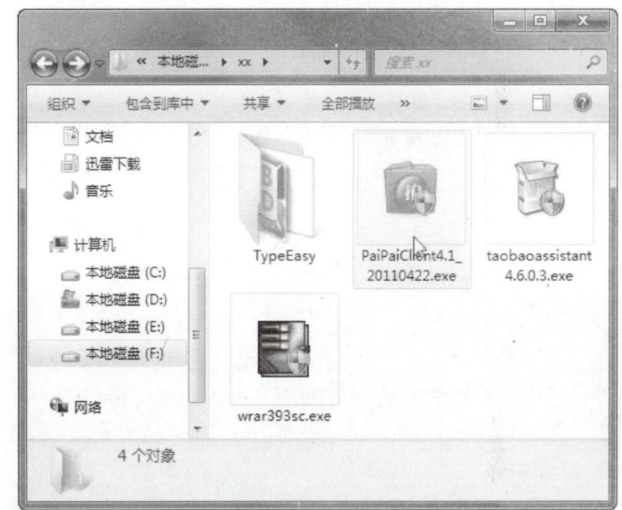

5. 弹出如下图所示的页面，单击【下一步】按钮。

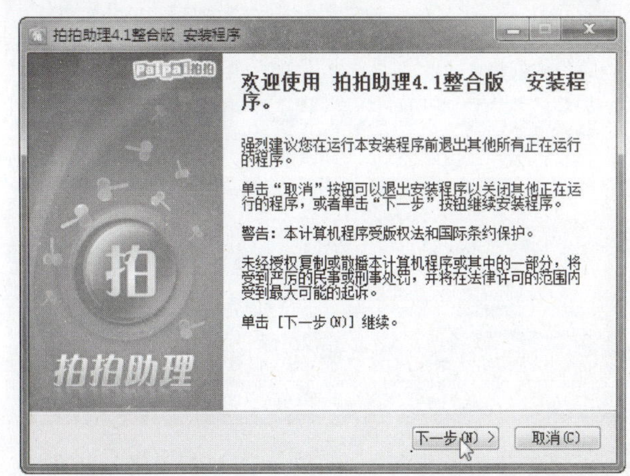

6. 进入【许可协议】页面，单击【我同意】按钮，如下图所示。

拍拍交易密码是属于拍拍账户的二级安全密码，主要是为用户的拍拍账户提供二级保护作用；而财付通支付密码，则属于财付通账户的二级安全密码，主要是为用户的财付通账户提供二级保护作用。这两个密码是分别独立、无任何关系的，建议您在操作时注意区分并谨慎保管好这两个密码。

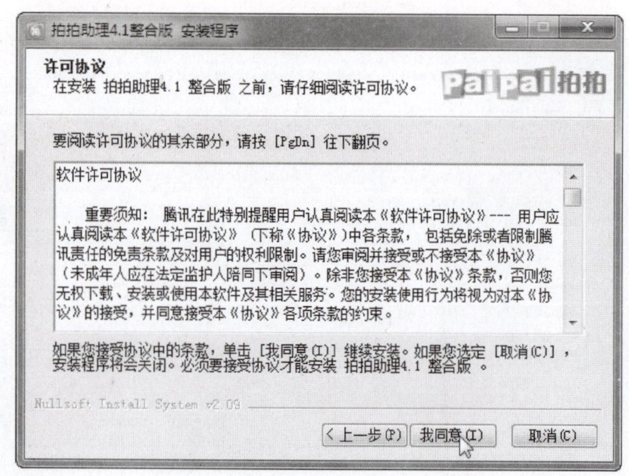

❼ 进入【选择安装位置】页面，设置安装目录，再单击【安装】按钮，如下图所示。

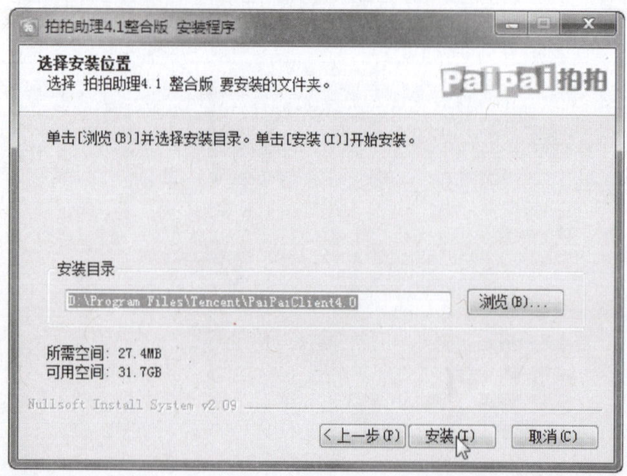

❽ 这时开始安装拍拍助理软件，并进入如下图所示的进度页面。

❾ 成功安装拍拍助理软件后，进入如下图所示的页面，单击【完成】按钮即可。

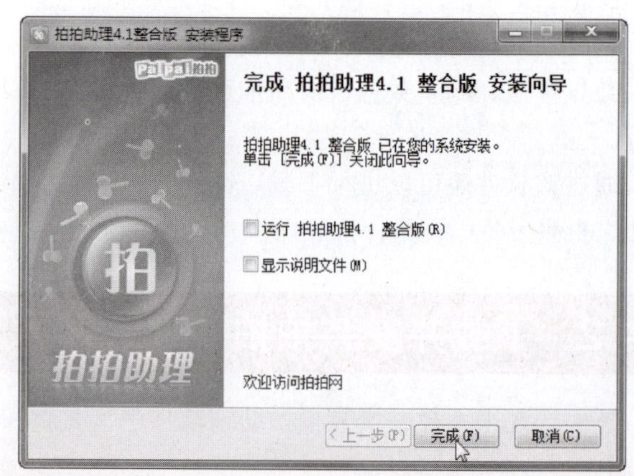

7.4.3 批量上传商品

在本地商品管理模块中可以批量发布商品到店铺，具体操作步骤如下。

操作步骤

❶ 首先启动拍拍助理软件，然后在打开的窗口中输入QQ账号、密码，再单击【登录】按钮，如下图所示。

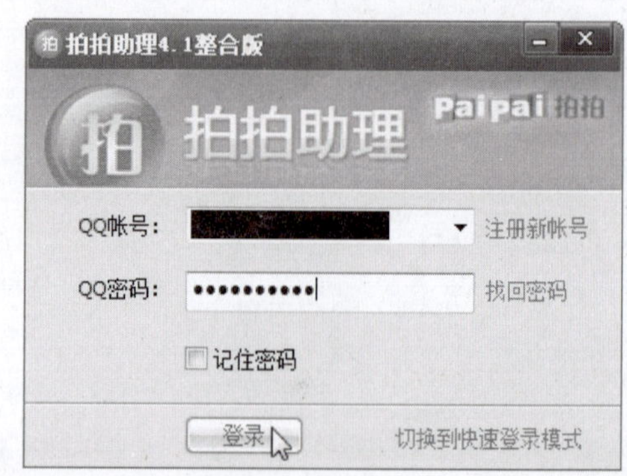

❷ 弹出【刷新本地数据】对话框，完成后单击【关闭】按钮，如下图所示。

❸ 进入【拍拍助理 4.1 整合版】窗口，然后在【本地商品管理】面板中选择存储文件夹，例如单击【模板】选项，接着在右侧单击【新建】按钮，从弹出的下拉列表框中选择【空白新建】命令，如下图所示。

长见识：拍拍助理目前只允许通过身份认证成为卖家的用户使用，因此，不是身分认证的卖家是无法使用拍拍助理的。

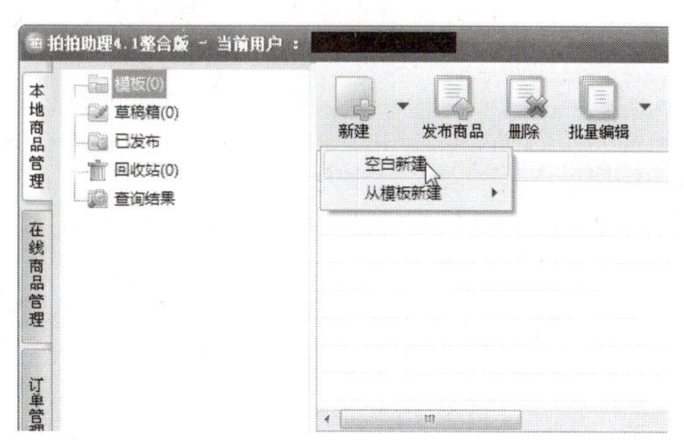

❹ 在下方窗格中单击【商品基本信息】选项卡，填写商品信息和交易条件等内容，如下图所示。

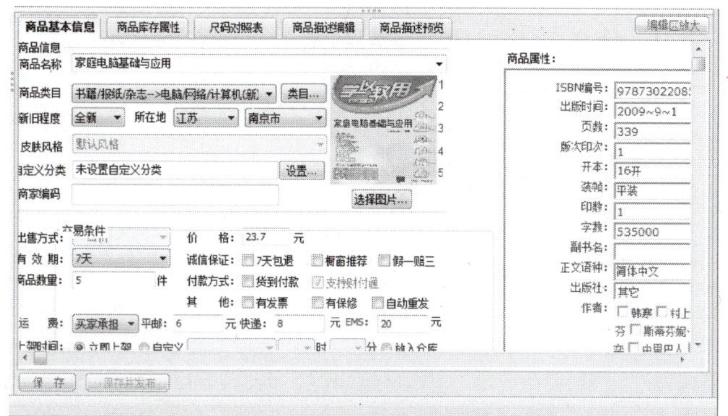

❺ 单击【商品描述编辑】选项卡，然后在文本框中输入商品描述内容，再单击【保存】按钮，如下图所示。

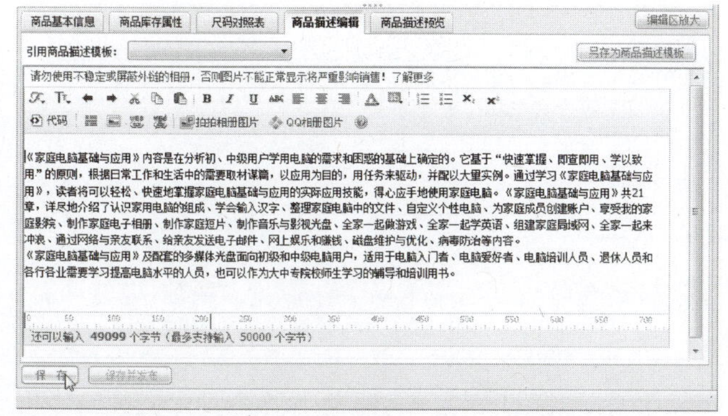

❻ 这时会发现新上传的商品被保存到【模板】文件夹中，复制【模板】中的商品到【草稿箱】中，选择要发布的商品，然后单击【发布商品】按钮，如下图所示。

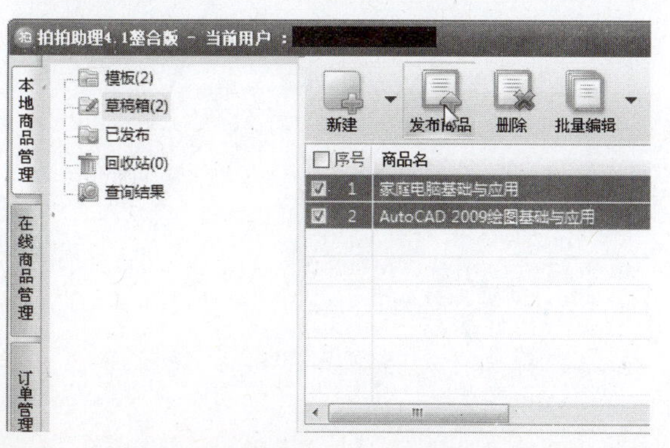

❼ 弹出【发布新商品】对话框，设置完成后，单击【确认发布】按钮即可发布商品，如下图所示。

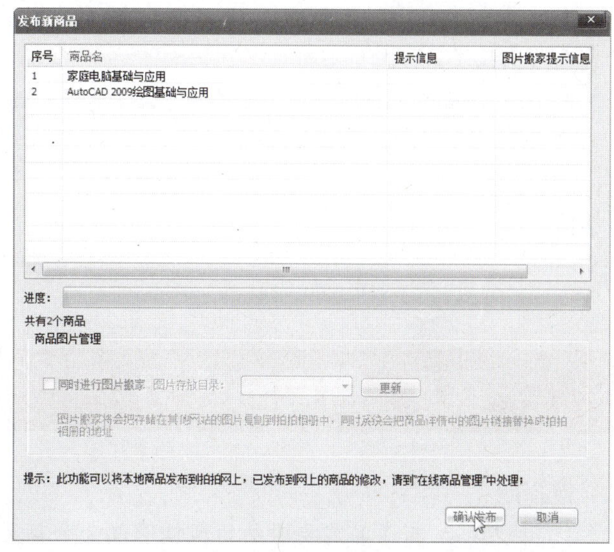

❽ 当商品发布完成后，即可将商品上传到店铺中了。如果商品发布失败，则会弹出如下图所示的提示对话框，单击【确定】按钮。

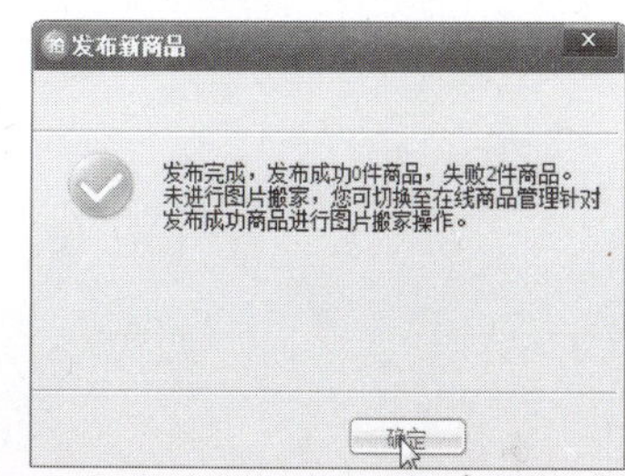

7.4.4　在线管理商品

使用拍拍助理可以进行在线商品管理。当用户每次单击【在线商品管理】按钮时，程序都会自动同步拍拍网的在线商品到【在线商品管理】面板中，并弹出如下图所示的对话框。

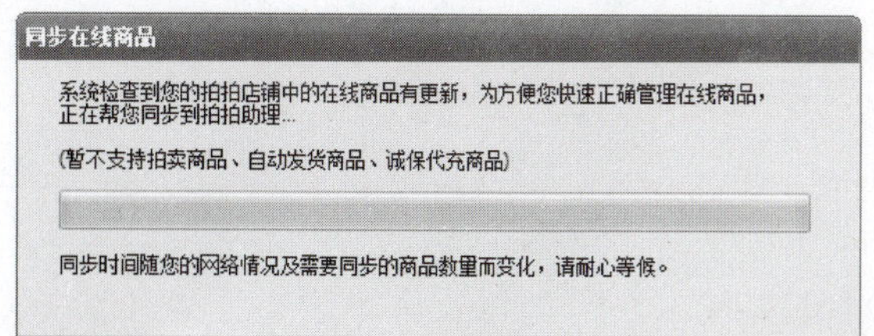

进入【在线商品管理】面板后，在左侧导航栏中可以看到从拍拍网同步下来的在线商品的列表，分为【在线仓库中的商品】、【出售中的商品】两大类，其中【在线仓库中的商品】又分为【手动下架的商品】、【到期下架的商品】、【定时上架的商品】、【从未上架的商品】、【全部卖完的商品】和【待处理的问题商品】6个

推荐商品将在卖家的店铺、商品展示页面和 QQ 空间店铺模块中展示，因此，拍拍网建议卖家推荐最吸引人且最具有特色的商品来增加店铺商品的点击率。

类别，如下图所示。单击某个类别选项，然后在右侧的【商品分类】窗口中选择商品，接着单击上方的【商品上架】、【商品下架】、【网上删除】等按钮，就可以管理在线商品了。

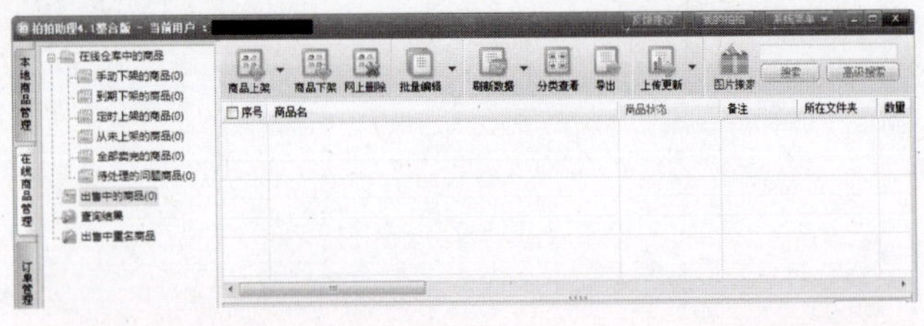

7.5 思考与练习

选择题

1. 拍拍网发布商品需要缴纳的诚信保证金金额为________。

A. 500　　B. 800

C. 1000　　D. 600

2. 目前在拍拍网中，店主最多可以推荐________商品。

A. 8 种　　B. 15 种

C. 10 种　　D. 12 种

操作题

1. 下载并安装拍拍助理，使用拍拍助理导入淘宝店铺数据。

2. 使用拍拍助理批量编辑商品信息。

在成功退出 QQ 商城的 3 个月内，QQ 商城店铺没有受到任何第三方投诉或发生交易纠纷，保证金将如数退还。

第 8 章

吹影镂尘——制作精美的照片

在发布宝贝之前，首先需要将自己的宝贝拍成照片。在拍摄时，由于某些原因，拍出来的照片没有那么完美，这就需要对照片进行处理与美化，下面就一起来学习一下吧！

学习要点

❖ 拍摄商品照片
❖ 使用 Photoshop 美化照片
❖ 制作店标

学习目标

通过本章的学习，读者应该掌握如何选择合适的相机拍摄出好的照片，学会怎样使用 Photoshop 美化照片，以及掌握如何制作店标等。

8.1 拍摄商品照片

网络购物不同于现实生活中购物那样有可看可摸的直观感受，买家只凭借一张照片和店主的描述来决定自己是否喜欢、是否购买。因此，一张能真实表现自己宝贝的照片就成了关键，如果能直接刺激买家的感官视觉，得到他们的喜欢，成交的可能性将非常大。

8.1.1 选择合适的相机

数码相机是网店商品拍摄的必备工具。目前数码相机的种类很多，一般可分为：傻瓜机、普通相机和准专业相机。

1. 傻瓜机

傻瓜机的特点是小巧、轻便，操作简单，通常有照片尺寸设置、录像、自拍、白平衡、曝光补偿等基本功能，多用于家用或旅游拍摄，拍摄时相机能自行组合参数，用于商品拍摄时，多数需要调整曝光补偿。这类相机适用于商品数量不多、网店投资不大、业余开店的店主。常见的傻瓜机如下图所示。

2. 普通相机

普通相机是在傻瓜相机的基础上，增加了手动功能，特别适合商品的拍摄，拍摄时只要人工设置好准确的光圈、快门就可以了。这类相机适合于大多数想省钱又不想受制于相机功能，要求高性价比的店主。常见的普通相机如下图所示。

3. 准专业相机

准专业相机具有外接闪光灯的功能，只有用上高亮度的闪光灯才能取得更小的光圈，得到高清晰度的照片，尤其适合高价值商品、大件商品的拍摄，建议大卖家和计划长期经营网店的朋友选用。常见的准专业相机如下图所示。

8.1.2 相机的常用术语

在选购数码相机时，还应注意相机的常用术语，下面介绍几个重要的相机常用术语。

1. 像素

像素是个非常重要的参数，但是像素不能决定一切。高像素可以使后期处理更容易，让裁剪有更多的余地，但是高像素难免会降低画质。在感官元件尺寸固定的情况下，像素越高，像素点的排列也就越密，透过每个像素点的光线也就越少，通过的光线越少就越会降低画质，画面中越容易出现噪点。一般来说 500 万像素的相机分辨率为 2592×1944，这么大的分辨率已经基本够用，800 万像素拍摄出来的分辨率为 3264×2448，1000 万像素拍摄出来的分辨率为 3648×2736，1200 万像素拍摄出来的分辨率为 4000×3000，再高的分辨率就很难保证良好的画质了。

2. 感光元件的尺寸

数码相机感光元件相当于传统胶片相机的胶片，传统相机一般都是 135mm 的胶片，而数码相机的胶片(感光元件)的尺寸就大小不一了。一般家用和准专业的数码相机的感光元件大小范围从 1/2.4 到 1/2.3，1/2，1/1.8，1/1.7 这几个范围。这里分母越大，数值越小，尺寸也越小。

长见识

被摄景物反射出的光线通过照相镜头(摄景物镜)和控制曝光量的快门聚焦后，被摄景物在暗箱内的感光材料上形成潜像，经冲洗处理(即显影、定影)构成永久性的影像，这种技术称为摄影术。

一般来说大于 1/2 的都算比较大的了，售价也不会便宜。富士 S100 的感光元件的尺寸为 2/3，这是普通数码相机中的最大的感光元件了，而像素为 1100 万。而 SONY W390 的感光元件的尺寸只有 1/2.3，像素却达到了 1410 万，相比富士 S100 感光元件更小，像素更高，画质也就没有 S100 好了。

3. 焦距范围

拍摄素材对于焦距没有太大的要求，但是一台相机不可能完全用于拍摄素材，还会进行一些日常拍摄，所以对焦距还是有些要求的。一般来说 28mm 以下的焦距就是广角镜头了，广角能够容纳更多的物体和风景，而长焦可以拍摄到远处的物体。这个没有好坏之分，完全是根据个人需要选择。

4. 光圈

光圈也是镜头的参数，光圈就是镜头的孔径，光圈越大通光量越高，因此画质就越好。光圈越大景深越浅，光圈越小，景深越大。拍摄花草、动物、人物适合用大光圈，拍摄风景适合小光圈。

5. 连拍速度

连拍速度更多地用于衡量单反相机的性能，连拍速度越高性能越好，一般中低端单反连拍速度在 2fps 到 5fps 之间。SONY A550 作为中端单反连拍速度达到了 7fps，用于拍摄运动的物体很有用。连拍不经常用到，却很重要。并不是只拍一张就得到出色的作品了，很多优秀的照片都是摄影师连拍一大堆照片，然后挑选出一张最满意的。

6. ISO

ISO 是感光度，类似于传统胶片的 100、200、400 这类的数值。普通数码相机的 ISO 范围一般从 100～3200，真正实用的范围也就是不超过 800，超过 800 噪点就比较明显了。对于单反相机来说，现阶段 ISO 越来越高，Nikon D3s 和 Canon EOS 1D Mark IV 可以达到 102 400 了，一般实用的范围也就是从 50 到 6400 的范围。

7. 防抖

防抖功能可以降低人在拍摄时的手部抖动。防抖分为光学防抖和电子防抖。光学防抖是真正实用的防抖，镜头内部通过镜片的位移来达到防抖的功能；而电子防抖是相机通过一系列算法来减少因抖动带来的画面拖影，这个效果不好，而且影响画质，目前只用于手机中。另外在单反相机中还有一种防抖是感光元件防抖。光学防抖通过镜片的位移达到效果，感光元件防抖通过感光元件的位移达到防抖，理论上效果和光学防抖一样。

以上几个相机常用术语最为关键，其他的一些常用术语也可以作为参考。例如液晶屏的尺寸，液晶屏的像素，液晶屏是否可以翻转，人脸识别等。总之选择一个相机最重要的就是满足自己的实际需要。

8.1.3　选择拍摄所需的辅助器材

拥有一台适合的数码相机后，还需要一些拍摄辅助器材，下面就介绍几个重要的辅助器材。

1. 摄影棚

如果商品比较小，而且数量种类比较多，且有很多是反光商品，例如金、银等，那么可以考虑买一个摄影棚。

摄影棚配合阳光或者摄影灯具使用，能够很方便地把太强烈的太阳光线或者附近造成干扰的环境光源非常有效地隔开，营造出一个很不错的摄影小空间。不用的时候可以收折保存在赠送的便携外袋里，只有普通的靠垫般大小，携带非常方便。

2. 摄影台

摄影台也叫静物摄影台，只要将尺寸合适的被摄物放在摄影台上，固定好背景纸，就能配合各种光源进行拍摄。摄影台对被摄物本身没有光处理功能，所以拍摄的时候对光源的要求比较高。摄影台是静物拍摄常用的较为方便的工具。

3. 节能灯

光照对于成像的质量有着极大的影响，对于预算少的人来说，最为经济的就是节能灯，如下图所示。

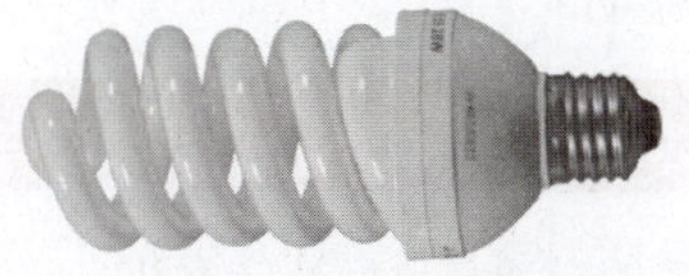

如果你需要拍摄服装，那么你需要购买至少两个光源，最好是三个光源；如果你需要拍摄小饰品或者尺寸稍小一些的商品，那么两个光源甚至一个光源已经足够了。

最早的照相机结构十分简单，仅包括暗箱、镜头和感光材料。现代照相机比较复杂，具有镜头、光圈、快门、测距、取景、测光、输片、计数、自拍等系统，是一种结合光学、精密机械、电子技术和化学等技术的复杂产品。

4. 闪光灯

如果是单反数码相机用户或者高档的具备热靴 DC 相机的用户，则可以考虑使用影棚闪光灯——200W、300W，甚至更高功率的闪光灯。一般服装类用户比较适合使用闪光灯，视自己的承受能力去购买。常见的闪光灯如下图所示。

5. 专用灯箱

有一种灯箱是珠宝、饰品专用的拍摄器材。这种灯箱是全光源的，在金属箱体内的每一个面都有光源并且可以控制，这种灯箱之所以用来拍摄珠宝，是因为它能够在珠宝上面形成很干净的反光，但是这种灯箱的价钱比较昂贵。

除此之外还有专用的摄影灯光组合，这些设备多为专业商品摄影棚拥有。

如果用几个灯照射商品进行拍摄，灯的色温一定要相同，一般购买两个灯光颜色一样的节能灯就可以了，注意是要发白色光的灯。

拍摄小件的商品，一般情况下两盏 60W 的节能灯就足够了。对于大型商品，建议在有条件的情况下灯光的瓦数一定要大一点，这样拍摄时光照比较强，色彩还原才会准确。

8.1.4 拍摄照片的注意事项

要想拍摄出好照片，除了选购一部合适的相机外，还要注意以下事项。

1. 选择合适的拍摄地点

照片拍摄的成功与地点是分不开的，如果人们说地点容易产生歧义的话，针对某些商品来说就是商品的拍摄环境。通常是不需要太特殊的地方，但不适宜在白炽灯和日光灯下拍摄，只要有自然光的地方就可以，因为太阳光光谱无残缺，显色性最好，拍出的照片也最能真实地还原原色。但这里需要注意的是不要在太阳光直射的地方拍摄，直射下的光照太强，一般使用的数码相机色域较窄，强光下易丢失细节，拍出的照片对比太强，阴影部分太过生硬，宝贝暗部就看不清楚。而在白炽灯下拍摄出的照片色彩一般会偏红，日光灯下拍摄的照片则色彩偏冷，都不是宝贝最真实的颜色，虽然也可通过后期处理来校正，但比较麻烦。

如果要用一些东西来衬托饰品，注意颜色的协调、物品摆放的主次。不管有没有摄影棚，最好不要在颜色很杂的房间内拍摄，有雪白墙壁的阳台是最好的选择。拍摄银饰，最好在边上放一样黑色的东西，而且制造几个点光源，这样拍出来比较有金属感、光泽性和强的视觉冲击力。

2. 确定拍摄角度

拍摄方向与光线方向呈 45°，在此前提下，宝贝的摆放就根据自己的需要而定了，这样光线可以产生丰富的光影间排列，宝贝的亮部、暗部和阴影都能较好地表现出来，使宝贝具有很强的立体感，宝贝表面地质感也得以精细地显示，使宝贝更生动。当然，这也不是绝对的，拍摄方向与光线方向也可以在 45°～90° 之间，选择最适合自己需要表达的不同的角度。

不同的摆设造型，效果是不同的。自己多摆几种不同的样式拍摄，最后挑选一张最能表现商品独有特色的照片作为商品的最终照片。有存放照片空间的大卖家完全可以尝试一下，拍出商品不同角度的照片，让买家看个仔细，看个放心。

3. 调节好数码相机的各项指标

可以将相机设置为自动模式，尽量把宝贝在取景框中放大，如果需要近距离拍摄，打开微距按钮，也可以拍摄出清晰的照片。拍摄时尽量选择高一点的像素，为照片的后期处理留出余地：高像素且清晰的照片可以压缩到自己需要的大小，但一张拍得很模糊的照片要处理成精美的图片就非常的困难了。如果是精通使用相机的卖家可以将数码相机的 ISO 调到最低，如果光线不强就把快门的时间调大一些，并打开微距功能。

8.1.5 照片拍摄技巧

拍摄不同的商品，其拍摄方法是不同的。对于一些难拍的商品，可以采用以下技巧。

摄影是一门随着传统摄影技术的形成和发展而产生的摄影应用科学，它以摄影光学、摄影化学和电子技术为基础，在长期实践中形成了独特的拍摄体系。

(1) 玻璃器皿和瓷器、水晶工艺品。拍摄这些透明的物体时，可以着眼于对它的透明性进行表现，要把玻璃的晶莹剔透表现出来，背景要干净、明快，处理不好往往会产生脏的感觉。瓷器的表面不同于玻璃器皿，瓷器的表面很光亮，所以灯不要直接照射瓷器，否则会出现光斑，这时利用柔光摄影棚就能很好地解决这个问题，在暗部再用上反光板，就使画面有一定的光比，以增加瓷器的立体感。

(2) 白色或浅色的商品。拍摄这些商品时，要营造一种淡雅、洁净的效果，背景也要纯，不可有与画面不相干的东西出现，否则就会影响画面的效果。

(3) 手表、首饰、手机。拍摄这些反射性或半反射性物体时，由于它们极易反射出周围的东西，除了用柔光摄影棚外，一定要用上挡外界物体的挡片，或者用一张白纸，在上面挖个洞，让照相机的镜头正好从洞里伸出来拍摄。这样拍摄出的手表闪闪发光、银子亮晶晶的，手机的金属壳或者屏幕上也不会有影子，另外，拍的时候最好穿上白色或黑色的上衣，以免出现干涉色现象，或者利用三脚架事先固定好相机的位置，再利用自拍功能，就能很好地避免这种情况的发生。另外好好利用自拍功能，也能防止由于按快门的轻微抖动影响照片质量。

(4) 食品。要想拍出食品的色、香、味的质感来，需要在拍摄前做好充分的准备工作。熟透了的食品可能导致色彩太深，反而缺乏美感，没有达到引起人们食欲的目的。因此被拍摄的食品往往是半熟的，这样颜色不会显“老”。一般是熟食一做完就开始拍，保证食品的最佳状态；在水果或熟食表面上涂上油，也会显得更新鲜。这时用上柔光棚，就不会在食品的盘子周围出现难看的投影，镜头尽量直对着食品，否则容易出现变形。

8.2　使用 Photoshop 美化照片

在拍摄照片时，如果觉得照片并不是很完美，这就需要使用专门的软件处理一下，然后再上传自己的照片。本节将介绍卖家常用的 Photoshop 的几种功能，即使以前不会使用 Photoshop 的人，只要按照讲解的步骤操作，也可以制作出令人满意的照片来。

8.2.1　调整照片尺寸大小

上传到淘宝网的照片需要设置一定的尺寸大小才能完美显示，下面首先介绍如何剪裁照片。

操作步骤

❶ 启动 Photoshop 软件，在菜单栏中单击【文件】|【打开】命令，如下图所示。

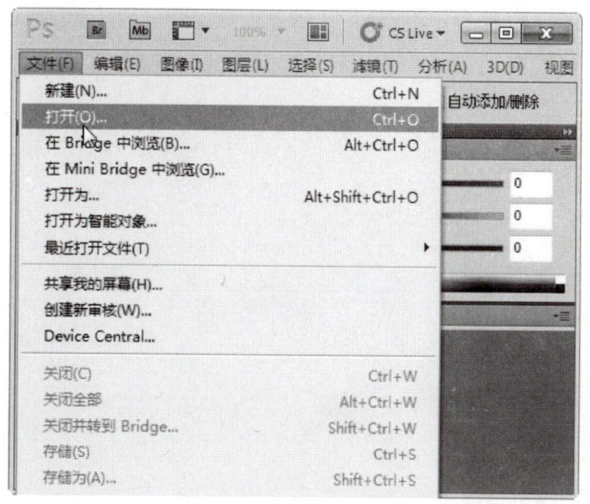

❷ 弹出【打开】对话框，选中需要处理的图片，再单击【打开】按钮，如下图所示。

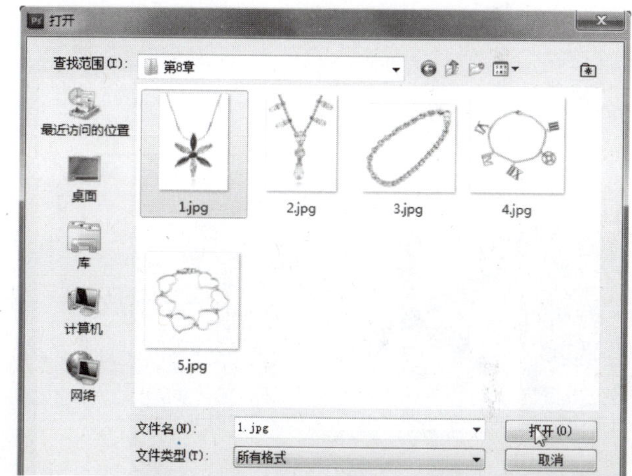

❸ 打开图片后，在工具栏中单击【剪裁工具】图标，如下图所示。

闪光灯的英文学名为 Flash Light。闪光灯也是加强曝光量的方式之一，尤其在昏暗的地方，打闪光灯有助于让景物更明亮。

长见识

❹ 这时在菜单栏的下方显示出了该工具的相关参数，在【宽度】和【高度】文本框中输入数值，如下图所示。

❺ 在照片合适的位置处拖动鼠标，设置剪裁的区域，如下图所示。

❻ 调整好剪裁的区域后，按Enter键确认，完成照片的剪裁，如下图所示。

❼ 完成操作后，在菜单栏中单击【文件】|【存储为】命令，如下图所示。

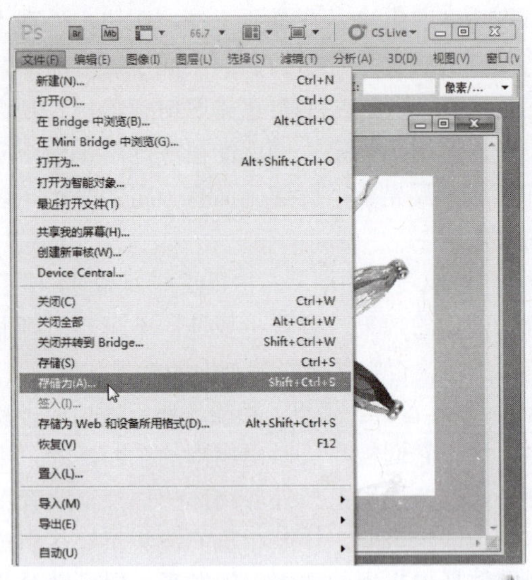

❽ 在弹出的对话框中设置保存的位置以及文件名，然后单击【保存】按钮，如下图所示。

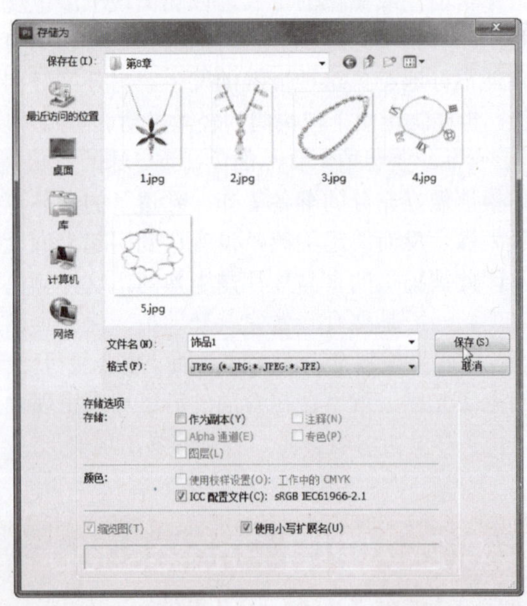

❾ 保存好图片后，会弹出如下图所示的【JPEG选项】对话框，这里保持默认设置，直接单击【确定】按钮即可。

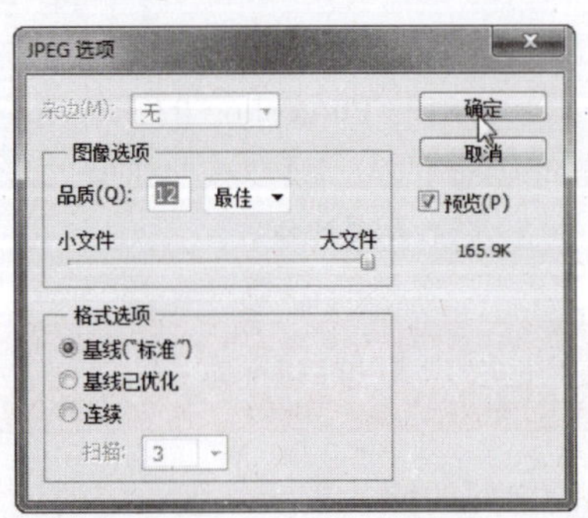

长见识 Photoshop是Adobe公司旗下最为出名的图像处理软件之一，是集图像扫描、编辑修改、图像制作、广告创意、图像输入与输出于一体的图形图像处理软件。

8.2.2 调整有曝光问题的照片

由于光线、拍照设备、技术等原因，拍摄出来的照片效果往往会有一些不足的地方，下面介绍如何使用 Photoshop 对曝光不足或曝光过度的照片进行处理。

操作步骤

1. 按照前面介绍的方法，打开需要处理的照片，如下图所示。

2. 在菜单栏中选择【图像】|【调整】|【曝光度】命令，如下图所示。

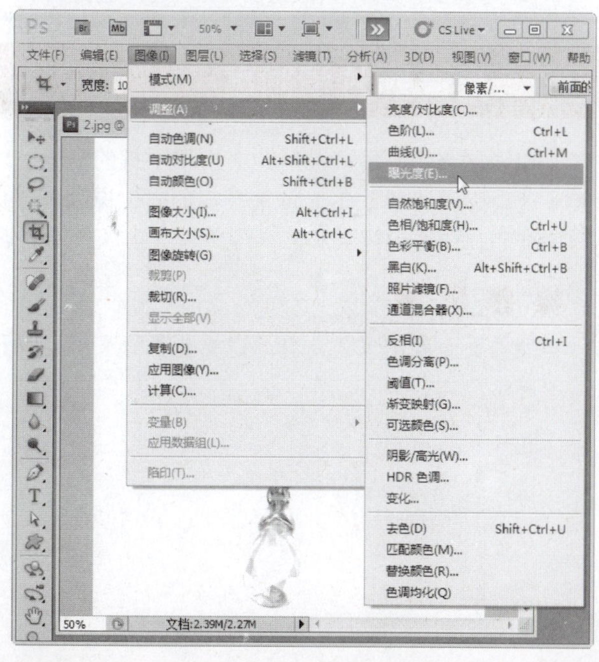

3. 在弹出的【曝光度】对话框中调整【曝光度】滑块，向左移动可以减小曝光度，调好后，单击【确定】按钮，如下图所示。

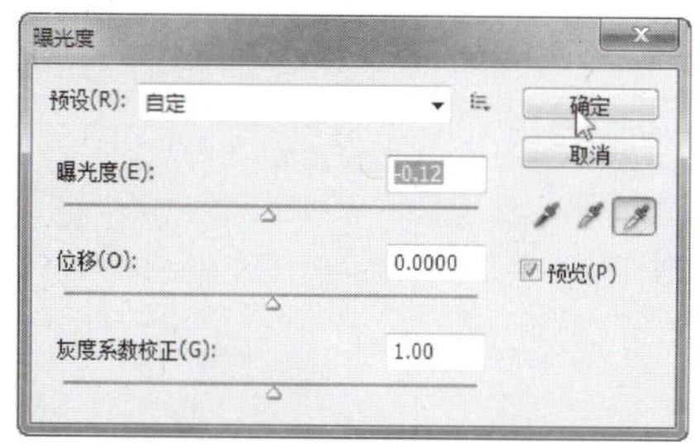

4. 这时可以看到调整后的效果，如下图所示，然后将照片按照前面介绍的方法保存即可。

提示

在【曝光度】对话框，【曝光度】是用于调整色调范围的高光度，对中阴影的影响很轻微；【位移】会使阴影和中间调变暗，对高光的影响很轻微；【灰度系数校正】是用简单的乘方函数调整图像灰度系数。

提示

在【曝光度】对话框中选中【预览】复选框，可以一边调整曝光度一边查看照片的效果，以便达到满意的状态。

8.2.3 调整偏色的照片

很多时候，拍摄出来的图片存在不同程度的偏色问题。利用 Photoshop 中的曲线工具可以调整图片的色调，让宝贝看起来更亮丽更清新。

操作步骤

❶ 按照前面介绍的方法，打开需要处理的照片，如下图所示。

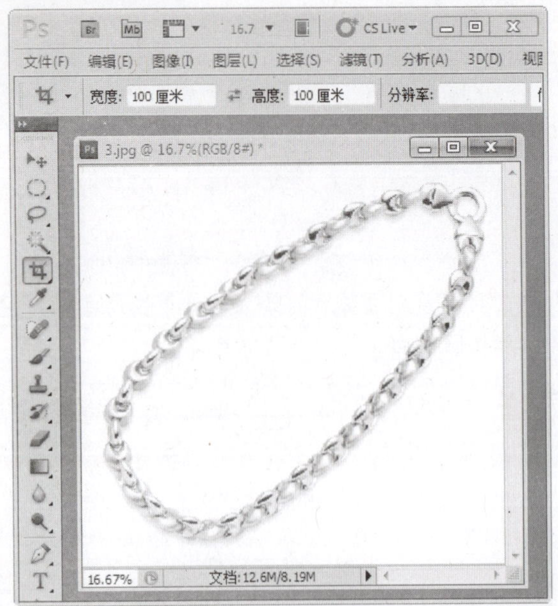

❷ 在菜单栏中选择【图像】|【调整】|【曲线】命令，如下图所示。

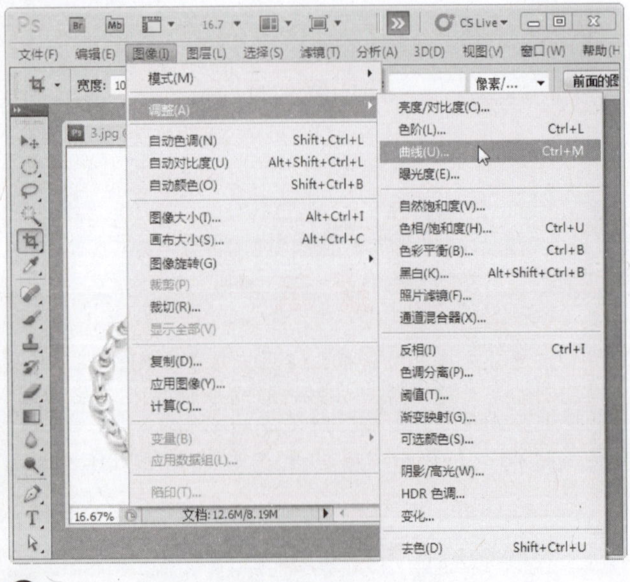

❸ 在打开的【曲线】对话框中，调整曲线的位置，然后单击【确定】按钮，如下图所示。

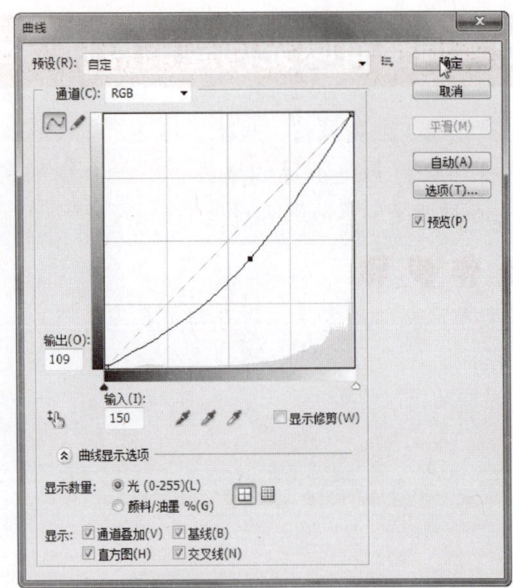

❹ 完成操作后，即可看到照片调整后的效果，如下图所示，然后将照片进行保存。

8.2.4 提高照片清晰度

在拍摄首饰等小型商品时，会出现手抖的情况，这样照片就会显得模糊，下面就来介绍如何将模糊的照片处理清晰的具体步骤。

操作步骤

❶ 按照前面介绍的方法，打开需要处理的照片，如下图所示。

学以致用系列丛书

长见识 使用 Photoshop 的【椭圆选框工具】，并且在工具属性栏中分别取消和选中【消除锯齿】复选框，创建两个差不多大小的正圆形选区，然后填充黑色。仔细观察着两个圆的边缘部分，就会看到第一个圆的边缘较为生硬，有明显的阶梯状；而第二个圆相对要显得光滑一些，这就是消除锯齿的效果了。

❷ 在菜单栏中选择【滤镜】|【锐化】|【智能锐化】命令，如下图所示。

❸ 弹出【智能锐化】对话框，调整【数量】、【半径】滑块，然后单击【移去】右侧下三角按钮，在弹出的下拉菜单中选择【高斯模糊】选项，并选中【更加准确】复选框，最后单击【确定】按钮，如下图所示。

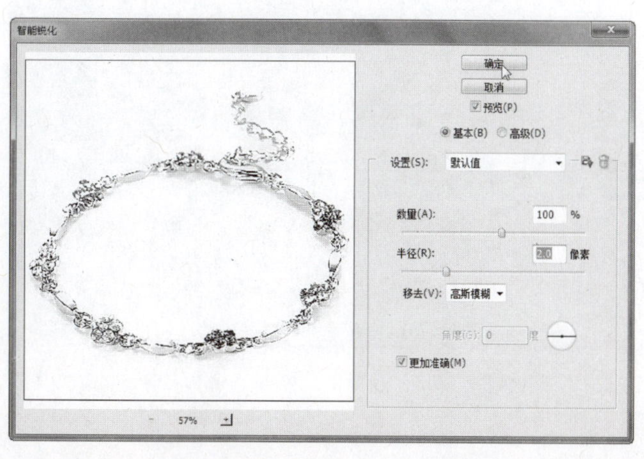

❹ 完成操作后，即可看到调整后的照片比以前清晰了许多，如下图所示，最后将照片进行保存。

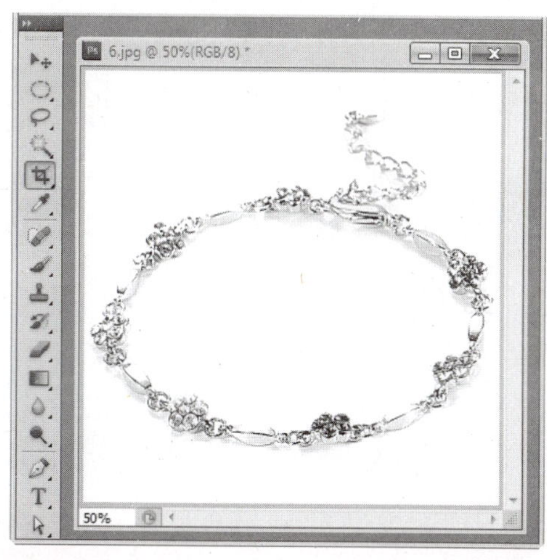

8.2.5 更换照片背景

不同的照片背景可以将宝贝烘托出不同的效果来。使用 Photoshop 可以轻松地更换照片的背景。

操作步骤

❶ 按照前面介绍的方法，打开需要更换背景的照片以及背景图片，如下图所示。

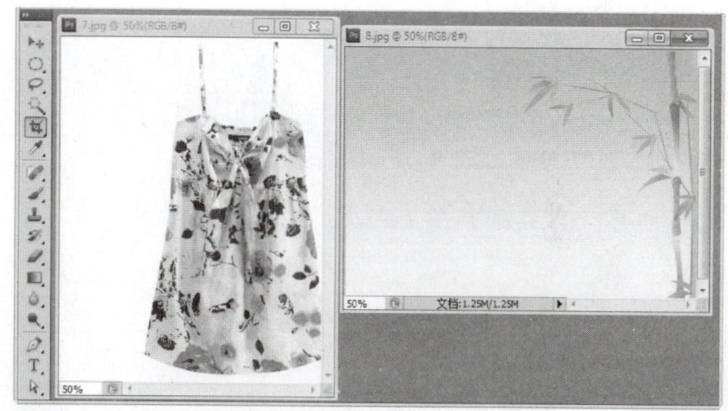

❷ 按 Ctrl+A 组合键，将背景图片全部选中，如下图所示，然后按 Ctrl+C 组合键。

在使用【魔棒工具】时，如果其工具属性栏中的【连续】复选框被选中，则容差范围内的所有相邻像素都被选中。否则，将选中容差范围内的所有像素。

❸ 切换到需要更换背景的照片，按Ctrl+V组合键，粘贴背景图片，如下图所示。

❹ 选中背景层，将其移动到【创建新图层】按钮上，如下图所示。

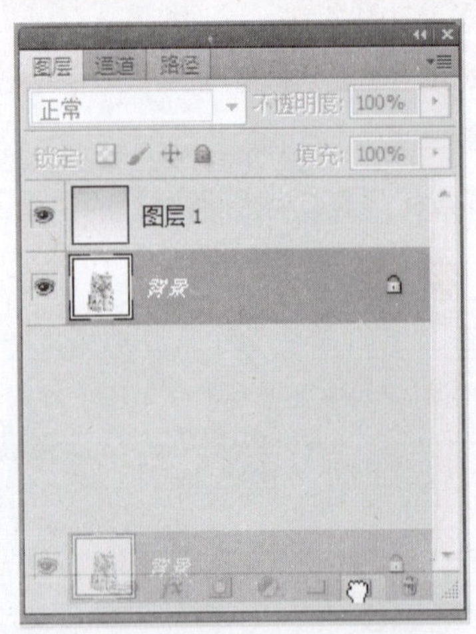

❺ 创建了背景副本图层后，将该图层移动到顶层，如下图所示。

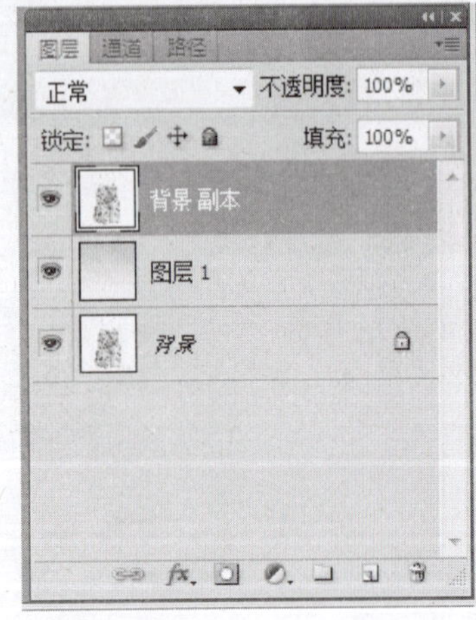

❻ 在工具栏中右击【快速选择工具】图标，在弹出的菜单中选择【魔棒工具】命令，如右上图所示。

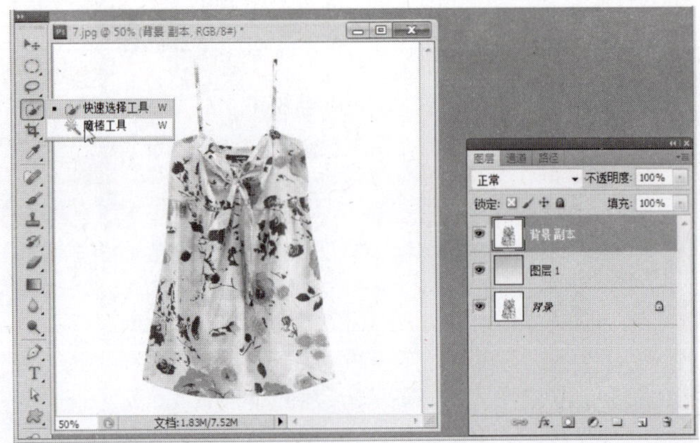

❼ 鼠标箭头变为，用它在图片空白处单击，选中白色背景层，如下图所示，再按Delete键将其删除。

❽ 这时即可看到更换背景后的效果，如下图所示，按Ctrl+D组合键取消选中状态即可。

长见识　在移动【背景】图层中的选取对象时，移动对象后，原位置的颜色会变成背景色或透明色，具体要看图像的背景是设置成透明还是背景色。

8.2.6　制作柔光特效

为了让出售的商品看上去更加吸引顾客，可以使用 Photoshop 制作出柔光特效。

操作步骤

❶ 按照前面介绍的方法，打开需要处理的照片，如下图所示。

❷ 右击背景图层，从弹出的快捷菜单中选择【复制图层】命令，如下图所示。

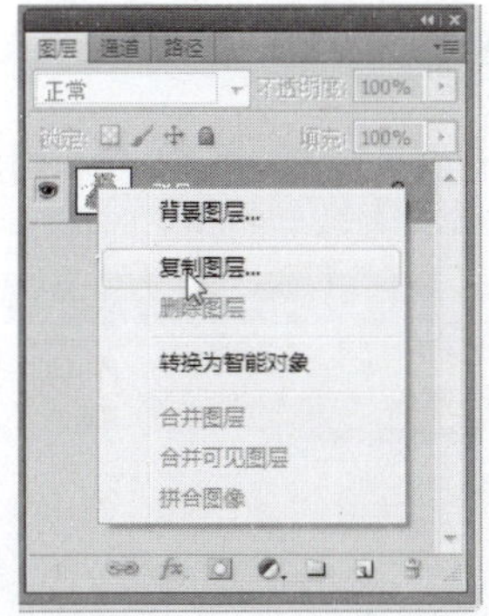

❸ 在菜单栏中选择【滤镜】|【模糊】|【高斯模糊】命令，如下图所示。

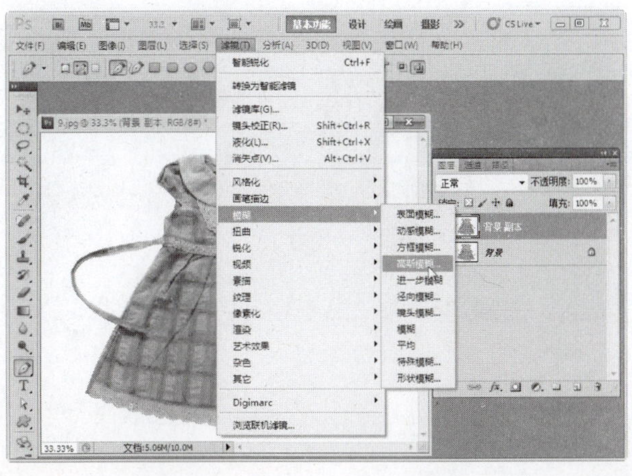

❹ 在打开的【高斯模糊】对话框中，调整【半径】滑块，最后单击【确定】按钮，如下图所示。

❺ 在图层面板中将该图层的混合模式改为【叠加】，如下图所示。

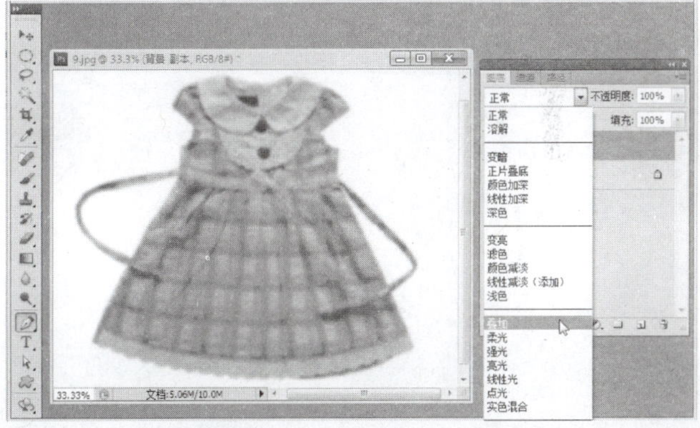

❻ 最后设置该图层的【不透明度】为 70%即可，如下图所示。

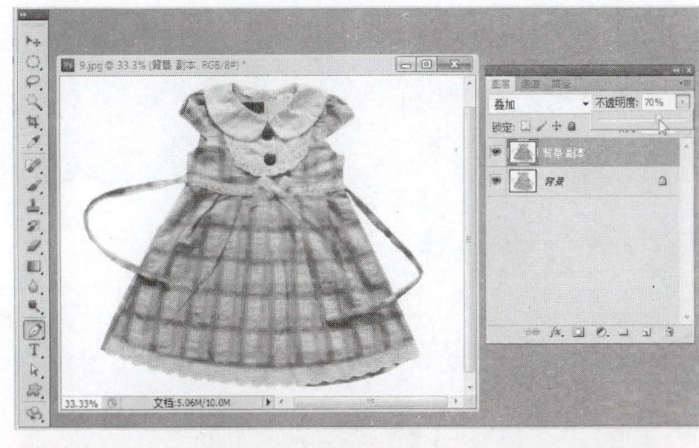

8.2.7　为照片添加美丽的边框

下面一起来学习一下如何使用 Photoshop 为照片添加美丽的边框。

操作步骤

❶ 按照前面介绍的方法，打开需要处理的照片，如下

打开【色彩范围】对话框后，如果需要在【色彩范围】对话框中的【图像】和【选择范围】预览之间进行切换，只需按 Ctrl 键即可。

图所示。

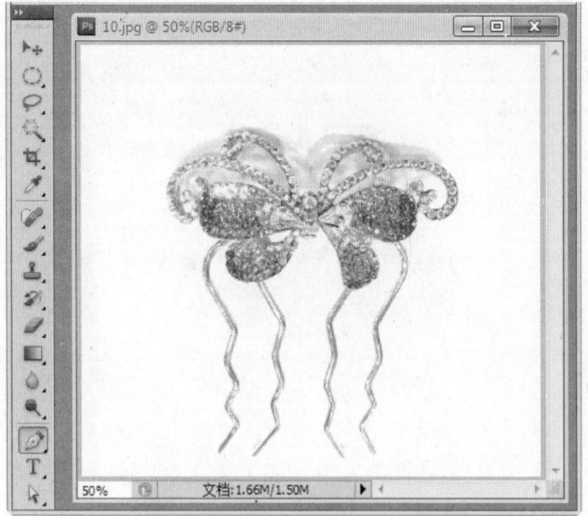

❷ 在工具栏中单击【矩形选框工具】图标，如下图所示。

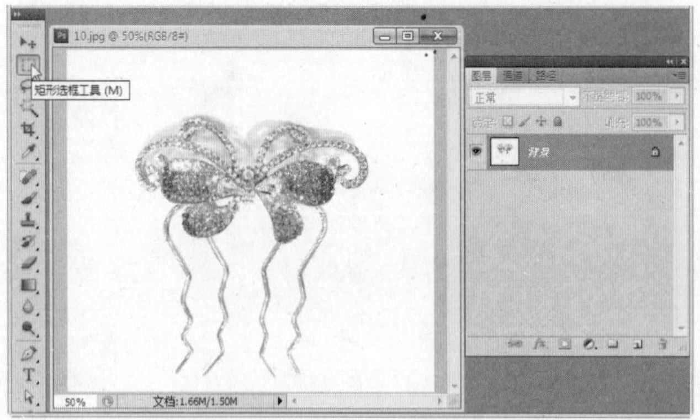

❸ 按住鼠标左键并拖动鼠标，画出如下图所示的矩形选框。

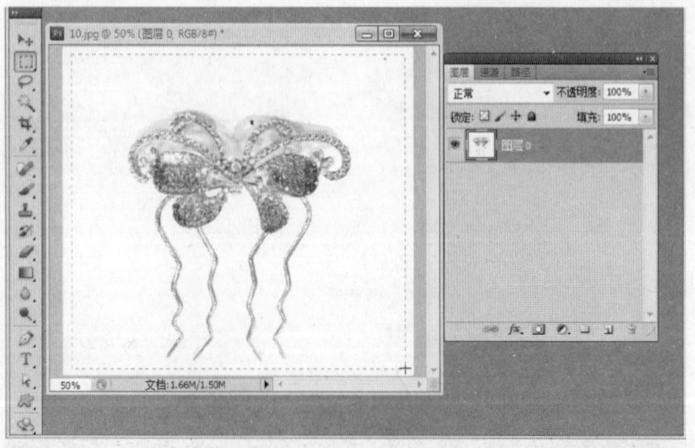

❹ 单击工具栏中的【以快速蒙版模式编辑】图标，进入快速蒙版模板格式，如右上图所示。

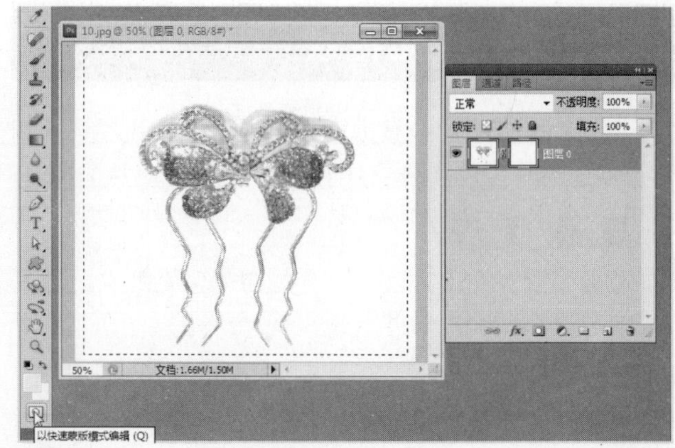

❺ 在菜单栏中选择【滤镜】|【像素化】|【彩色半调】命令，如下图所示。

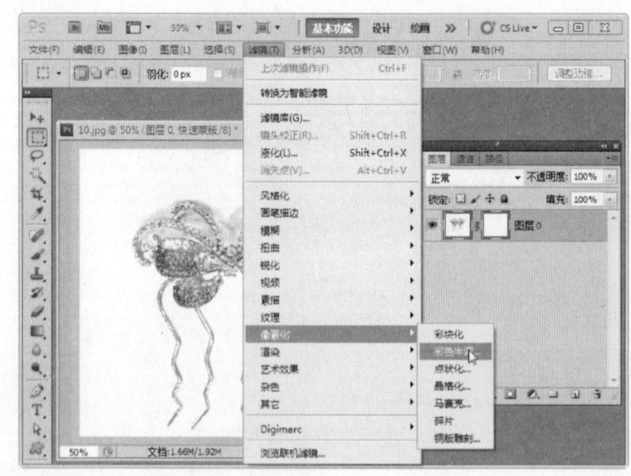

❻ 弹出【彩色半调】对话框，设置【最大半径】为10，最后单击【确定】按钮，如下图所示。

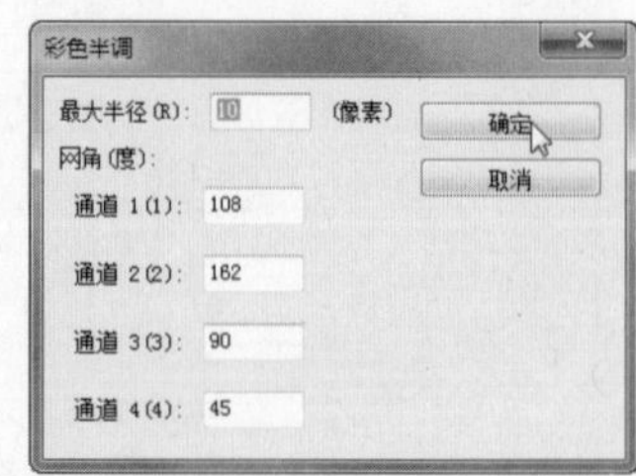

❼ 设置后的效果如下图所示。

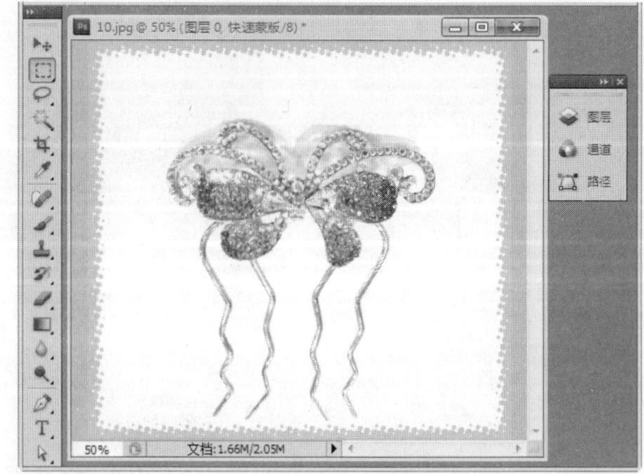

在 Photoshop CS5 刚启动的时候，按住 Ctrl+Shift+Alt 快捷键可以初始化面板，还原到至初始安装时的状态。

8.2.8　为照片添加水印

为了防止自己拍摄出来的照片被其他人盗用，可以为照片添加水印，这样也可以让买家在查看照片的同时，记住商品所在店铺的名字。为图片添加水印的具体操作步骤如下。

操作步骤

❶ 首先在 Photoshop 窗口中打开需要添加水印的照片，然后在工具栏中单击【横排文字工具】图标T，如下图所示。

❷ 在照片的合适的位置单击并输入文字，如下图所示。

❸ 单击【切换字符和段落面板】图标，如下图所示。

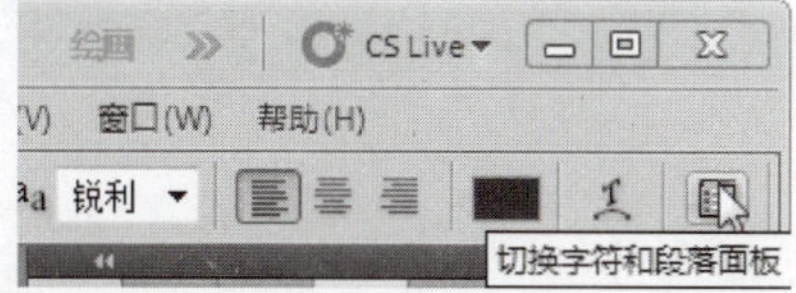

❹ 选中输入的文字，在上一步骤中弹出的对话框【字符】面板中即可设置文字的大小、颜色等属性，如下图所示。

❺ 选择文字图层，单击【不透明度】右侧的三角按钮，然后拖动滑块，设置文字的透明度，如下图所示。

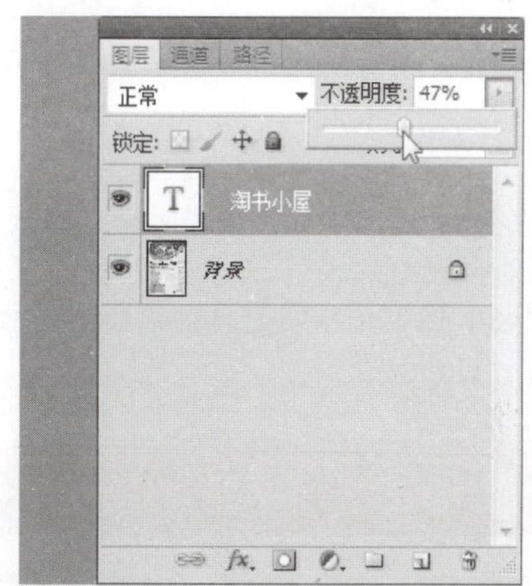

❻ 这时可以看到图片上增加了水印效果，如下图所示。

长见识：选择【窗口】|【工作区】|【CS5 新功能】命令可以着重显示 CS5 版本的新特性。

8.3 制作店标

店标是网上店铺的标志，也可以称为 Logo。通过店标的设计可以使用户了解店铺的经营理念、店铺风格、销售产品的类型等相关信息。本章将介绍店标的制作要求，以及不同类型店标的设计与制作方法。

8.3.1 了解店标的制作要求

店标是网上店铺的标志，它通常由店铺名称、产品图片、宣传文字等组成。店标在淘宝店铺中以两种形态显示：静态图像和动态图像。下图所示的是一些漂亮的店标效果。

淘宝网规定，店标的尺寸为 100 像素×100 像素，图片大小建议限制在 80K 以内，图片格式为 jpg、jpeg、gif、png。在店铺中，店标显示的位置和要求如下。

- ❖ 店标显示在普通店铺的左上角。
- ❖ 店标显示在店铺列表左侧，这里的尺寸为 80 像素×80 像素，系统会自动将原图显示为合适的尺寸。

8.3.2 准备图片素材

制作店标之前，需要准备好在制作的过程中将会用到的图片。不同的店标设计，需要准备不同内容的图片。卖家可以从网站中收集图片素材，通过简单的修改就能制作出满意的店标。

操作步骤

❶ 首先打开百度网首页，选择对不同的文件类型进行搜索，单击【图片】链接，如下图所示。

❷ 在文本框中输入要搜索的关键字，然后单击【百度一下】按钮，如下图所示。

❸ 此时大量符合搜索条件的图片以列表的形式显示出来，选择合适的图片单击，如下图所示。

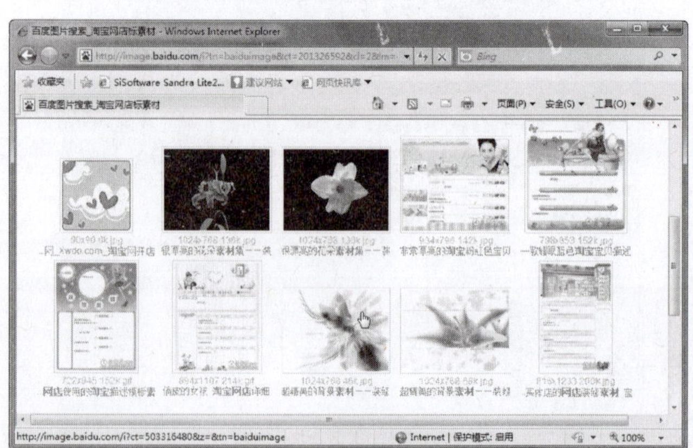

❹ 在新打开的窗口中显示出原图，在该图片上右击，然后从弹出的快捷菜单中选择【图片另存为】命令，如下图所示。

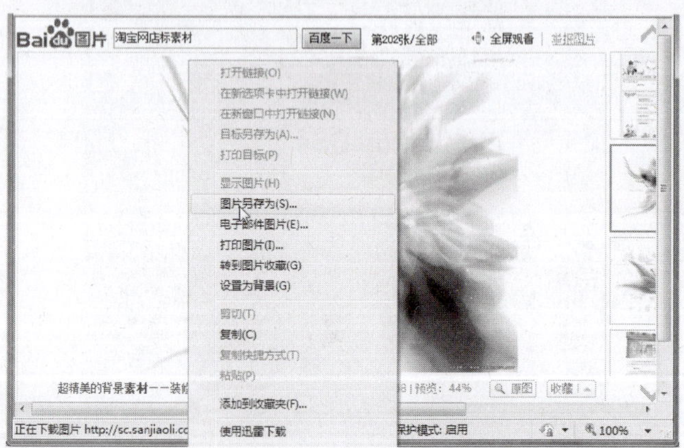

❺ 弹出【保存图片】对话框，选择文件保存的位置并输入文件名，然后单击【保存】按钮，如下图所示。

长见识 图像文件格式大致可以分为两大类：一类是 Pixel-Based(基于像素的)格式，主要用来描述由像素(Pixel)组成的图像；另一类是 Text-Based(基于文本的)格式，主要用于描述版面设计文件。

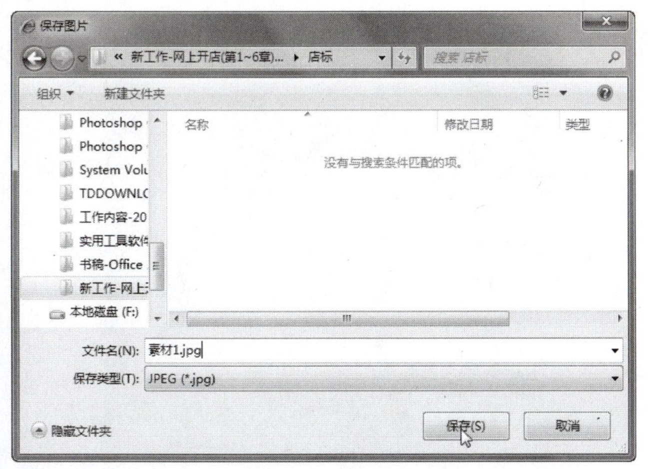

❻ 按照同样的方法，保存其他合适的图片，如下图所示。

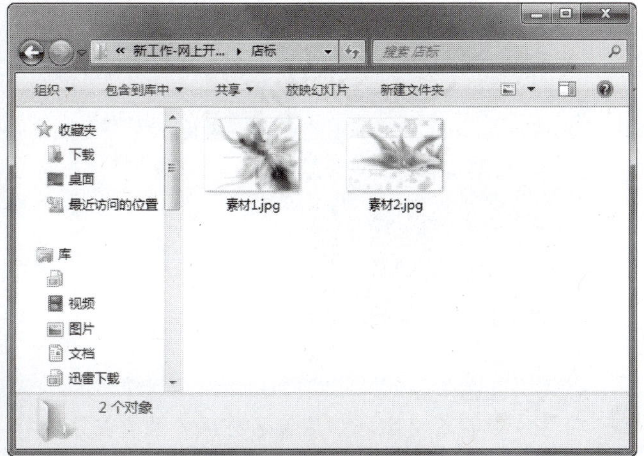

注意

在选择图片素材时，要根据自己店铺的特色和类型选择合适的图片。选择的图片风格最好有连贯性，例如可以选择都是红色系的图片，给人的感觉比较统一，容易给浏览者留下深刻的印象。

8.3.3 制作店标

图片素材都准备好之后，下面开始正式制作店标。

操作步骤

❶ 启动 Photoshop 软件，在菜单栏中单击【文件】|【打开】命令，如下图所示。

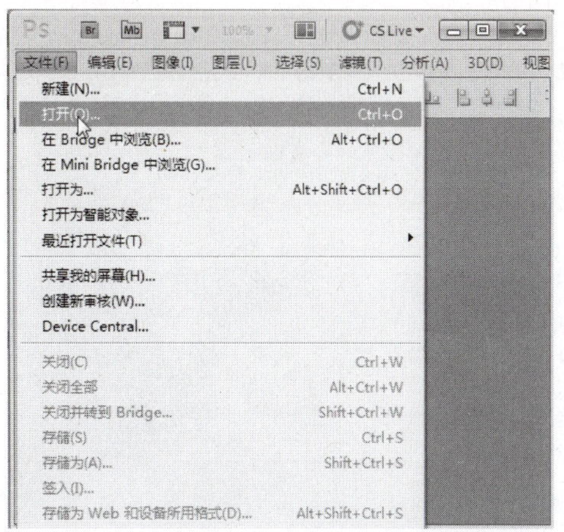

❷ 弹出【打开】对话框，找到图片所在的位置，选择图片，然后单击【打开】按钮，如下图所示。

❸ 在工具栏中单击【剪裁工具】图标，在【宽度】和【高度】文本框中输入剪裁图片的大小，如下图所示。

❹ 在图片编辑区中拖动鼠标，并调整剪裁区域，如下图所示，然后按 Enter 键确认。

在默认的情况下，背景图层功能受限，它可以进行【工具箱】及【菜单栏】命令上的相关编辑，但不能执行图层面板上的相关编辑。

长见识

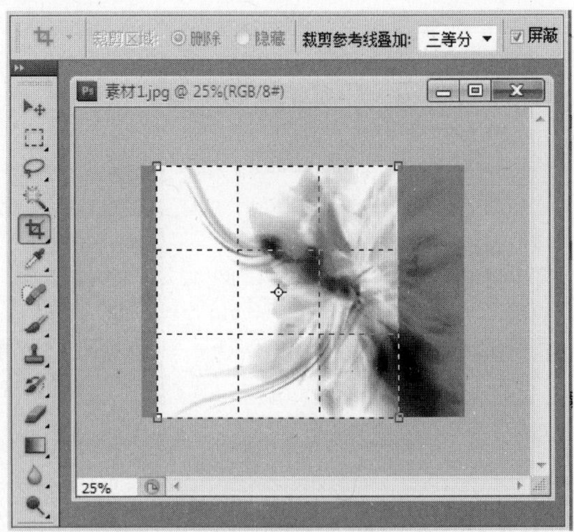

❺ 按 Enter 键后，在图片编辑区中可以看到剪裁后的效果，如下图所示。按照同样的方法剪裁其他的图片。

❻ 在工具栏中右击【横排文字工具】图标T，从弹出的菜单中选择【直排文字工具】命令，如下图所示。

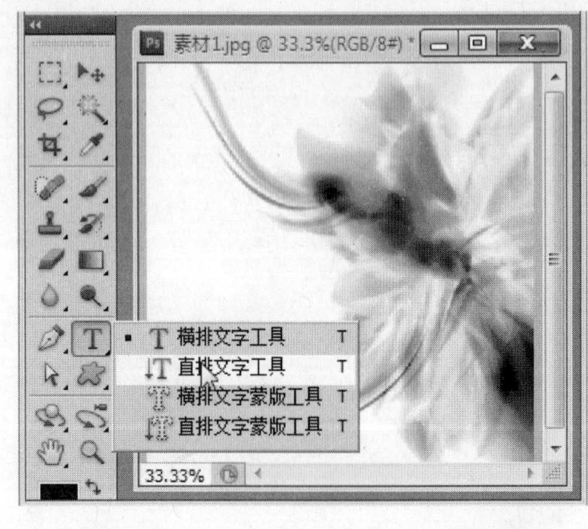

❼ 在工具栏中单击【设置前景色】图标，如下图所示。

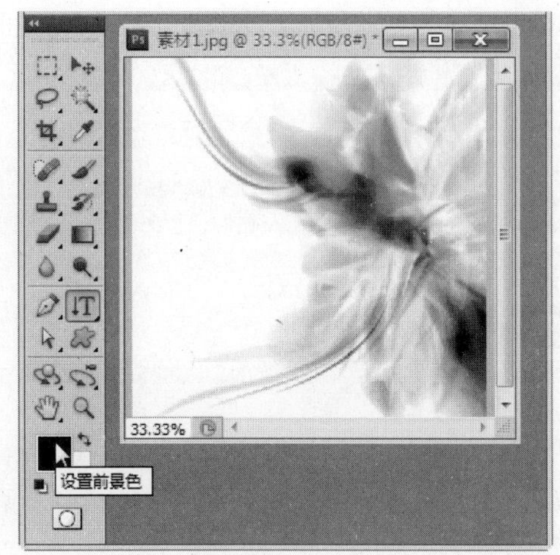

❽ 弹出【拾色器(前景色)】对话框，设置前景色，再单击【确定】按钮，如下图所示。

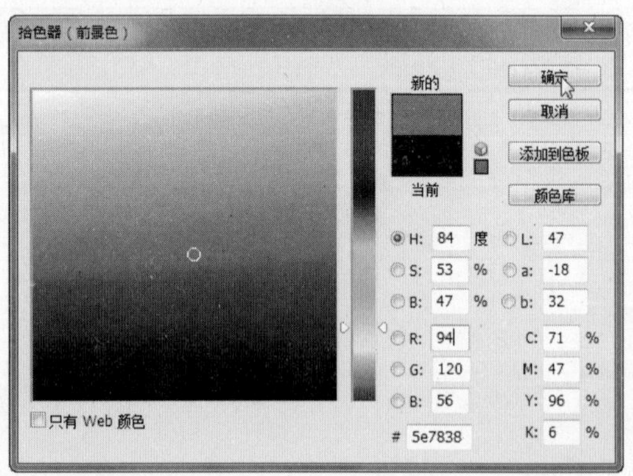

❾ 在图片中输入文字，如店铺名称，并调整文字的样式，如下图所示。

❿ 在工具栏中右击【矩形工具】图标，然后在弹出的菜单中单击【圆角矩形工具】命令，如下图所示。

长见识 字的最大字号为 72 点，想要更大的字号时，可以在【字体】面板上，设置【垂直缩放】和【水平缩放】的参数，将字号进一步放大。

11 在属性栏中单击【路径】图标，如下图所示。

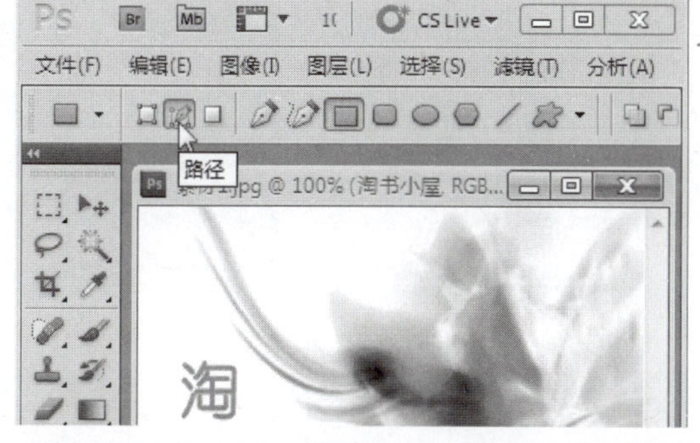

12 在图片编辑区域中绘制路径，并调整矩形路径的大小和位置，如下图所示。

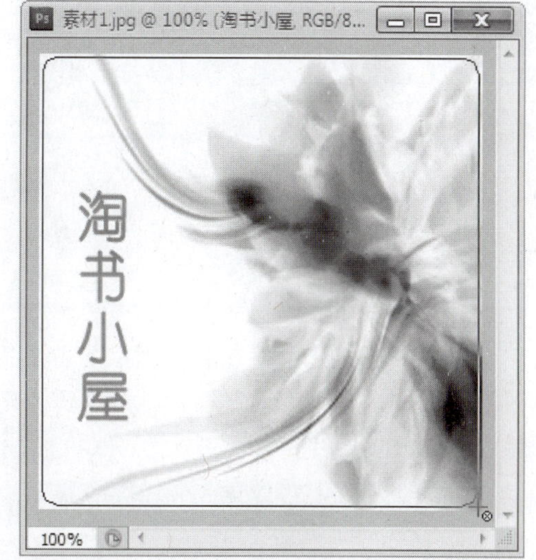

13 切换至【路径】面板，在按住 Ctrl 键的同时单击路径缩览图，如下图所示。

14 切换至【图层】面板，选择【背景】图层，如下图所示。

15 在菜单栏中选择【编辑】|【描边】命令，如下图所示。

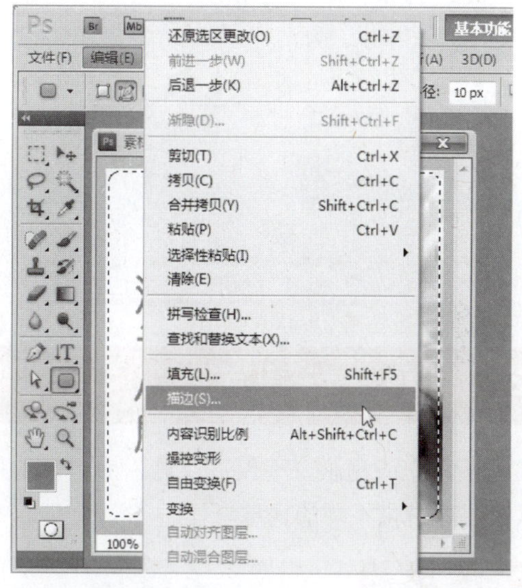

16 在弹出的【描边】对话框中，设置宽度和颜色，然后单击【确定】按钮，如下图所示。

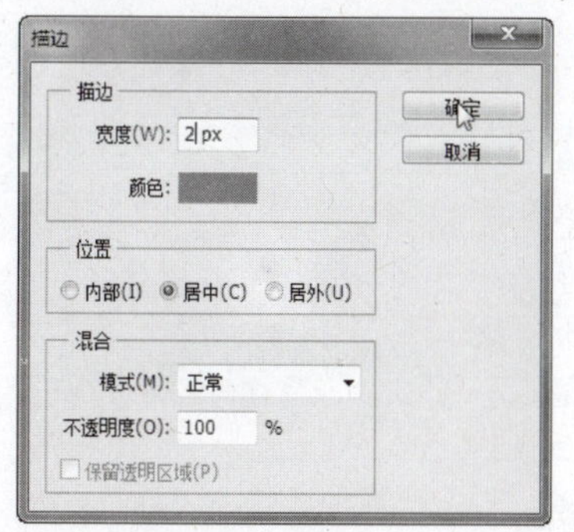

楷体字的边缘和别的字体不一样，它没有轮廓，不能由楷体字的边缘创建工作路径，所以制作变形字时一般都不使用楷体字。

长见识

⑰ 描边完成后，在菜单栏中选择【选择】|【反向】命令，如下图所示。

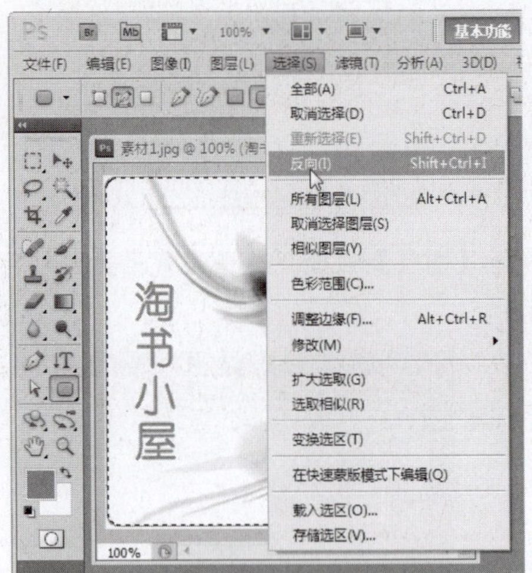

⑱ 按 Delete 键，删除选区中的内容，再按 Ctrl+D 组合键取消选区，如下图所示。按照同样的方法为其他图片进行描边。

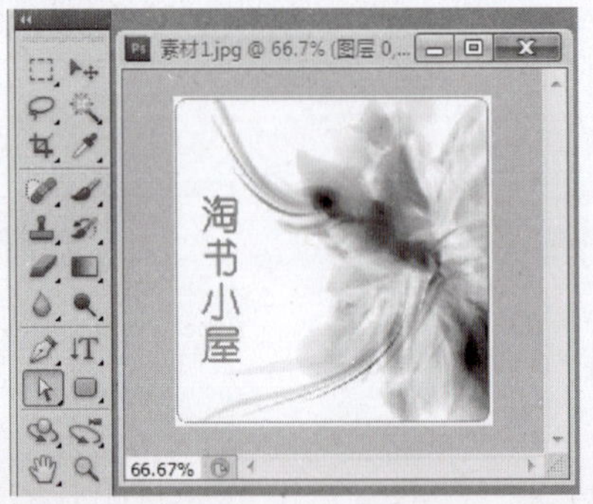

8.3.4 制作店标动画

将店标制作成动画，不仅可以显示出更多的内容，还可以给买家带来不同的视觉享受。

操作步骤

❶ 打开所有图片文件，按 Ctrl+A 组合键全选图片，再按 Ctrl+C 组合键复制图片，如下图所示。

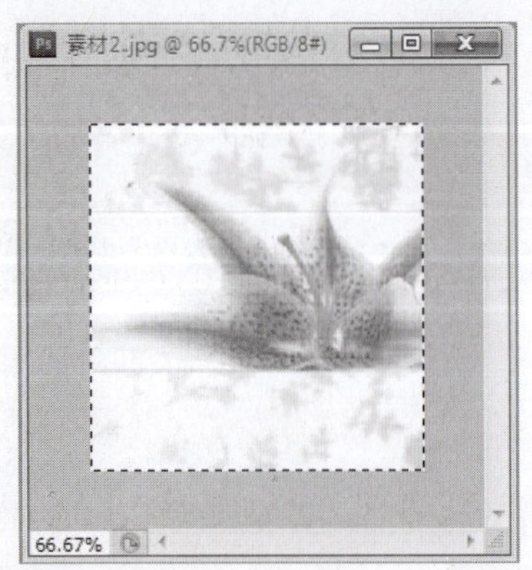

❷ 切换至带有文字的图片文件中，按 Ctrl+V 组合键粘贴图层，如下图所示。

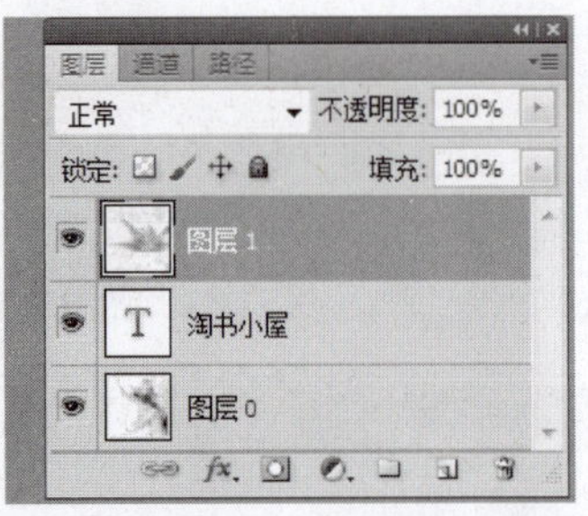

❸ 在菜单栏中选择【窗口】|【动画】命令，如下图所示。

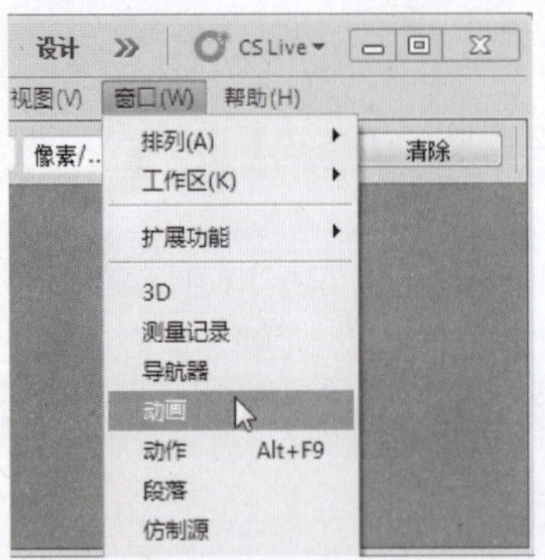

❹ 在第一帧上单击【0 秒】右侧的下三角按钮，在弹出的下拉列表中选择时间选项，这里单击 1.0 选项，如下图所示。

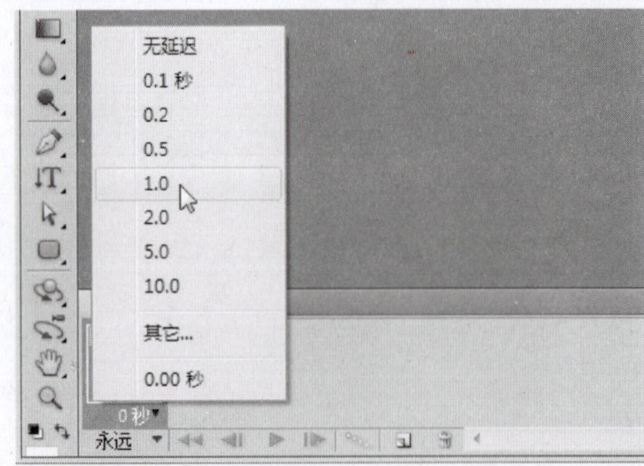

❺ 时间设置完毕后，选中第 1 帧，然后单击【复制所选帧】图标，这里有两张图片，所以还要建立两个新的帧来放置图片，如下图所示。

❻ 单击【复制所选帧】图标后，可以在【动画】面板中看到新建后的效果，如下图所示。

长见识 在使用【存储为 Web 和设备所用格式】命令处理 16 位|通道的图像时，Photoshop 自动将图像以 16 位|通道转换为 8 位|通道。此外，只能使用【存储为】命令将 32 位|通道的图像存储为下列格式：Photoshop、大型文档格式(PSB)、OpenEXR、便携位图、Radiance 和 TIFF。

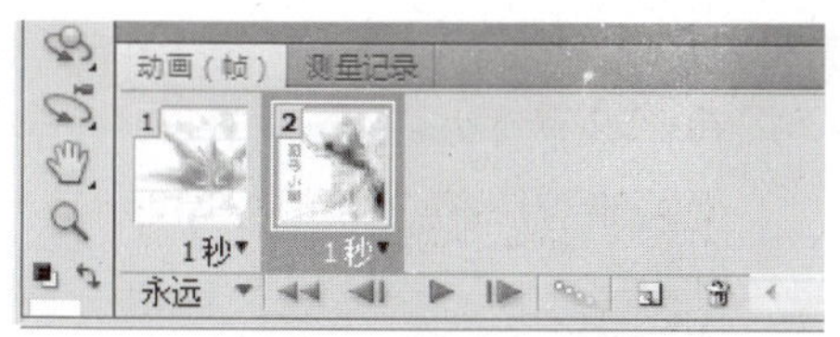

7 单击选中第 1 帧，在【图层】面板中，单击除背景层外的眼睛图标，将其他层隐藏，如下图所示。

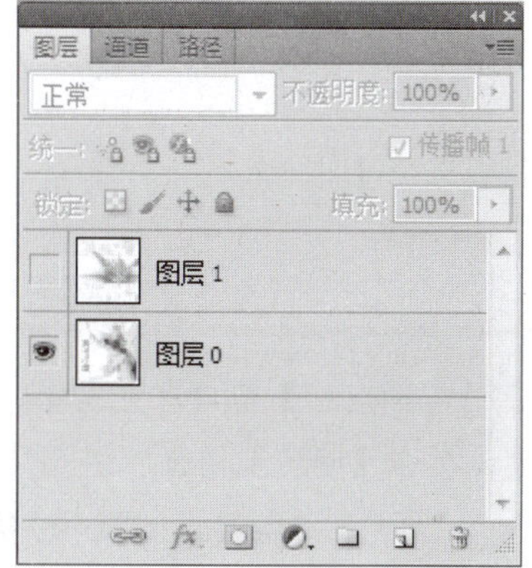

8 单击选中第 2 帧，单击【图层 1】图层前面的眼睛图标，显示【图层 1】图层中的内容，如下图所示。

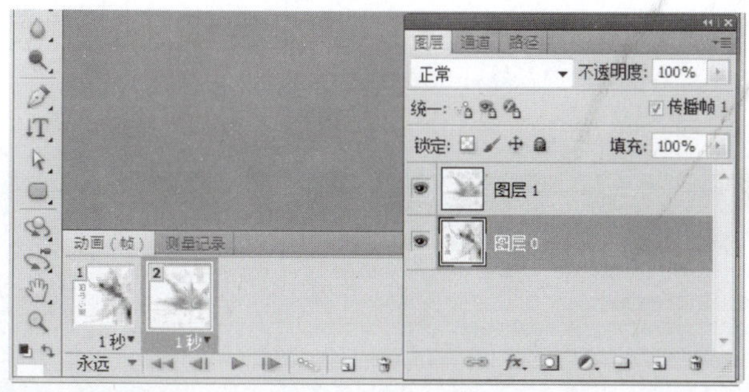

9 在菜单栏中选择【文件】|【存储为 Web 和设备所用格式】命令，如下图所示。

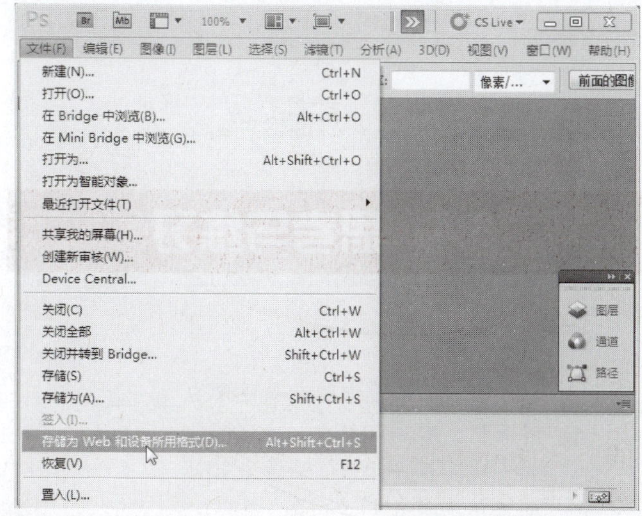

10 弹出【存储为 Web 和设备所用格式】对话框，单击【存储】按钮，如下图所示。

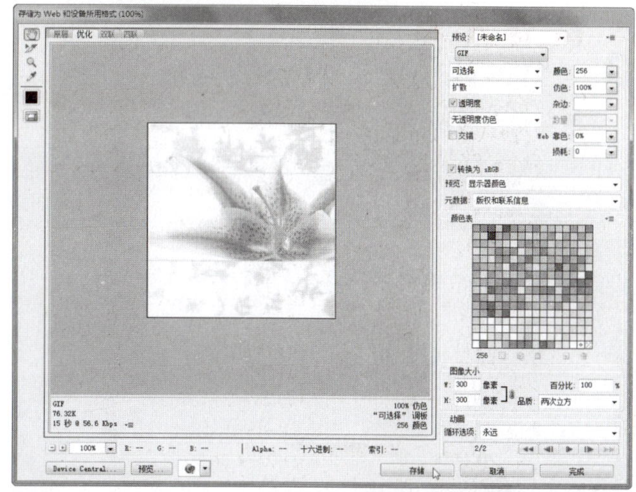

11 在弹出的【将优化结果存储为】对话框中，选择文件存储的位置，并输入文件名，然后单击【保存】按钮，如下图所示。

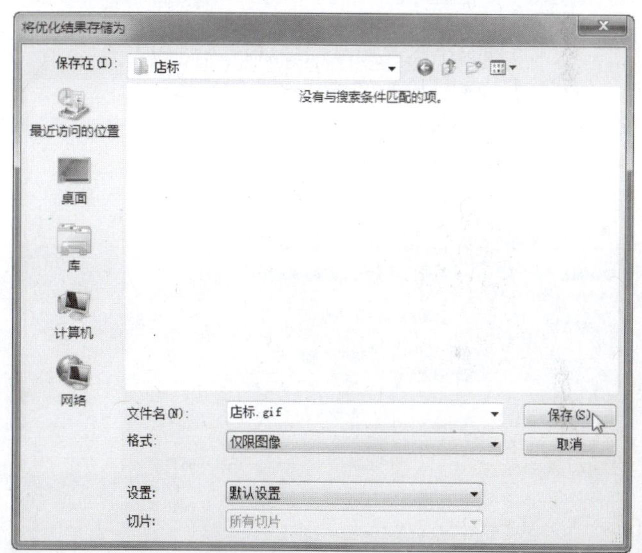

12 弹出【存储为 Web 和设备所用格式】对话框，提示所存储的某些文件名包含非拉丁字符，这些文件名与某些 Web 浏览器和服务器不兼容，单击【确定】按钮即可，如下图所示。

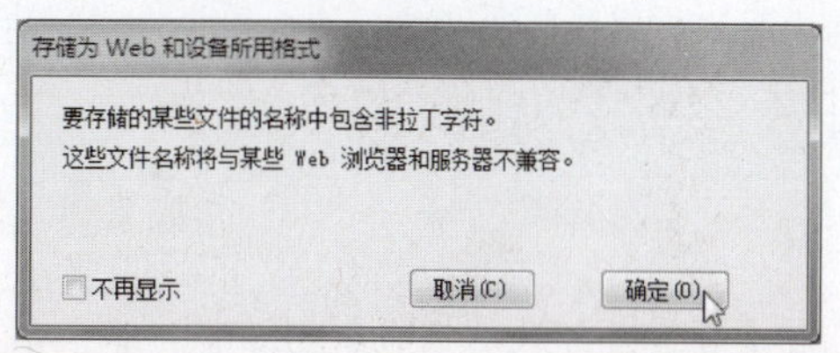

8.3.5　发布店标

发布店标是店标设计和应用的最后操作步骤，下面

学以致用系列丛书

在网上搜索图片时，要特别注意不能选择使用侵犯他人著作权及其他权利的图片。

介绍如何将制作完成的店标上传到店铺的具体步骤。

操作步骤

1. 登录淘宝网，单击左侧【店铺管理】一栏下的【店铺基本设置】链接，如下图所示。

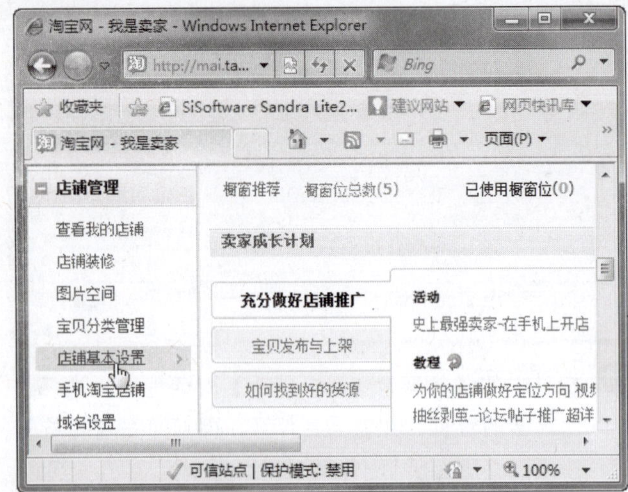

2. 在【店铺基本设置】页面的【淘宝店铺】选项卡下，单击【上传店标】链接，如下图所示。

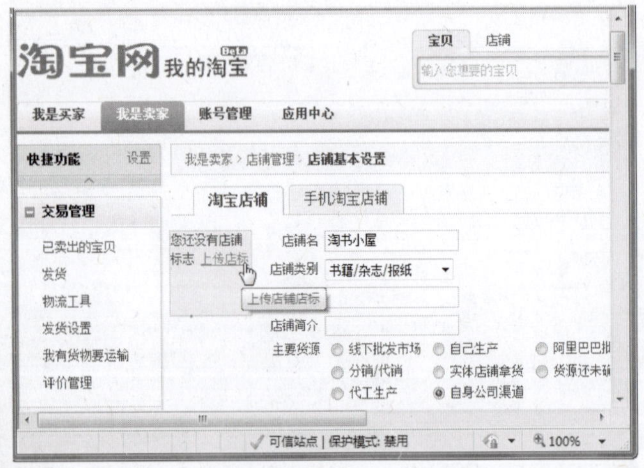

3. 在弹出的【上传店铺店标】窗口中单击【浏览】按钮，如下图所示。

上传店铺店标

浏览...

文件格式GIF、JPG、JPEG、PNG文件大小80K以内，建议尺寸80PX * 80PX

确定

4. 弹出【选择要加载的文件】对话框，找到店标所在的位置，单击店标图片，然后单击【打开】按钮，如下图所示。

5. 返回【上传店铺店标】窗口，可以看到店标图片所在的位置，单击【确定】按钮，如下图所示。

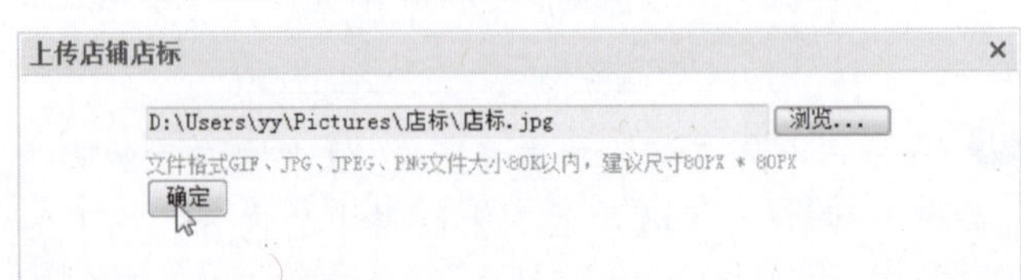

6. 回到【店铺基本设置】页面，可以看到上传后的店标，如下图所示。最后拖动页面右侧的滑块下拉页面，单击【保存】按钮即可。

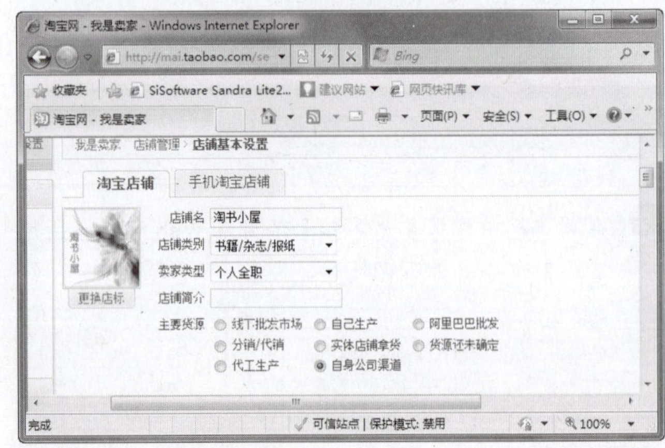

8.4 思考与练习

选择题

1. 目前数码相机的种类一般可分为________。

A. 傻瓜机、普通相机

B. 傻瓜机、普通相机、准专业相机

C. 普通相机、准专业相机

D. 傻瓜机、准专业相机

长见识 制作店标图片动画的原理就是将一幅幅静态图片不停地轮流显示，就好像放映电影胶片一样。也就是前面制作的几层画面，将在不同帧的时候轮流显示，并使之有一个时间间隔，就可以实现动画的效果了。

2. 普通数码相机的 ISO 范围一般是________。

A. 100～3200

B. 50～3000

C. 50～3200

D. 100～3000

操作题

1. 选购一套适合自己的拍摄设备。

2. 利用自己的拍摄设备拍摄出售的商品，并运用 Photoshop 美化照片。

3. 制作网店店标，并发布到店铺上。

Photoshop CS5 界面变化比较大的是面板整齐排列在屏幕右侧，当然也可以使用浮动面板的方式，或许您会更欣赏最新的全屏模式，在添加或者关闭面板时，剩余面板的尺寸会自动调整。

第 9 章 清新俊逸——简单装修店铺

装饰精美的店铺往往会吸引更多的顾客驻足，从而提高交易的机会。下面将为大家介绍淘宝店铺装修的基础知识，如店铺装修的前期准备、获得店铺图片的存储空间等。

学习要点

- 装修店铺前的准备工作
- 获取店铺图片存储空间
- 装修网络店铺
- 不同店铺的装修技巧

学习目标

通过本章的学习，读者首先应该熟练掌握获取图片网络存储空间的方法；其次要求掌握普通店铺和旺铺的装修方法，并能给自己的店铺添加计数器；最后要求了解不同店铺的装修风格。

9.1 装修店铺前的准备工作

作为新开设的店铺，装修设计是吸引顾客的常用手段之一，网店也一样。所有的装修都要围绕店铺的主题，即先要确定商品的销售类型。装修店铺先要收集合适的装修素材，这样才能打造一个独特且具有个性的网络店铺。

9.1.1 确定商品的销售类型

在淘宝网站中，商品的分类已经非常细化，所以只有在确定了商品的销售类型后，才能确定装修的风格。装修前首先要对自己的销售的商品进行归类，例如，运动服、连衣裙、西装、牛仔裤等属于服饰类；手机、电脑、数码相机、摄像机、MP3 等属于数码类；玩具、书籍、唱片、运动器械等属于文体类。下图所示的是服饰类的网络店铺。

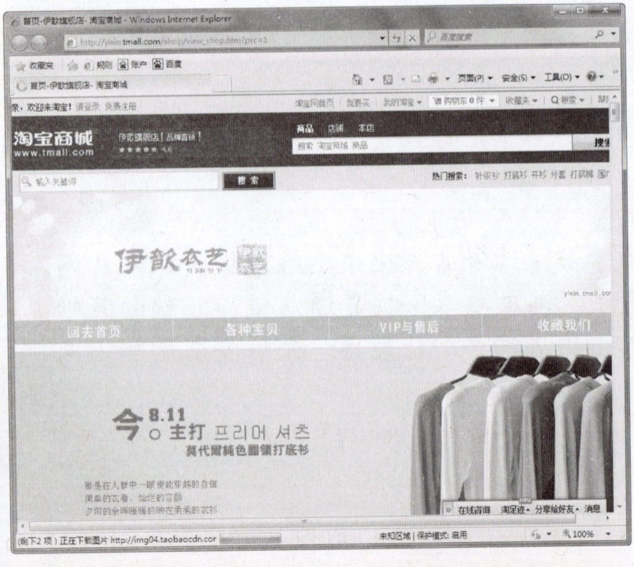

9.1.2 收集装修素材

店铺装修用到的所有图像都是要依靠图片素材完成的，因此，需要提前搜集大量的图片素材。卖家可以通过网络来收集素材。在网络中收集素材方法比较灵活，在不涉及版权的情况下，网上资源都可以下载为自己使用。例如，可以在 Google 或百度网站中搜索“素材”一词，即可打开许多提供素材的网站链接。

下面介绍几个专门为淘宝店铺装修提供素材的网站。

(1) 淘宝网店装修素材库，网址：http://photo.loveyd.com，该网站如下图所示。

(2) 淘宝店铺装修网，网址：http://www.dianpu8.cn，该网站如下图所示。

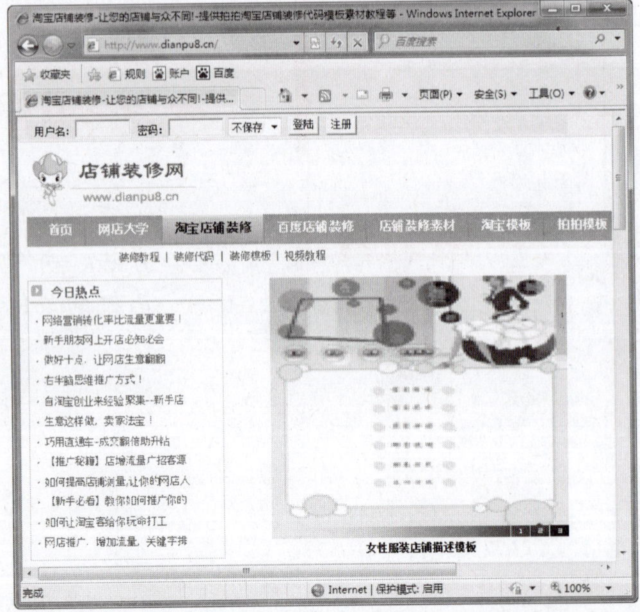

(3) 淘宝素材网，网址：http://www.taobaosucai.cn，该网站如下图所示。

长见识：一个淘宝会员只能在淘宝商城开一家可出售商品的店铺，即一张身份证只能开一家网店。

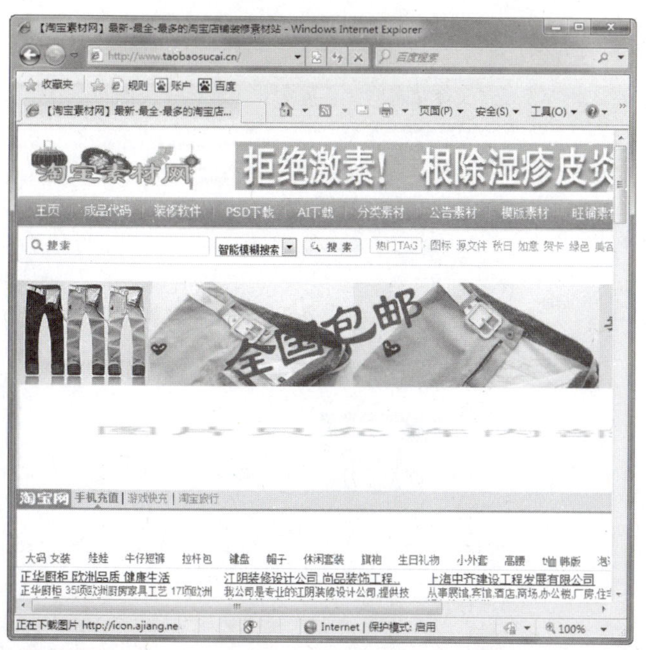

9.2　获取店铺图片存储空间

装修网店离不开图片的修饰，但是很多编辑器不支持将图片直接插入，只能插入来自网络存储空间的图片。因此，卖家需要先将用到的装修图片上传到网络存储空间里，再使用存储的网络地址完成图片的插入。

9.2.1　使用免费相册

很多卖家可能有这样的经历，辛苦上传的照片，由于免费相册的不稳定等种种原因，突然不能显示了。所以，找到一个稳定的免费相册空间来存储照片很重要。

现在网上有很多提供稳定的免费相册的网站，下面就来介绍几个这样的网站。

1) 51.com(网址是 http://www.51.com)

51.com 不仅支持外链，在图片中还可以不留下网站的水印。下面介绍一下如何使用 51.com 网站的相册保存宝贝图片，具体操作步骤如下。

操作步骤

❶ 在 IE 浏览器中打开 51.com 的首页，单击【注册新帐号】按钮，如下图所示。

❷ 在弹出的页面中，输入用户名、密码等信息，再单击【注册】按钮，如下图所示。

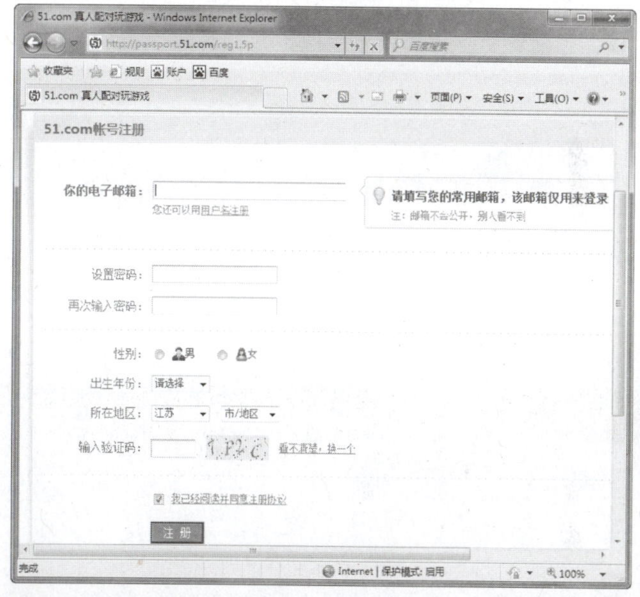

❸ 弹出提示对话框，提示注册成功，单击【确定】按钮，如下图所示。

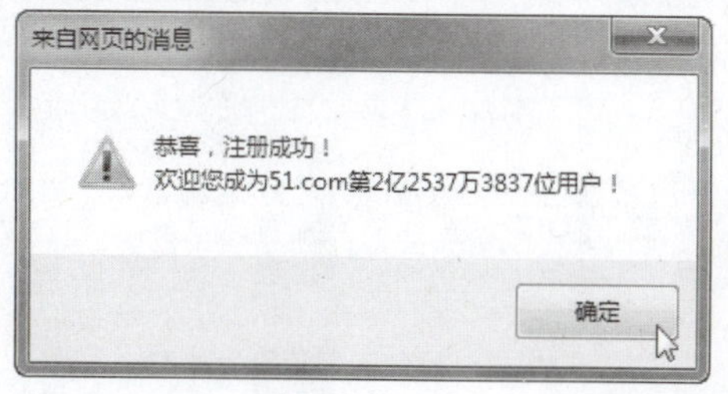

❹ 返回【管理中心】网页，单击【关闭】按钮，关闭打分提示框，如下图所示。

5 在页面中单击【个人空间】链接，如下图所示。

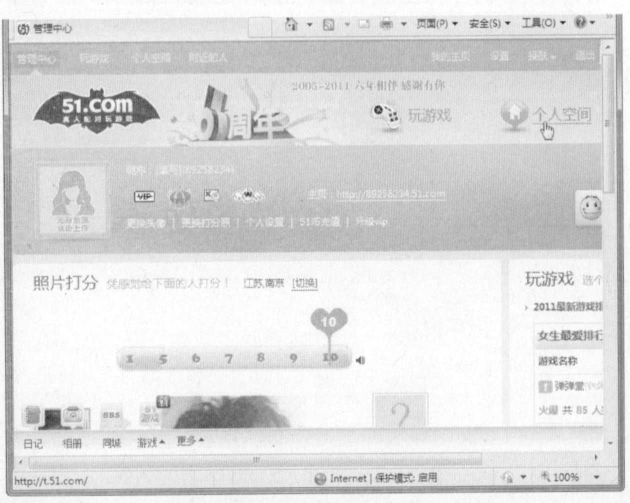

6 在进入的页面中选择感兴趣的51达人，这里直接单击【确定】按钮，如下图所示。

7 进入个人空间页面，单击【发照片】按钮，如下图所示。

8 在页面中单击【插入图片】按钮，如下图所示。

9 弹出【选择图片】对话框，在【从电脑中选择】选项卡下单击【选择图片】按钮，如下图所示。

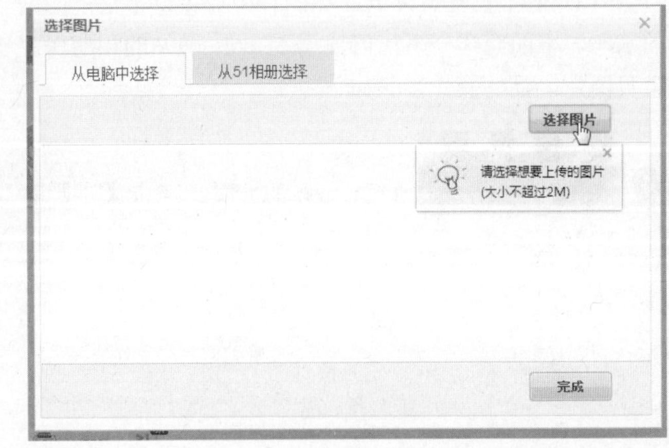

长见识：淘宝商城在确保绝大多数情况下，保证买家有足够的时间收到货物的前提下，为了尽可能让卖家早些回笼货款，制订了买家确认收货超时规定的。一旦超过规定的时间且买家没有申请退货，支付宝会自动把货款付给卖家。

❿ 在弹出的对话框中选择图片所在的文件夹，然后选择要上传的图片，再单击【打开】按钮，如下图所示。

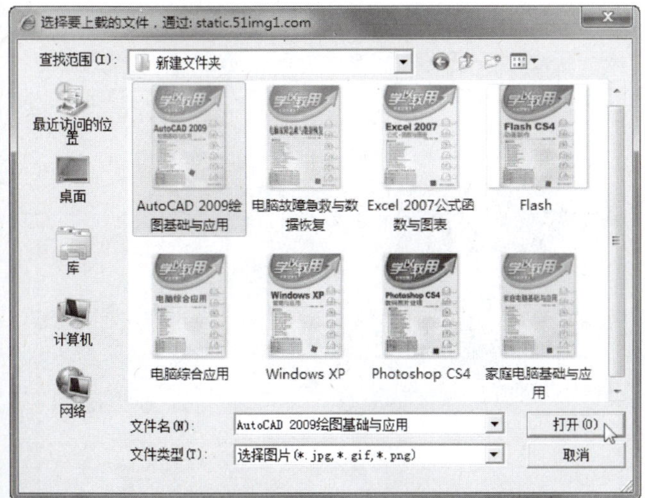

⓫ 开始上传选择的图片，如下图所示。

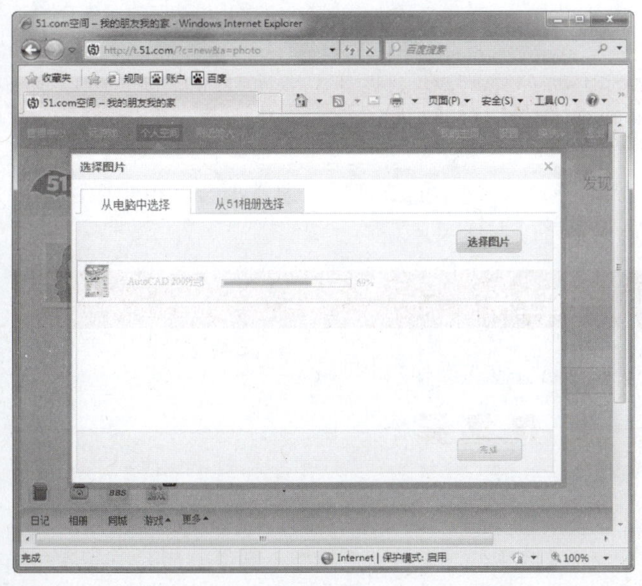

⓬ 上传成功后，单击【完成】按钮，如下图所示。

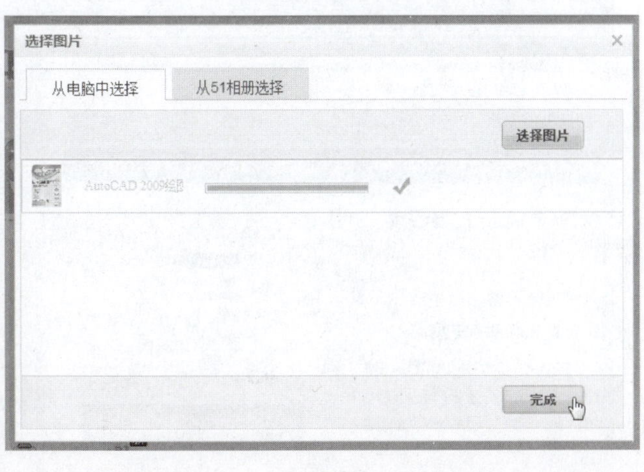

⓭ 返回个人空间，在这里可以看到刚才上传的图片，如下图所示。

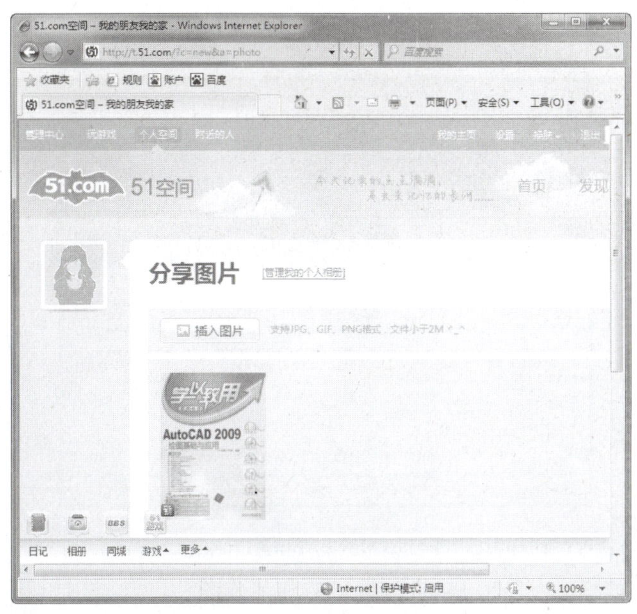

⓮ 若要使用图片地址，可以右击图片，从弹出的快捷菜单中选择【属性】命令，如下图所示。

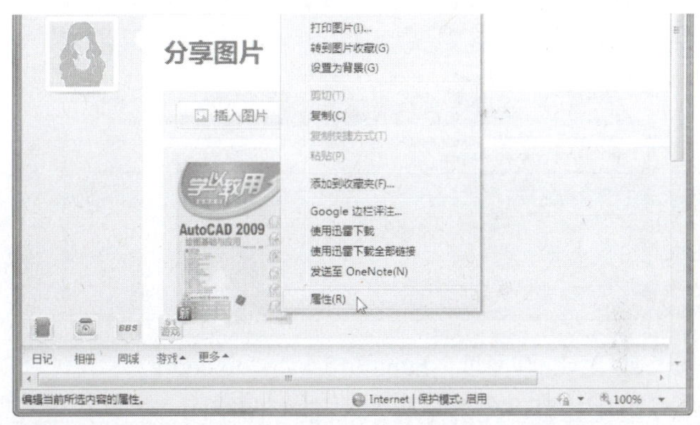

⓯ 弹出【属性】对话框，选中图片地址，然后按 Ctrl+C 组合键进行复制即可，如下图所示。

属性
常规
642eceb9c81c0cea23bf8d7ff93ae950.jpg
协议: HyperText Transfer Protocol
类型: JPG 文件
地址(URL): http://s6.images22.51img1.com/6000/254200771/642eceb9c81c0cea23bf8d7ff93ae950.jpg
大小: 11878 字节
维度: 130 x 177 pixels
创建时间: 2011/8/17
修改时间: 2011/8/17
确定　取消　应用(A)

长见识：当淘宝客服介入处理申请退款后，系统会自动停止计时。但是如果处理期间，双方自行达成处理方案，并进行操作使得退款状态发生改变，则计时又会被自动启动。例如：淘宝客服处理期间，买家修改了退款协议，并向卖家提交。这时，系统会认为买卖双方重新启动退款流程，退款计时又会被启动，并继续之前的剩余计时时间。

2) Flickr(网址：http://www.flickr.com)

Flickr 是 Yahoo 旗下的网站，是世界上最好的线上相片管理和分享应用网站。下图所示为 Flickr 网站。

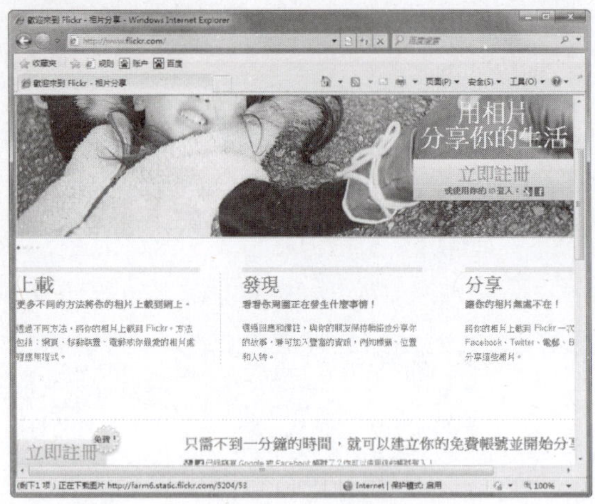

3) 和讯相册(网址：http://photo.hexun.com)

和讯相册可以批量地上传和下载图片，并且可以获得更大的电子相册空间。下图所示为和讯相册网站。

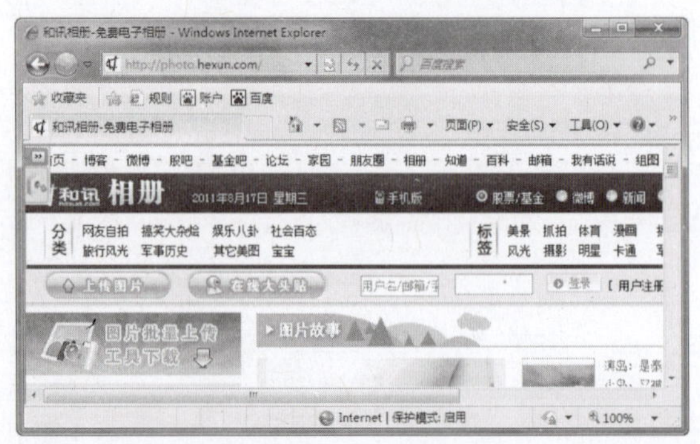

4) 巴比豆(网址：http://up1.babidou.com)

巴比豆可以免费注册 30M 的存储空间，但是只能免费使用 7 天。超过试用期 7 天未续费的用户，将被系统自动删除。下图所示为巴比豆网站。

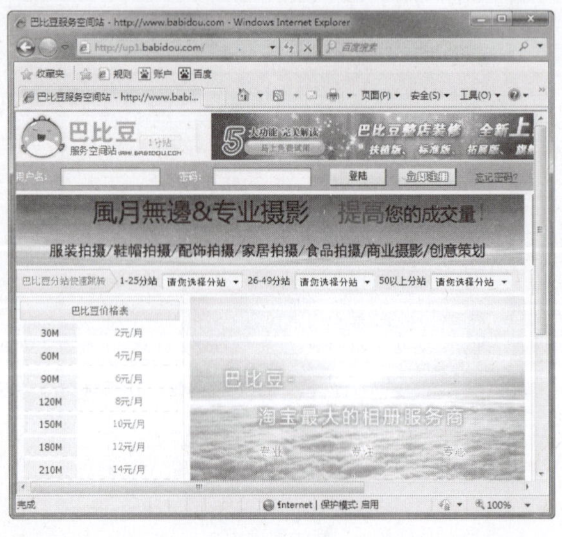

5) 又拍网(网址：http://www.yupoo.com)

Yupoo 的目标是成为全球最好的照片发布、存储、分享及传播社区，信奉开放、简单、激情、专注等理念。下图所示为又拍网网站。

9.2.2 使用博客

开通一个网站的博客后，通常都会有相册栏目，在这里也可以存储图片。

1. 普通上传

普通上传的操作步骤如下。

操作步骤

❶ 启动 IE 浏览器，然后在地址栏中输入 http://blog.163.com，按 Enter 键进入网易博客网页，接着在【博客登录】选项组中输入博客的用户名和密码，再单击【登录】按钮，如下图所示。

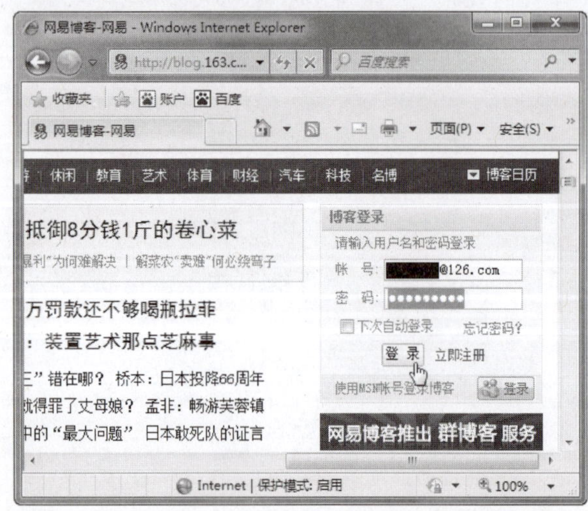

长见识 买家申请退款后，卖家在两天内发货了，退款会被自动关闭。因此，买家在卖家发货前退款的，卖家应联系买家，先和买家协商一致，再决定是否发货。

❷ 登录网易博客，然后单击【传相片】按钮，如下图所示。

❸ 进入博客相册网页，单击【普通上传】选项卡，接着在该选项卡单击【添加相片】按钮，如下图所示。

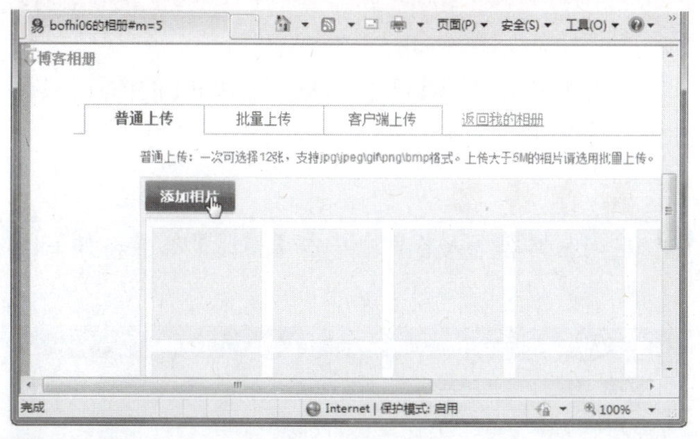

❹ 在弹出的对话框中选择要上传的图片，再单击【打开】按钮，如下图所示。

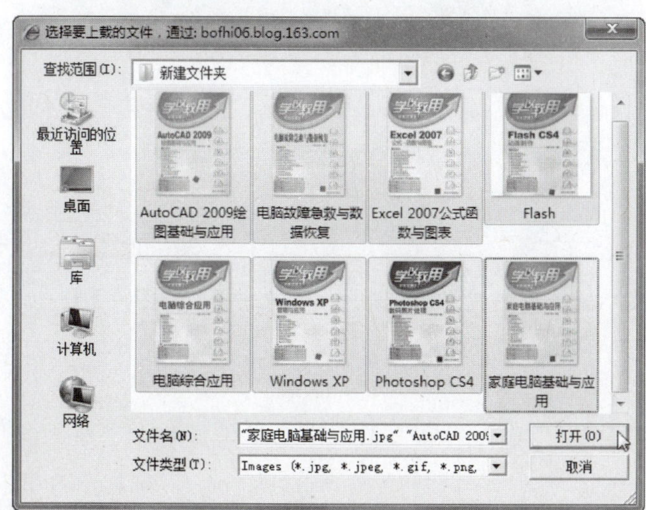

❺ 返回博客相册网页，向下拖动滑块，单击【创建新相册】链接，如下图所示。

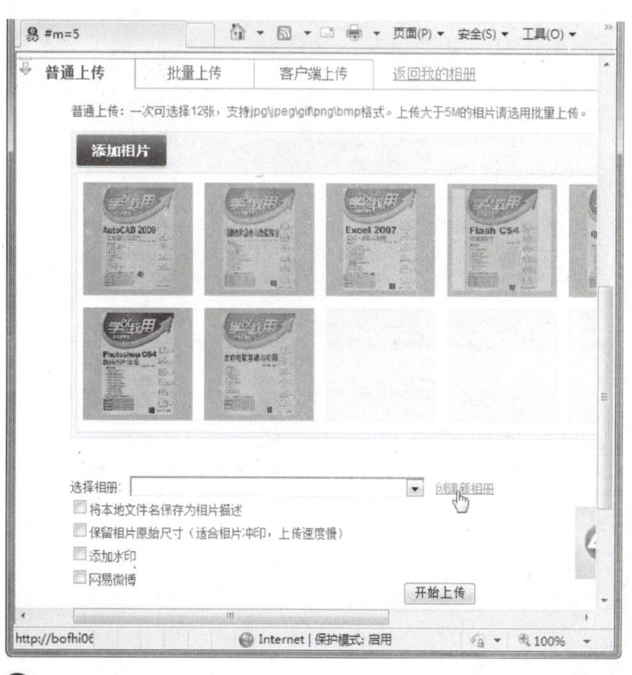

❻ 弹出【创建相册】对话框，设置相册名称和描述内容，再单击【创建】按钮，如下图所示。

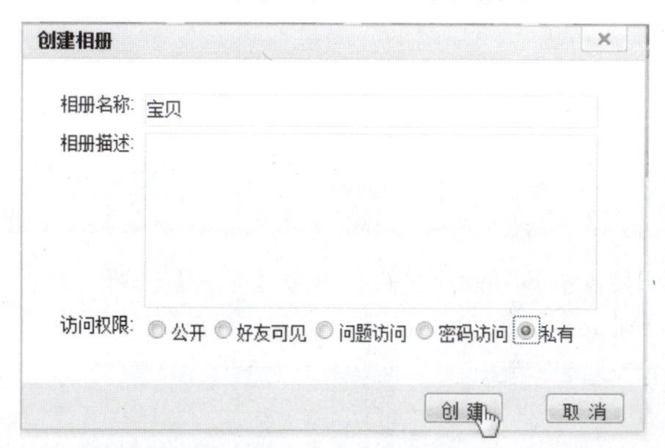

❼ 返回相册网页，选中【添加水印】复选框，再单击【开始上传】按钮，如下图所示。

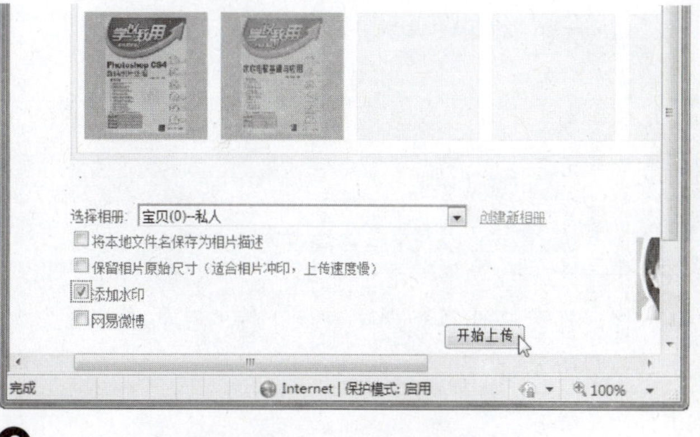

❽ 开始上传选中的图片，如下图所示。

学以致用系列丛书

为了减少因买家在拍下商品后迟迟不付款而对卖家的正常销售造成的困扰，制订了超时交易关闭规则。该规则内容是：自买家拍下或卖家最后修改交易条件之时起，买家超过3天未付款，系统将自动关闭交易。

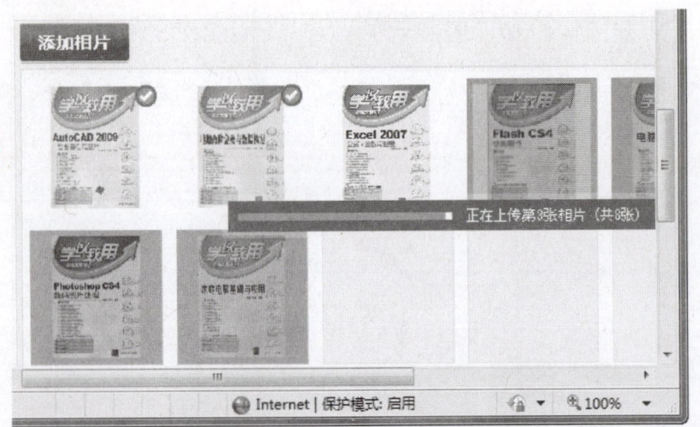

9 图片上传完成后，进入如下图所示的网页，在图片右侧的文本框中添加图片描述。

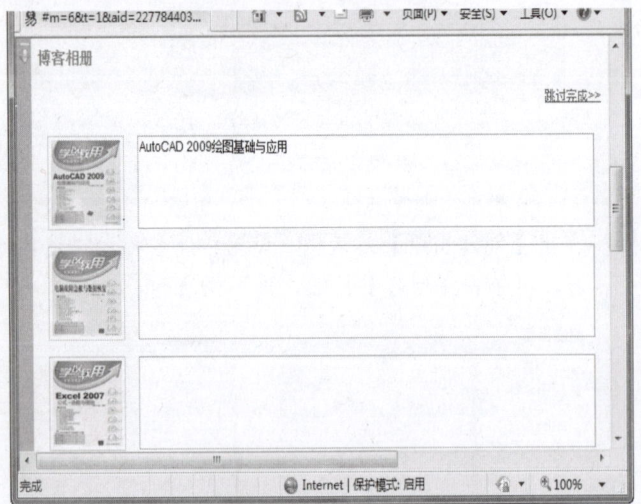

10 图片描述添加完成后，单击【完成】按钮，如下图所示。

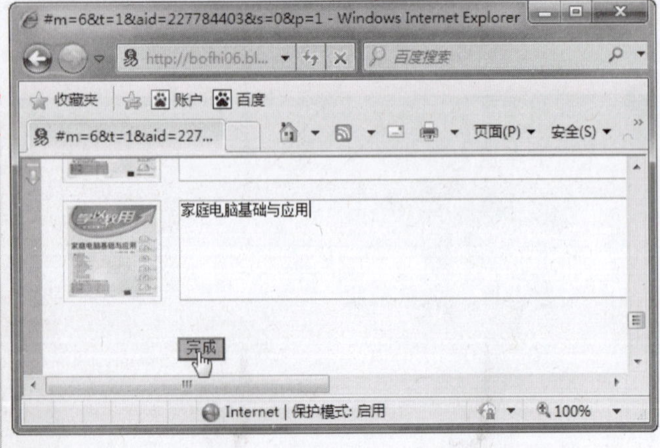

11 这时即可在博客相册中看到上传的宝贝图片了，如下图所示。

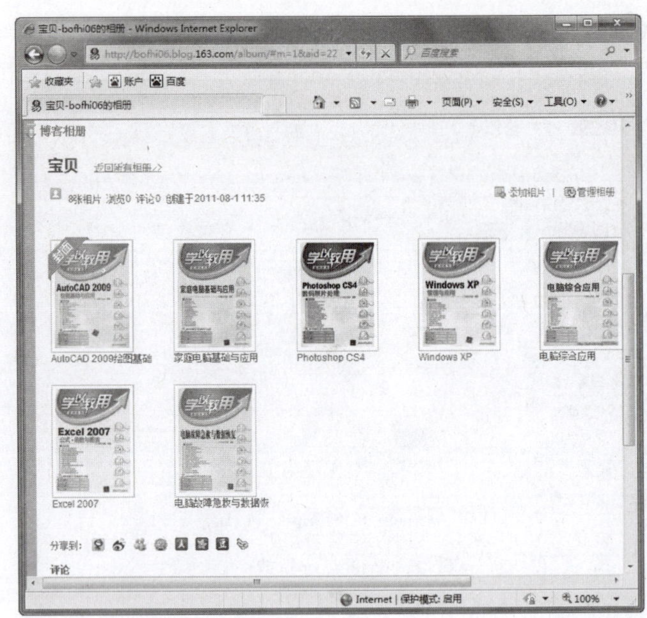

12 在淘宝网发布宝贝时，即可在【宝贝描述】一栏中粘贴图片地址。

2. 批量上传

使用批量上传工具可以一次上传 100M 的图片，具体操作步骤如下。

操作步骤

1 在网易博客个人首页中单击【相册】链接，如下图所示。

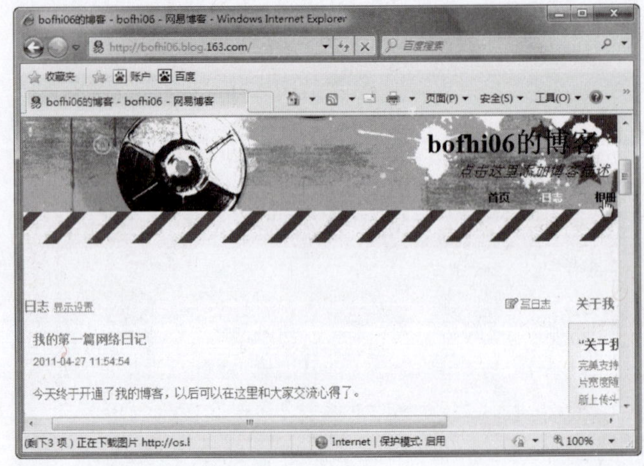

2 进入网易博客的相册网页，单击【上传图片】链接，如下图所示。

在买家拍下商品后的 3 天内还没有付款的情况下，买卖双方可以随时关闭交易。在关闭交易后，交易状态由【等待买家付款】变成【交易关闭】。

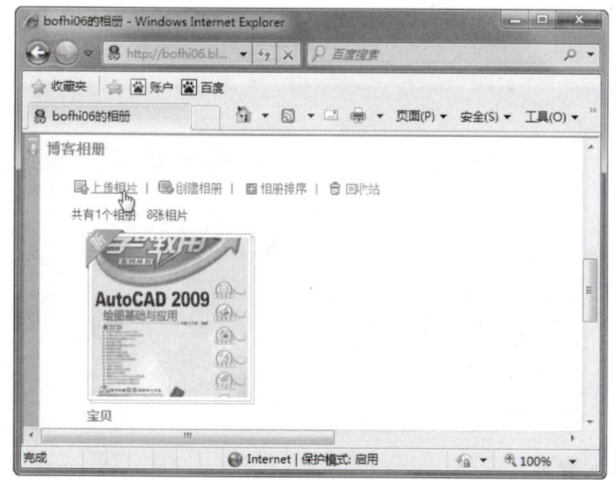

❸ 在进入的网页中单击【批量上传】选项卡，接着单击【使用上传工具批量上传】链接，如下图所示。

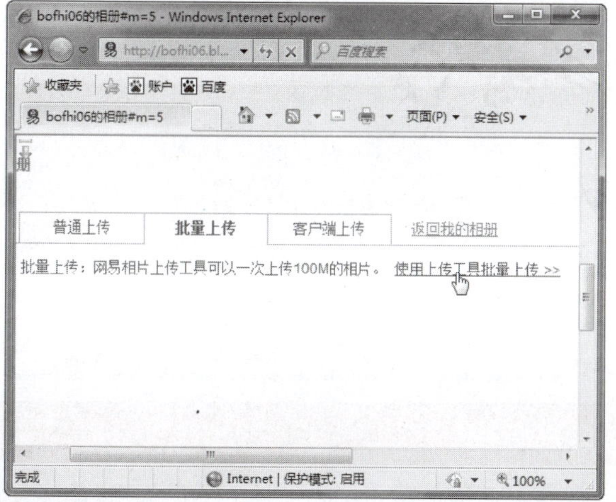

❹ 在进入的页面中单击【立即在线安装】按钮，如下图所示。

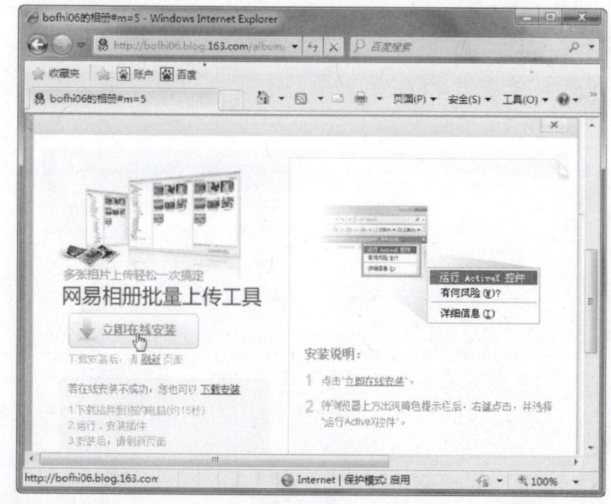

❺ 右击浏览器上方出现的黄色提示栏，从弹出的快捷菜单中选择【为此计算机上的所有用户安装此加载项】命令，如下图所示。

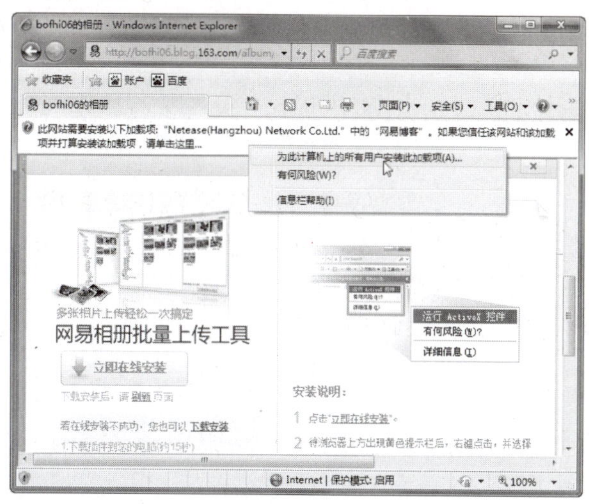

❻ 刷新网页，弹出【网易博客相片上传工具】对话框，在左侧列表框中选择图片所在的位置，然后在中间窗格中选择要上传的图片，并设置存放图片的相册，接着选中【添加水印】复选框，再单击【开始上传】按钮，如下图所示。

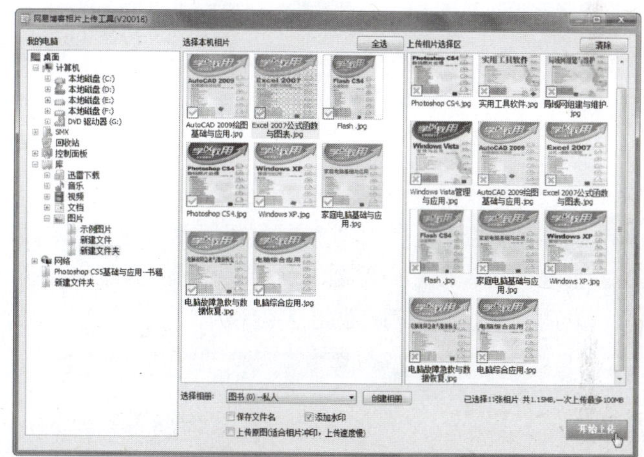

提示

若要使用新相册存放上传的图片，可以单击【创建相册】按钮，然后在弹出的对话框中设置相册名称、相册描述以及访问权限等参数，再单击【创建】按钮，如下图所示。

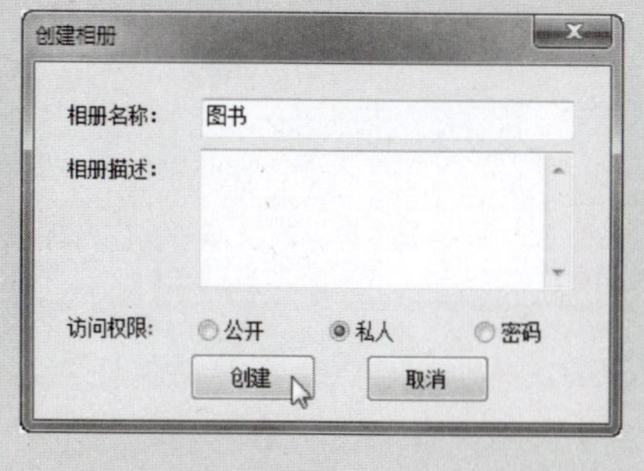

❼ 开始上传图片，并弹出如下图所示的进度对话框，

稍候片刻。

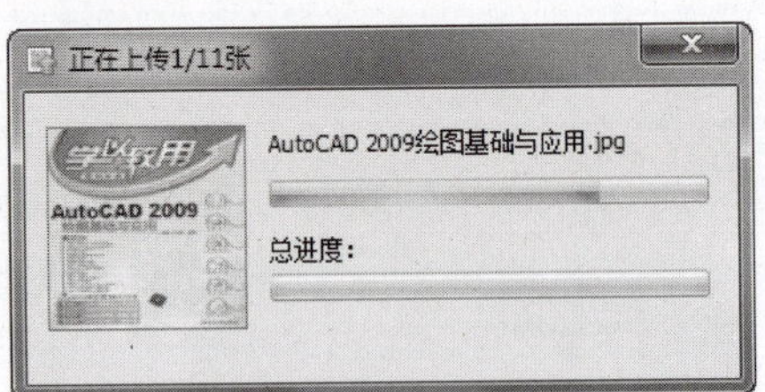

8 上传完成后返回博客相册页面，即可看到上传的图片了，如下图所示。

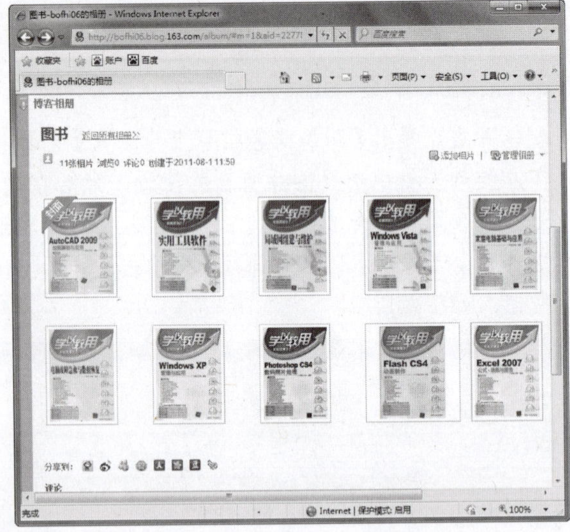

9 单击某张图片，可以进入如下图所示的网页，在这里查看图片效果。若要添加图片描述，可以单击下方的【点击这里添加描述】链接。

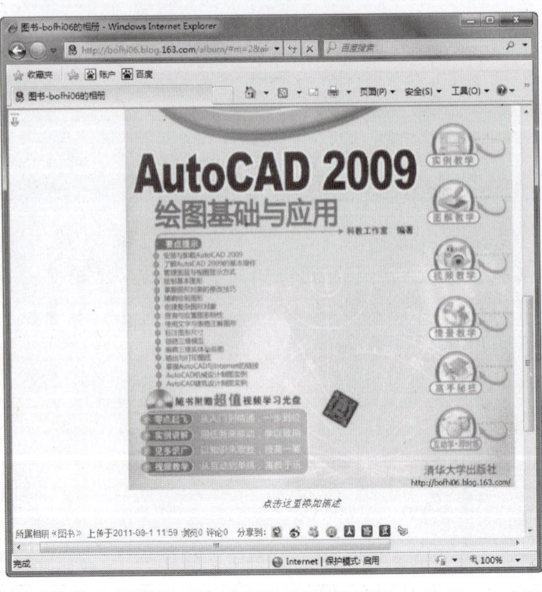

10 在打开的文本框中输入该图片的描述内容，再单击【确定】按钮，如下图所示。

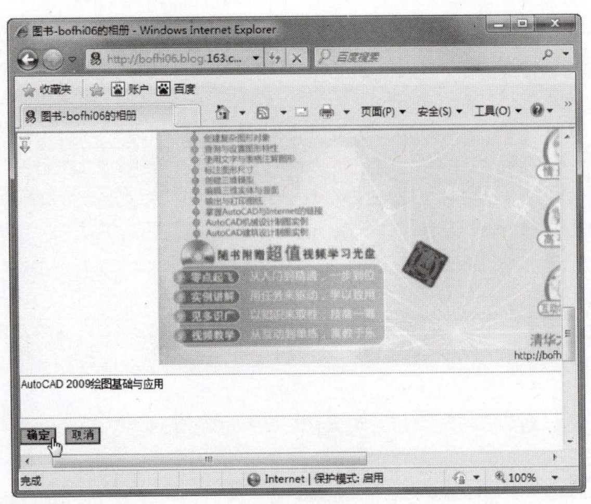

11 这时会提示相片描述修改成功，如下图所示。

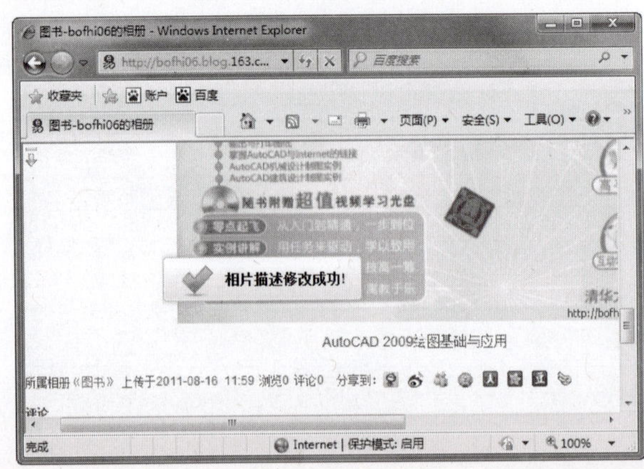

3. 客户端上传

在【客户端上传】选项卡下可以优化各种网络环境，单次上传无限量，也可以批量上传或下载。

操作步骤

1 参考前面的方法，进入如下图所示的博客相册网页，然后单击【客户端上传】选项卡，在该选项卡下单击【Win 7 版下载】按钮。

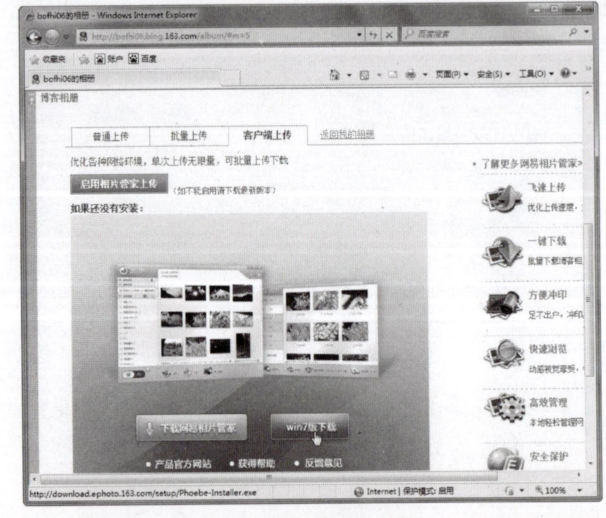

长见识 违规行为及处罚之一：扰乱市场秩序，是指通过不正当方式，刻意规避淘宝规则或市场管控措施的行为。对于扰乱市场秩序的卖家，每次扣 24 分；若情节严重的则每次扣 48 分。

提示

如果用户登录的是 Windows XP 系统，可以单击【启用相片管家上传】按钮，直接启动相片管家或者单击【下载网易相片管家】按钮，下载最新版本的相片管理程序。

2 弹出【新建任务】对话框，设置程序保存位置，再单击【立即下载】按钮进行下载，如下图所示。

3 下载完成后，双击下载程序的图标，接着在弹出的对话框中单击【下一步】按钮，如下图所示。

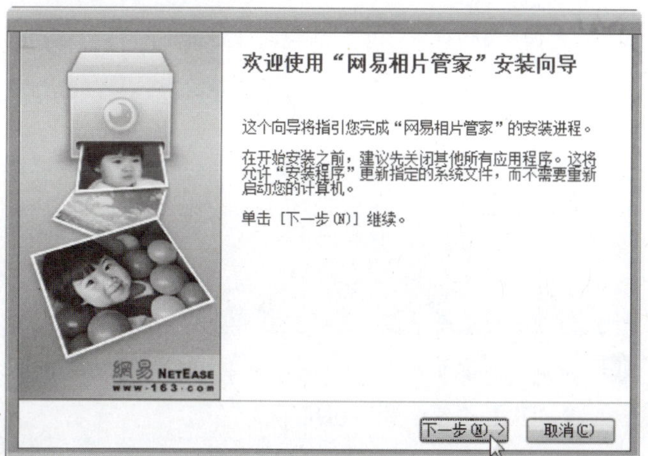

4 进入【许可证协议】界面，单击【我接受】按钮，如下图所示。

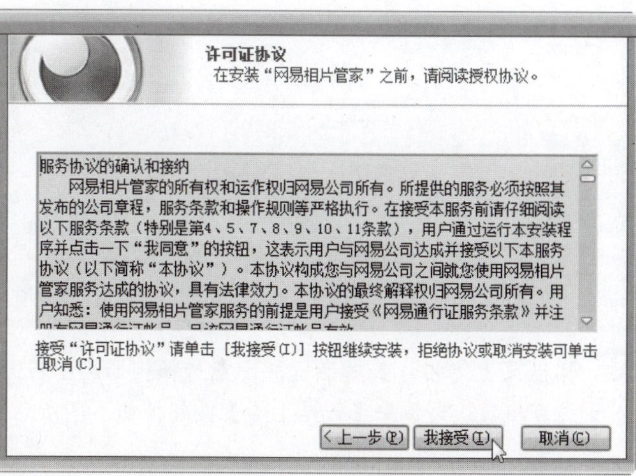

5 进入【选择安装位置】界面，单击【浏览】按钮可以重新选择安装位置，这里使用默认安装位置，直接单击【安装】按钮，如下图所示。

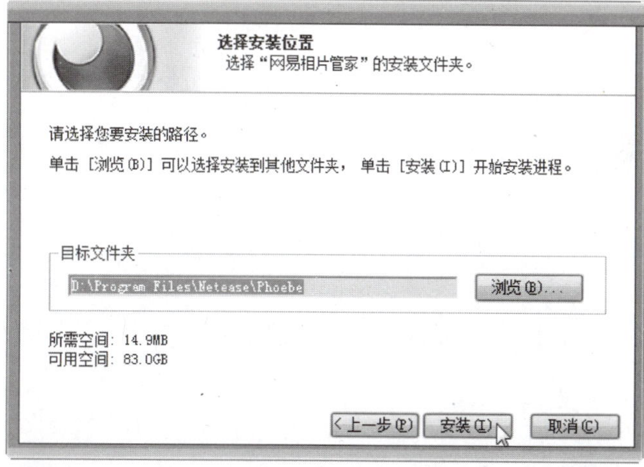

6 开始安装网易相片管家程序，如下图所示。

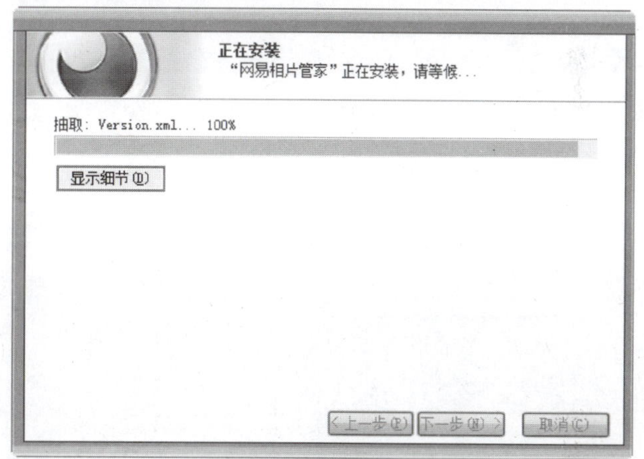

7 安装完成后，在进入的界面中设置快捷方式和运行选项，再单击【关闭】按钮，如下图所示。

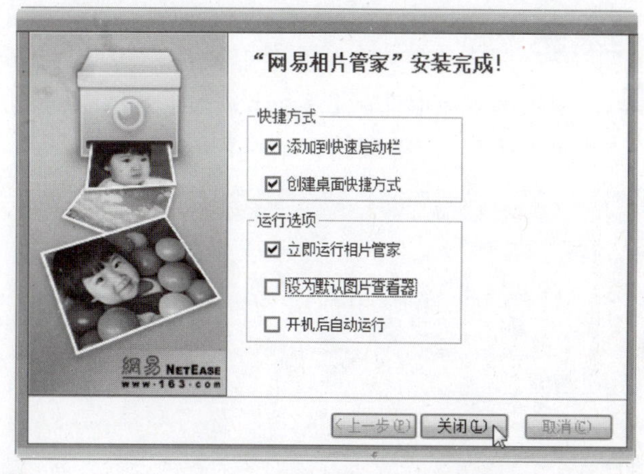

8 开始向网易相片管家加载数据，稍等片刻，如下图所示。

违规行为及处罚之二：出售假冒商品，是指用户发生以下两种行为：卖家涉嫌出售假冒、盗版商品。每件扣2分(3日内不超过12分)，情节严重的，每次扣24分；卖家出售假冒、盗版商品，每次扣12分，情节严重的每次扣24分，对情节特别严重的，每次扣48分

9 数据加载完成后，在弹出的对话框中单击【开始使用】按钮，如下图所示。

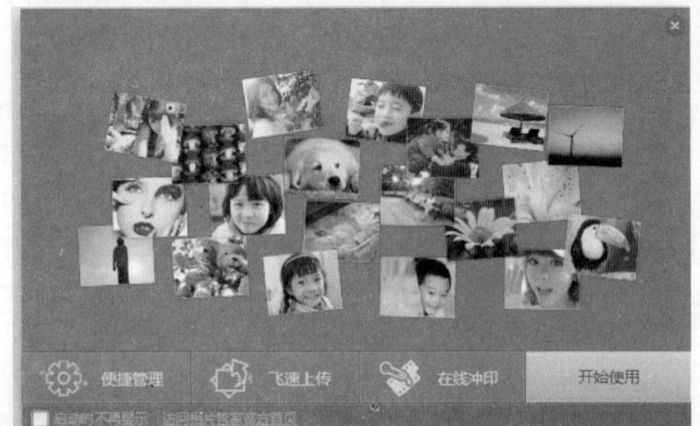

10 进入如下图所示的对话框，设置图片类型，再单击【下一步】按钮。

11 在进入的界面中设置【添加本地文件夹】，完成后再单击【下一步】按钮，如下图所示。

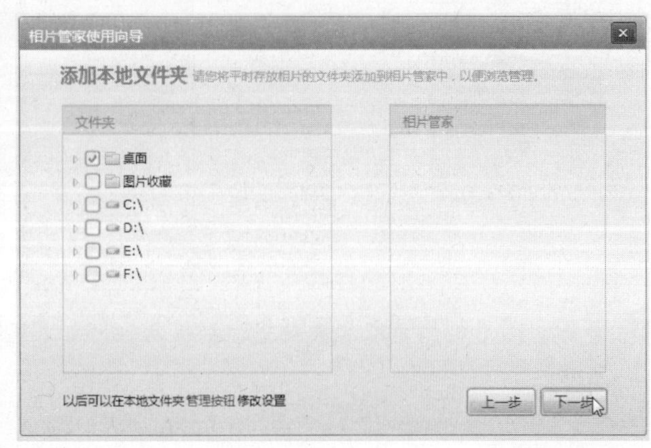

12 在进入的界面中输入网易博客的用户名和密码，再单击【完成】按钮，如下图所示。

13 打开【网易相片管家】窗口，单击【上传】按钮，如下图所示。

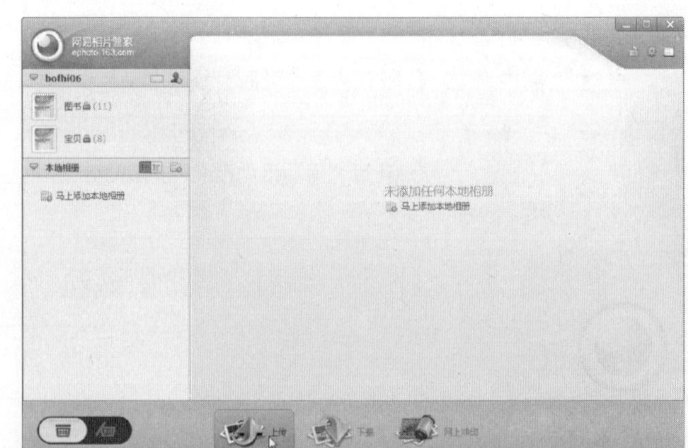

14 弹出【打开】对话框，选择要上传的图片，再单击【打开】按钮，如下图所示。

15 弹出【上传相片】对话框，设置选择相册、上传方式等参数，再单击【开始上传】按钮，如下图所示。

卖家出售假冒、盗版商品的行为有：①经司法、行政机关认定卖家出售假冒、盗版商品，但尚不构成手段恶劣或数额巨大或造成严重后果或未被追究刑事责任的；②卖家所出售的商品经购买并由卖家自认或经鉴定为假冒、盗版商品。

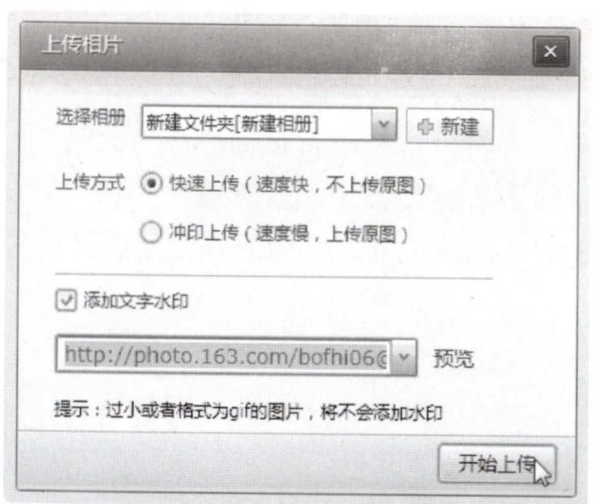

提示

若要使用新相册存放上传的图片，可以单击【新建】按钮，然后在弹出的对话框中设置相册名称、相册描述以及访问权限等参数，如下图所示。

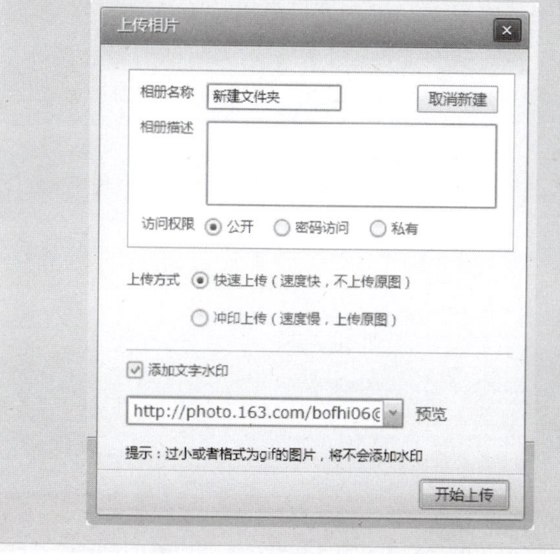

16 开始上传图片，并弹出如下图所示的进度对话框，稍等片刻。

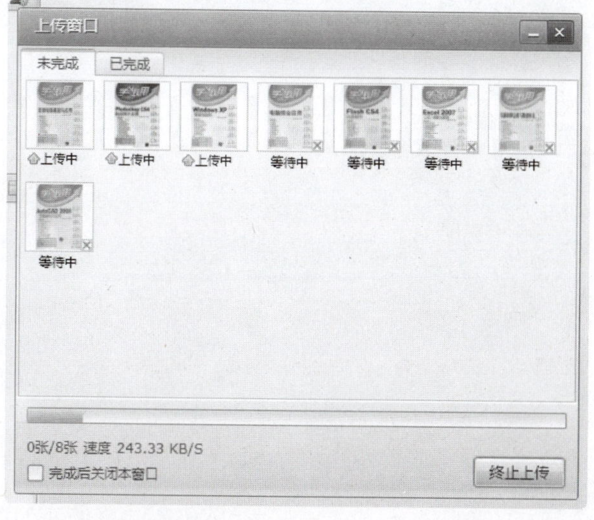

17 图片上传完成后，单击【去网易相册看看】链接，如下图所示。

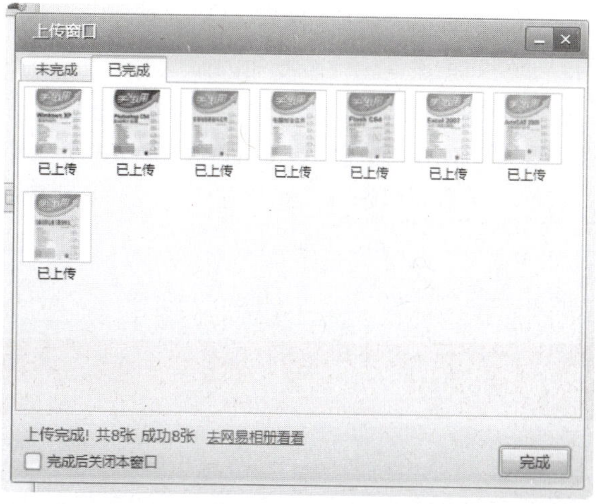

18 进入网易博客相册网页，查看上传的图片效果，如下图所示。

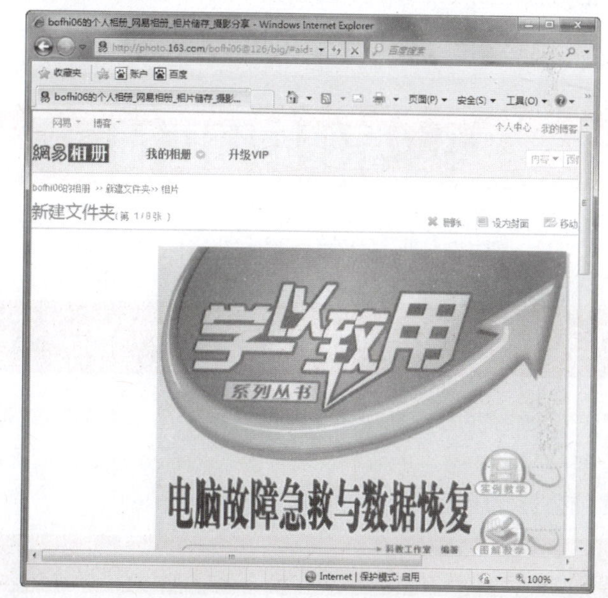

19 在【网易相片管家】窗口中选择图片所在的相册，可以在右侧窗格中查看图片效果，如下图所示。

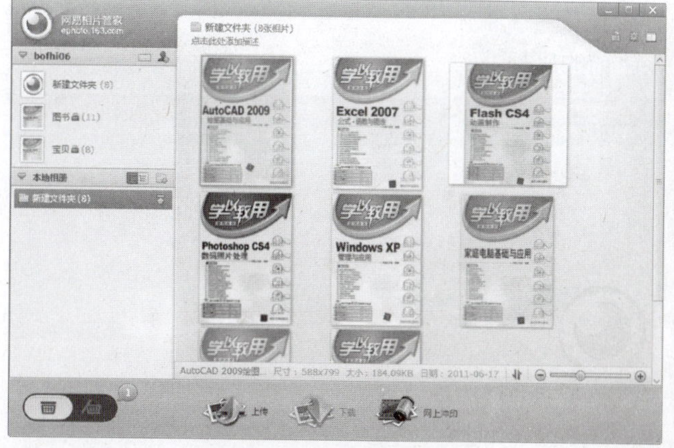

卖家出售假冒、盗版商品且情节严重的行为，是指再次出现同一卖家出售假冒、盗版商品的情形(卖家同一年度内因出售假冒、盗版商品被淘宝处罚，再次出售假冒、盗版商品的)，或因出售的假冒、盗版商品给消费者造成人身损害或财产损害的。

长见识

9.2.3 租用图片空间

淘宝网上有很多销售图片存储空间的店铺，这些销售的存储空间一般是由比较专业的服务器运营商进行维护，可以提供图片和Flash动画的上传，服务器相对比较安全、稳定，服务水平也不错，而且购买方式比较灵活，根据店铺的需要可以选择几兆、几十兆或几百兆的存储空间，并且付费分为月付和年付两种方式，对于普通的卖家来说是不错的选择。

9.2.4 使用虚拟主机

虚拟主机是企业网站存放网站内容的一种普遍方式。虚拟主机系统稳定、管理方便，还能支持多种类型的文件，如图片、Flash动画、网页、数据库等。虚拟主机的方式适用于希望拥有自己的购物网站或者在淘宝上开网店的卖家。

9.3 装修网络店铺

图片上传完成后，下面一起来装修网络店铺吧。

9.3.1 装修普通店铺

普通店铺的装修相比于旺铺来说要简单得多，就是一些最基本的常见的东西。需要装修的部分包括：店标、店铺公告、店铺类目和宝贝描述。

1. 店标

普通店铺的店标放在店铺首页的左上角，这个位置非常显眼，买家进入店铺后能一眼看到。拥有一个好的店标对普通店铺来说非常重要。下图左上角所示的便是该店铺的店标。

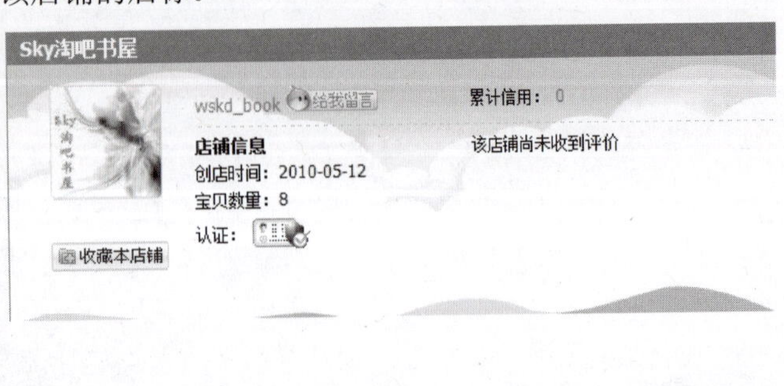

2. 店铺公告

普通店铺的公告位于首页的右上方，和店标处于同一个水平线上。在公告中加入合适的信息，有助于买家更多地了解自己的店铺。下图所示便是店铺公告。

店铺公告

本店新书上架，欢迎订购！另外，订购满五件，包邮哦！(∩_∩)~

此次上架的图书系列如下：

《家庭电脑基础与应用》

3. 店铺类目

店铺类目位于店铺首页的左侧，店标的下方。买家浏览店铺的时候，通常会通过单击这个位置的分类项目快速地查找需要的宝贝。下图所示为店铺的店铺类目。

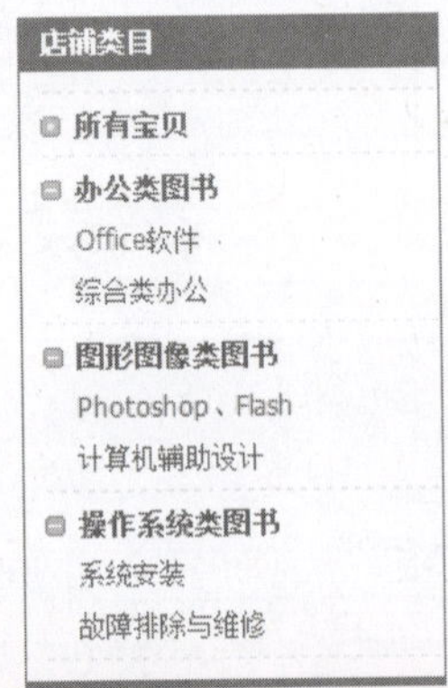

4. 宝贝描述

宝贝描述处于宝贝信息页面的中部，在这个版块中，卖家可以对宝贝进行详细的描述。下图所示为宝贝描述。

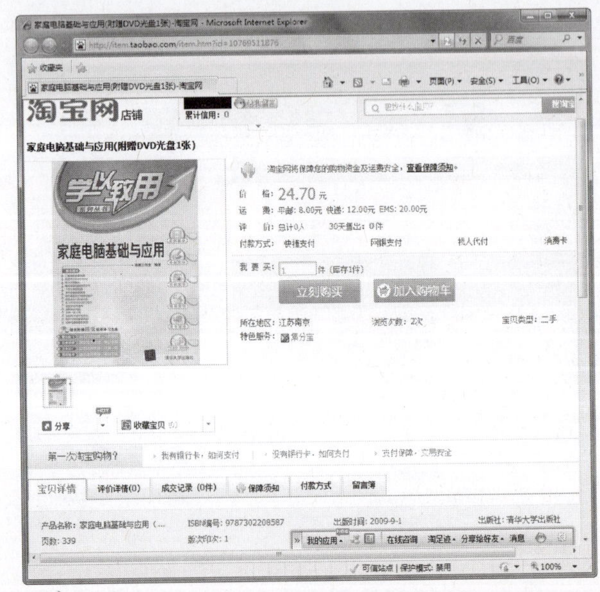

长见识 B2C电子商务网站由三个基本部分组成，分别是为顾客提供在线购物场所的商场网站、负责为客户所购商品进行配送的配送系统和负责顾客身份的确认及货款结算的银行及认证系统。

9.3.2 装修淘宝旺铺

淘宝旺铺可装修的地方有很多，在一个完整的旺铺中，通常包括这些元素：店招、宝贝分类导航促销、推荐宝贝模块、宝贝展区、宝贝描述等。

1. 店招

店招就是指一个店铺的招牌。对于一个网店的店招来说，店招的位置是淘宝给确定的，必须放在淘宝页面的最上方，用来说明经营项目并招揽顾客。下图所示为一个店铺的店招。

2. 宝贝分类导航

宝贝分类导航也是每个店铺都有的，它的宽度是固定的，高度理论上可以是无限高。下图所示的便是店铺的宝贝分类导航栏。

3. 促销

促销具有非常重要的广告价值，通常是越大越好，但高度不能太高，否则会给人一种一眼望不到边的感觉。下图所示为店铺的促销模块。

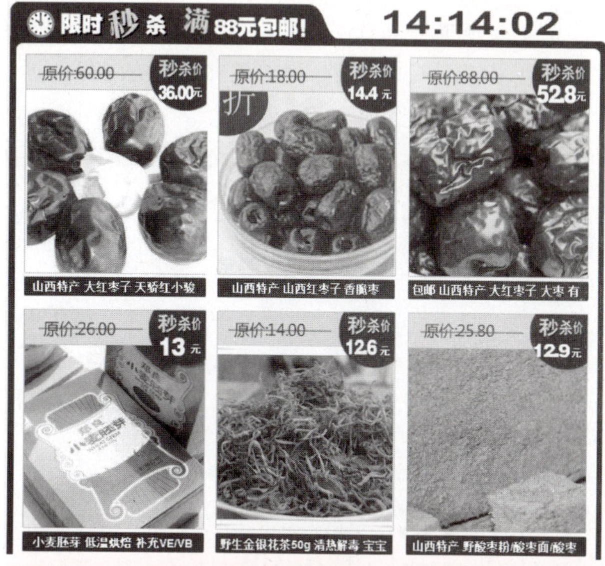

4. 推荐宝贝模块

推荐宝贝模块可以在促销区中，也可以在店铺首页中单独建立一个宝贝推荐模块。下图所示的是店铺的推荐宝贝模块。

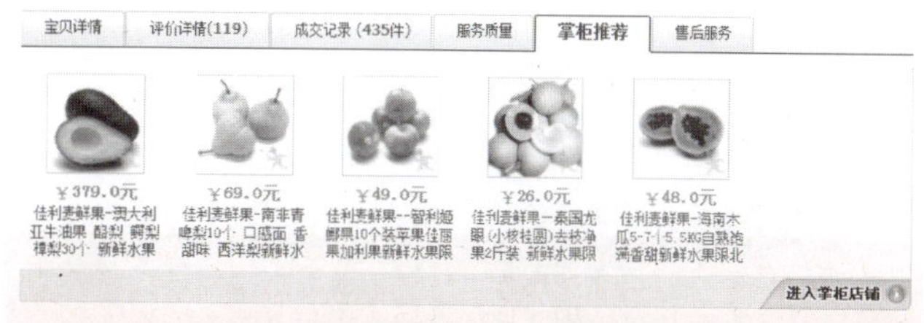

5. 宝贝展区

宝贝展区是店铺中独立的一个模块，它不同于促销模块，是一个只展示宝贝的模块。下图所示的便是宝贝展区。

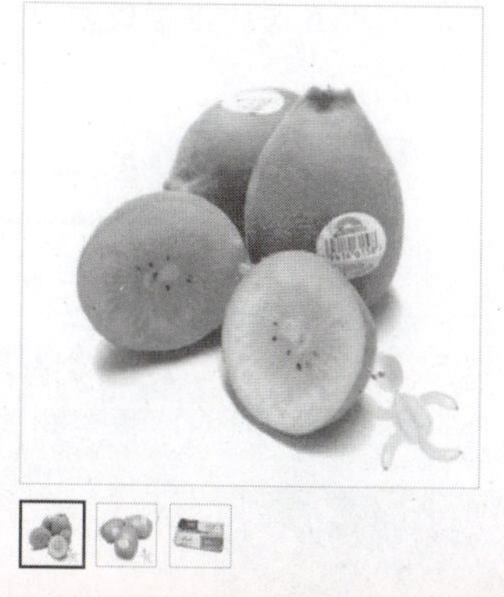

6. 宝贝描述

宝贝描述这部分内容是顾客对产品感兴趣之后，单击会进入的页面，这对于卖家来说是可操作最多的，需

学以致用系列丛书

对卖家涉嫌出售假冒、盗版商品的行为设置"按件扣分"和"3日内不超过12分"处罚规定，是为了给教育卖家诚实经营，并给卖家一次整改的机会，不至于使该卖家因售卖多件假冒商品一次被累计扣分48分而被查封账户，从此不能开店。

要注意，要使描述具有层次性，条理清楚，各个部分尽量独立开来。下图所示是一种猕猴桃的描述内容。

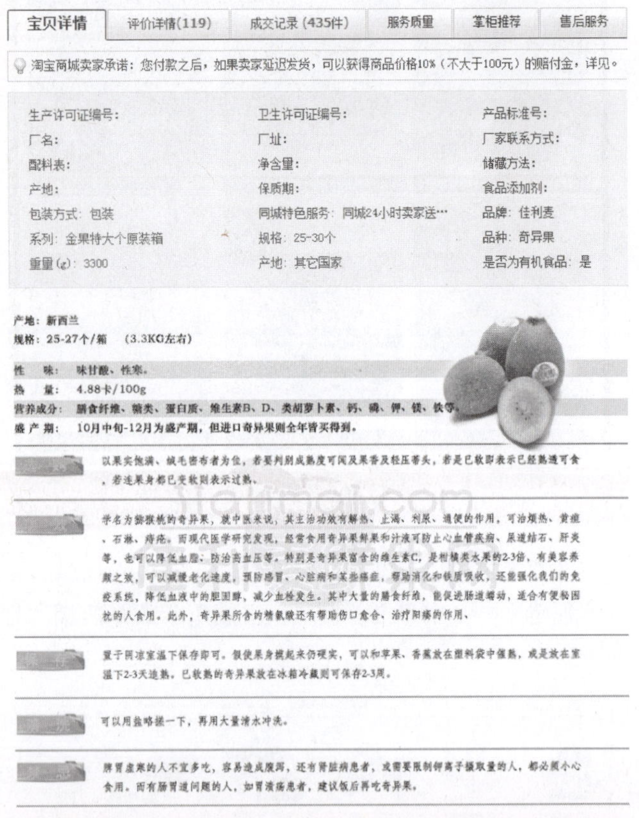

9.3.3 在店铺公告中添加计数器

使用计数器，店家可以轻松、准确地获取网店每天访问的人数。为店铺添加计数器的操作步骤如下。

操作步骤

❶ 在浏览器地址栏中输入 http://guanghua.cc，然后按 Enter 键，进入免费下载计数器的页面，单击【注册】链接，如下图所示。

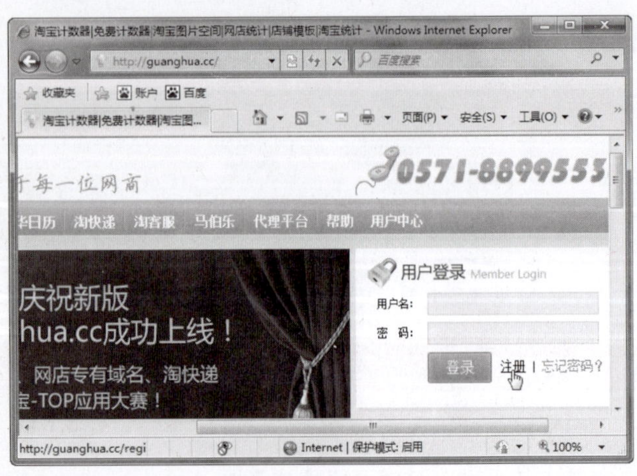

❷ 在弹出的页面中，填写会员信息，然后单击【注册】按钮，如下图所示。

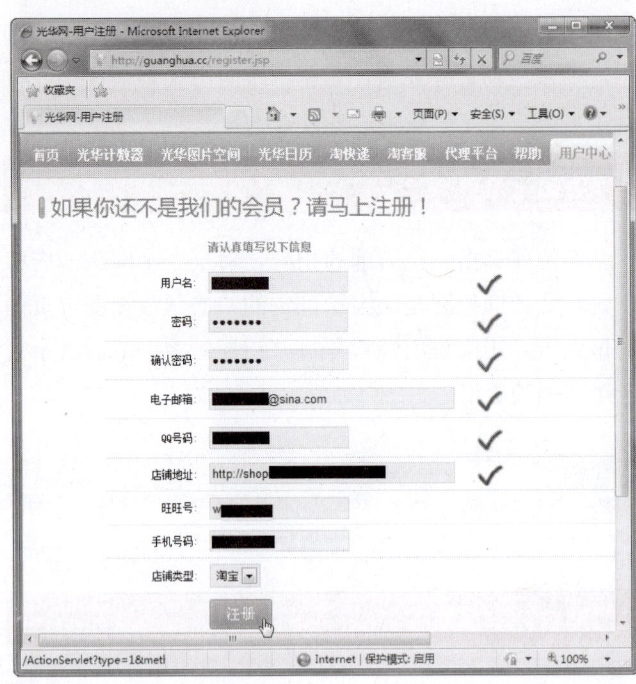

❸ 在弹出的对话框中显示注册成功的提示信息，单击【确定】按钮，如下图所示。

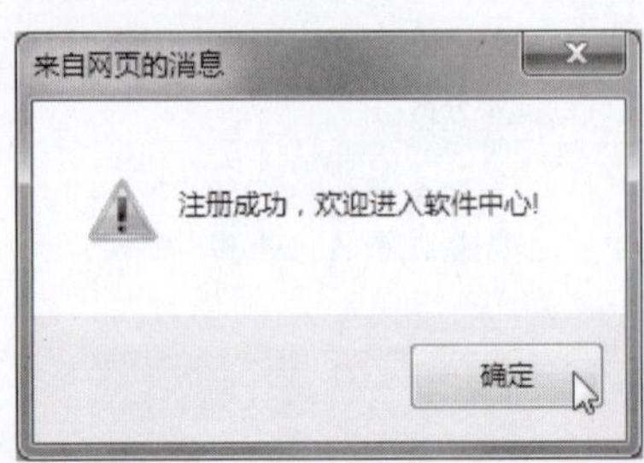

❹ 这时进入【用户中心】页面，单击【免费开通】按钮，如下图所示。

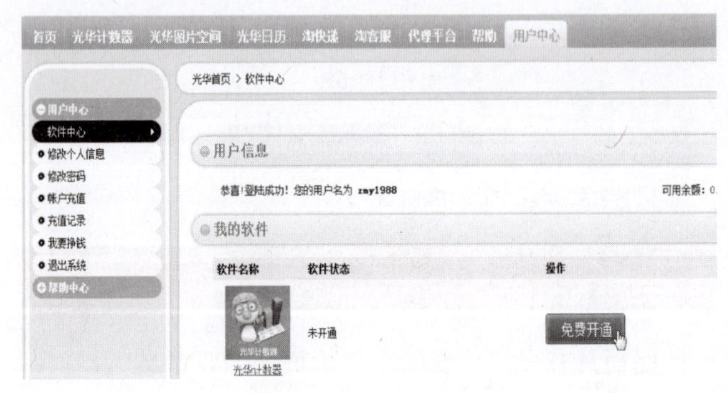

❺ 在【获取统计代码】页面中的【统计图标地址】一栏下，单击【复制】按钮，如下图所示。

长见识：淘宝网发现出售假冒商品的渠道有 3 种，分别是权利人投诉、消费者维权投诉和淘宝抽检抽查，其中最主要的渠道是权利人投诉。

❻ 这时弹出提示对话框，显示代码已经复制成功，单击【确定】按钮，如下图所示。

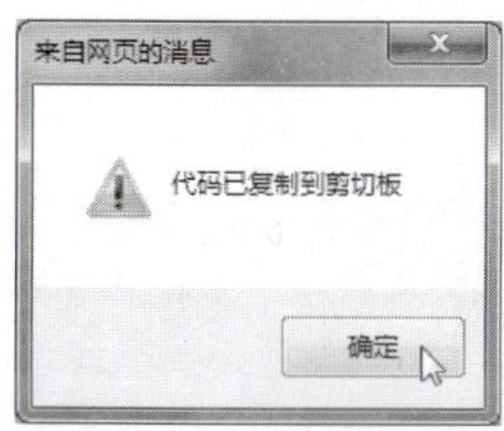

❼ 进入宝贝分类页面，单击【添加新分类】按钮，如下图所示。

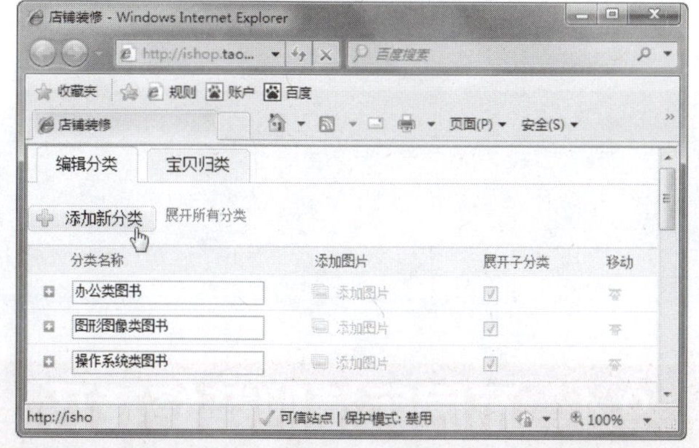

❽ 在新加的【分类名称】文本框中输入分类名称，然后单击【添加图片】按钮，如下图所示。

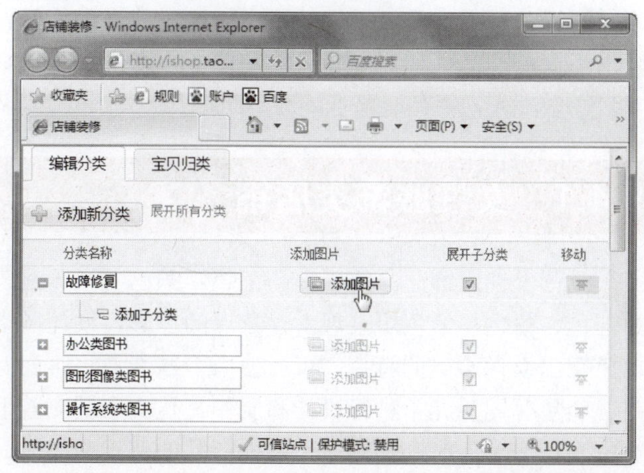

❾ 在【图片地址】文本框中按 Ctrl+V 组合键粘贴地址，然后单击【确定】按钮，如下图所示。

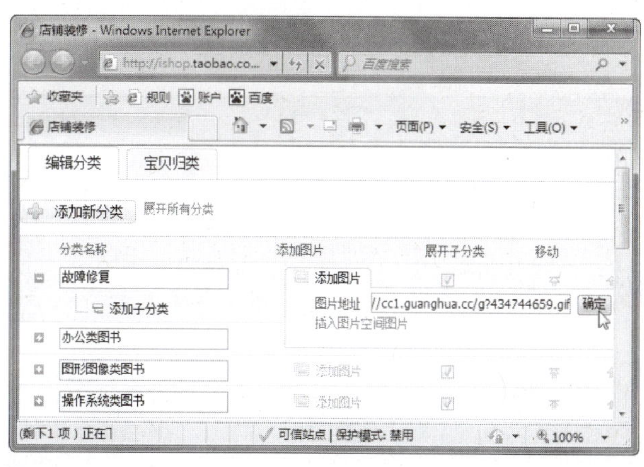

❿ 完成设置后，单击【保存】按钮，如下图所示。

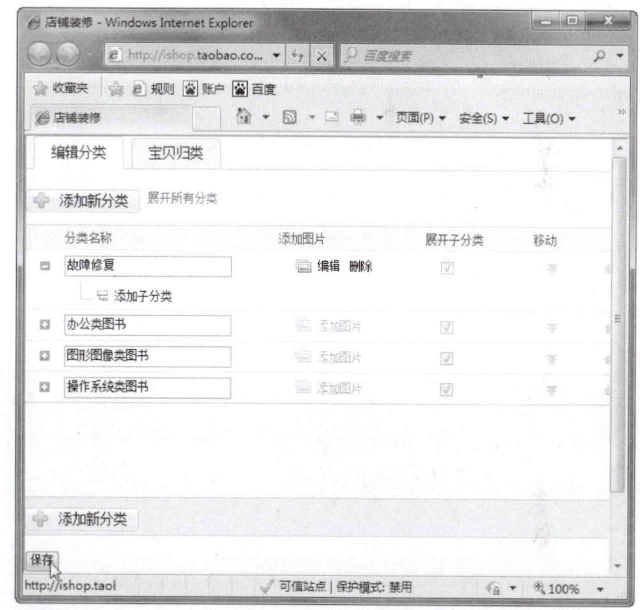

⓫ 如果卖家属于普通店铺，那么还需要复制统计代码，回到【获取统计代码】页面中，在【统计代码】一栏下，单击【复制】按钮，如下图所示。

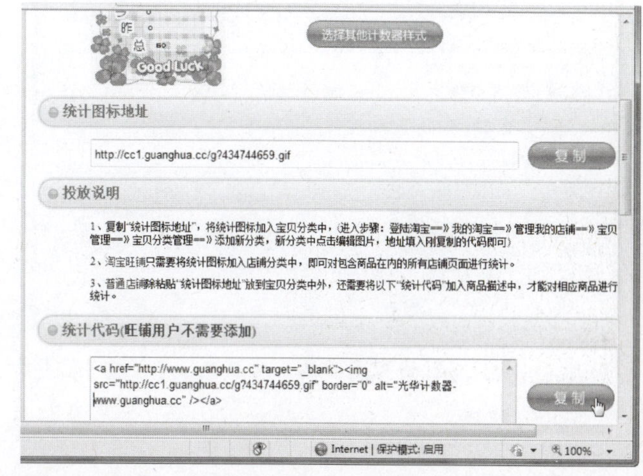

如果卖家收到侵权投诉，可以在【我的淘宝】网页中单击【我是卖家】选项卡，然后在【客服服务】列表框中单击【举报管理】选项，接着在右侧窗格中的【我收到的举报】选项卡下查看投诉，进行申诉，并提供相关证明资料。

长见识

⑫ 这时弹出提示对话框，显示代码已经复制成功，单击【确定】按钮，如下图所示。

⑬ 登录淘宝网页面，单击【店铺管理】一栏中的【店铺基本设置】链接，如下图所示。

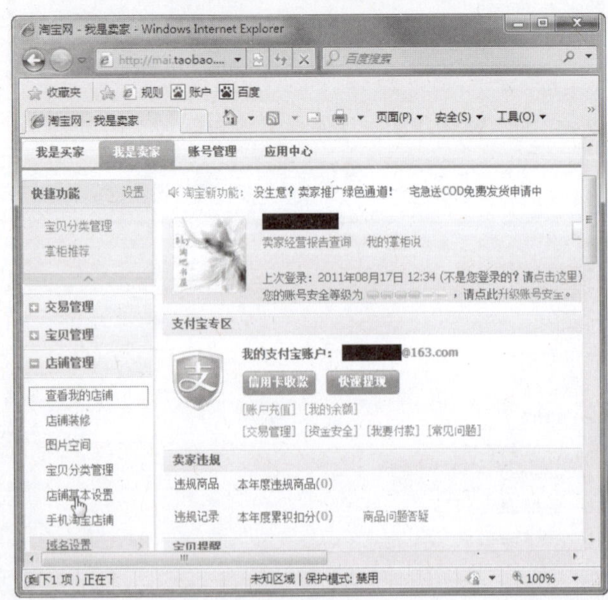

⑭ 在【店铺基本设置】页面中，单击【编辑 HTML 源码】图标，如下图所示。

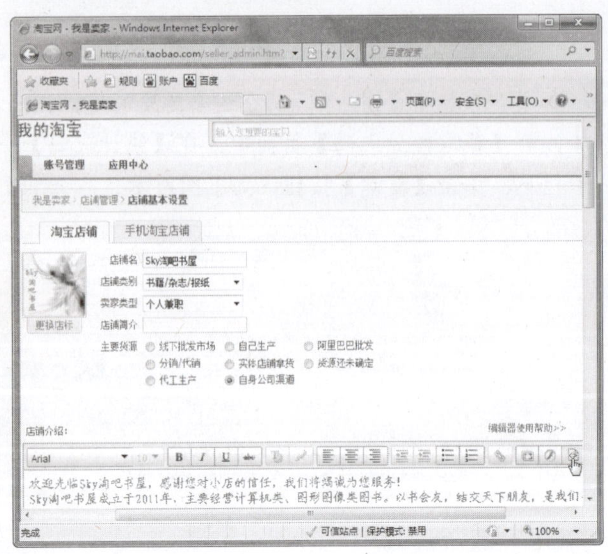

⑮ 按 Ctrl+V 组合键粘贴代码，然后单击【保存】按钮，如下图所示。

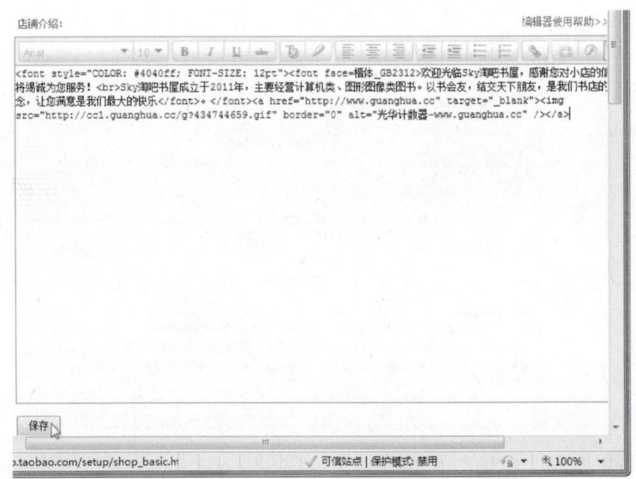

⑯ 在【我的淘宝】页面中，单击【查看我的店铺】链接，进入店铺后即可看到添加的计数器，如下图所示。

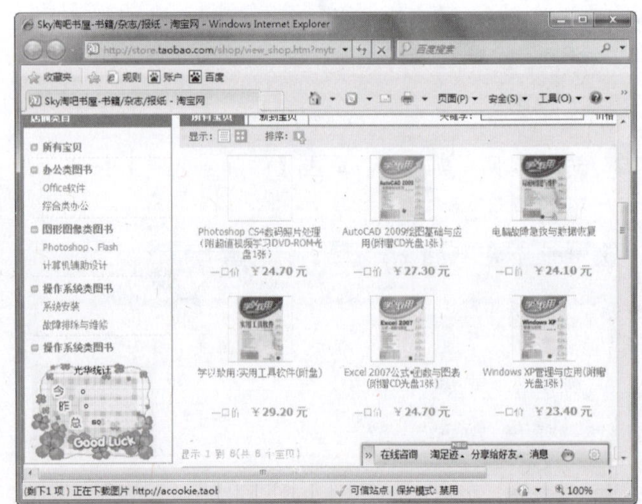

9.4 不同店铺的装修技巧

在淘宝网开店，店铺的风格非常丰富，有简洁清爽的、鲜艳亮丽的、充满个性的。不同样式的店铺装修表现出不同的商品性质。能将店铺装修得符合商品特色，吸引顾客眼光，商品交易量就会不断提升。

9.4.1 女性服饰类店铺

经营女性服饰商品的店铺，在装修颜色上一般都选择红色、粉色、紫色等表现女性特点的色彩。设计风格也更突出女性柔美的特点，可以使用一些卡通、时尚女郎、明星等图片元素进行设计和制作。这类店铺应着重突出女性服装的时尚和潮流，展现商品的特点和品质。

长见识 骗取他人财物，包括以下情形：①卖家在买家未收到货的情况下，诱导买家提前确认收货，以获取钱款；②卖家利用钓鱼网站或以帮助买家充值为借口，非法获取买家充值密码；③卖家利用非法手段骗取淘宝交易类保险的保险金。

下图所示为一女性服饰类店铺。

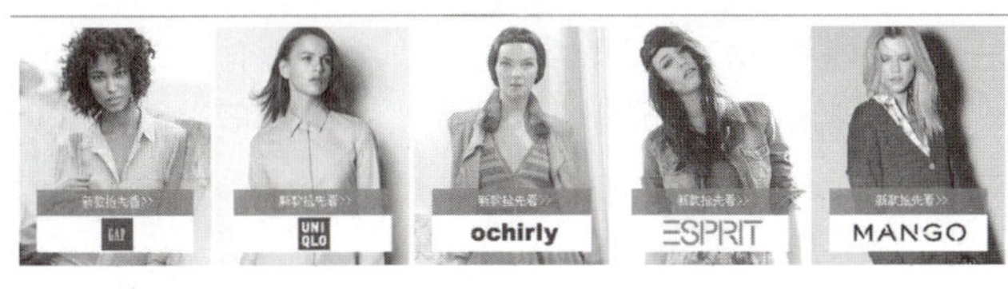

9.4.2　化妆品类店铺

化妆品店铺在淘宝网店中受到很多买家的喜爱。在装修化妆品店铺时，要突出清爽、自然、环保的特点，因此，使用蓝色、绿色、粉色作为主色调都是很好的选择。卖家可以搜集一些化妆品图片、美女脸部特写以及一些自然、花朵等素材，如下图所示。

9.4.3　男性商品类店铺

男性商品店铺装修要突出健康、活力的特点，设计风格要简洁、直接，主色调可以是灰色、黑色、蓝色、绿色。根据店铺商品可以选择休闲、正式、轻松、时尚等类型的图片应用于店铺设计中，如下图所示。

9.4.4　母婴用品类店铺

母婴用品和玩具有着天然的联系，买家在购买母婴用品时看到有很棒的玩具，就会很自然地一起买回去，所以，在发布这类商品图片时就要尽量和可爱的玩具放在一起。此类店铺应该使用类似于粉色和洋红等暖色，如下图所示。

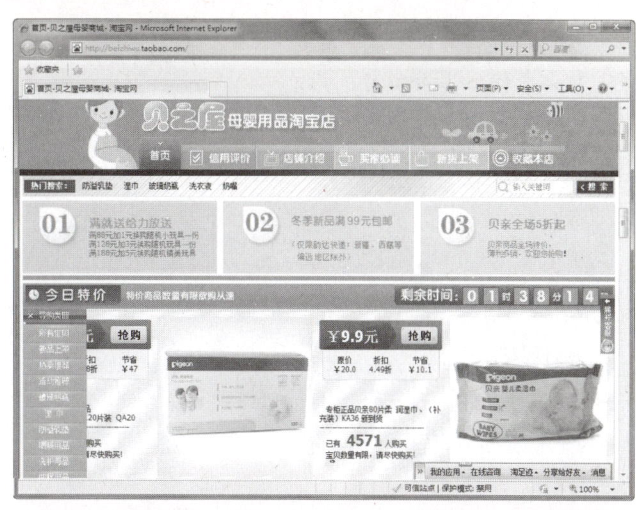

9.4.5　食品类店铺

食品在日常生活中占据着重要地位，丰富的食物是人们健康的物质基础。随着现代物流的发展，以农贸市场和超市供应人们生活食品为主的方式正在逐步改变，与此形成的是以个人或仓储小店的方式进行供应。暖色通常可以让人们感到愉悦、舒畅、胃口大增，在店铺设计中应该秉持着这一原则。另外，绿色环保是人们共同追求的目标，店铺只有经营绿色食品，并进行绿色推广才可以永久地抓住顾客的心。下图所示为一食品类店铺。

9.5　思考与练习

选择题

1. 在网易博客中，可以上传图片的方式有________。

A. 普通上传

B. 批量上传

C. 客户端上传

D. 以上方法均可

2. 在装修普通店铺时，可以从________方面着手。

违规行为及处罚之三：骗取他人财物，是指以非法获利为目的，非法获取他人财物，涉嫌侵犯他人财产权的行为。每次扣48分。

A. 店标
B. 店铺公告和类目
C. 宝贝描述
D. ABC

操作题

1. 练习装修自己的店铺。
2. 为店铺添加计数器。

违规行为及处罚之四：泄露他人信息，是指未经允许发布、传递他人隐私信息，涉嫌侵犯他人隐私权的行为。每次扣6分。

第 10 章

一望而知——设置店铺公告和店铺类目

在管理网店的过程中，店家可以借助店铺类目管理店铺中的商品，使用店铺公告发布店铺的重要信息，帮助宣传网店、吸引顾客。为此，本章将为大家介绍设置店铺公告和店铺类目的方法，一起来学习吧。

学习要点

- ❖ 巧用店铺公告
- ❖ 设计店铺类目

学习目标

通过本章的学习，读者应该了解店铺公告和店铺类目的制作要求，并熟练掌握店铺公告和店铺类目的设计方法，能够制作出一个美轮美奂的店铺页面。

10.1 巧用店铺公告

店铺公告位于普通店铺的右上角，其中显示的公告信息是店铺的动态信息，可以包含商品促销、买家联系方式等内容。

10.1.1 了解店铺公告的制作要求

店铺公告的位置、尺寸和播放方式都是由淘宝网站固定设置的，通常只能在有限的区域内发挥它的作用，如下图所示。

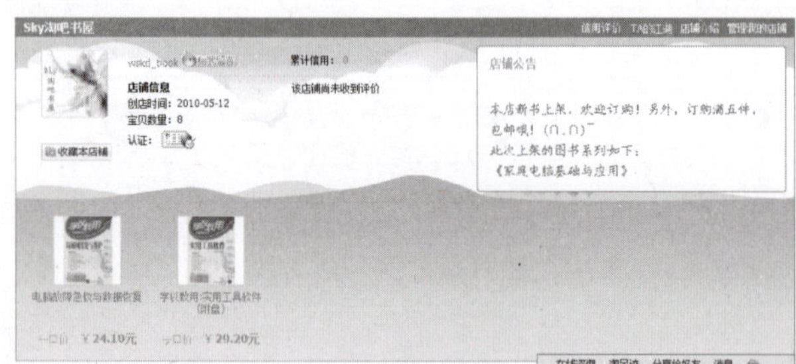

在网上有很多地方都提供了公告模板的背景图片，卖家可以在下载图片后，将公告修改为自己的内容。许多网站还提供了在线制作公告的功能，选择网站提供的背景图片后，加入自己设置的公告内容，然后将代码粘贴到店铺中即可。

10.1.2 制作精美的图片公告

设计店铺公告的操作步骤如下。

操作步骤

1. 根据之前介绍的方法在百度网站上索合适的背景图片，然后启动 Photoshop 软件，打开背景图片，如下图所示。

2. 在工具栏中，右击【矩形工具】图标，在弹出的菜单中单击【圆角矩形工具】命令，如下图所示。

3. 在图片编辑区域中拖动鼠标，绘制圆角矩形路径，如下图所示。

4. 按 Ctrl+T 组合键，再拖动鼠标，调整路径的大小。如下图所示，调整完毕后，按 Enter 键。

5. 路径调整后，在图层面板的下方，单击【创建新图层】按钮，如下图所示。

长见识 盗用他人账户，是指在当事人未知的情况下通过非法手段获取他人账户，或者在当事人未授权的情况下，盗用他人淘宝账户或支付宝账户，涉嫌侵犯他人财产权(即危害到会员账户相关信息、相关金额等安全)的行为。盗用他人账户的情况每次扣 48 分。

❻ 切换到【路径】面板中，按住 Ctrl 键的同时单击路径缩览图，如下图所示。

❼ 单击工具栏中的【设置前景色】图标，如下图所示。

❽ 弹出【拾色器(前景色)】对话框，选择合适的前景色，然后单击【确定】按钮，如下图所示。

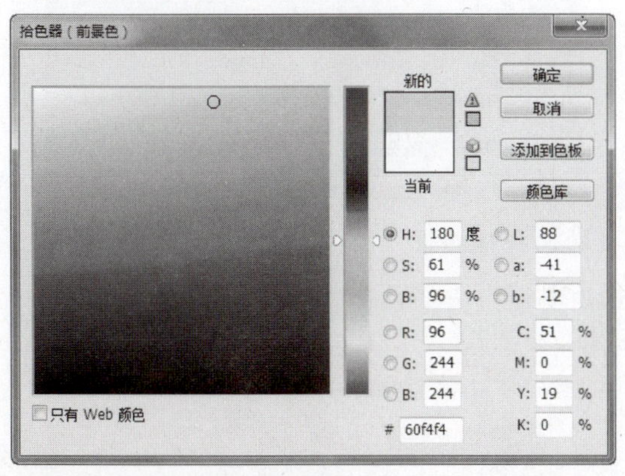

❾ 按 Alt+Delete 组合键，为选区填充前景色，如下图所示，然后按 Ctrl+D 组合键取消选中状态。

❿ 在【路径】面板的下方，单击【创建新路径】图标，如下图所示。

⓫ 参考前面方法绘制出另一个圆角矩形框，并将其填充为白色，如下图所示。

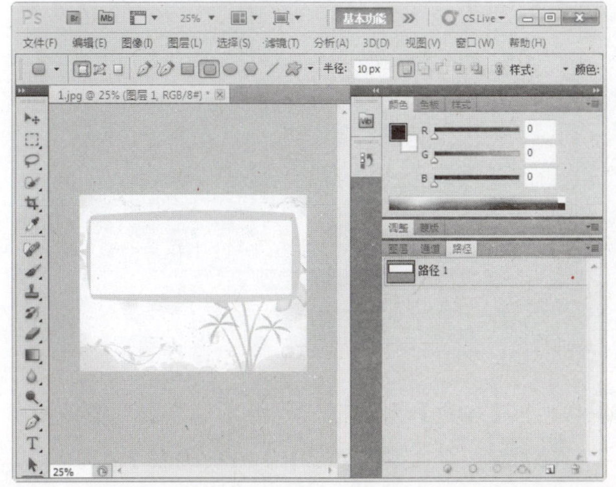

学以致用系列丛书

不当使用他人权利，是指用户发生以下行为：①卖家在所发布的商品信息或所使用的店铺名、域名当中不当使用他人商标权、著作权等权利的；②卖家出售商品涉嫌不当使用他人商标权、著作权、专利权等权利的；③卖家所发布的商品信息或所使用的其他信息造成消费者混淆、误认或造成不正当竞争的行为，每次扣两分。

长见识

⑫ 在【路径】面板下单击【创建新路径】图标创建新路径，然后在图像编辑区中绘制路径，如下图所示。

⑬ 切换到【图层】面板中，单击面板下方的【创建新图层】图标，如下图所示。

⑭ 在菜单栏中选择【编辑】|【描边】命令，如下图所示。

⑮ 弹出【描边】对话框，单击【颜色】右侧的图标，如下图所示。

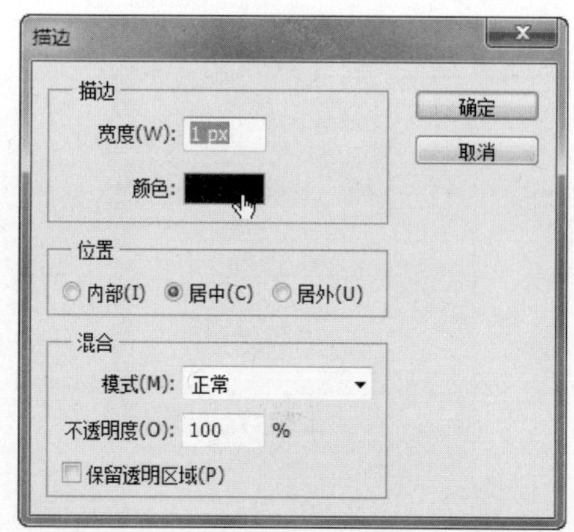

⑯ 弹出【选区描边颜色】对话框，选择一种颜色，然后单击【确定】按钮，如下图所示。

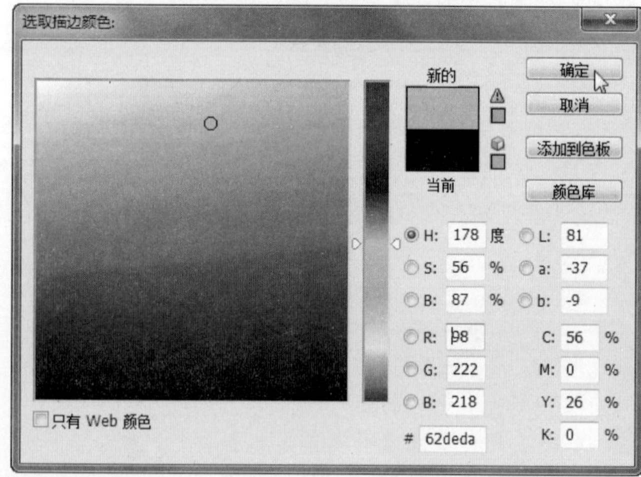

⑰ 返回【描边】对话框，在【宽度】文本框中输入宽度，然后单击【确定】按钮，如下图所示。

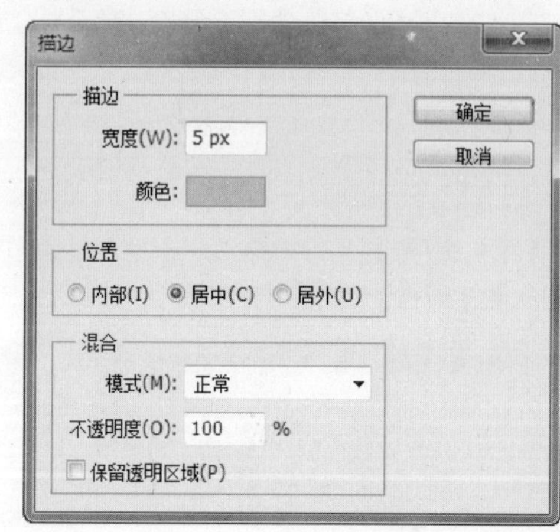

⑱ 返回图片编辑区中，可以看到描边后的效果，如下图所示。

长见识

因处理投诉和卖家整改需要时间，因此，淘宝将同一权利人在3天之内就同一卖家提出的投诉均将被视为一次投诉，并且将第一次之后的投诉视为对之前投诉的补充。

⑲ 新建一个图层，更改前景色，然后按 Alt+Delete 组合键，为选区填充前景色，如下图所示。

⑳ 打开素材文件，然后单击【移动工具】图标，将其拖动到文件“1.jpg”中，如下图所示。

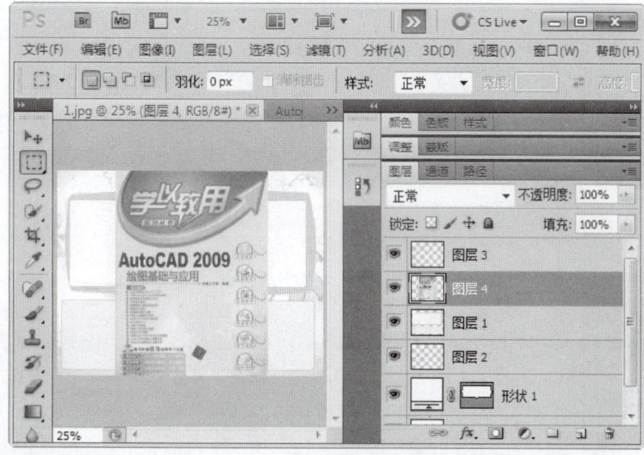

㉑ 按 Ctrl+T 组合键，然后将鼠标指针移动到调整的边框上，调整图片的大小，按 Ctrl 键的同时调整图片四周的位置，如下图所示。

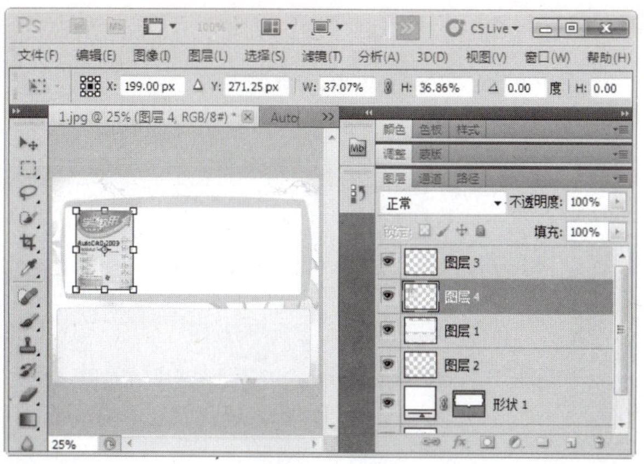

㉒ 按照同样的方法添加其他的素材文件，并调整位置和大小，如下图所示。

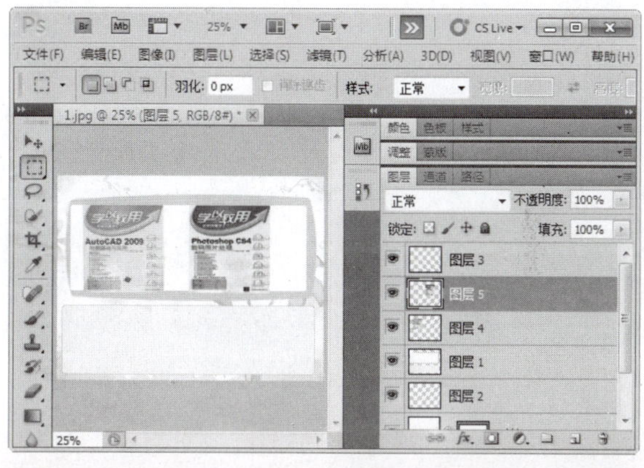

10.1.3　编辑文字样式

店铺公告栏不仅需要图片信息，还需要文字信息进行辅助说明，编辑文字的具体操作步骤如下。

操作步骤

❶ 在工具栏中，单击【横排文字工具】图标 T，如下图所示。

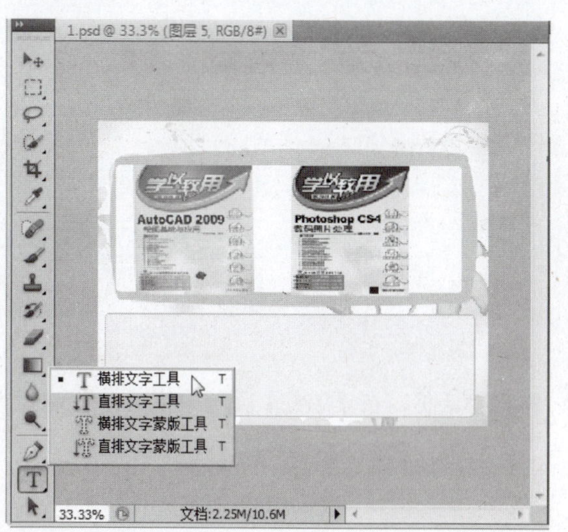

未依法公开或更新营业执照信息，是指使用企业证件完成支付宝实名认证的卖家，未在开店完成之日起 30 天内公开的，或未在其营业执照信息变更完成之日起 30 天内进行更新的行为，每次扣 12 分。

长见识

❷ 在相应位置将鼠标指针移动到要添加文字的位置并单击，创建文本框，如下图所示。

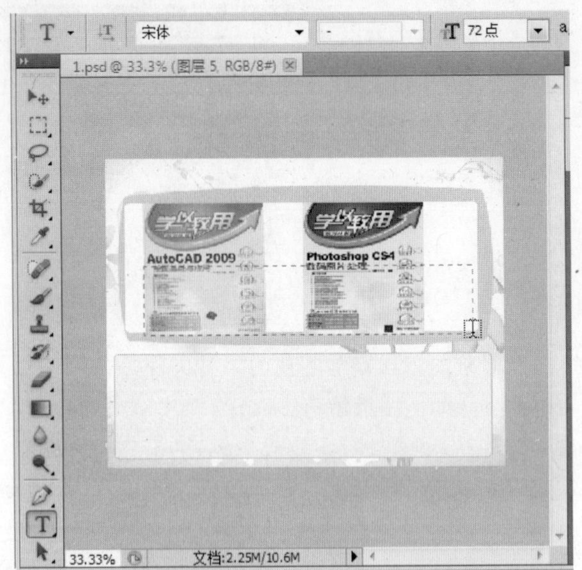

❸ 单击文本框插入光标，然后输入文字，如下图所示。

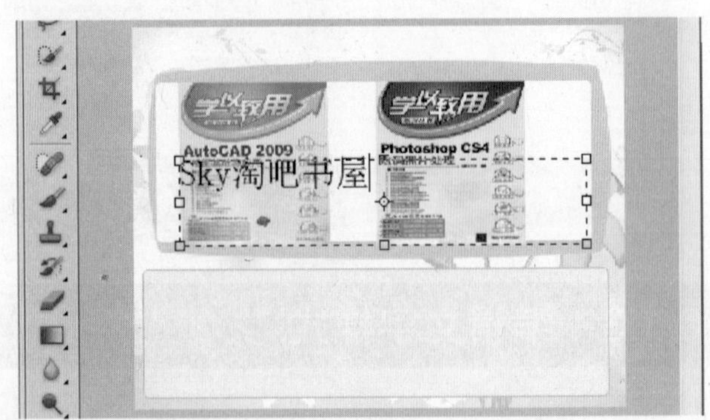

❹ 选中文字，然后单击工具栏上的【切换字符和段落面板】图标，如下图所示。

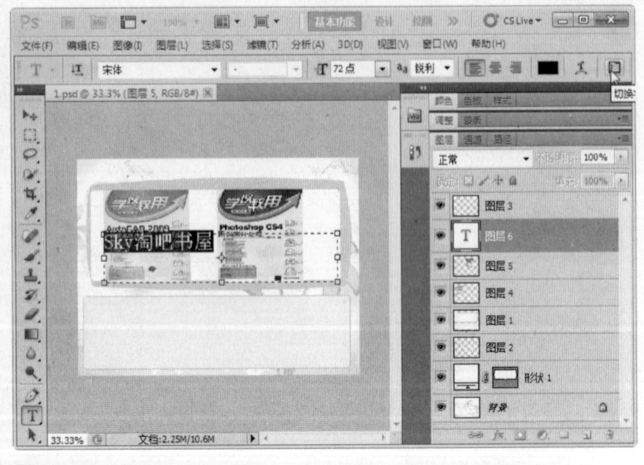

❺ 弹出对话框，在【字符】面板中设置字符的大小和字体样式，然后单击【颜色】图标，如下图所示。

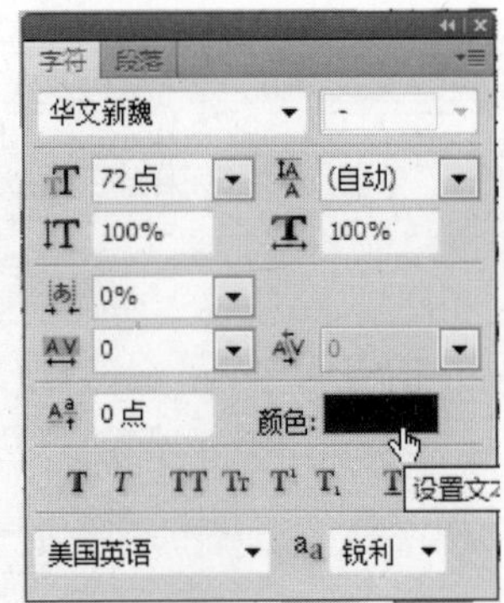

❻ 弹出【选择文本颜色】对话框，设置字体颜色，再单击【确定】按钮，如下图所示。

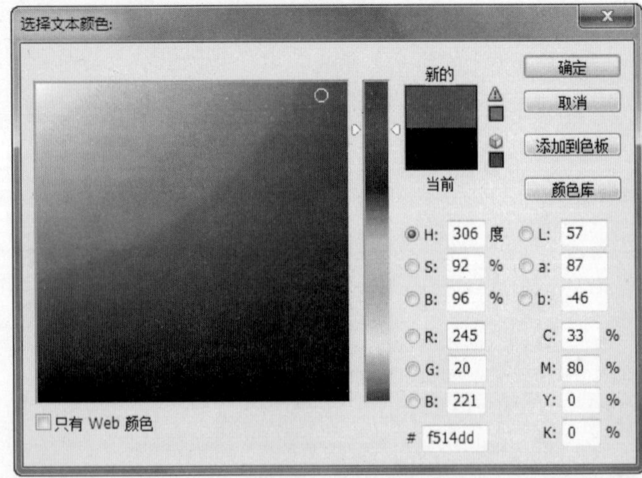

❼ 返回【字符】面板，单击【关闭】按钮，查看设置字体格式后的效果，如下图所示。

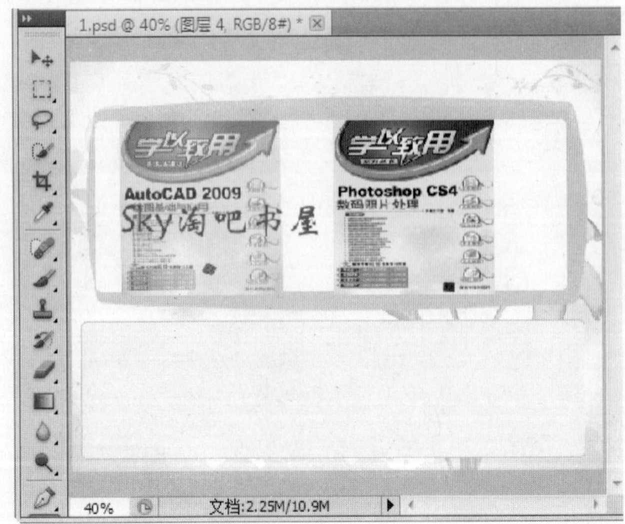

❽ 按照同样的方法输入其他文字，并设置文字样式，如下图所示。

长见识

不论是集市卖家还是商城卖家，只要是使用企业证件完成支付宝实名认证的卖家，在淘宝网上开设店铺时均需要亮照经营(又称“工商亮照”)。如果是使用个人证件完成支付宝实名认证的卖家，则不需要进行工商亮照。

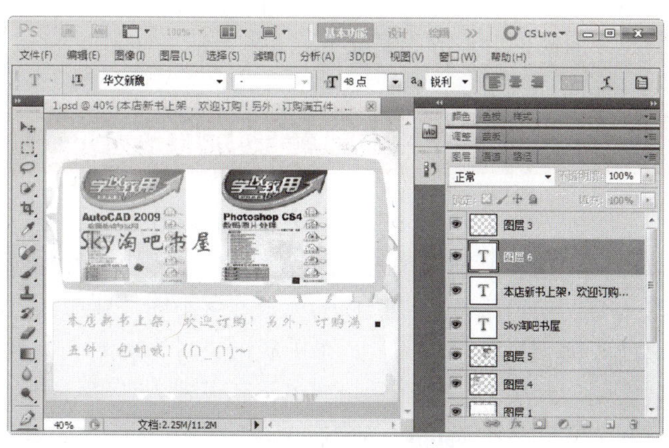

9 在菜单栏中选择【文件】|【存储为】命令，如下图所示。

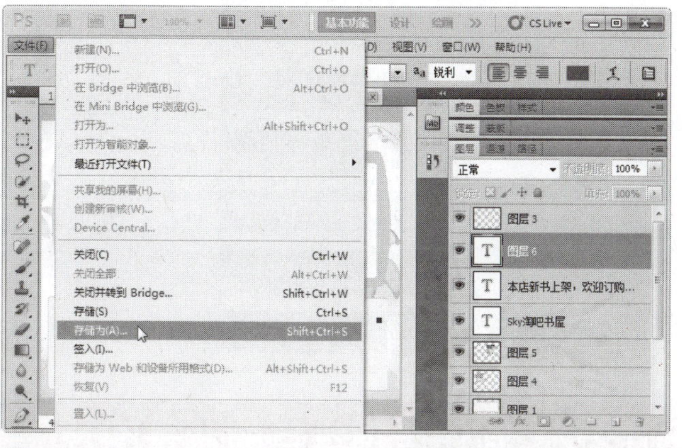

10 弹出【存储为】对话框，选择图像存储的位置，输入文件名，然后单击【保存】按钮，如下图所示。

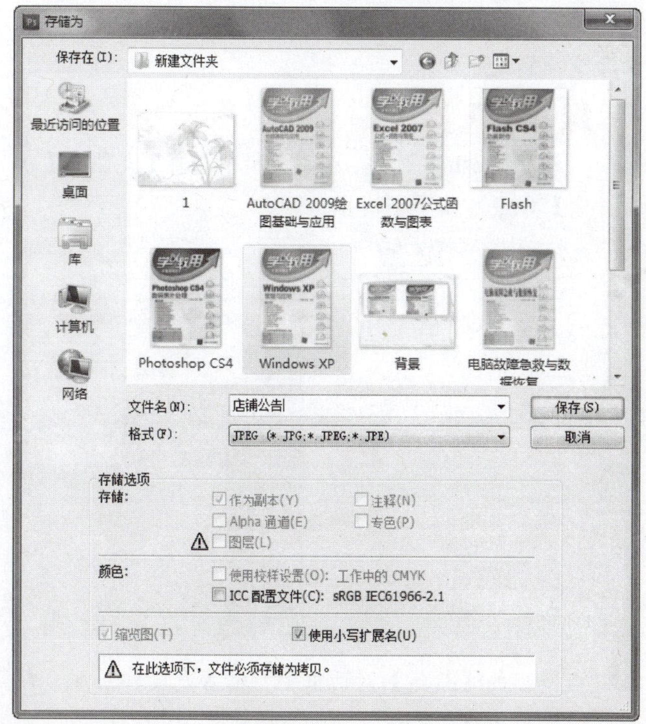

11 弹出【JPEG选项】对话框，设置图像品质和文件大小，再单击【确定】按钮，如下图所示。

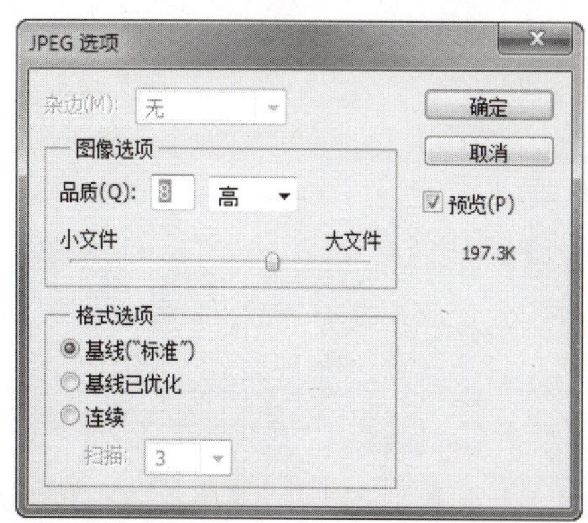

10.1.4 应用图片公告

带图片的店铺公告制作完成后，别忘记要将它上传到店铺公告中才能发挥它的作用。上传图片公告的具体操作步骤如下。

操作步骤

1 登录淘宝网页面，进入【店铺装修】页面，然后单击左侧【店铺管理】栏下的【店铺装修】链接，如下图所示。

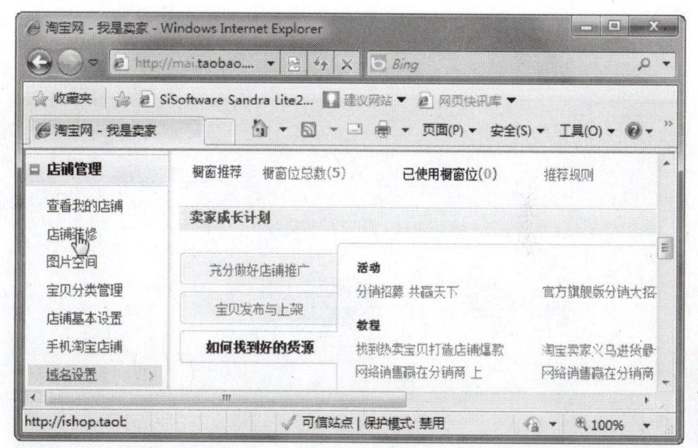

2 进入【店铺装修】页面，拖动滚动条显示【店铺公告】板块，单击【编辑】链接，如下图所示。

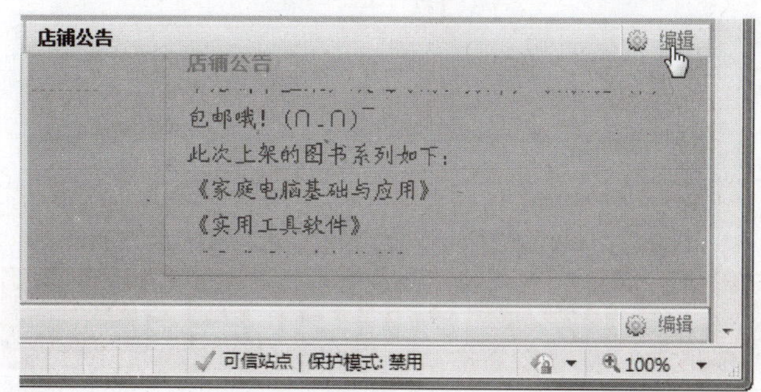

3 弹出【店铺公告设置】窗口，单击【图片】图标，如下图所示。

对于企业类淘宝商家，开店完成是以收到系统通知用户名和密码邮件的当日算；对于淘宝个人卖家，开店完成是指在单击【我要开店】按钮，并通过审核创建店铺的当日算。

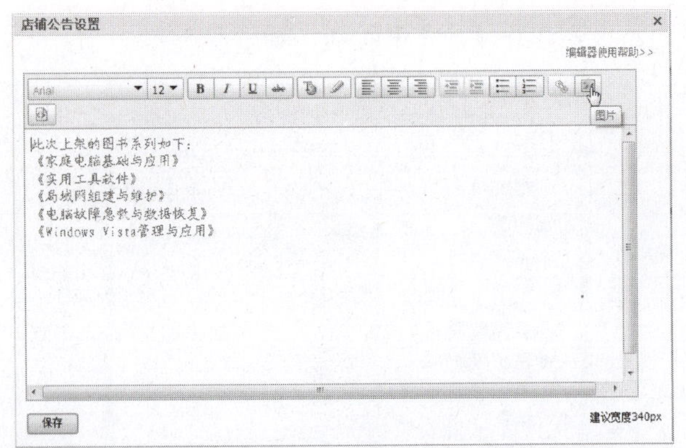

❹ 弹出【图片设置】窗口，在【图片地址】文本框中粘贴图片地址，然后单击【确定】按钮，如下图所示。

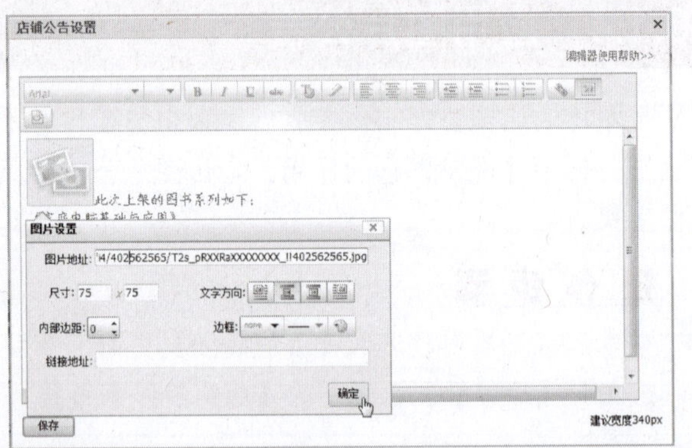

❺ 返回【店铺公告设置】窗口，单击【保存】按钮即可，如下图所示。

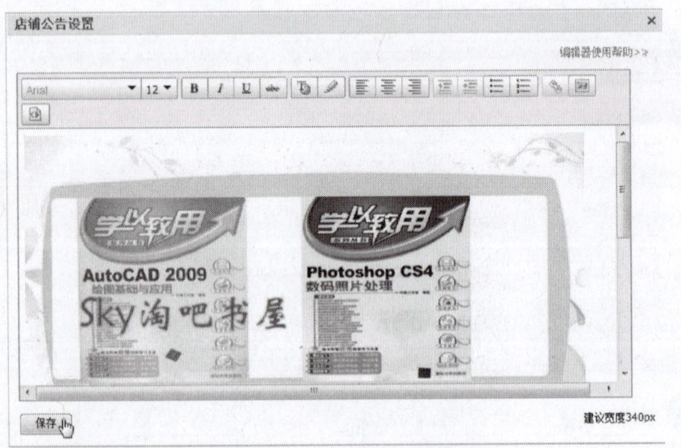

提示

店铺公告图片的宽度建议为340像素，如果图片宽度太大，图片可能显示不完整。

10.2 设计店铺类目

店铺类目是网店商品的导航，可以帮助买家快速地找到所需要的商品，同时也方便卖家管理店铺的商品。因此，商品的合理分类是非常重要的。

10.2.1 了解店铺类目的制作要求

淘宝为店铺分类提供了文字链接和图片链接两种方式。如果使用文字链接分类，导航颜色、大小都是不能改变的；如果想让自己的店铺类目与众不同，就需要将每项店铺类目制作成图片。由于店铺类目插图太大会直接影响店铺中宝贝的显示，建议将其设置为高度100px左右，宽度小于160px，如下图所示。

10.2.2 制作店铺类目的背景图片

在了解了店铺类目的制作要求后，就要开始制作店铺类目了，先从店铺类目的背景图片开始制作，具体的操作步骤如下。

操作步骤

❶ 启动Photoshop软件，在菜单栏中选择【文件】|【新建】命令，如下图所示。

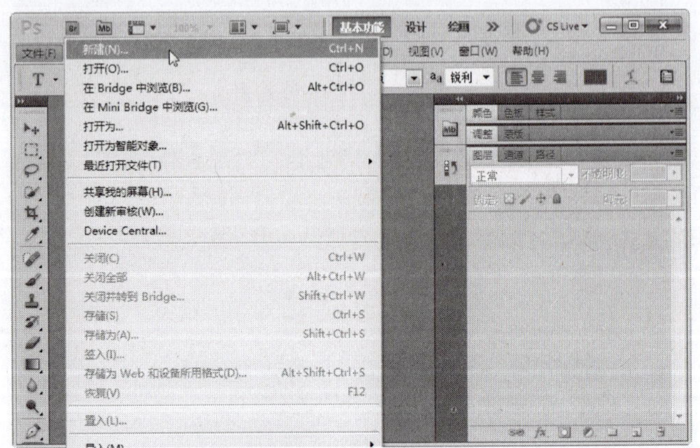

❷ 在弹出的【新建】对话框中，输入宽度和长度，然后单击【确定】按钮，如下图所示。

长见识　违规行为及处罚之四：不当注册，是指用户通过软件、程序等方式，大批量注册淘宝账户，妨害淘宝网运营秩序的行为，每次扣12分。

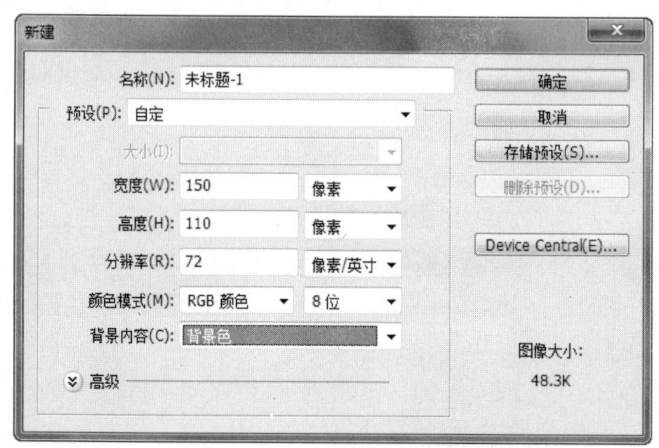

❸ 在工具栏中单击【矩形工具】图标，然后单击工具栏中的【路径】图标，如下图所示。

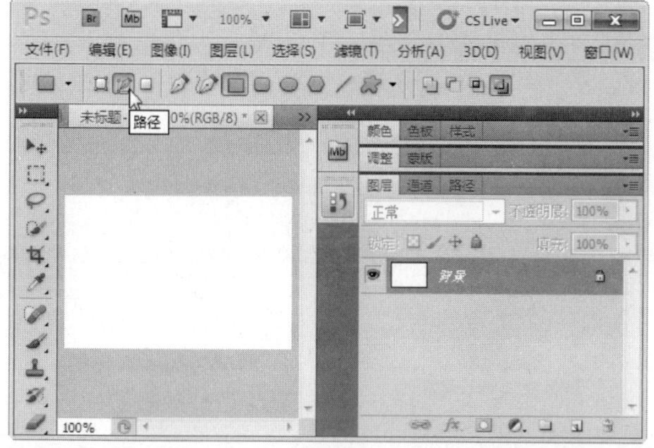

❹ 在图片编辑区中，按住鼠标左键不放，绘制路径，绘制完成后，放开鼠标左键，如下图所示。

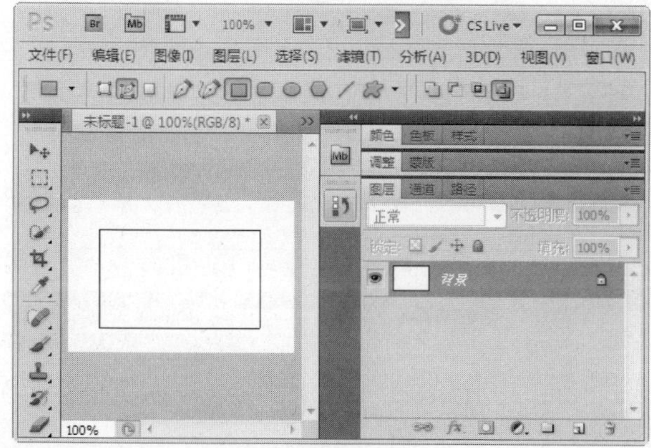

❺ 在工具栏中单击【添加锚点工具】图标，如下图所示。

❻ 在路径上单击，添加锚点，如下图所示。

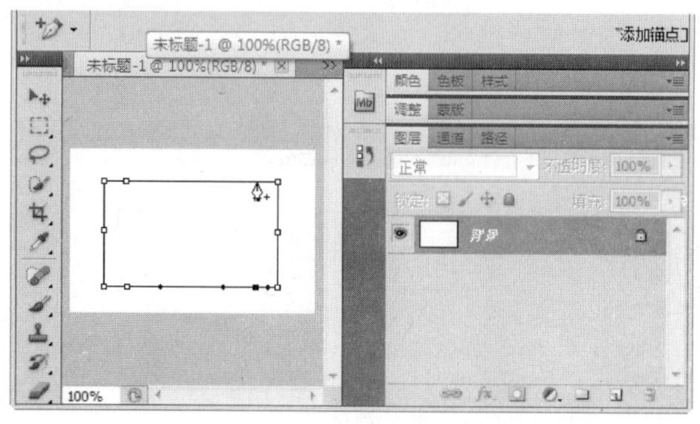

❼ 然后在路径上拖动锚点，即可改变路径的形状，如下图所示。

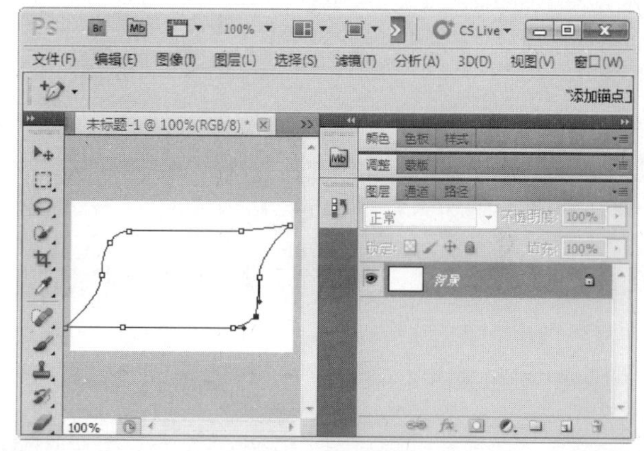

❽ 在【图层】面板下方，单击【创建新图层】图标，如下图所示。

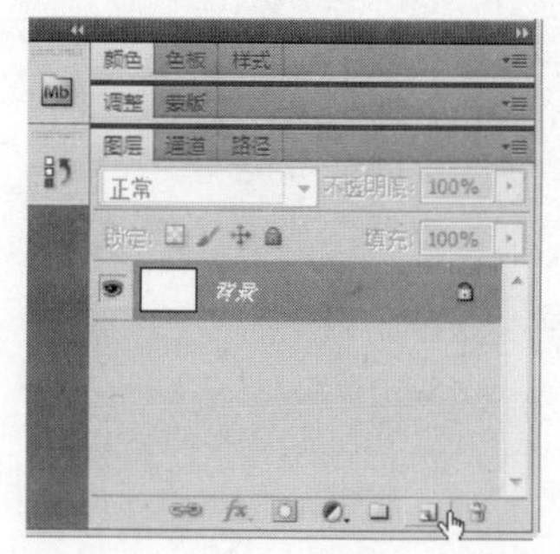

❾ 切换至【路径】面板，按住 Ctrl 键的同时单击路径缩览图，如下图所示。

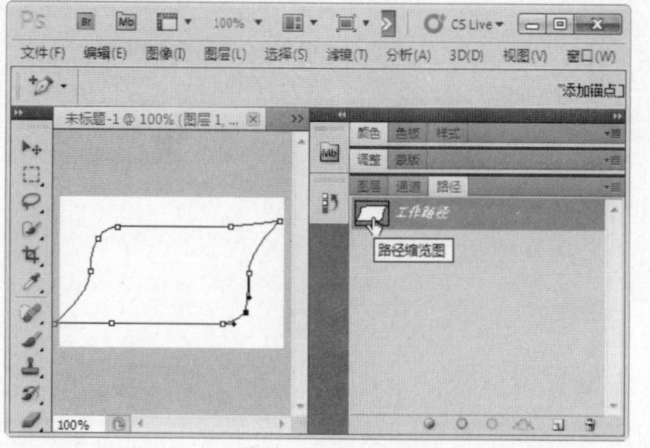

学以致用系列丛书

恶意骚扰，是指卖家在交易中或交易后采取恶劣手段骚扰买家(如频繁拨打买家电话或向买家邮寄让人产生反感的骚扰物品)，妨害买家服务满意权益的行为，每次扣 12 分。

长见识

⑩ 单击【设置前景色】图标，在弹出的【拾色器(前景色)】对话框中，设置颜色，然后单击【确定】按钮，如下图所示。

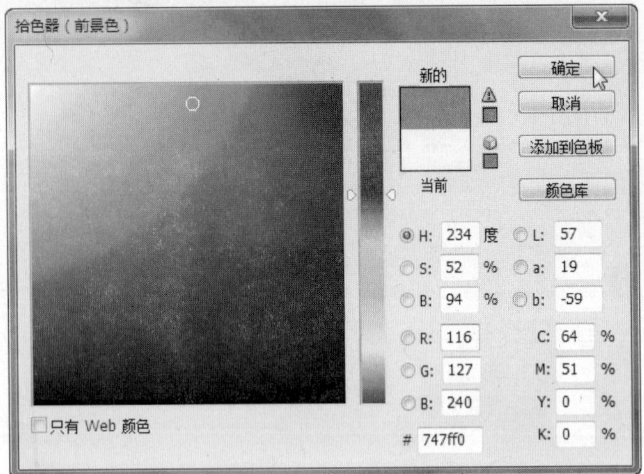

⑪ 按 Alt+Delete 组合键，填充选区，如下图所示，然后按 Ctrl+D 组合键取消选区的选中状态。

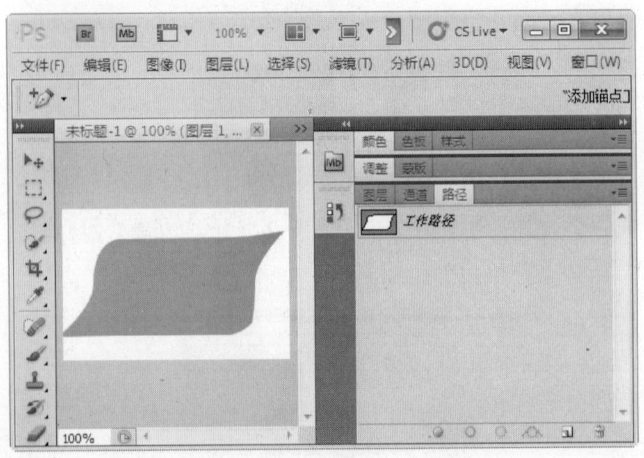

⑫ 切换到【路径】面板中，单击【创建新路径】图标，如下图所示。

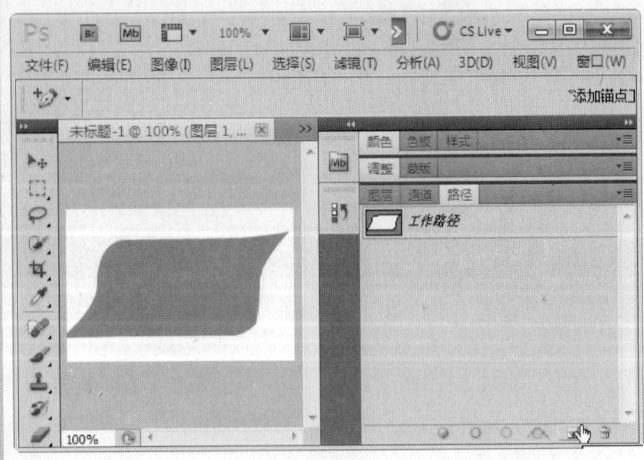

⑬ 在工具栏中单击【圆角矩形工具】图标，在图片编辑区中合适的位置上绘制路径，并调整其形状，如下图所示。

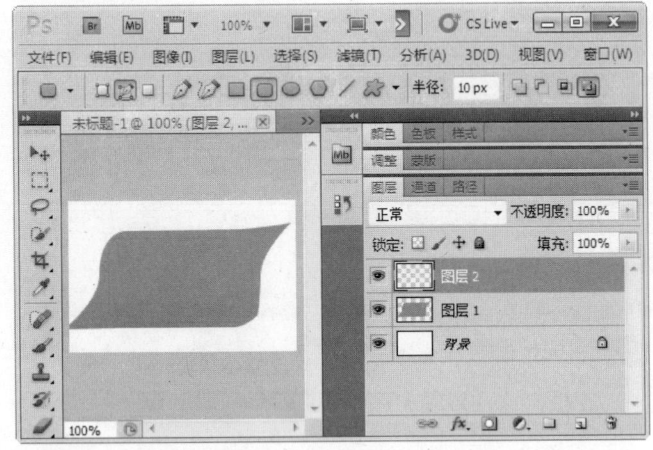

⑭ 在【路径】面板中按住 Ctrl 键的同时单击路径缩略图，如下图所示。

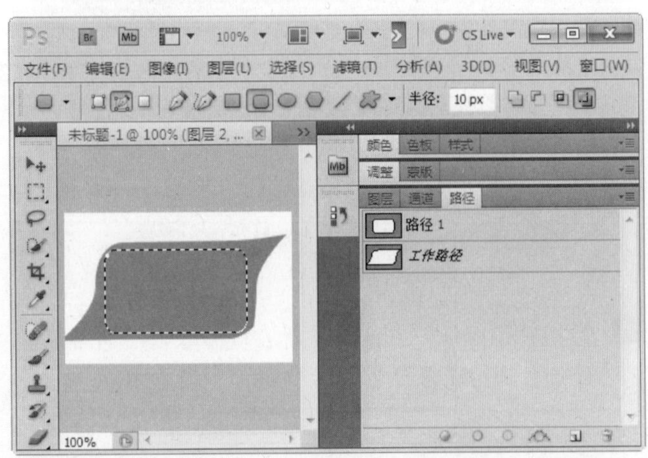

⑮ 按 Ctrl+Delete 组合键，用背景色填充选区，如下图所示，然后按 Ctrl+D 组合键取消选区的选中状态。

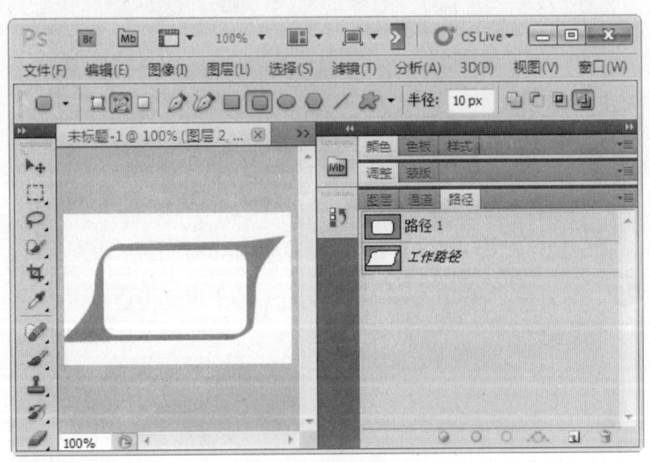

⑯ 打开素材文件，并将该图片添加到正在制作的文件中，然后移动图片到合适的位置，如下图所示。

长见识

恶意评价，是指买家、同行竞争者等评价人通过以给予中、差评的方式谋取额外的财物或其他不当利益的行为，每次扣 12 分(同一买卖双方的一个订单多笔交易发起多次投诉，会合并成一个投诉处理)。

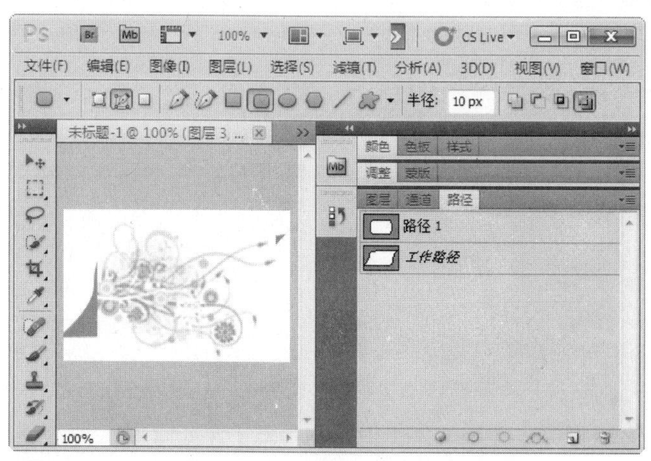

17 按 Ctrl+T 组合键，然后将鼠标指针移动到调整的边框上，调整图片四周的位置，如下图所示。调整完毕后，按 Enter 键确认。

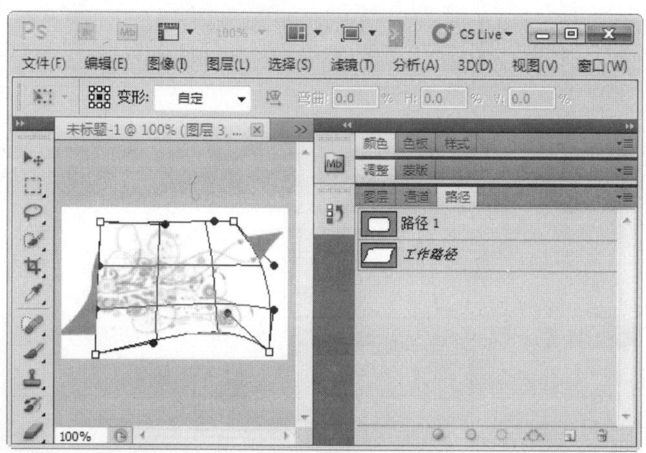

18 切换到【路径】面板，按住 Ctrl 键的同时单击路径图标，如下图所示。

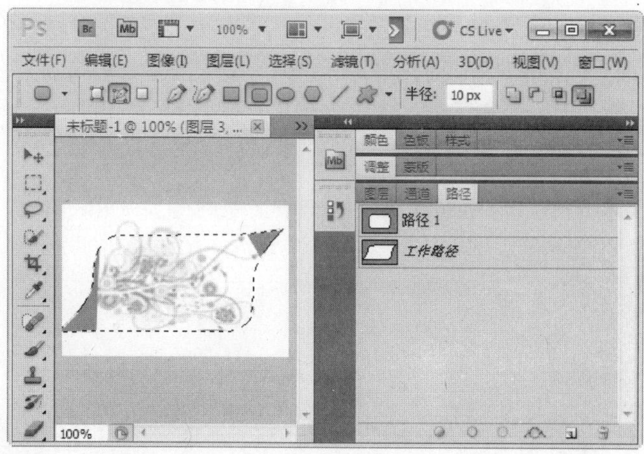

19 将路径转化为选区后，按 Shift+Ctrl+I 组合键反选选区，如下图所示。

20 按 Delete 键，将反选的区域删除，然后按 Ctrl+D 组合键取消选区的选中状态，如下图所示。

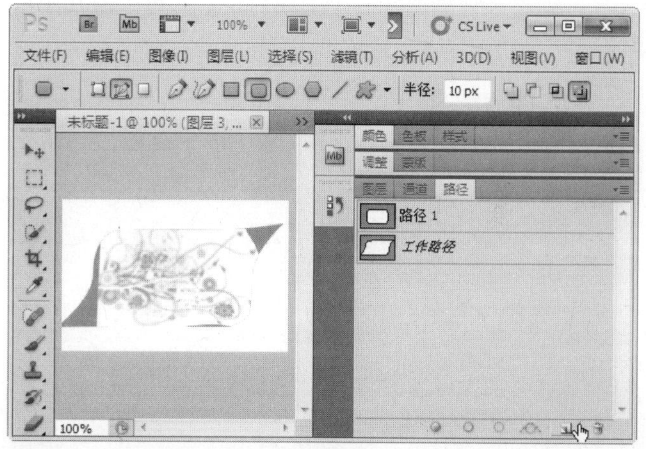

21 按 Ctrl+T 组合键，然后将鼠标指针移动到调整的边框上，调整图片四周的位置，如下图所示。

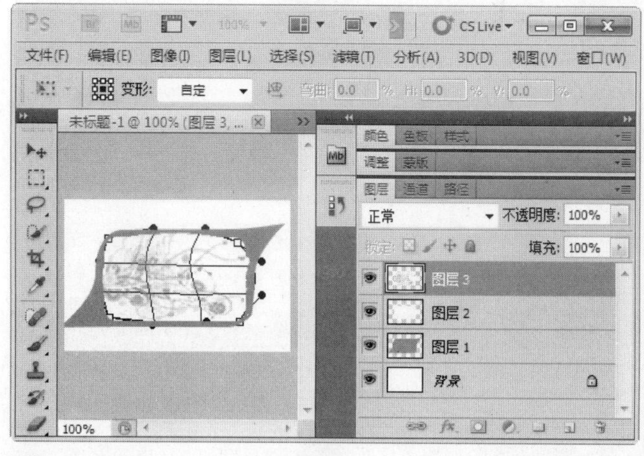

22 调整完毕后按 Enter 键确认，效果如下图所示。

竞拍不买，是指买家拍得商品后拒不按其最终出价购买商品，妨害卖家权益的行为，每次扣 12 分，并必须将拍卖流程中最终冻结的拍卖保证金赔偿给卖家。

长见识

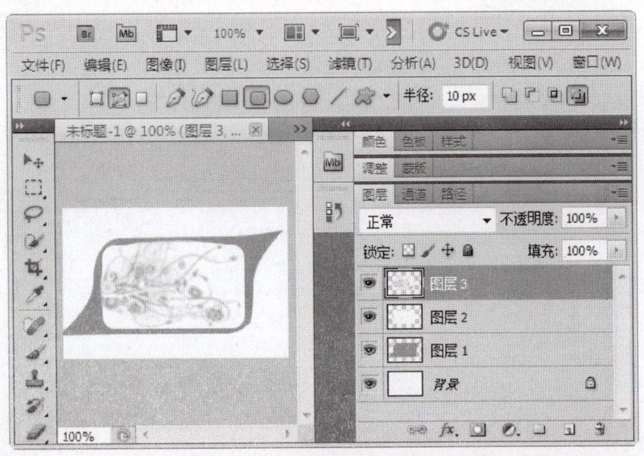

10.2.3 制作商品分类文字

店铺类目背景图片制作完成后，下面可以向其中添加分类文字了，具体的操作步骤如下。

操作步骤

❶ 在工具栏中，单击【横排文字工具】图标T，如下图所示。

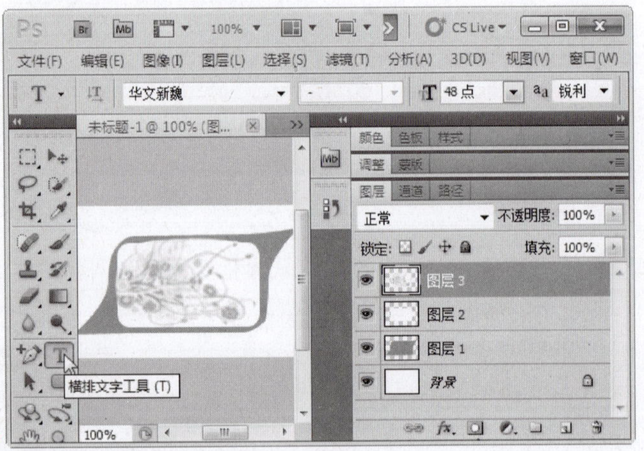

❷ 在图片合适位置处单击插入光标，输入文字，如下图所示。

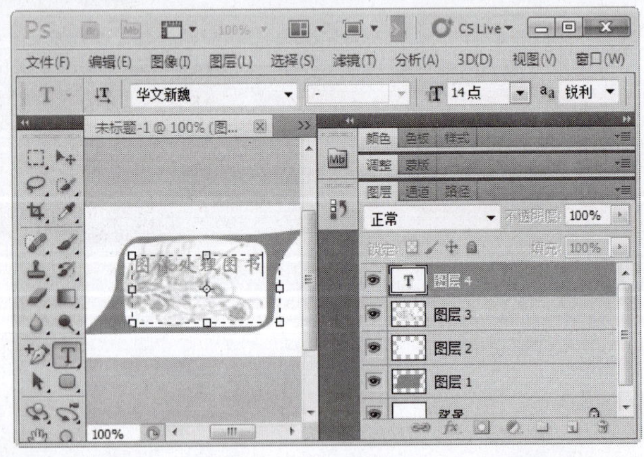

❸ 在工具栏中单击【创建文字变形】图标，如下图所示。

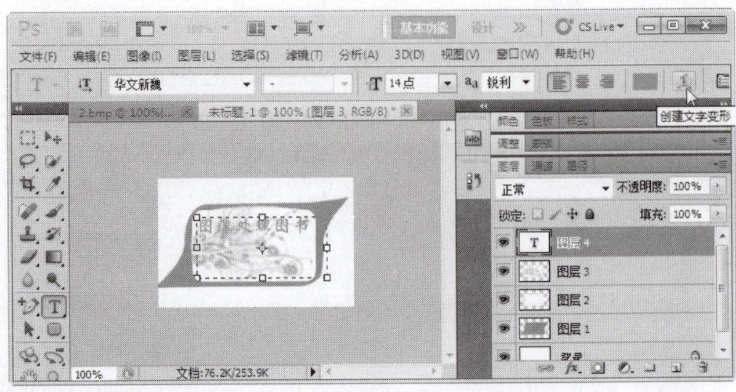

❹ 弹出【变形文字】对话框，然后单击【样式】右侧的下三角铵钮，在弹出的下拉列表中选择【拱形】命令，如下图所示。

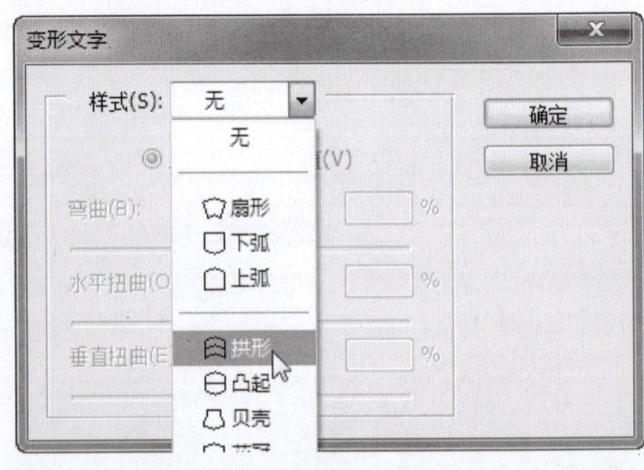

❺ 接着设置变形文字的弯曲、水平弯曲和垂直弯曲等参数，再单击【确定】按钮，如下图所示。

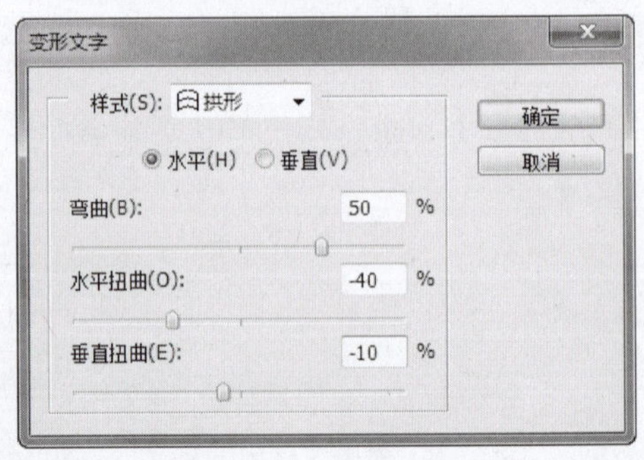

❻ 返回 Photoshop 窗口，查看文字的变形效果，如下图所示。

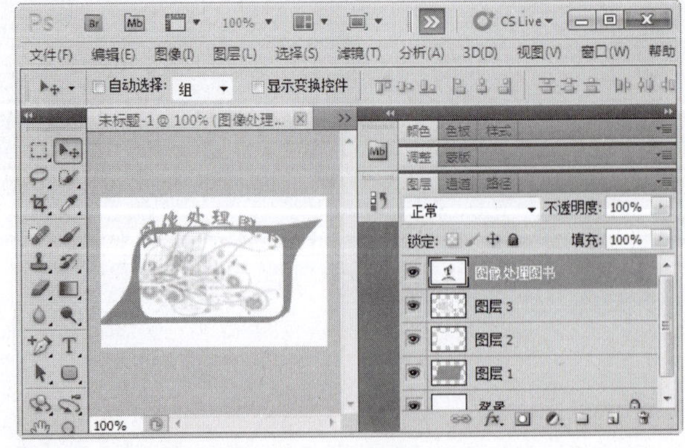

长见识 拍卖保证金的金额确定有以下 3 种情形：卖家为本次活动单独设置了一口价保证金，则不论买家第一次出价的金额是多少，系统冻结的保证金金额为一口价保证金金额；卖家为本次活动单独设置了保证金冻结比例，系统冻结的保证金金额为“买家第一次出价金额×保证金冻结比例”；卖家没有为本次活动单独设置一口价保证金或保证金冻结比例，系统冻结的保证金金额为买家第一次出价的10%。

7 单击工具栏中的【移动工具】图标，然后在图像编辑区内移动文字位置，如下图所示。

8 选中文字，然后单击工具栏上的【切换字符和段落面板】图标，弹出对话框，接着在【字符】面板中设置字体样式和颜色，如下图所示。

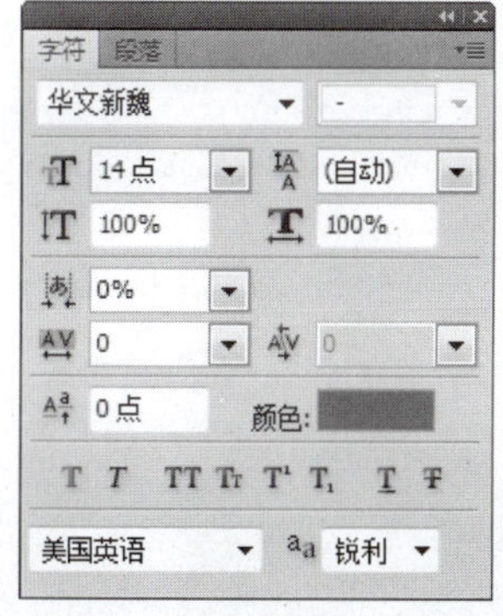

9 单击【图层】面板下方的【添加图层样式】图标，然后在弹出的菜单中选择【描边】命令，如下图所示。

10 弹出【图层样式】对话框，设置描边的大小和颜色，然后单击【确定】按钮，如下图所示。

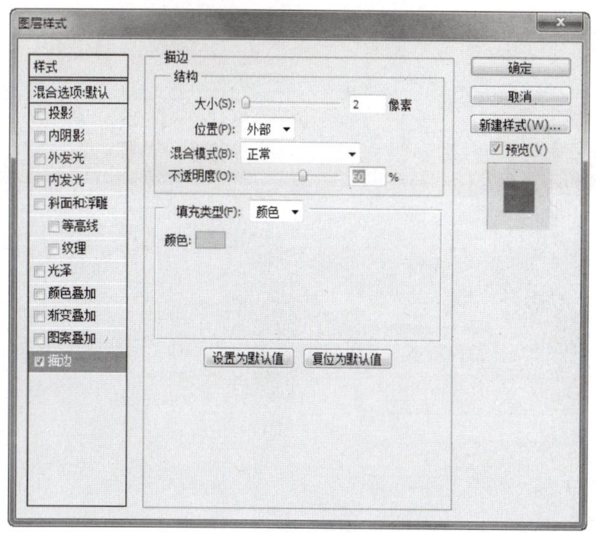

11 返回图像编辑区，即可看到设置后的效果，如下图所示。

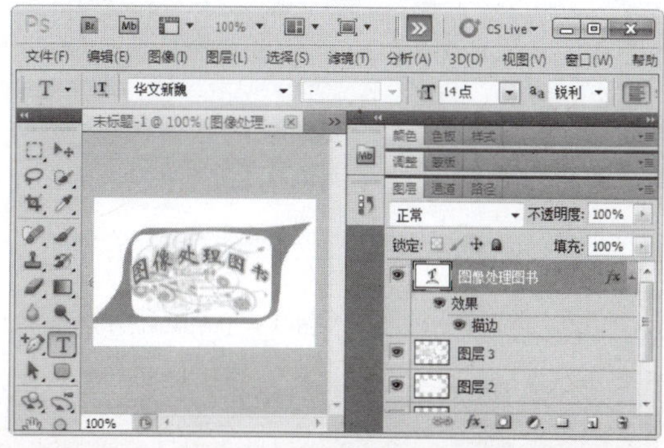

10.2.4 制作商品分类动画

商品分类上的文字添加完成后，可以将这些文字制作成动画的形式，以吸引顾客的目光，具体的操作步骤如下。

操作步骤

1 选中文字图层，按住鼠标左键不放，将图层拖动到【创建新图层】图标上，如下图所示。

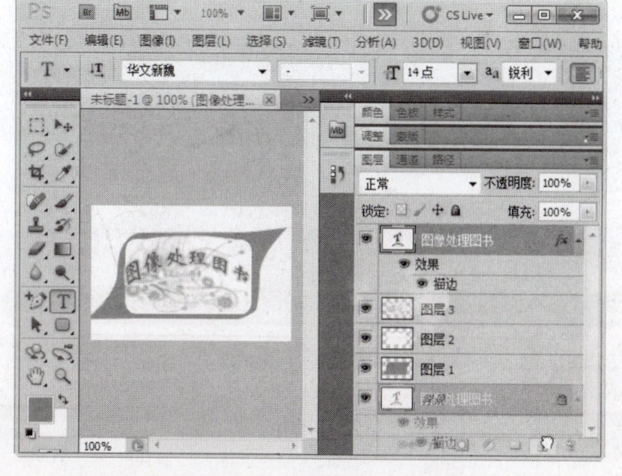

违背承诺，是指卖家未按照承诺向买家提供相应的服务，妨害买家服务满意权益的行为。针对卖家违背承诺的处罚，会根据承诺内容扣4分、6分、12分不等。

长见识

❷ 单击工具栏中的【移动工具】图标，如下图所示。

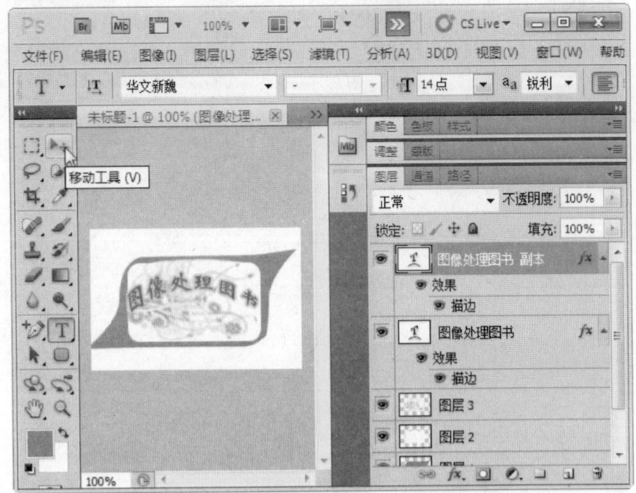

❸ 在图像编辑区内的移动文字位置，如下图所示。

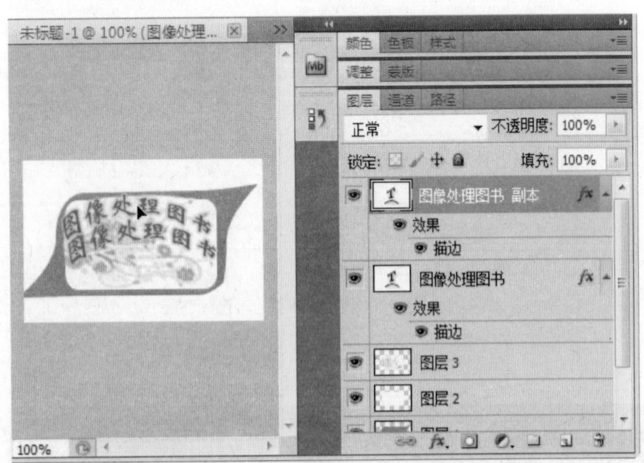

❹ 在菜单栏中选择【窗口】|【动画】命令，如下图所示。

❺ 在第一帧上单击【0 秒】右侧的下三角按钮，在弹出的下拉列表中选择时间选项 1.0，如下图所示。

❻ 时间设置完毕后，选中第 1 帧，然后单击【复制所选帧】图标，如下图所示。

❼ 单击选中第 1 帧，在【图层】面板中单击文字图层前的眼睛图标，将其隐藏，如下图所示。

❽ 单击选中第 2 个动画帧，在【图层】面板中，单击复制的文字图层前面的眼睛图标，隐藏该文字图

长见识 当淘宝卖家违背以下承诺时，每次扣 12 分：卖家拒绝承担由消费者保障服务产生的店铺应承担的退货退款等售后保障；淘宝判定店铺应该承担的七天无理由退换货、假一赔三、数码维修、闪电发货赔付等售后保障责任但卖家拒绝承担；卖家参与试用中心的活动，却在买家报名完成后拒绝向买家发送已承诺提供的试用商品的承诺。

层，如下图所示。

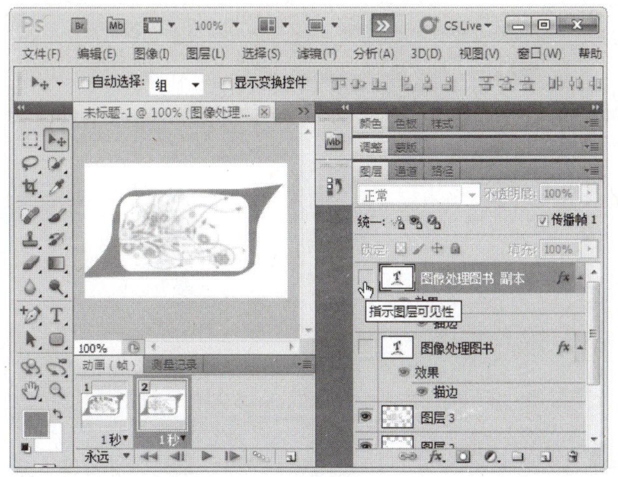

9 在菜单栏中选择【文件】|【存储为 Web 和设备所用格式】命令，如下图所示。

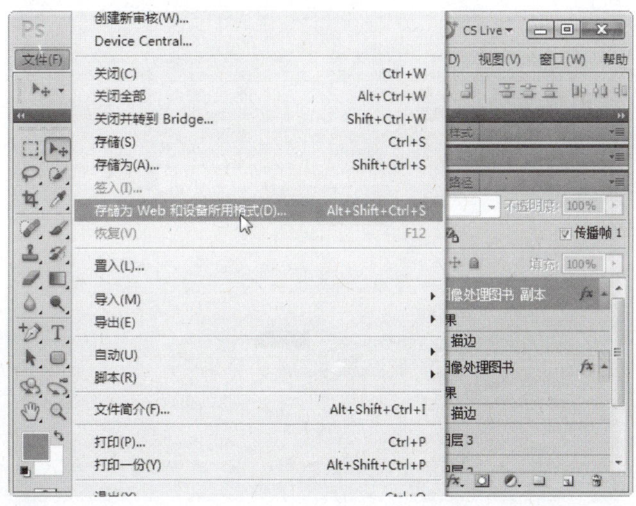

10 弹出【存储为 Web 和设备所用格式】对话框，单击【存储】按钮，如下图所示。

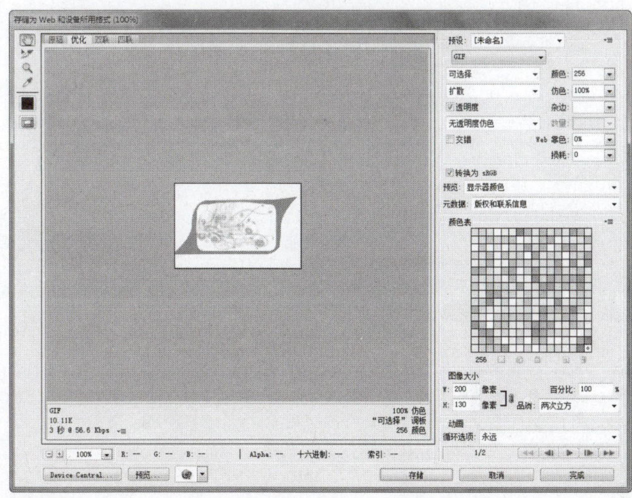

11 在弹出的【将优化结果存储为】对话框中选择文件存储的位置，并输入文件名，然后单击【保存】按钮，如下图所示。

12 弹出提示对话框，单击【确定】按钮即可，如下图所示。

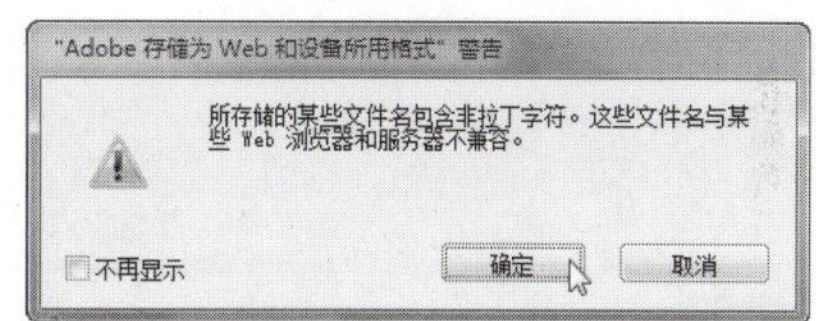

10.2.5　应用店铺类目

接下来可以将制作的店铺类目应用到网店中了，具体的操作步骤如下。

操作步骤

1 登录淘宝网页面，单击【店铺管理】一栏中的【宝贝分类管理】链接，如下图所示。

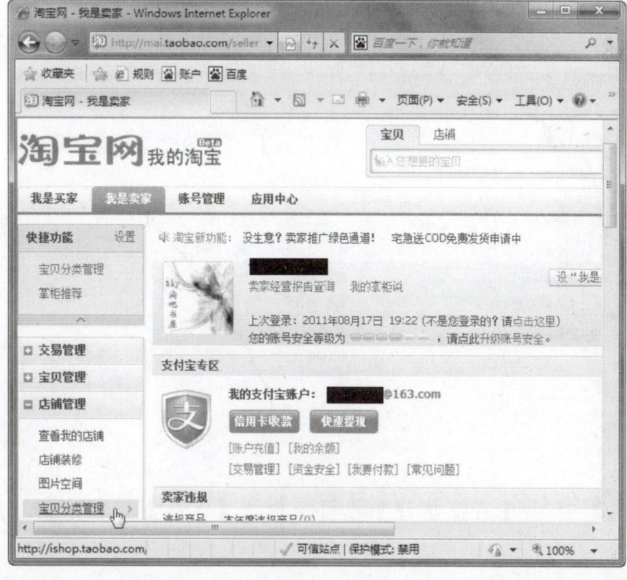

学以致用系列丛书

当淘宝卖家违背以下承诺时，每次扣 6 分：①加入闪电发货的卖家，出售的虚拟商品未在 1 小时内完成发货，或出售的实物商品未在 24 小时内发货；②淘宝卖家拒绝提供发票或者拒绝按照承诺的方式提供发票；③加入货到付款或信用卡付款服务的卖家，但拒绝提供上述服务；④发布拍卖商品的卖家，拒绝按照买家拍下的价格成交或者拒绝提供包邮服务。

长见识

❷ 在【店铺装修】页面中的【编辑分类】选项卡下单击【添加新分类】按钮，如下图所示。

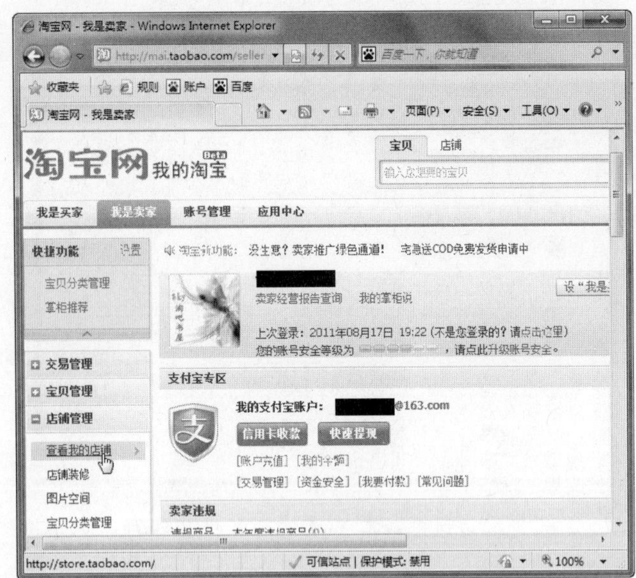

❸ 输入分类名称，再单击【添加图片】按钮，如下图所示。

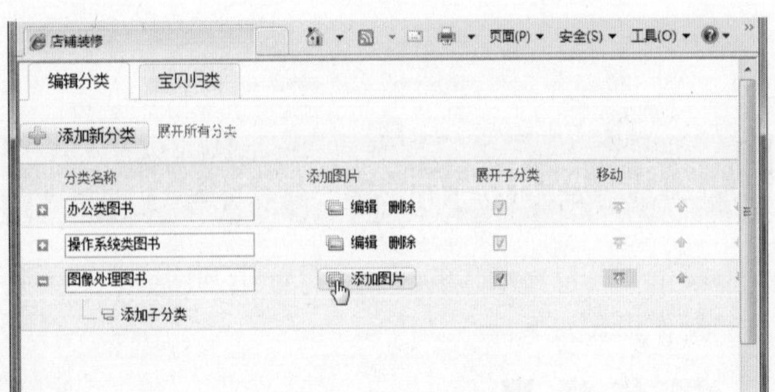

❹ 在【图片地址】后面的文本框中输入上传到网络空间中的图片地址，然后单击【确定】按钮，如下图所示。

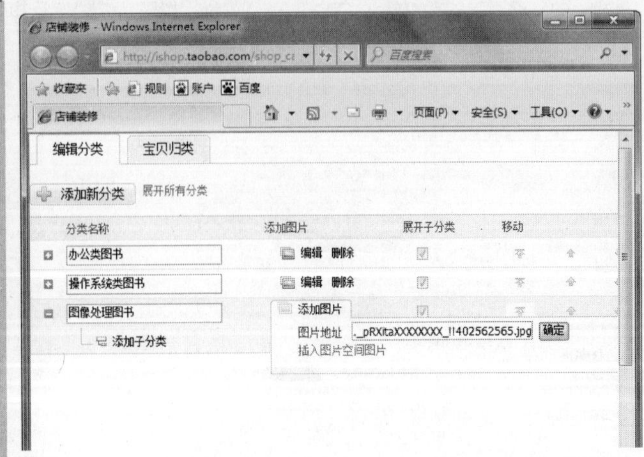

❺ 返回【店铺装修】页面，单击【保存】按钮，如下图所示。

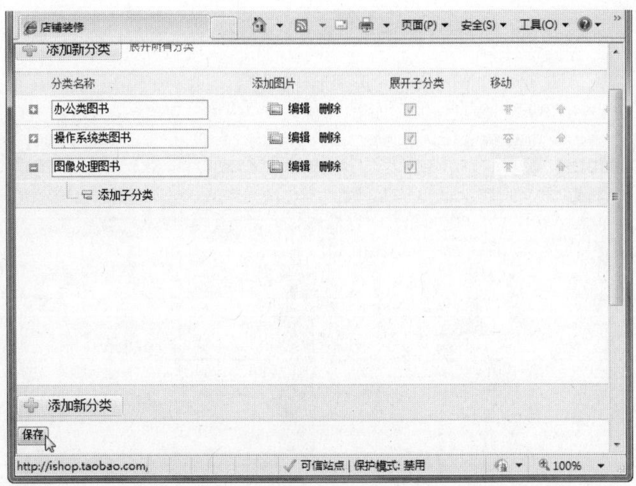

❻ 回到【我的淘宝】页面中，单击【店铺管理】一栏中的【查看我的店铺】链接，如下图所示。

❼ 弹出店铺页面，在店铺类目一栏中即可看到刚添加的店铺类目图片，如下图所示。

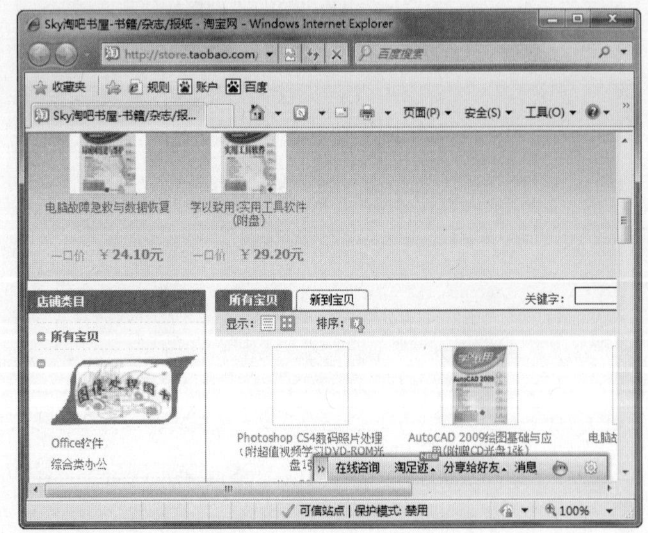

长见识 (续)当淘宝卖家违背以下承诺时，每次扣6分：⑤加入聚划算的卖家中途退出或未在7天内按已审核的报名信息所载内容完成发货；⑥加入淘宝游戏交易平台的卖家，未在买家付款后30分钟内提供商品；⑦加入淘宝官方活动的卖家，未按照活动要求提供服务；⑧买家选择支付宝担保交易，但卖家拒绝使用。

10.3　思考与练习

选择题

1. 关于下面店铺公告的说法，错误的是______。

A. 在店铺公告中可以只添加文字内容

B. 在店铺公告可以插入图片

C. 店铺公告一定要设置

D. 店铺公告可以随时修改

2. 关于下面店铺类目的说法，错误的是______。

A. 店铺类目可以是图片

B. 对已添加的店铺类目不可以修改

C. 可以删除添加的店铺类

操作题

1. 制作商品促销图片，并将其应用到店铺公告中。

2. 制作动画式店铺类目。

长见识

卖家未履行的其他承诺，每次扣 4 分。其他承诺主要指卖家未履行其与买家所达成的对交易的补充或变更约定，且该约定与规则的强制性规定无冲突，包括以下情况：交易订立过程中，卖家承诺给予买家赠品，但实际并未赠予；在双方无其他约定的情况下，卖家拒绝按照买家拍下的价格交易或履行发货义务；卖家拒绝给予买家在交易过程中与之达成

第11章 家喻户晓——宣传与推广店铺

要想生意兴隆、人气旺盛，必须先把顾客吸引过来。那么，作为新的店铺，如何才能让他们知道呢？这就需要利用一些手段宣传店铺，这就是本章要介绍的内容，快来试试吧。

学习要点

- 巧用店铺做广告
- 巧用淘江湖做宣传
- 使用阿里旺旺宣传宝贝
- 宣传店铺的其他方式

学习目标

通过本章的学习，卖家首先应该熟练掌握在店铺中宣传自己网店的方法，其次要求掌握借助网店所在的电子平台宣传自己店铺的方法以及借助 QQ 群、百度、博客等宣传店铺的方法。

11.1 巧用店铺做广告

广告是为了某种特定的需要，通过一定的形式公开，广泛地向公众传递信息的手段。网店也可以采用“广告”的形式宣传自己的店铺和商品，以增加店铺的知名度，吸引更多的顾客。

11.1.1 用店铺的装修做广告

在装修店铺时，可以为店铺中的商品拍摄一些精美的图片，然后将其上传到店铺网页上；若是店铺中的好商品比较多，或者新上架了很多商品，则可以将这些商品的图片做成连续滚动放映的动画，向广大顾客宣传自己的商品。

对于一些特色网店，也可以编一些顺口溜放在店铺的广告栏中，以吸引顾客。

11.1.2 使用橱窗推荐精品宝贝

橱窗推荐位是通过搜索的方法让您的宝贝能有更多的浏览量及点击率。当买家选择直接搜索宝贝，单击淘宝网首页上的【我要买】链接，或者根据类目来搜索时，那些由橱窗推荐的宝贝会优先排在前面。

提示

如果都设置了橱窗推荐，发布剩余时间最短的会优先排在前面。

橱窗推荐位(又名卖家热推)的数目是根据您的宝贝数、开店时间、信用度(卖家信用度+买家信用度的一半)及交易额度而定的。目前，淘宝个人交易平台的卖家橱窗推荐位规则分为非消保卖家和消保卖家两种橱窗推荐位规则，具体情况如下。

1. 非消保卖家

非消保卖家是指未签署消费者保障服务协议的卖家，或者已签署消费者保障服务协议，但未缴纳消费者保障服务保证金的卖家。也有一些参加消保但是未缴纳保证金的卖家。

对非消保卖家，淘宝个人交易平台规定的获得橱窗推荐位的规则如下表所示。

非消保卖家橱窗推荐位规则

规则	原因	信用度 (卖家信用+买家信用的一半)	奖励数量
第一条	根据信用评价获得橱窗推荐位	0～3 分	5
		4～10 分	10
		11～40 分	15
		41～90 分	20
		91～150 分	25
		151～250 分	30
		251～1000 分	35
		1001～5000 分	40
		5001～10000 分	45
		10001 分及以上	50
第二条	根据开店时间的扶持	91～150 分	10

2. 消保卖家

消保卖家是指已签署消费者保障服务协议，且已缴纳消费者保障服务保证金的卖家。这类卖家的橱窗推荐位是根据店铺中的宝贝数、开店时间、信用度(卖家信用度+买家信用度的一半)及交易额度而定，其规则如下表所示。

消保卖家橱窗推荐位规则

规则	原因	信用度 (卖家信用+买家信用的一半)	奖励数量
第一条	根据信用评价获得橱窗推荐位	0～3 分	10
		4～10 分	15
		11～40 分	20
		41～90 分	25
		91～150 分	30
		151～250 分	35
		251～1000 分	40
		1001～5000 分	45
		5001～10000 分	50
		10001 分及以上	55
第二条	根据开店时间扶持	开店时间至少 3 个月	10

长见识：店家在旺铺首页可以根据自己的需要添加其他的板块，如店铺中的消息板块，用于显示店铺中最新的促销信息、新上架商品等，也可以添加多个宝贝促销区，这个促销区可以根据店铺中宝贝的分类分别制作。

续表

规则	原因	信用度 (卖家信用+买家信用的一半)	奖励数量
第三条	每周统计各类下支付宝成交金额(以买家付款到支付宝为准)，超过基线的前1千名可以获得5个橱窗位	ZIPPO/瑞士军刀/饰品/眼镜	1500
		保健品/滋补品	5000
		食品/ 茶叶/零食/特产	2000
		彩妆/香水/美发/工具	10000
		美容护肤/美体/精油	12000
		成人用品/避孕用品/情趣内衣	1000
		宠物/宠物食品及用品	1500
		电脑硬件/台式整机/网络设备	10000
		办公设备/文具/耗材	5000
		网店/网络服务/个性定制/软件	1000
		户外/军品/旅游/机票	2500
		厨房电器/生活电器	3500
		个人护理/保健/按摩器材	3500
		装潢/灯具/五金/安防/卫浴	1000
		居家日用/厨房餐饮/卫浴/洗浴	5000
		时尚家饰/工艺品/十字绣	5000
		鲜花配送/蛋糕配送/园艺花艺	2000
		运动鞋/运动服/运动包	3500
		颈环配件/男装/男鞋	3500
		箱包皮具/女包/男包	4000
		服饰配件/皮带/帽子/围巾	4000
		女装/女士精品	8000
		品牌手表/流行手表	3000
		汽车/配件/改装/摩托/自行车	10000
		收集	20000
		国货精品手机	10000
		书籍/杂志/报纸	1500
		数码相机/摄像机/图形冲印	10000

续表

规则	原因	信用度 (卖家信用+买家信用的一半)	奖励数量
第三条	每周统计各类下支付宝成交金额(以买家付款到支付宝为准)，超过基线的前1千名可以获得5个橱窗位	MP3/MP4/iPod/录音笔	6000
		尿片/洗护/喂哺等用品	5000
		奶粉/辅食/营养品	5000
		益智玩具/童车/童床/书包	5000
		玩具/模型/娃娃/人偶	2500
		网络游戏卡点	12000
		网游设备/游戏币/账号/代练	10000
		闪存卡/U盘/移动存储	5000
		移动/联通/小灵通充值中心	10000
		IP卡/网络电话/手机号	5000
		运动/健身/运动明星/乐器	4000
		饰品	3000
		笔记本电脑	15000
		电玩/配件/游戏/攻略	1000
		音乐/影视/明星/娱乐	1000
		邮币/古董/字画/收藏	2500
		影音电器	3500
		3C数码配件	5000
		女士内衣/男士内衣/家居服饰	8000
		女鞋	4000
		床上用品/靠垫/窗帘/布艺	5000
		家具/家具定制/宜家代购	6000
		演出/吃喝玩乐折扣券	2000
		童装/童鞋/孕妇装	5000
		珠宝/钻石/翡翠/黄金	5000
第四条	每周统计出各类过基线的支付宝金额排名	1～20名	

在了解了橱窗推荐位的规则后，下面一起来学习如何使用推荐位推荐商品，具体的操作步骤如下。

学以致用系列丛书

在店铺中添加促销模块时，要尽可能地将促销模块设置的特别，这样很可能被淘宝网选中推荐到淘宝网的首页上。

长见识

操作步骤

❶ 首先登录淘宝商城，单击【我的淘宝】链接，然后在进入的网页中单击【我是卖家】选项卡，接着在【宝贝管理】栏中单击【橱窗推荐】链接，如下图所示。

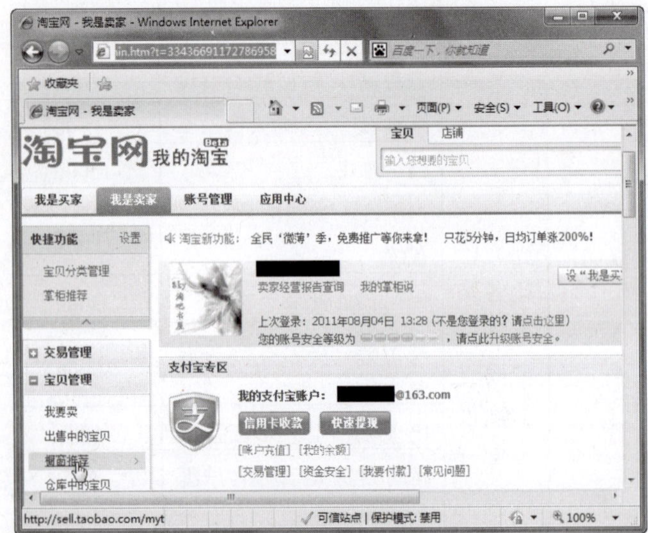

❷ 在左侧窗格中【您在卖的宝贝】选项卡下列出了当前店铺中已上架的商品，选中要推荐的宝贝，如下图所示。

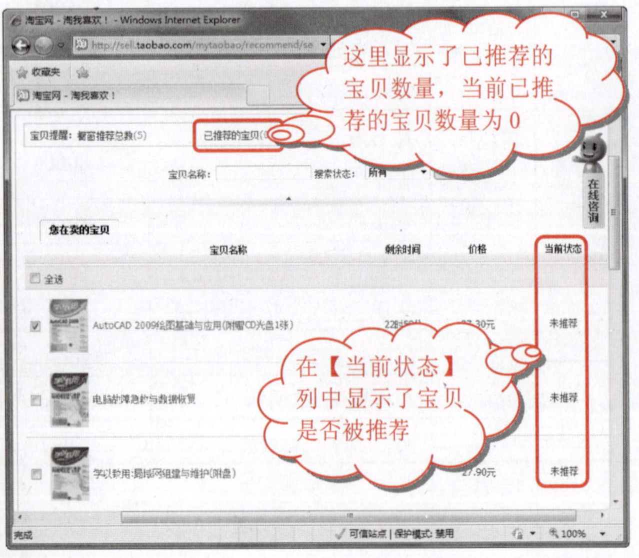

❸ 向下拖动滑块，选择其他要推荐的宝贝，并单击【推荐】按钮，如下图所示。

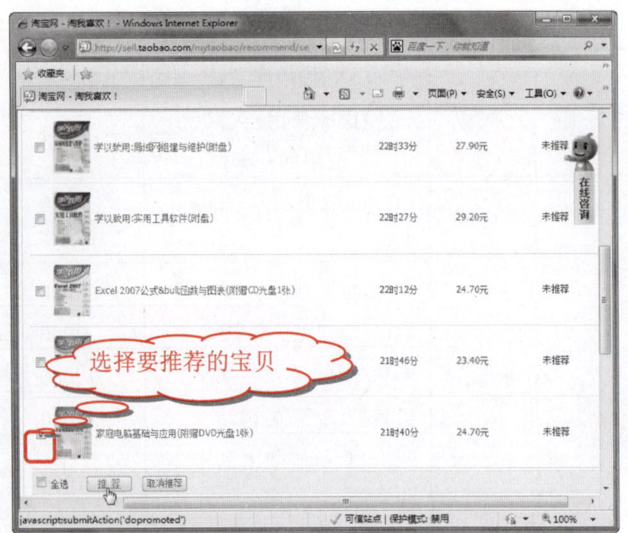

❹ 成功使用橱窗推荐宝贝后，宝贝的当前状态会有【未推荐】变成【推荐的】(字体颜色变成醒目的红色)，如下图所示。

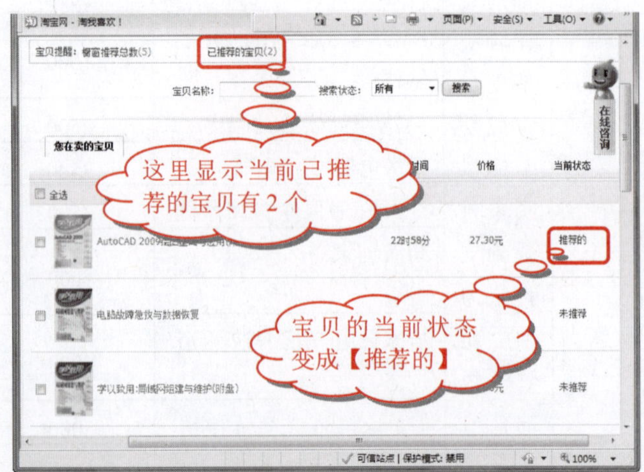

❺ 如果要取消推荐，请先选中要取消推荐的宝贝，再单击【取消推荐】按钮，如下图所示。

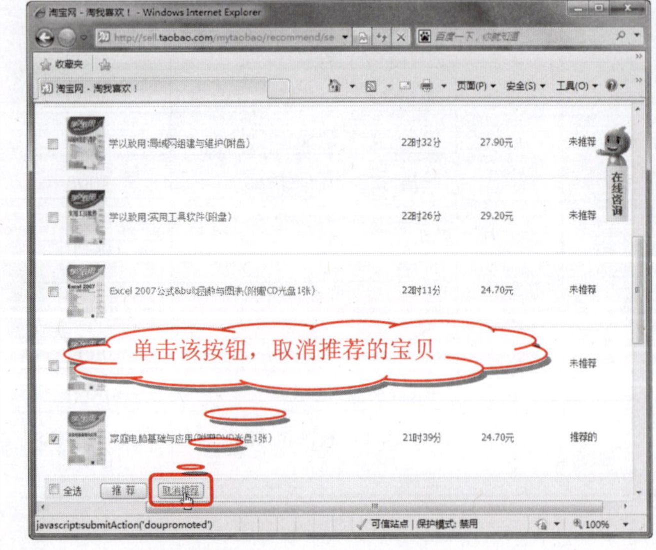

虚假交易是指通过不正当方式提高账户信用或商品销量，妨害买家高效购物权益的行为。若虚假交易产生的信用占账户信用的80%以上且虚假交易笔数在96笔以上的，每次扣在96分；若虚假交易产生的信用占账户信用50%以上且虚假交易笔数在48笔以上的，每次扣48分。

❻ 弹出【来自网页的消息】对话框，单击【确定】按钮，确认取消推荐这些宝贝，如下图所示。

提示

消费者保障服务是针对买家购物安全的套餐服务，目前推出的服务有“如实描述”、“假一赔三”、“7 天无理由退换货”、“虚拟物品闪电发货”、“数码与家电 30 天维修” 等服务。

操作步骤

通过阅读橱窗推荐规则可以看出，加入消费者保障服务可以获得更多的橱窗推荐位，而且在刚加入时，系统会立即增加 5 个推荐位。加入消费者保障服务的具体操作步骤如下。

❶ 首先打开【我的淘宝】网页，然后在左侧导航栏中单击【客户服务】下的【消费者保障服务】选项，如下图所示。

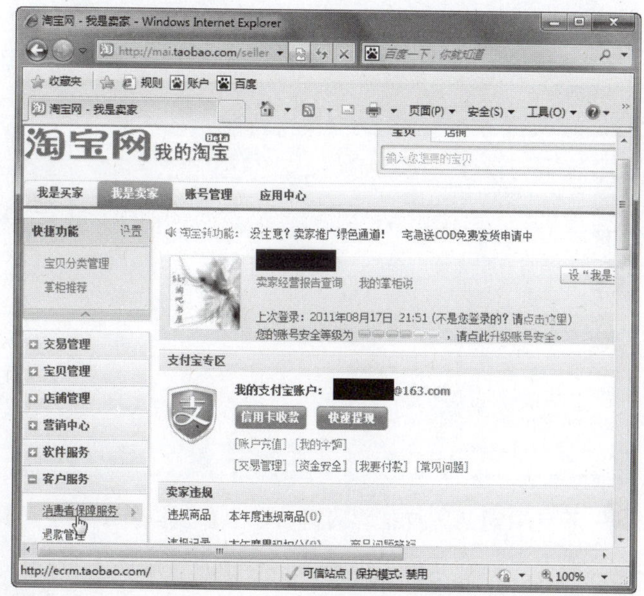

❷ 在弹出的网页中单击【申请加入】按钮，如下图所示。

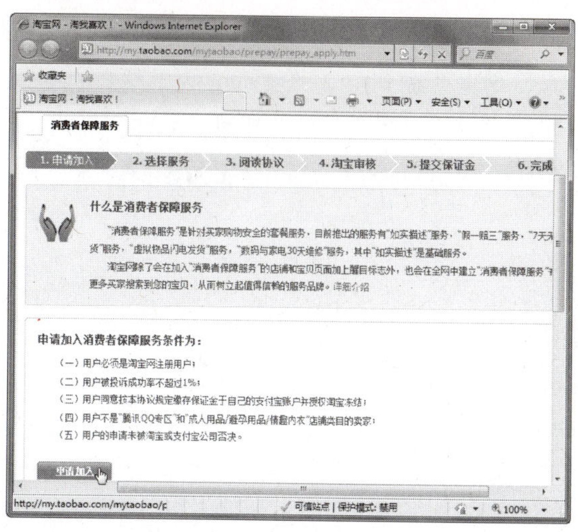

❸ 在进入的界面中选择服务，用户可以选择一个或多个服务，再单击【下一步】按钮，如下图所示。

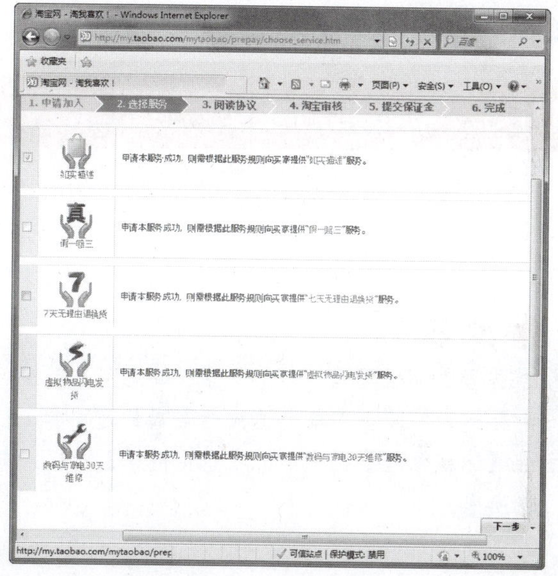

❹ 在进入的网页中阅读消费者保障服务协议，再单击【同意，下一步】按钮，如下图所示。

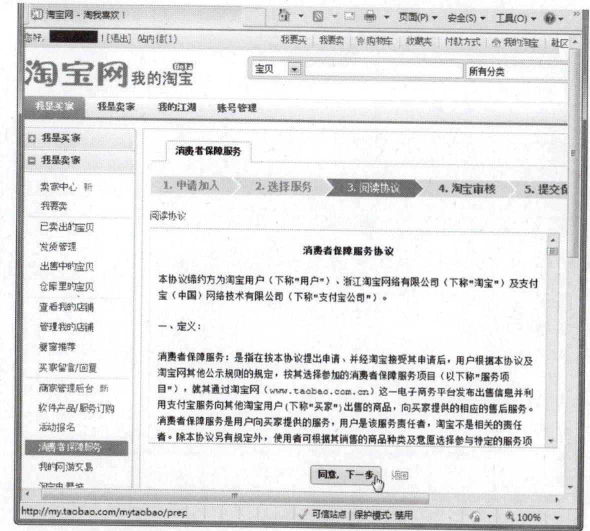

通过不正当方式(如朋友、同学、家人等相互进行线上购买，或卖家自己注册多个马甲小号，购买自己发布的商品)提高商品销量的虚假交易行为，每次扣 6 分，同时会删除该商品。

5 这时将会进入如下图所示的界面，显示申请加入信息，淘宝系统会在 3 个工作日内审核您的申请，当审核通过后再提交保证金即可。

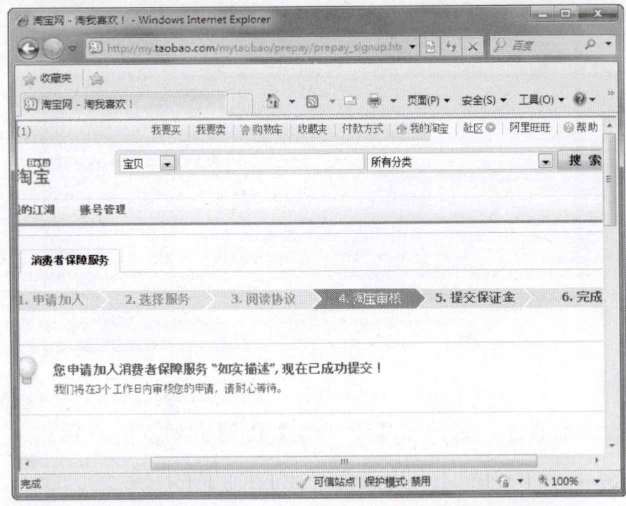

11.1.3 掌柜推荐宝贝

通常情况下，掌柜是最了解自己店铺中的商品的，因此，很多客户进店后会优先考虑选择掌柜推荐的宝贝。那么，掌柜是如何设置推荐的呢？具体操作步骤如下。

操作步骤

1 首先登录淘宝商城，并单击【我的淘宝】链接，然后在进入的网页中单击【我是卖家】选项卡，接着在【店铺管理】栏中单击【掌柜推荐】链接，如下图所示。

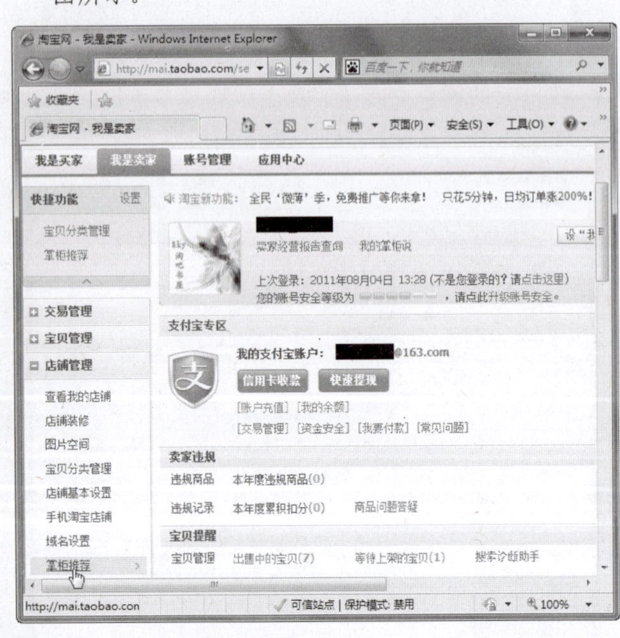

2 在左侧窗格中的【推荐宝贝】选项卡下列出了当前店铺中的全部宝贝，然后在【推荐新宝贝】列表中选择要推荐的宝贝，接着单击商品右侧的【推荐】链接，如下图所示。

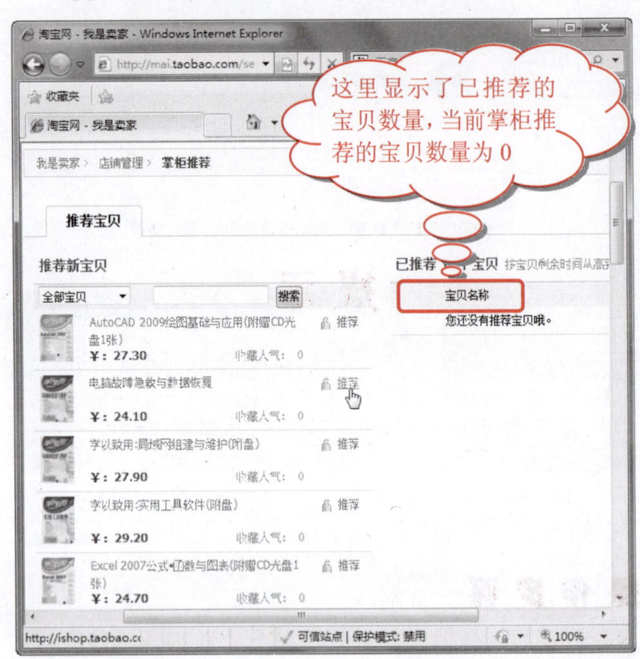

3 宝贝被推荐后，会同时显示在右侧【已推荐 X 个宝贝】列中(X 代表已推荐的宝贝个数)，如下图所示，并且会发现在【推荐新宝贝】列中，宝贝右侧的【推荐】变成【已推荐】(字体颜色变成醒目的绿色)。

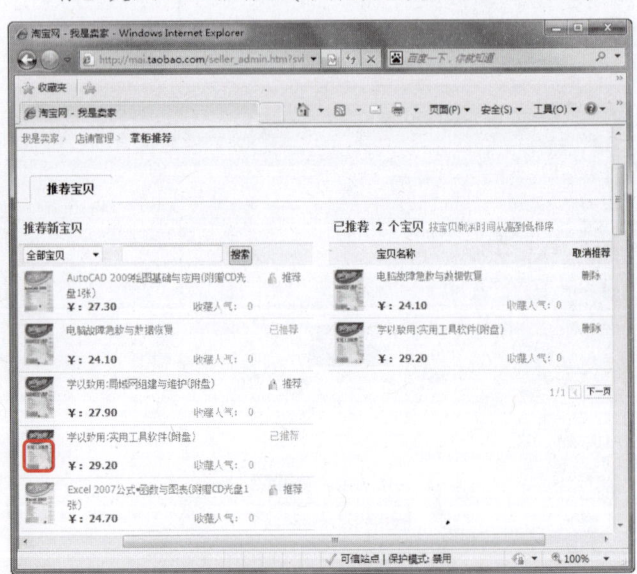

4 若要取消某种被推荐的商品，在【已推荐 X 个宝贝】列表中选择要取消的商品，再单击【删除】链接即可，如下图所示。

长见识 淘宝网不允许通过对出售的赠品进行评价来提高信用，否则有可能会被判定为炒作信用而受到处罚。

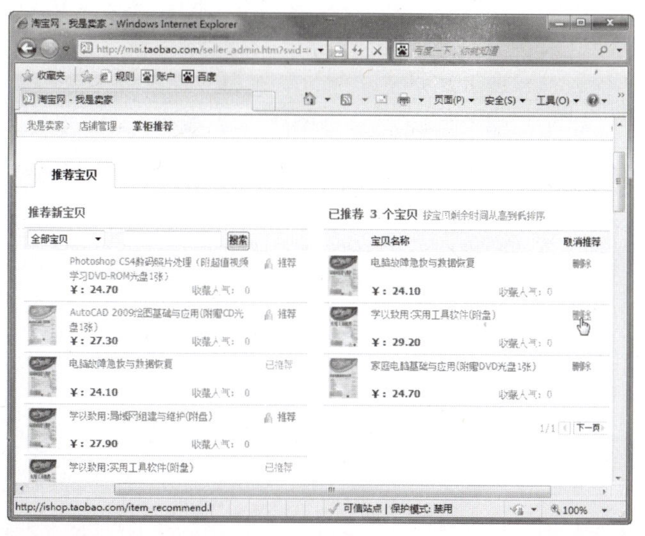

11.1.4　友情链接扩展店铺门面

友情链接是淘宝网中一个很人性化的设置，卖家可以通过交换友情链接来增加自己的曝光率。在选择链接时，不能一味地选择钻石卖家，在注重质量的同时，还要考虑顾客在看到对方的商品时会不会对你的商品感兴趣。下面介绍一下如何在淘宝网店添加友情链接，具体操作步骤如下。

操作步骤

1. 登录淘宝网页面，进入【我是卖家】页面，然后单击左侧【店铺管理】栏下的【店铺装修】链接，如下图所示。

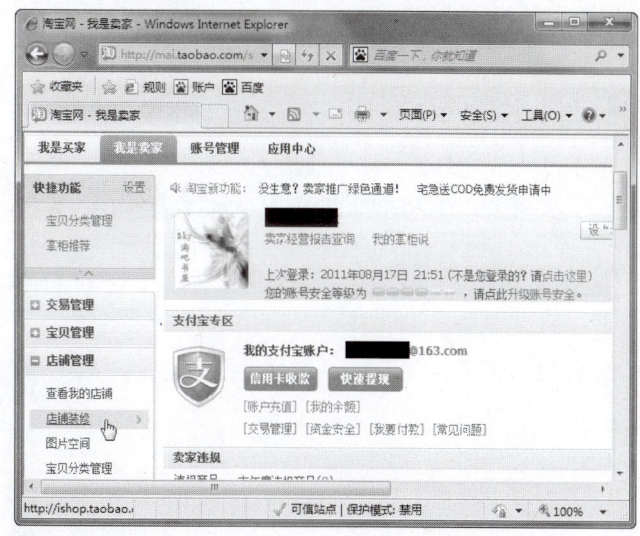

2. 进入【店铺装修】页面，然后在【友情链接】板块中单击【编辑】链接，如下图所示。

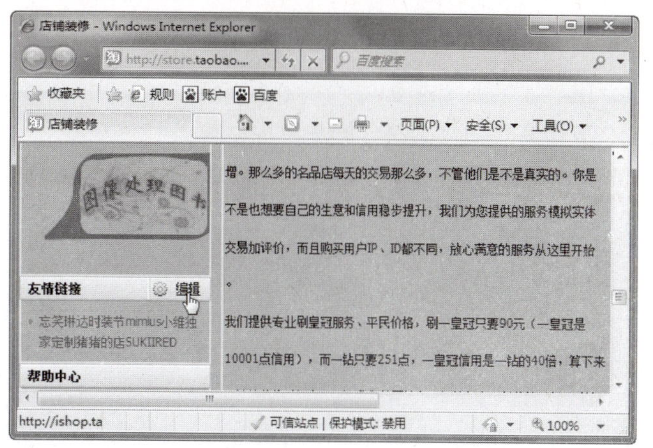

3. 进入【友情连接设置】页面，单击【添加新链接】按钮，如下图所示。

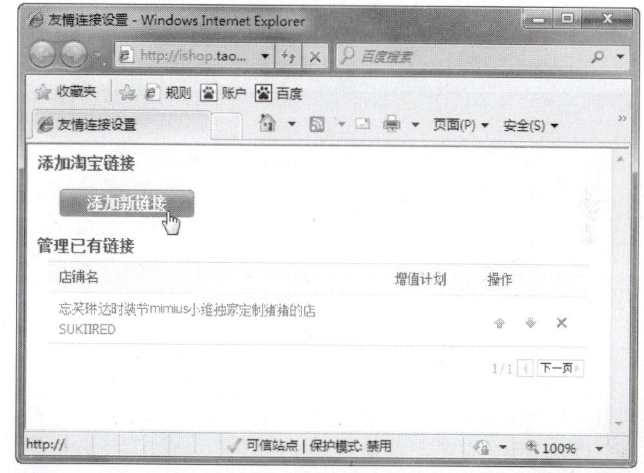

4. 在【淘宝会员名】文本框中输入要链接的淘宝会员名，再单击【添加链接】按钮，如下图所示。

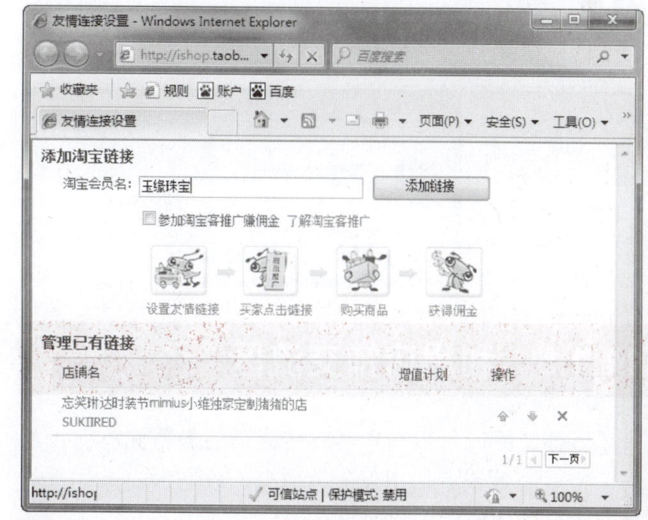

5. 成功添加链接后，会在【管理已有链接】列表中的最末位置处显示出来，如下图所示。

在淘宝规则中，将成人、彩票、旅行、保险、音像和书籍等类目定为专营类目，而对于未经淘宝网许可而擅自出售专营类目商品的店铺，将按照滥发信息违规处理扣12分。

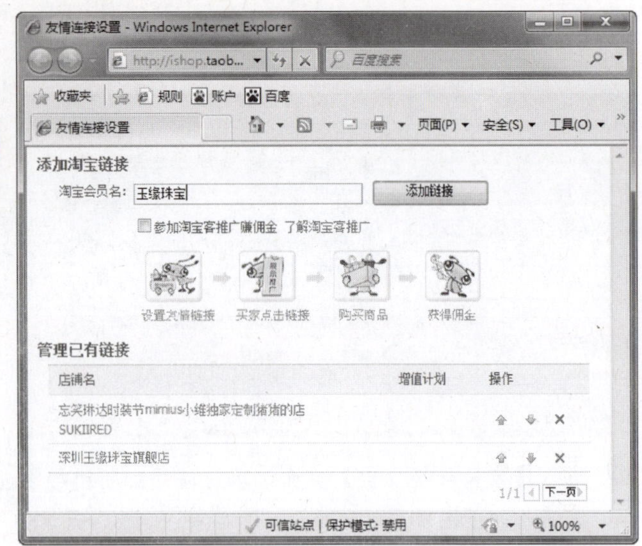

6 若需要撤销添加的链接，可以在【友情连接设置】网页中单击要删除链接右侧的【删除】图标✕，如下图所示。

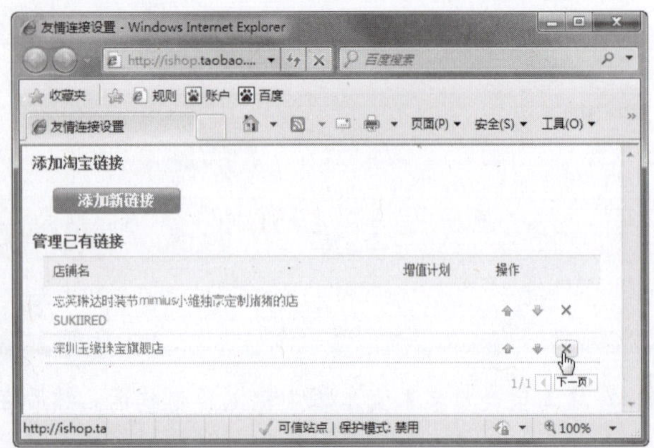

7 在弹出的对话框中单击【确定】按钮，确认删除选择的链接，如下图所示。

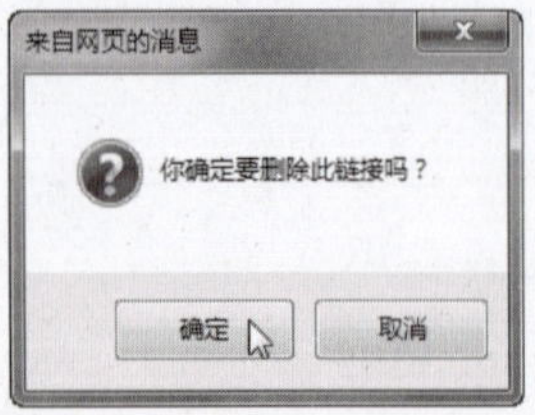

11.1.5 利用店铺交流区

店铺交流区可以向顾客宣传店铺的最新优惠促销活动、售后服务或者信用保证等信息，以增加买家的兴趣和信心，具体操作步骤如下。

操作步骤

1 首先打开【我的淘宝】网页，然后在左侧导航栏中单击【店铺管理】下的【查看我的店铺】链接，如下图所示。

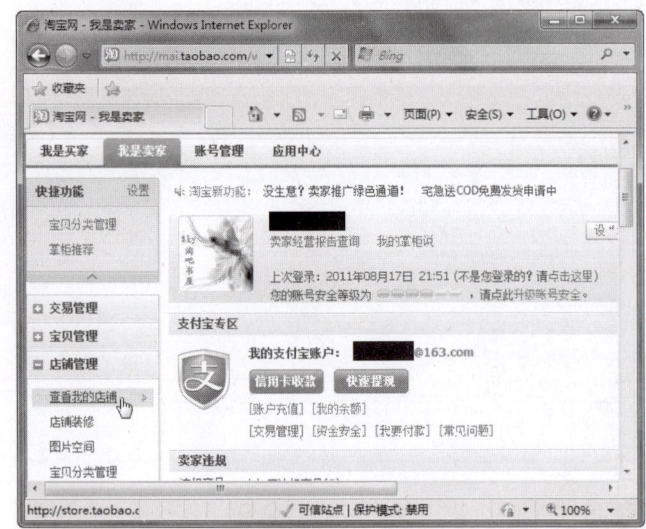

2 在打开的店铺网页中向下拖动滑块，然后在【店铺交流区】板块中单击【我要发帖】链接，如下图所示。

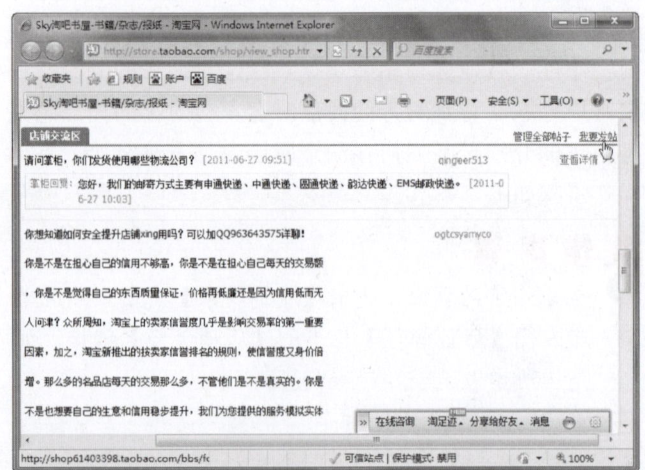

3 在【发表新帖】区域中设置帖子的标题和内容，再单击【确定】按钮，发布帖子，如下图所示。

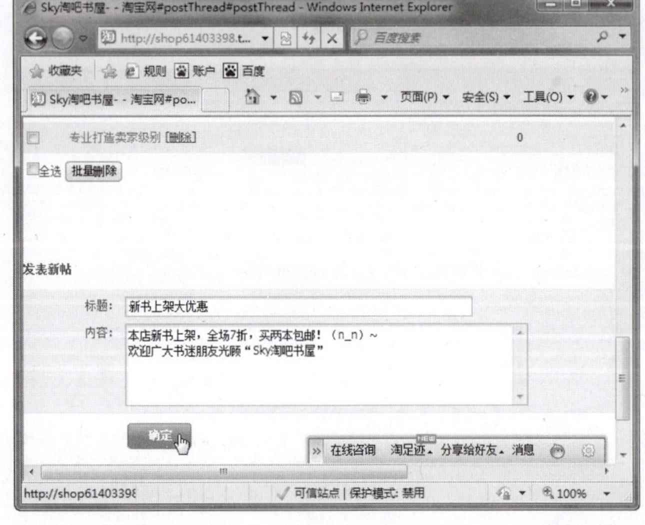

4 帖子发布成功，提示将要自动返回当前帖子，如下图所示。

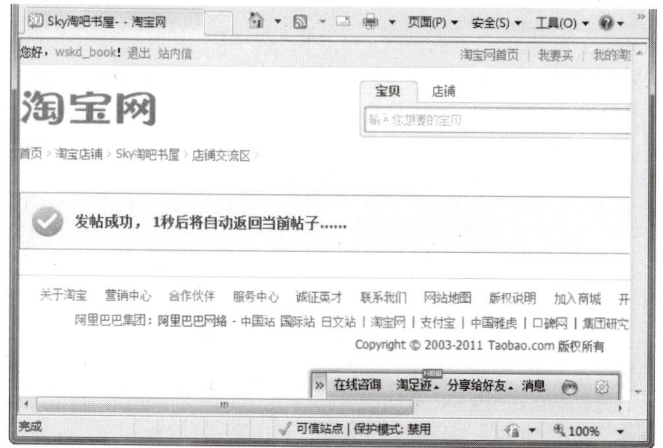

5 向上拖动滑块，寻找比较感兴趣的帖子，单击标题，如下图所示。

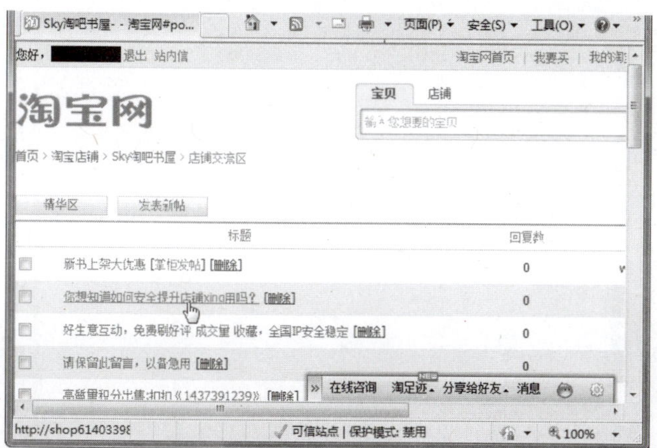

6 在进入的网页中阅读帖子内容，若感兴趣，可以单击【快速回复】链接与对方交流，如下图所示。

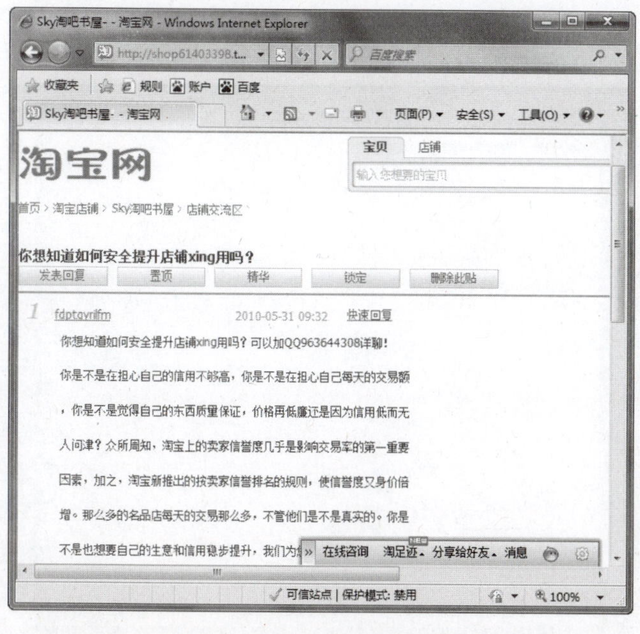

11.2　巧用淘江湖做宣传

为了实现淘宝的 SNS 化，淘宝将原来的淘江湖进行了升级，融合到【我的淘宝】里面，原来的江湖信息在【我的淘宝】中展示。下面就到【我的淘宝】网页中感受一下吧。

1. 设置个人资料

在【我的淘宝】中设置个人资料的操作步骤如下。

操作步骤

1 首先登录【我的淘宝】网页，然后单击【个人资料】链接，如下图所示。

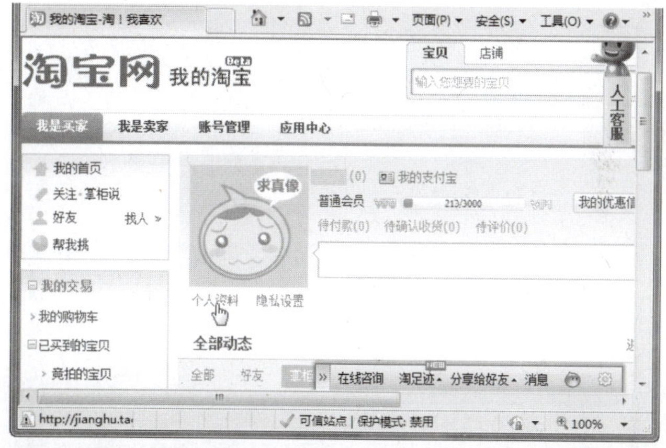

2 在弹出的网页中单击【个人资料】选项卡，然后在【基本资料】选项卡下设置个人信息，再单击【保存】按钮，如下图所示。

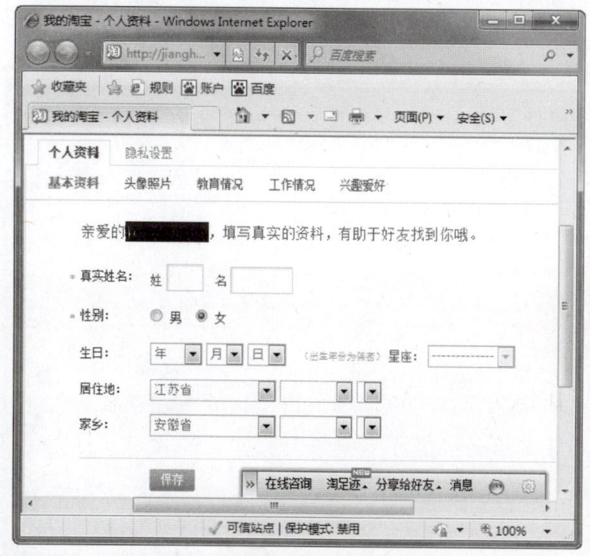

3 保存成功后会在页面中进行提示，如下图所示，单击【头像照片】选项卡。

在淘宝网中，对以下违规行为的投诉必须在规定时间内进行：①延迟发货的投诉时间，为交易关闭后 15 天内；②竞拍不买的投诉时间，为买家拍下后 15 天内；③描述不符、恶意评价、骗取他人财物的投诉时间为交易成功后 15 天内。若未在规定时间内进行投诉，将不予受理。

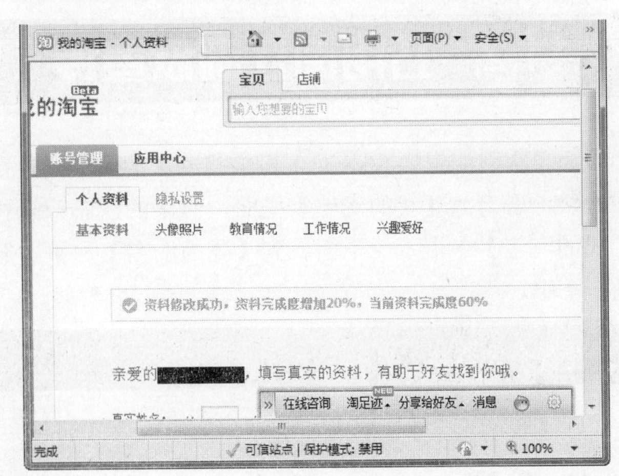

❹ 在【头像照片】选项卡下可以通过单击【本地上传】或【拍照上传】(需要摄像头)按钮上传用户图像，如下图所示。

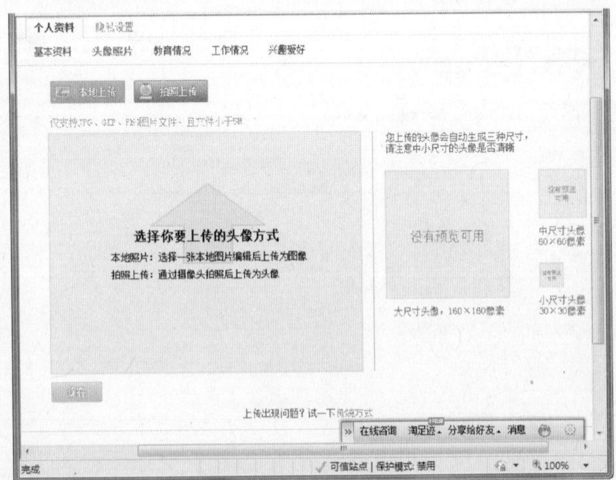

❺ 单击【教育情况】选项卡，在这里可以填写个人的教育经历，最后单击【保存】按钮进行保存即可，如下图所示。

❻ 在【工作情况】选项卡下可以填写个人的工作经历，添加或删除工作单位，如下图所示。

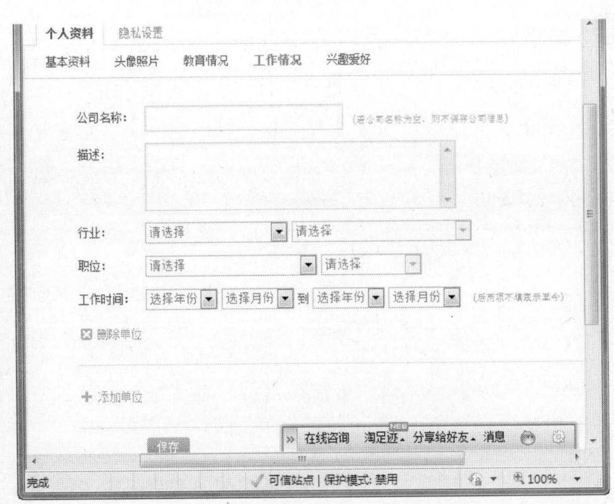

❼ 单击【个人兴趣】选项，可以在此填写个人的兴趣爱好，如下图所示，最后单击【保存】按钮即可。

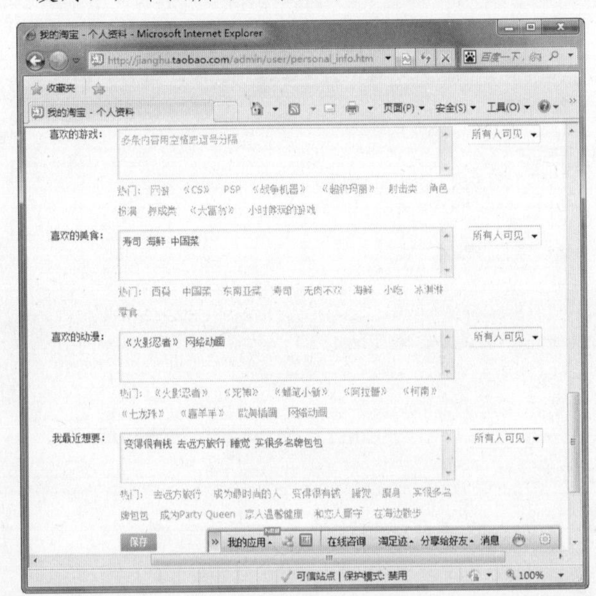

❽ 单击【隐私设置】选项卡，接着在【基本设置】选项卡下设置基本权限，如下图所示。

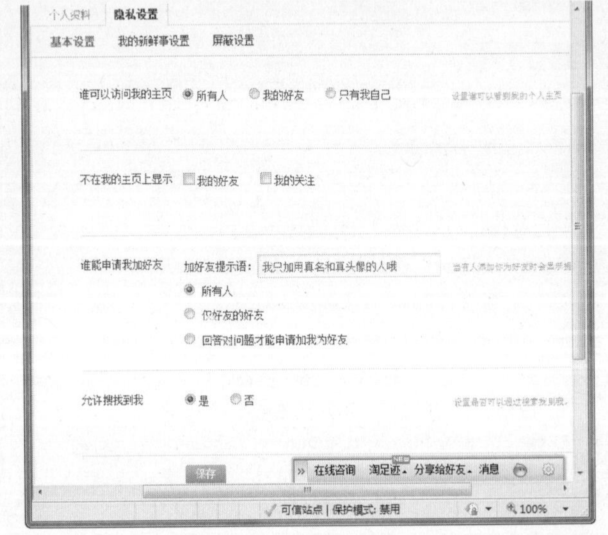

长见识

在淘宝网中，对滥发信息、虚假交易、不当注册、发布违禁信息、侵犯知识产权、盗用他人账户、泄露他人信息等的违规行为可随时提交投诉。

❾ 在【我的新鲜事设置】选项下设置你不希望别人看到的动态，再单击【保存】按钮进行保存，如下图所示。

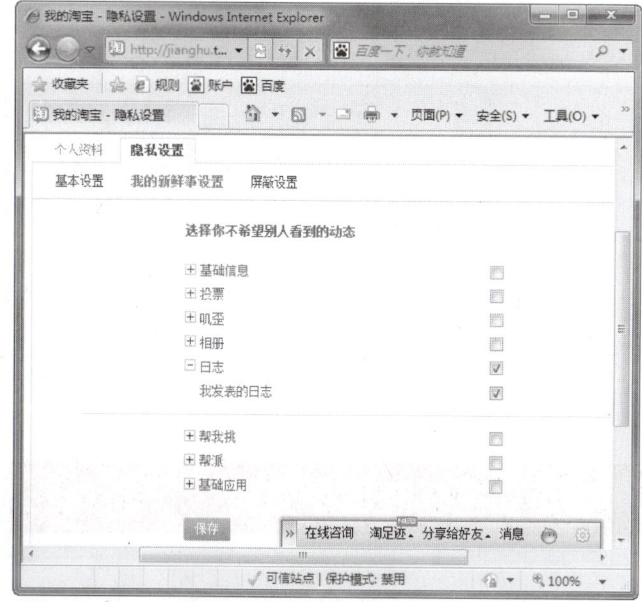

❿ 在【屏蔽设置】选项卡下可以设置要屏蔽的好友，最后单击【确定】按钮即可，如下图所示。

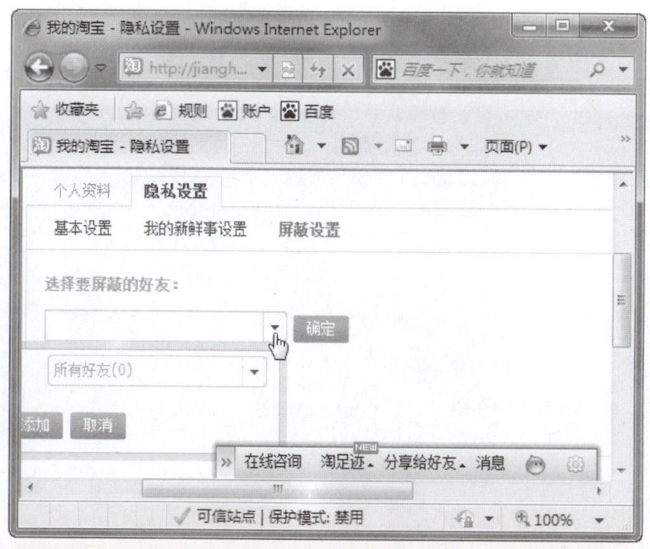

2. 发表日志

巧用日志推荐自己的店铺，可以提高卖家的曝光度，具体操作步骤如下。

操作步骤

❶ 在【我的淘宝】网页中单击【最近使用的应用】选项，接着在列表框中单击【日志】链接，如下图所示。

❷ 在弹出的网页中单击【我的日志】选项卡，接着单击【开始写日志】按钮，如下图所示。

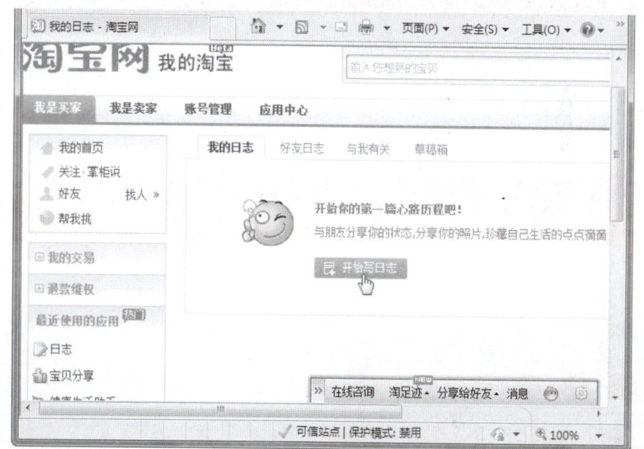

❸ 在弹出的网页中设置日志标题、分类，然后在正文区输入、编辑日志内容(可以在日志的末尾宣传一下自己的店铺)，如下图所示。

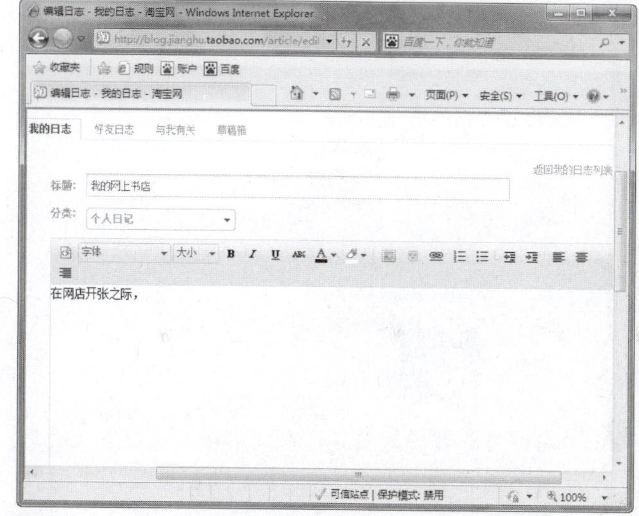

❹ 日志编写完成后，接着设置日志的查看权限，并输

淘宝网交易成功完成后，若买家在 15 天内未给店铺评分，则该笔交易将不产生店铺评分。

入校验码，再单击【发表】按钮即可，如下图所示。

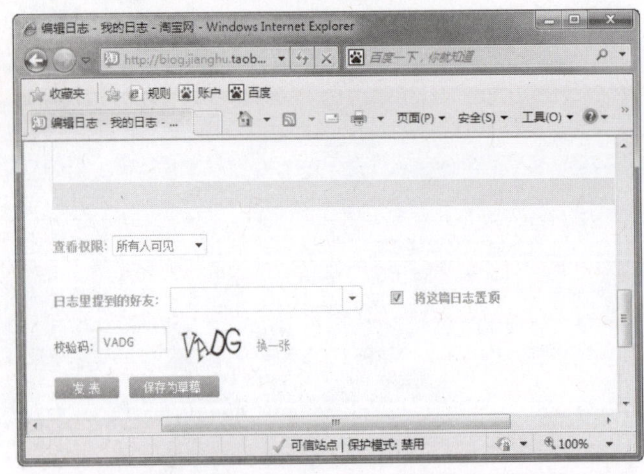

11.3 使用阿里旺旺宣传宝贝

借助阿里旺旺的人气，可以让更多的人认识自己的店铺，下面一起来试试吧。

11.3.1 给淘友发送广告信息

在阿里旺旺聊天窗口中发送广告信息的操作步骤如下。

操作步骤

1. 首先登录阿里旺旺程序，然后在窗口中找到要进行对话的好友，右击该好友头像，在弹出的快捷菜单中选择【发送即时消息】命令，如下图所示。

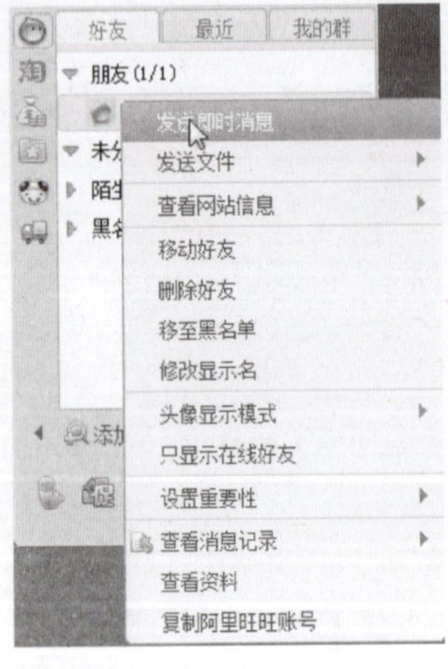

2. 这时即可打开聊天窗口，在文本输入区插入光标即可输入对话内容，再单击【发送】按钮，如下图所示。

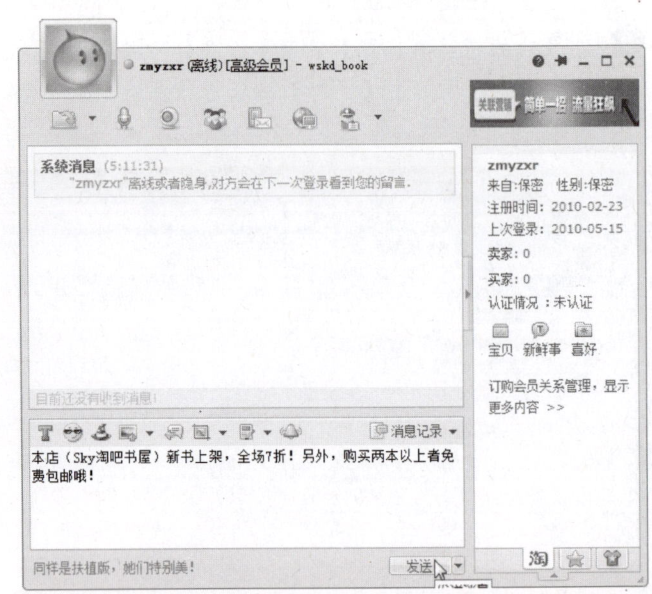

11.3.2 在旺旺群中宣传

寻找并加入一个有共同目的的旺旺群，更容易让大家达成心愿，具体的操作步骤如下。

操作步骤

1. 在阿里旺旺窗口中单击【我的群】选项卡，接着在窗口底部单击【查找添加群】按钮，如下图所示。

2. 在弹出的对话框中单击【群查找】选项卡，接着选择查找方式，例如选中【按分类查找】单选按钮，如下图所示。

学以致用系列丛书

长见识：宝贝与描述相符是四个评分项(宝贝与描述相符、卖家服务态度、卖家发货速度、物流公司服务)中，买家对商品最基本的需求点，因此在给店铺评分时，只有在该项打分后才增加1分。

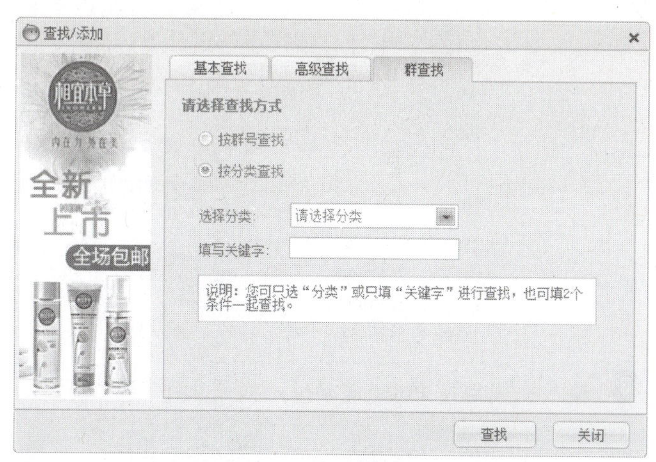

3 单击【选择分类】右侧下三角按钮，在弹出的下拉列表框中选择分类，在【填写关键字】文本框中输入类目关键字，再单击【查找】按钮，如下图所示。

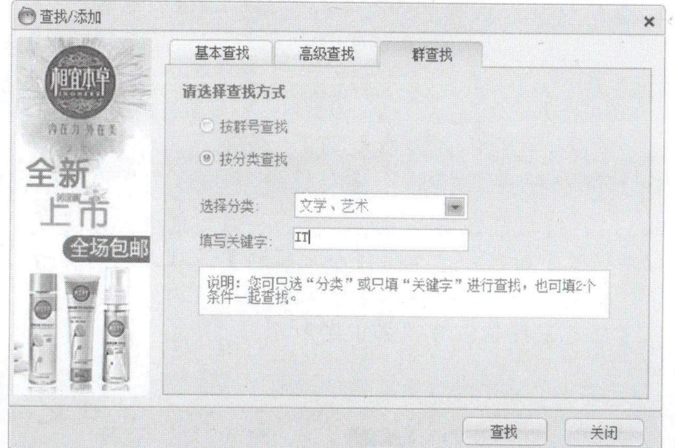

4 在弹出的网页中选择要加入的群，并单击其右侧【立即加入】链接，如下图所示。

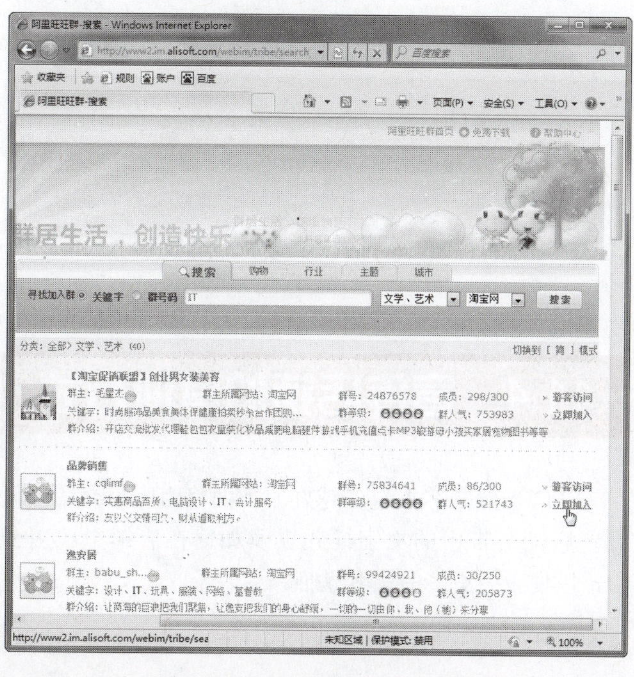

5 弹出【来自网页的消息】对话框，单击【确定】按钮，如下图所示。

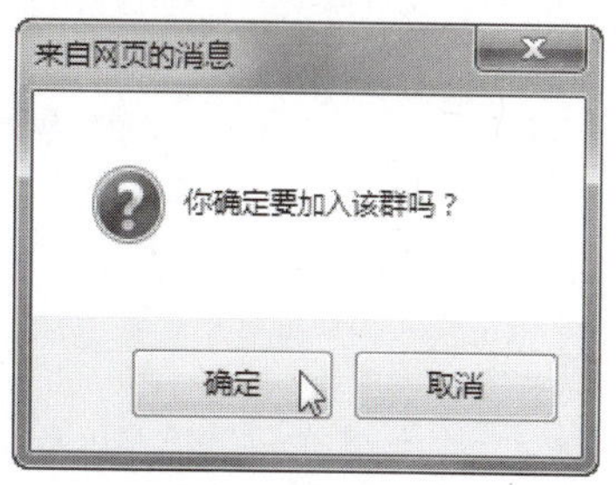

6 弹出【加入群需要密码】对话框，输入密码，再单击【发送】按钮，如下图所示。

7 在阿里旺旺窗口中的【我的群】选项卡下，右击要访问的群，从弹出的快捷菜单中选择【发群消息】命令，如下图所示。

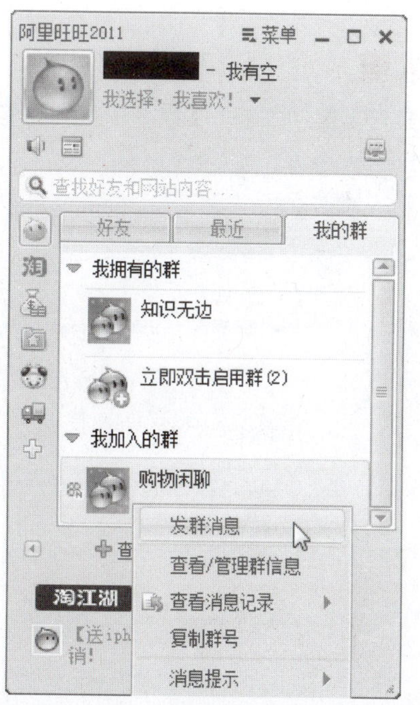

8 打开群聊天窗口，然后输入要发送的信息，再单击【发送】按钮，群中的其他用户都会看到该信息的，如下图所示。

学以致用系列丛书

在淘宝网站，以下商品需要使用特定的运营方式：①淘宝旅行频道及特价机票、门票旅游、酒店客栈类目中的商品；②电器城冰箱、空调、洗衣机、液晶电视、油烟机、燃气灶、消毒柜类目的商品；③汽车整车商品。

长见识

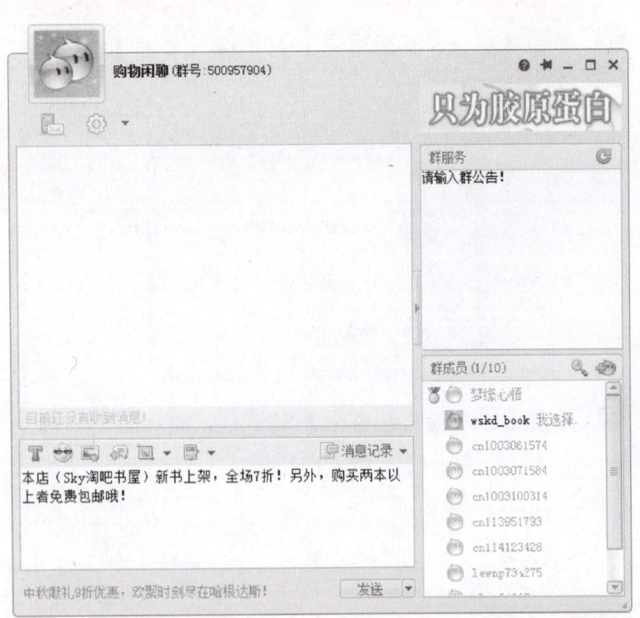

11.3.3 更改签名传递优惠信息

在个性签名上写上店铺的名称或者店铺最近正在进行的活动，这样对方即可在名称后面看到设置的个性签名，并且在聊天窗口中也可以看到对方设置的个性签名。下面介绍一下如何设置个性签名。

操作步骤

❶ 在阿里旺旺窗口中单击【点此输入个性签名】按钮，如下图所示。

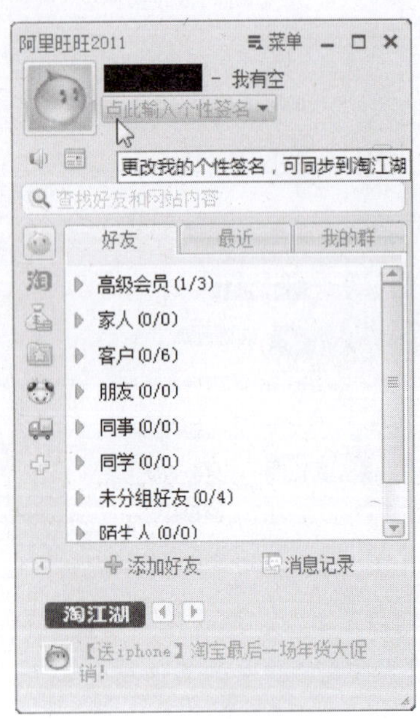

❷ 这时，个性签名处于可编辑状态，输入内容，如下图所示。

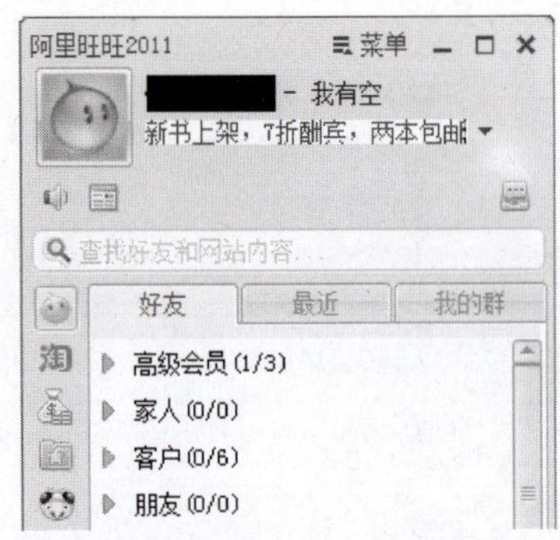

❸ 输入完成后按 Enter 键确认，效果如下图所示。

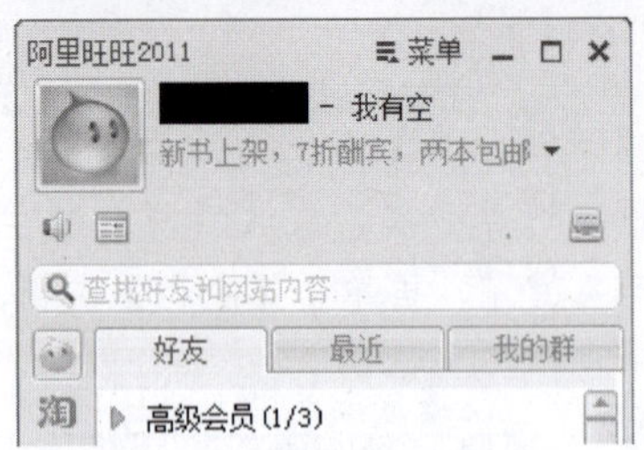

技巧

在阿里旺旺窗口中单击你的头像，则会弹出【联系信息】对话框，单击【个人资料】选项，然后在右侧面板中的【备注信息】文本框中输入内容，再单击【确定】按钮即可，如下图所示。

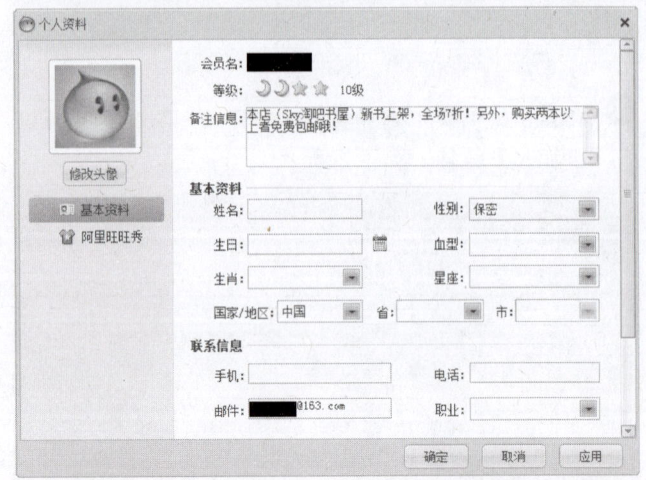

11.4 宣传店铺的其他方式

开店当然是客人越多越好。下面将为大家介绍如何设置店铺公告中的文字样式以及如何在店铺中应用公告，以便吸引更多的顾客光临。

长见识

经大量数据证明，绝大多数卖家可以做到在72小时内发货，为了在提升卖家服务质量的同时营造良好的购物环境，淘宝网对卖家的发货时间作出此项要求，以满足买家的高效购物权。

11.4.1　利用 QQ 群进行推广

QQ 是目前使用最为广泛的聊天软件，大部分上网的用户都至少有一个 QQ 号码，因此，卖家可以利用 QQ 来宣传自己的店铺，以便让更多的 QQ 好友知道你的网店。

与使用阿里旺旺程序进行宣传一样，用户可以在 QQ 的个性签名中宣传自己的店铺，让 QQ 好友单击你的 QQ 头像就能看到如下图所示的信息；也可以加入某个人气旺盛的 QQ 群，在群中寻找志同道合的朋友。

若用户想利用 QQ 空间推广店铺，需要满足下面两个前提条件。

❖ 网店空间每天都要更新可读性比较强或者能吸引人的文章。

❖ 网店里已经有足够数量的资料，以便让买家产生逛网店的欲望。

当网店满足上述两个条件时，即可在 QQ 空间中进行宣传了，具体操作步骤如下。

操作步骤

❶ 首先打开 QQ 空间页面，然后在左侧单击【日志】链接，如下图所示。

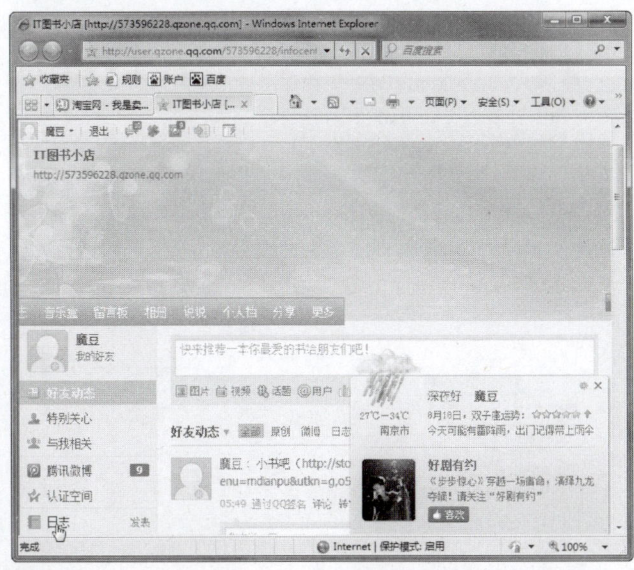

❷ 在进入的界面中单击【我的日志】选项卡，接着单击【写日志】按钮，如下图所示。

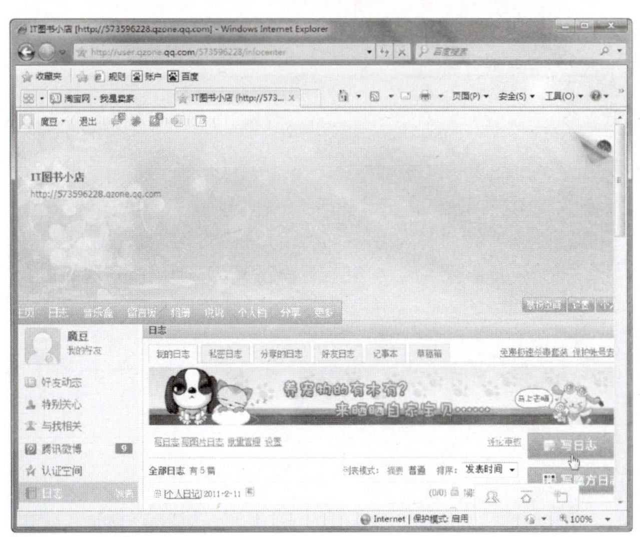

❸ 在弹出网页中设置日志标题，然后在正文区域中输入日志内容，如下图所示。

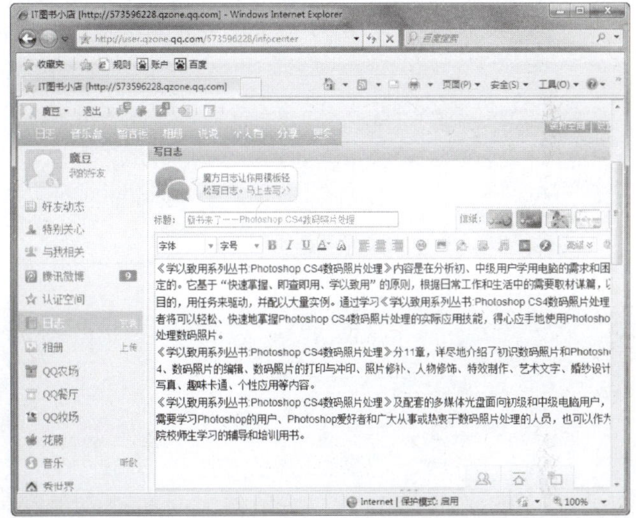

❹ 利用正文区域上方的工具栏设置正文字体格式，如下图所示。

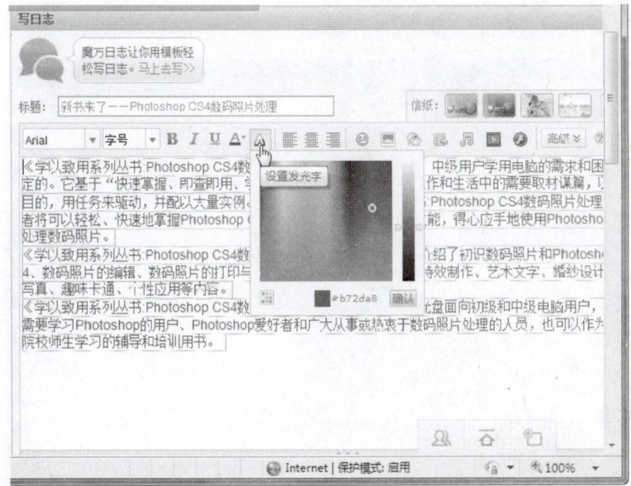

❺ 在工具栏中单击【插入图片】图标，如下图所示。

学以致用系列丛书

重复铺货式开店是指会员以重复铺货为目的，同时经营多家具有相同商品的店铺。这种行为严重干扰卖家正常经营秩序，并破坏买家的购物体验，属于违规行为。

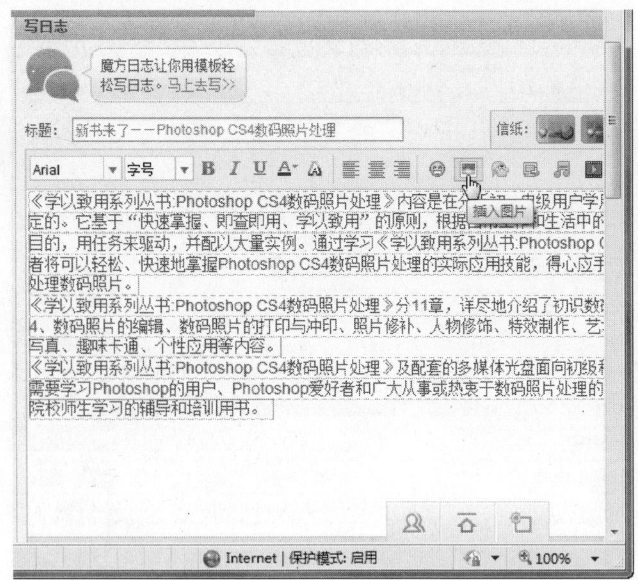

❻ 弹出【插入图片】对话框，然后在【上传照片】选项卡下单击【添加照片】按钮，如下图所示。

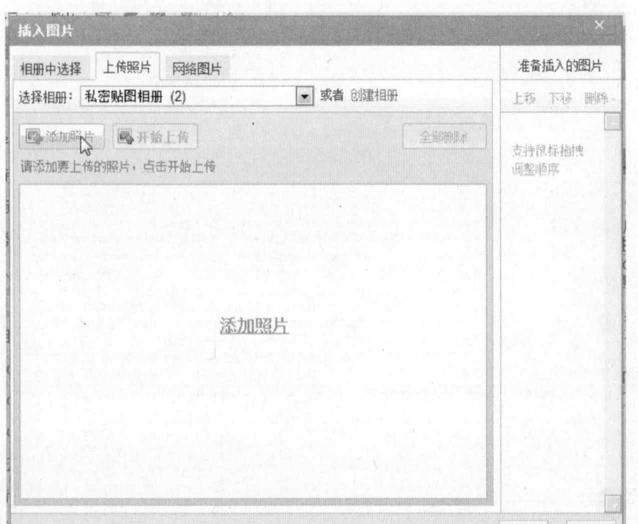

❼ 在弹出的对话框中选择要上传的照片，再单击【打开】按钮，如下图所示。

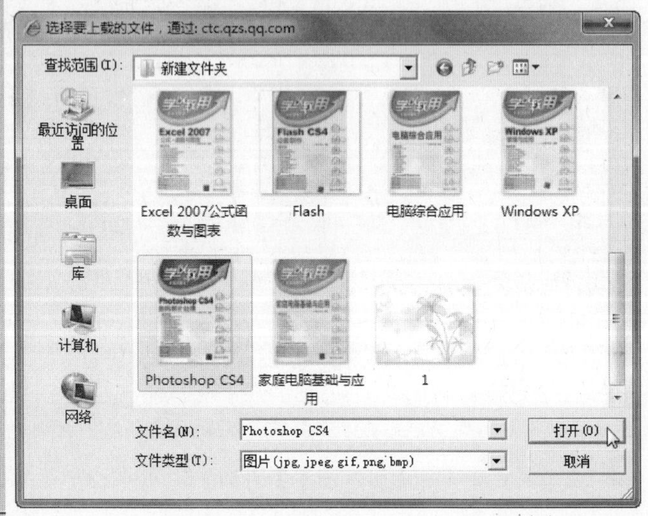

❽ 返回【插入图片】对话框，单击【开始上传】按钮上传图片，如下图所示。

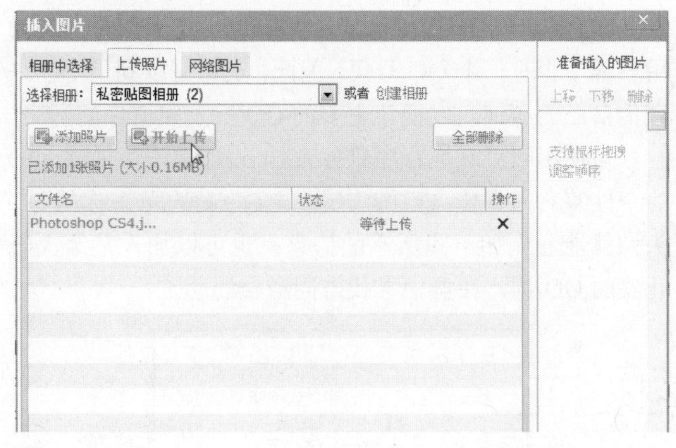

❾ 上传完成后，单击【插入到日志】链接，如下图所示。

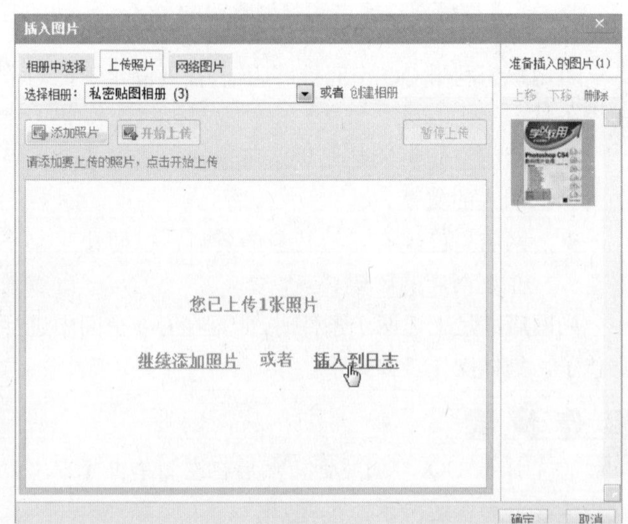

❿ 这时可以发现图片显示在日志正文区域中了，然后调整图片大小，并在工具栏中单击【居中】图标，居中对齐图片，如下图所示。

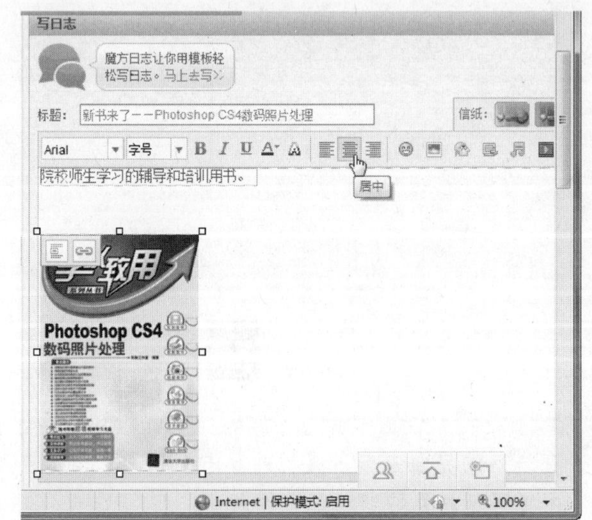

长见识

因为淘宝规则规定一个会员只能开设一家出售相同商品的店铺。所以，会员一旦被判定开设了两家以上出售相同商品的店铺，则会在所有店铺中只保留信用积分最高的那家店铺，而关闭其他几家信用较低的店铺(这类店铺被称为“副店”)。

11 在图片下方输入介绍文字，并调整文字格式，如下图所示。

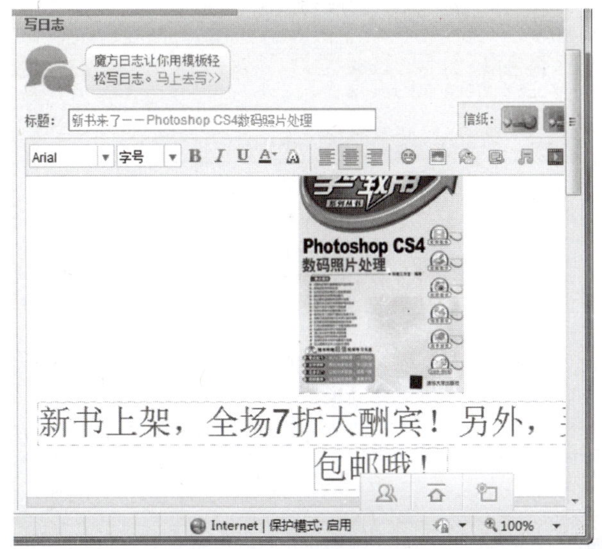

12 在工具栏中单击【高级】按钮，如下图所示。

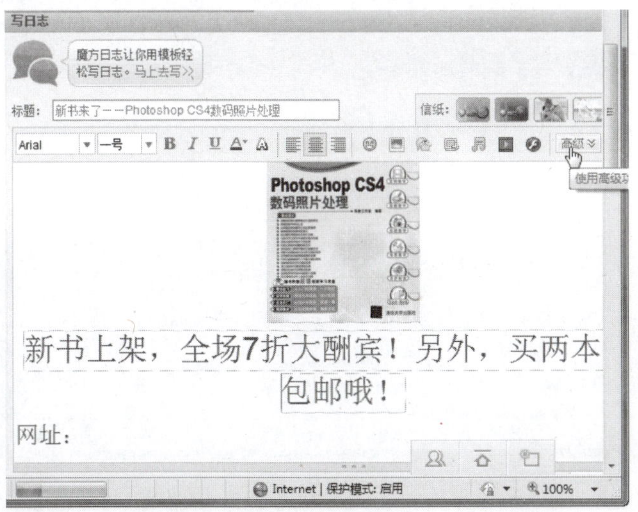

13 在工具栏中单击【插入超链接】图标，如下图所示。

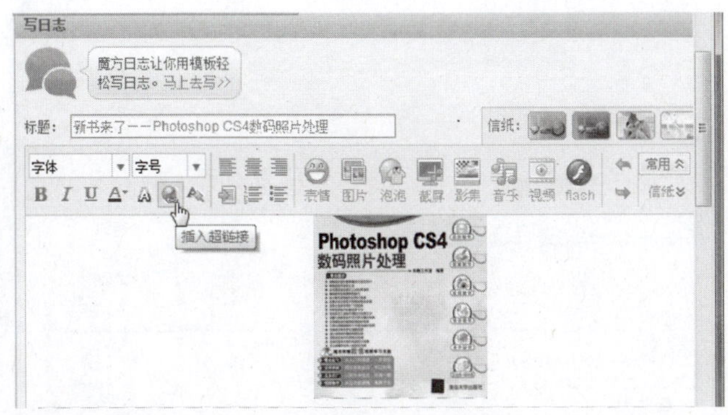

14 在弹出的对话框中输入店铺网址，再单击【确认】按钮，如下图所示。

15 日志正文编辑完成后，单击【添加分类】链接，如下图所示。

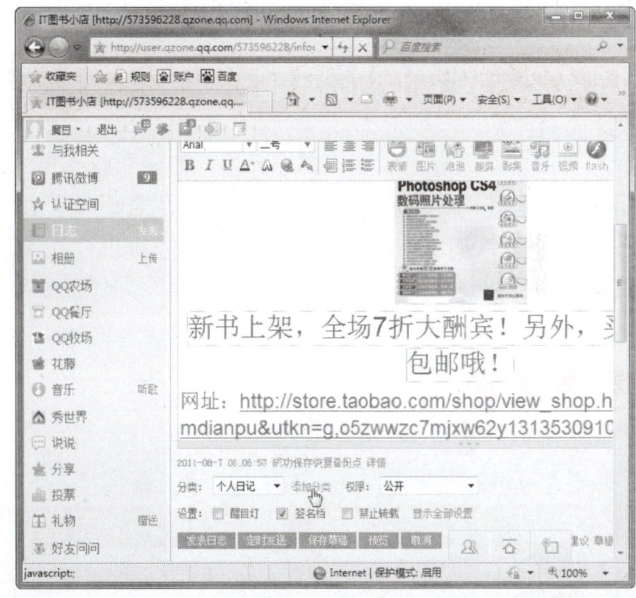

16 弹出【添加日志分类】对话框，输入分类名称，再单击【确定】按钮，如下图所示。

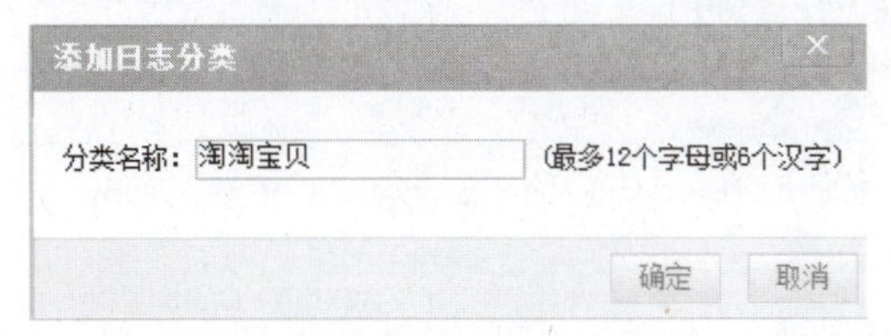

17 接着选择日志权限及设置选项，再单击【发表日志】按钮，如下图所示。

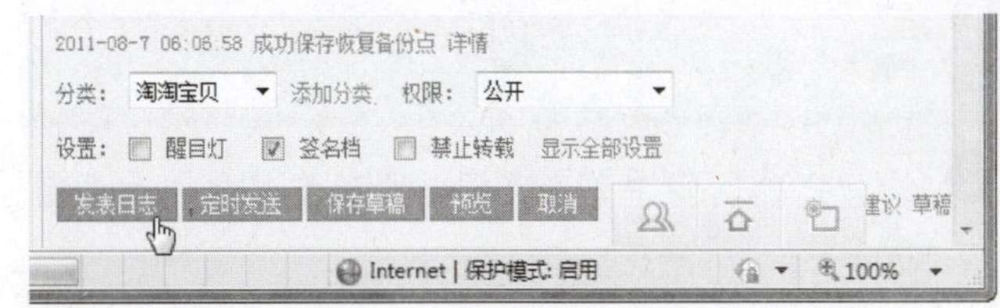

18 日志发表面功，进入如下图所示的页面。

学以致用系列丛书

积分促销是网点常用的促销方式，如酷币得发行的“酷币”(一种虚拟货币)。该促销方式简单易操作，很容易通过编程和数据库等实现，其可信度较高。积分促销一般设置较高的奖品，消费者通过多次购物或多次参加某项活动来增加积分以获得奖品。积分促销可以有效地增加店铺被访问的次数或某项活动的参加人数，提高网店或某项活动的知名度。

长见识

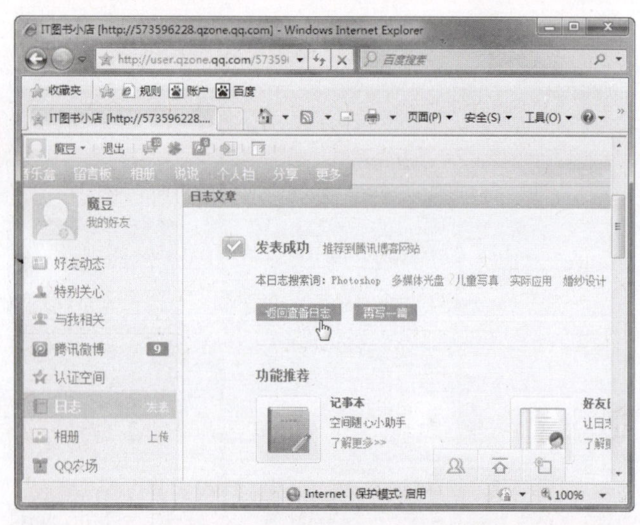

11.4.2　设置网站提醒

巧用网站提醒，能够让卖家在第一时间查收买家发出的信息，并快速作出回应，这对店铺的生意相当重要；淘宝网向卖家发出的网站管理信息，也要及时进行处理。为此，卖家可以设置店铺提醒来提示自己，具体操作步骤如下。

操作步骤

❶ 首先打开【我的淘宝】网页，然后单击【账号管理】选项卡，如下图所示。

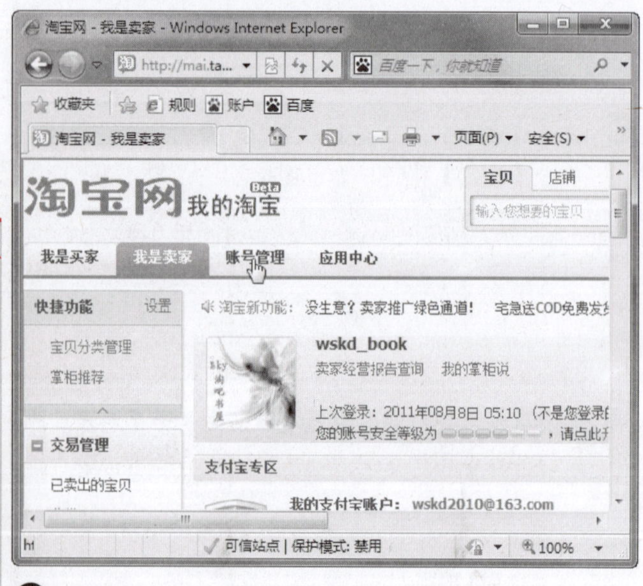

❷ 在弹出的网页中单击【网站提醒】链接，如下图所示。

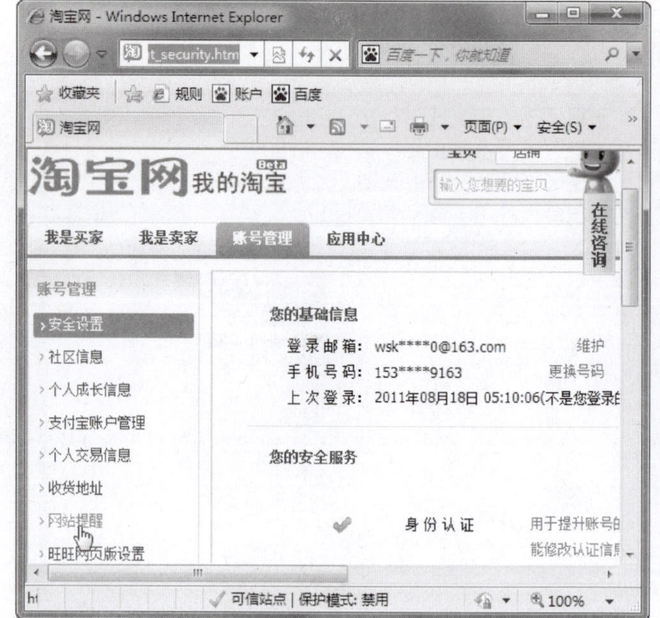

❸ 在进入的界面中单击【消息订阅】选项卡，接着单击【点击这里】链接开通手机，如下图所示。

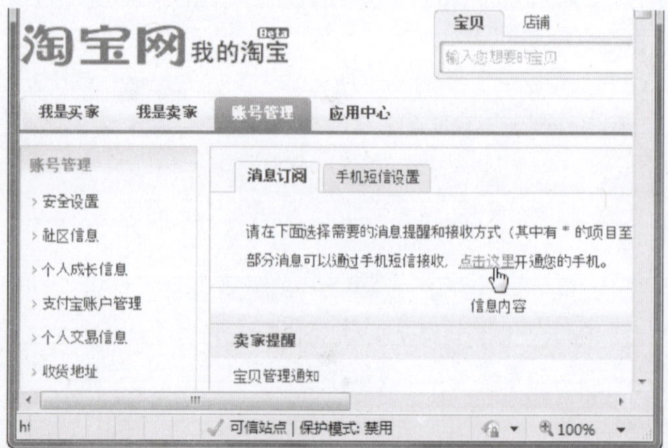

❹ 在进入的界面中输入手机号码和校验码，再单击【下一步】按钮，如下图所示。

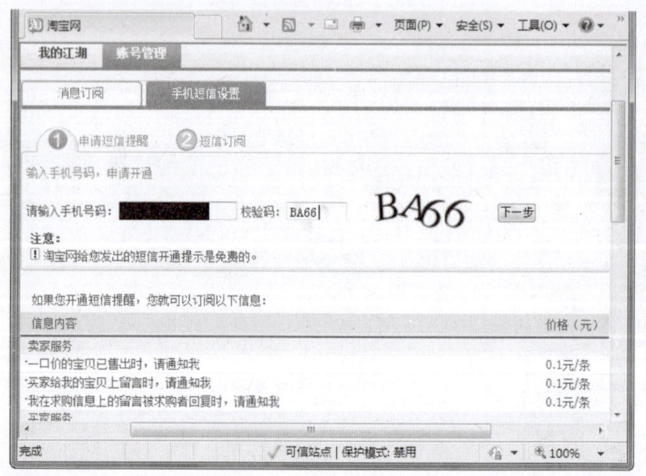

❺ 在进入的界面中输入手机收到的校验码，再单击【确

严重违规行为是指严重破坏淘宝网经营秩序，并涉嫌违反国家法律法规的行为。淘宝对会员因严重违规扣分累计达12分的店铺，会处以屏蔽店铺、限制发布商品、限制发送站内信、限制社区功能及公示警告7天的处罚。

定】按钮，如下图所示。

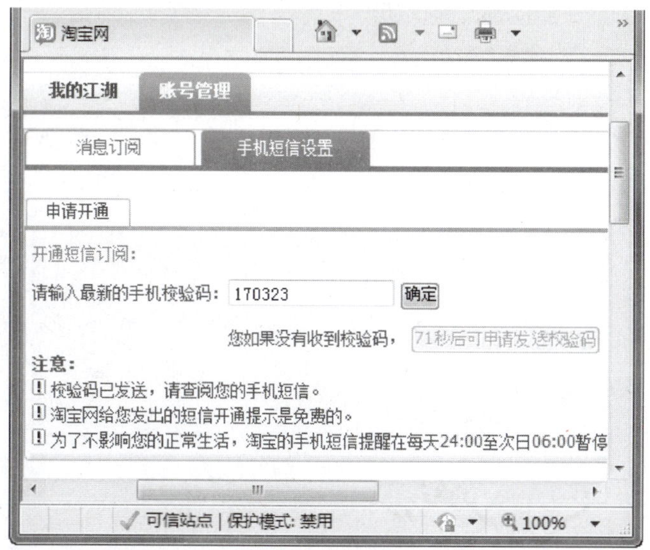

❻ 返回【消息订阅】选项卡，然后向下拖动滑块，设置卖家提醒，如下图所示。

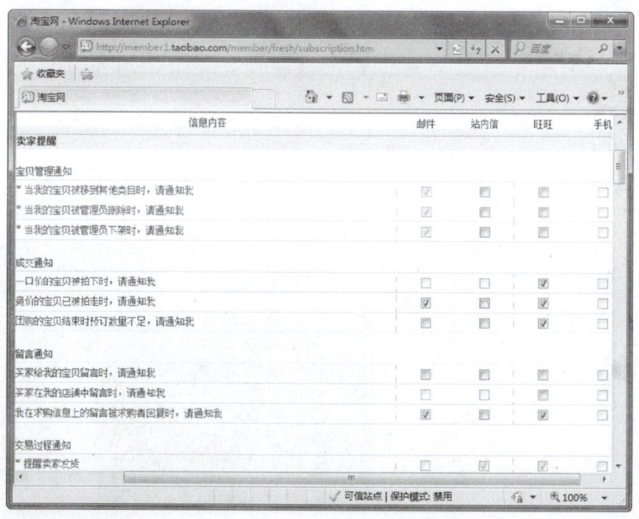

❼ 设置好消息订阅后，单击【确定】按钮，如下图所示。

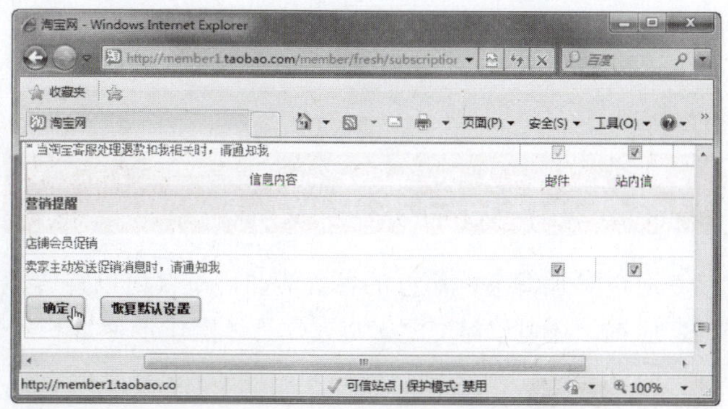

❽ 这时将进入如下图所示的网页，提示成功订阅消息，如下图所示。

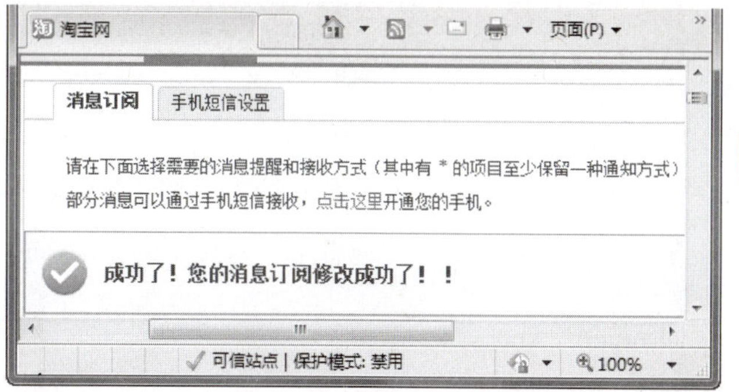

11.4.3 红包发送

“红包”是支付宝公司为卖家提供的一项增值服务，由卖家批量发送，用于支付宝交易中的虚拟优惠券，对于用红包抵用的金额，则由发送红包的卖家承担。

卖家发送红包的好处有以下两点。

❖ 可以自行给客户发放红包，吸引客户在店铺里购物。

❖ 可以自行控制优惠金额，有针对性地给予不同的买家不同的优惠。

在淘吧网店中发送红包的操作步骤如下。

操作步骤

❶ 首先打开【我的支付宝】网页，然后单击【红包】按钮，如下图所示。

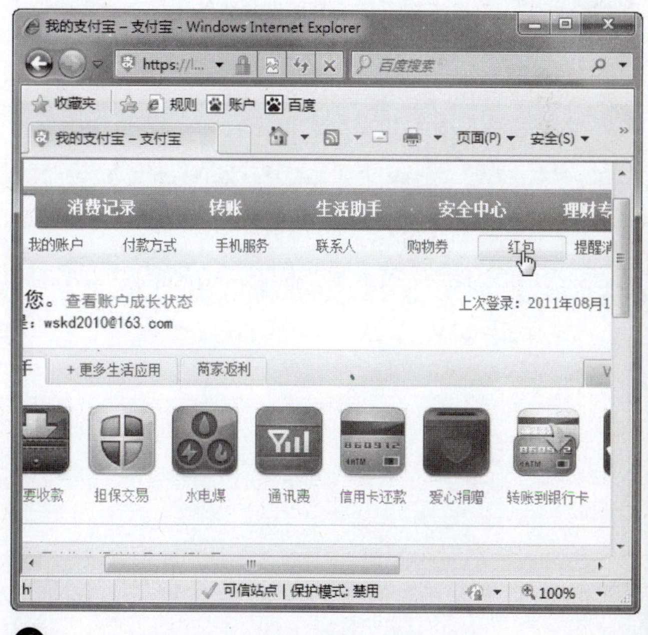

❷ 进入【红包-支付宝】网页，在【我的支付宝】选项卡下单击【发红包】链接，如下图所示。

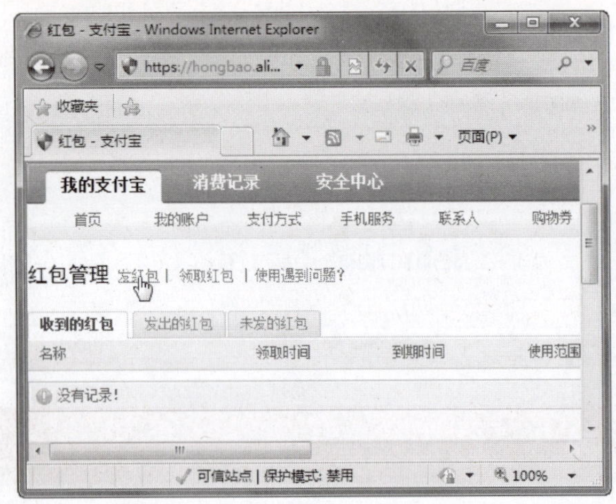

❸ 在弹出的网页中选择发放红包的对象，这里在【给亲朋好友】区域中单击【立即发送】按钮，如下图所示。

❹ 在弹出的网页中填写红包信息，如下图所示。

❺ 向下拖动滑块，设置红包接收成员，再单击【下一步】按钮，如下图所示。

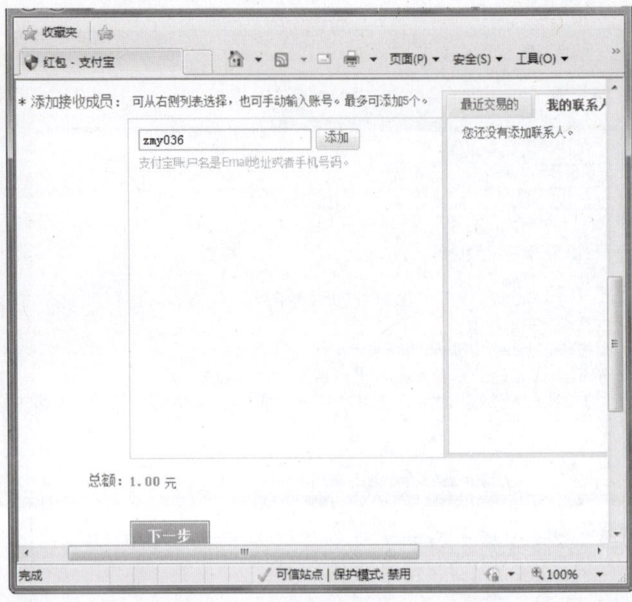

❻ 在弹出的网页中查看红包设置，并输入支付密码，再单击【确认发行】按钮即可，如下图所示。

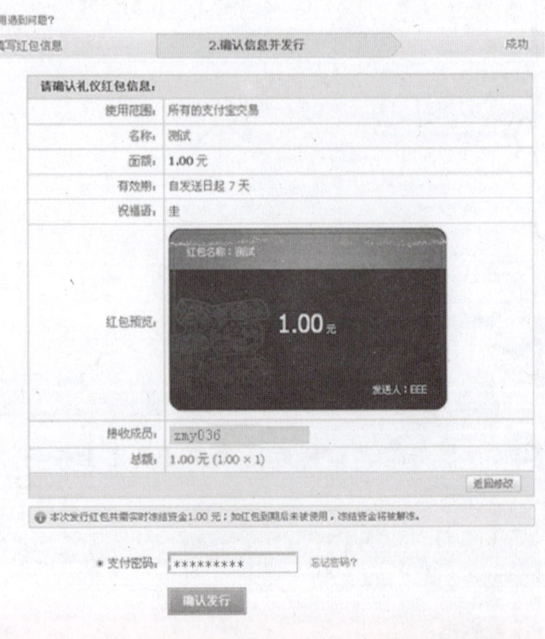

11.4.4 报名各类活动

通过参加淘宝网举办的各类活动，不仅可以宣传、推广店铺，还可以结交更多淘友，具体操作步骤如下。

操作步骤

❶ 首先打开【我的淘宝】网页，然后在【营销中心】下单击【活动报名】链接，如下图所示。

长见识　淘宝对会员因严重违规扣分累计达36分的店铺，将会处以关闭店铺、限制发送站内信、限制社区功能及公示警告21天的处罚。

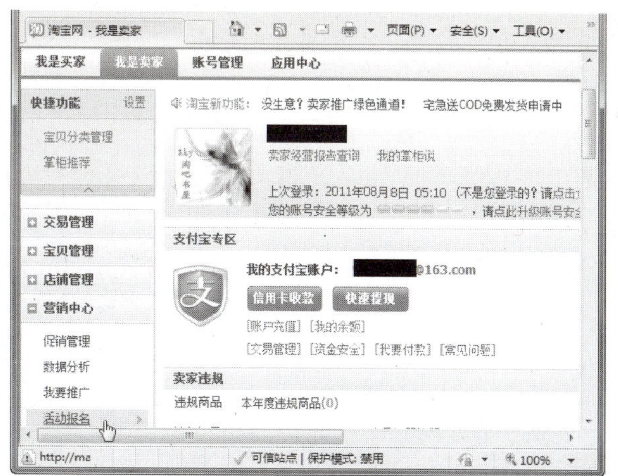

❷ 在弹出的页面中选择要参加的活动，然后单击其右侧的【立即报名】按钮，如下图所示。

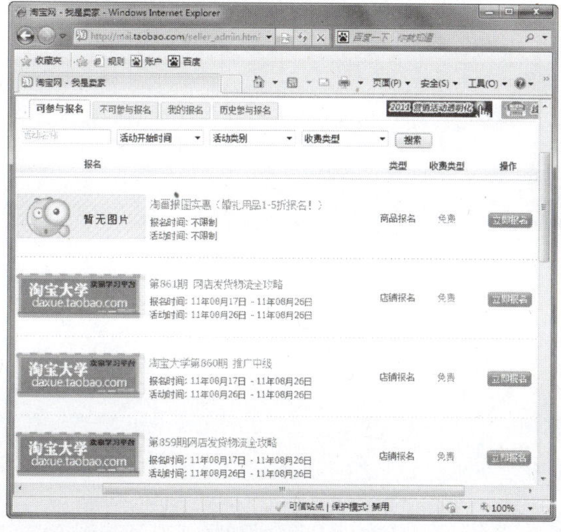

❸ 这时会弹出如下图所示的网页，填写报名信息，再单击【提交报名信息】按钮即可。

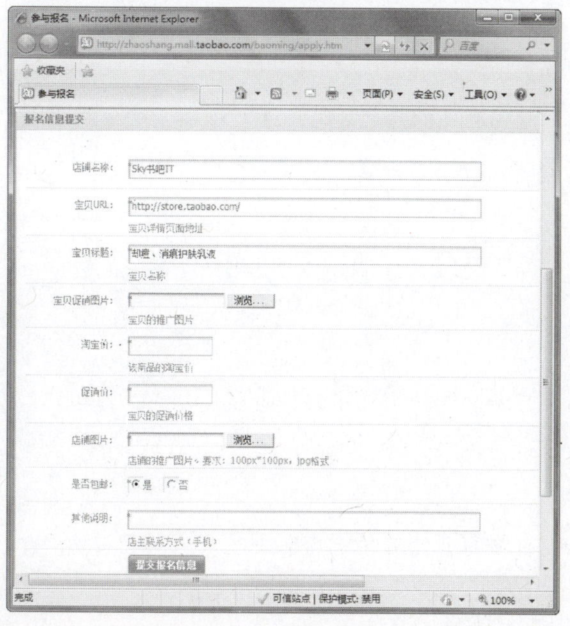

11.4.5 使用百度进行推广

百度是全球最大的中文搜索引擎网站，它分为新闻、网页、贴吧、MP3、图片、视频、空间等模块，而百度空间更是展现自我的网络平台，如果卖家能在百度空间中出现店铺的名字或者信息，可以快速地让更多的网友注意到你的店铺。

在百度首页中直接单击【空间】链接，即可进入百度空间首页(网址 http://hi.baidu.com)，在这里可以像操作 QQ 空间或者其他博客类网站一样，勇敢地秀自己，这里不再赘述。

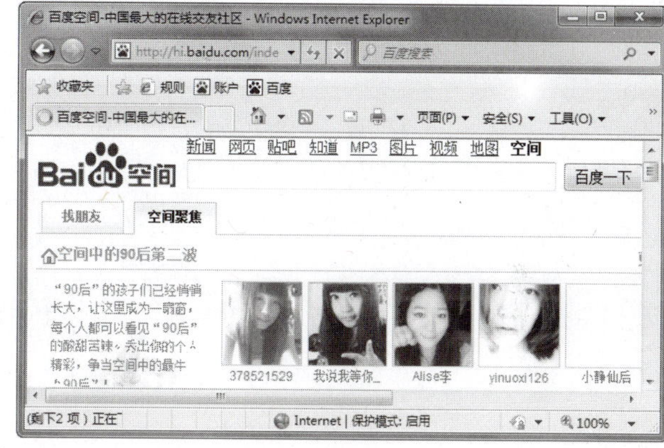

11.5 思考与练习

选择题

1. 下面说法错误的是______。

A. 店铺中的橱窗开始只有 10 个

B. 在店铺交流区发布的帖子可以删除

C. 在店铺中单击【活动报名】选项，可以报名淘宝举办的活动

D. 淘宝举办的活动很多是有时间限制的，要在活动时间内参加

2. 使用下面______方法可以推荐店铺。

A. 橱窗推荐和掌柜推荐

B. 发表日志、参加淘宝活动

C. 修改阿里旺旺和 QQ 的个性签名

D. 以上方法均可

操作题

1. 使用橱窗推荐店铺中新上架的商品。

2. 在博客空间中通过发表日志宣传店铺。

在淘宝网中，若会员因单次违规扣分较大，导致累积扣分满足多个节点处罚条件的，或在被处罚期间又需执行同类节点处罚的，仅执行最重的节点处罚。

第12章 风车雨马——网店物流全攻略

宝贝包装和物流配送是经营网店的两个非常关键的因素。好的包装和物流不仅可以有效地保证商品在运输途中的安全，更可以帮助店家在顾客心中留下一个好印象。这就是本章要为大家介绍的内容，快来看看吧。

学习要点

- ❖ 宝贝的包装
- ❖ 选择快递公司
- ❖ 使用邮局寄送
- ❖ 节省物流费用的技巧

学习目标

通过本章的学习，读者首先应该掌握商品的包装方法及注意事项；其次要求掌握选择物流公司的注意问题，并通过对比，选择出适合自己店铺的快递公司；最后掌握一些节省物流费用的方法。

12.1 宝贝的包装

产品的包装是产品的重要组成部分，它不仅在运输过程中起保护的作用，而且直接关系到产品的综合品质。为了方便起见，下面把包装分为内包装、中层包装、外包装及辅助包装四种进行讲解。把握好这些包装技术，可以使用自己的商品避免损失，减少麻烦。

1. 内包装

内包装即最接近于商品本身的那层包装材料。因为淘宝销售的产品一般已有厂家供应内包装，所以这里只介绍使用得比较多的几种袋子。

1) OPP 自封袋

作用：保持商品整洁、增加商品美感。

优点：透明度特别好，显得很干净、美观、上档次。

缺点：它的材料特别脆，比较容易破，而且不能反复使用。

适用范围：文具、小饰品、书籍、小电子产品等需要给人干净整洁、无需再次装回的商品。下图为采用 OPP 自封袋包装的玩具车。

使用方法：封口处自带一条粘胶，撕下覆盖膜一粘就粘上了，很方便。

2) PE 自封袋

作用：防潮防水、防止物品散落。

优点：材质柔软、韧性好、不易破、可反复使用。

缺点：透光度一般。

适用范围：邮票、明信片、小样化妆品、纽扣、螺丝、小食品等需要归纳在一起或经常要取的商品。下图所示为 PE 自封袋。

使用方法：封口处有一条红色的凹凸带子，轻轻一按或撕开就能闭合。

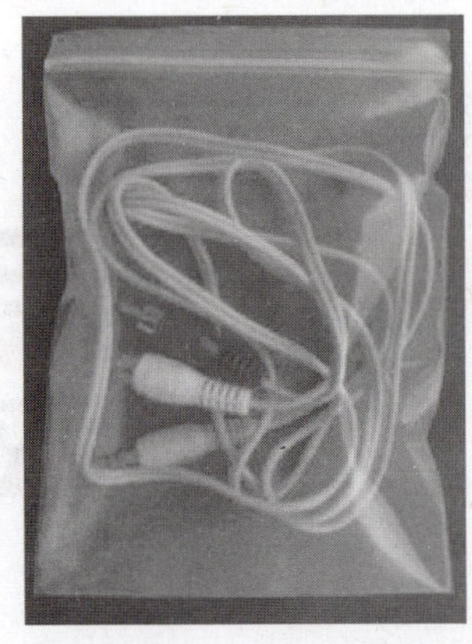

3) 热收缩膜

热收缩膜顾名思义就是遇热就收缩的薄膜，就是大家平时看到的桶装方便面外面那层薄膜。淘宝在卖自产食品、小玩具时可能会用到，可以去超市买一些保鲜膜、将食品裹起来，用吹风机热的那头一吹，薄膜就会紧紧缩起来，相当于一个简单的抽空方法，可以保证食品的新鲜。下图所示为热收缩的包装材料。

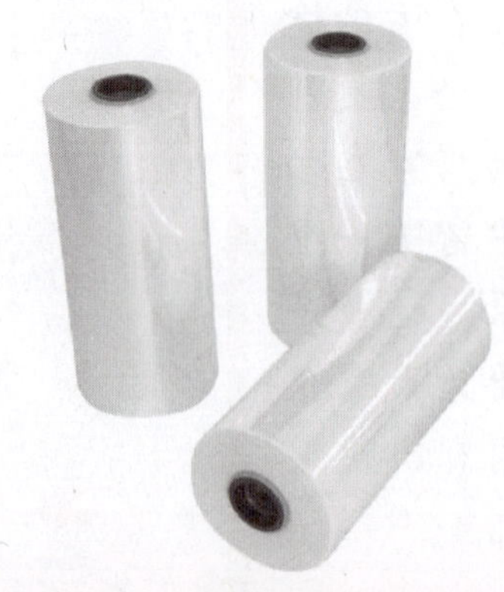

2. 中层包装(填充层)

中层包装就是产品距离箱子之间的空隙的填充材料。一般使用报纸、纸板等就可以了。

1) 气泡膜

气泡膜是保护商品，防震、防压、防刮花的最好材料，淘宝里电子数码产品、化妆品、工艺品、家电家具、玩具等用得最多。下图所示为气泡膜。

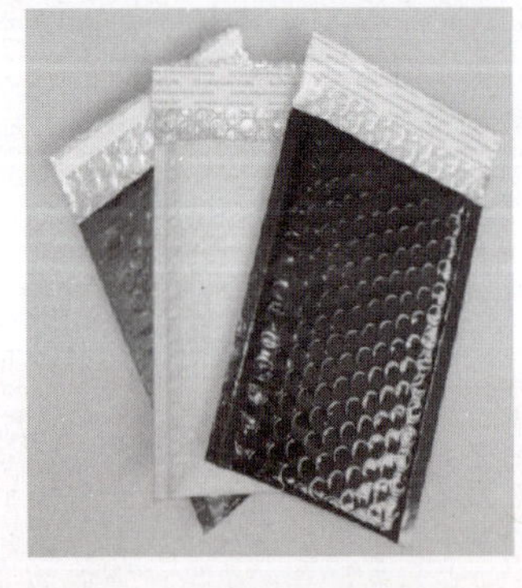

长见识：卖家发货后，系统会自动把发货信息提示给买家，从此时开始，若买家未在以下时限内确认收货并且未申请退款，淘宝会通知支付宝打款给卖家：①自动发货商品一天内；②虚拟商品三天内；③快递、EMS 及不需要物流的商品十天内；④平邮商品三十天内。

2) 珍珠棉、海绵

珍珠棉用得最广的是玻璃品、手机、数码产品等商品的防刮花和防潮，它也有轻微的防震作用。

珍珠棉有薄有厚，薄至 0.5mm，厚至 6cm，薄的可以拿来包裹，厚的可以拿来切片、做模，固定产品，作用类似于泡沫块。下图所示为珍珠棉。

海绵密度比较低，更软，和珍珠棉差不多作用。

3) 其他填充物

除了以上的填充物，还有很多填充物可以选择，最廉价的就是报纸，一份 5 毛钱的报纸可以填充好多个箱子，也是不错的选择，建议各店长根据自己的商品特色来选择，利润大的可以选稍微高档点的材料，利润小的可以选报纸、纸板，只要装整齐了，就没有难看的。这里特别提一个小方法，就是包水果的那种网格棉，也是不错的填充物，有兴趣的可以找家水果摊问问。下图所示是食品常用填充物包装风格。

3. 外包装

外包装常用的有纸箱、包装袋以及各种纸类等。

1) 纸箱

纸箱(如下图所示)分为瓦楞纸箱和无瓦楞纸箱，瓦楞纸箱又分为三层、五层、七层甚至更多，邮局邮政和淘宝上销售的绝大多数纸箱都是瓦楞纸箱。无瓦楞纸箱就是装电脑配件的那种纸箱。

2) 包装袋

作为外包装的包装袋一般有布袋、编织袋及邮政复合气泡袋三种。

纯棉白布袋优点是韧性好、美观，适合装不怕压的东西，例如，书、衣服、抱枕等，但一定要注意布袋是不防水的，所以还需要给商品加个内包装，如左下图所示。

编织袋又称蛇皮袋，很结实。编织袋适用于装大件的柔软东西，邮局、快递、物流都能使用，但需要注意的是，去邮局的话，编织袋必须和布袋一样缝起来，不然不准寄，如下图所示。

邮政复合气泡袋是最高档的一类外包装袋子，里面是非常厚的气泡，防震效果不错，外观也很美观，很上档次，相应的价格也比较贵，因为是邮局出品，所以在邮局使用一般都不会受到什么阻碍。

3) 纸类

作为书籍等纸类，有些卖家发的是印刷品，印刷品可以用牛皮纸包起来，也可以装在普通信封里，如下图所示。

不需要物流的商品并不是指虚拟商品或自动发货商品，是指实物商品，但不需要或不通过物流公司来运送的商品。例如：买家自己到卖家那里取货，卖家给同城买家上门送货，或者卖家有自己的送货渠道来解决货物运送的问题等。

4. 辅助包装

一般来讲，上面三步就已经完成了一个商品的包装，但是要想在激烈的竞争中区别于对手，就需要花一点心思来完善或提升自己的商品形象，这就是商品的延伸价值。

1) 警示不干胶

特别推荐，这个几乎不增加成本的小东西非常能够体现卖家细腻，是卖家拥有许多老顾客的好帮手。

2) 带邮政字样的封箱胶带

有透明的和黄色的两种。全国大多数地区邮局都要加收 1 元的包装费，而有的邮局允许自带胶带，但只允许带有“中国邮政”字样的胶带，有了这个东西，可能会帮你节约这 1 元钱。

3) 带提示语的白色封箱胶带

如果是发快递，而所发的东西比较容易压坏，那么在内包装使用了气泡膜的同时，还可以考虑使用这种带提示语的白色封箱胶带，在提示快递员轻拿轻放的同时，更能让买家感觉到卖家工作的细致。

12.2 选择快递公司

随着网络技术的应用，网络买卖越来越火爆。在网络交易过程中，必须使用快递来发货(买卖双方在同一城市的情况除外)。那么，在多如牛毛的快递公司(如圆通、申通、中通、汇通、韵达、顺丰、天天快递等)面前，该如何选择既合适自己，在发生纠纷时又能保障我们自己利益的快递公司呢？下面给出几点建议。

(1) 尽量使用本地经过正规注册的规模较大的快递公司。这类快递公司具有工商注册的法人资质，如果卖家是企业或大宗业务客户，在合作前一定要查看该快递公司的营业执照(最好是原件)，并通过工商局网站等途径求证营业执照的真伪及有效期限，这些程序虽然麻烦，但是能最大限度地保护卖家的利益。

(2) 选择的快递公司应当是在邮政管理部门备案的企业。大家可以致电邮政管理局市场监管处查询。

(3)选择快递服务标准达标的企业。国家邮政局出台的《快递服务标准》向达标的快递公司颁发了达标证书。您可以询问该公司是否属于达标企业，还可以通过该公司网站或邮政管理局网站查询，如果快递之家 www.kiees.cn 上有链接更好。

(4) 选择快递业务员素质相对较高的快递公司。在一般情况下，从快递业务员的行为举止、业务水平上可透露出该公司整体员工的素质状况、公司对员工的培训能力，如业务熟练程度(包括处理快件的速度与准确性、运单询问、处理快件的接件、包装)等。

(5) 选择有经营实力的快递公司。如果您是企业或大宗业务客户，可以实地考察他们在市内所设的快件操作站点、办公场地以及转运中心的服务能力，包括车辆、作业设备等、呼叫中心或查询系统。

(6) 选择能提供运单与正规发票的快递公司。规范的快递公司一般都提供带有条形码且印刷质量精良的运单，并能主动或在要求的情况下提供正规发票。

(7) 选择电子商务“网购”平台推荐的快递物流公司。电子商务“网购”平台推荐的快递企业都是经过审核的快递公司，相对较为可靠。

(8)选择服务性价比较高的快递公司。我们不要单纯地把“价格低”作为选择快递公司的唯一标准，建议参考服务时限、安全可靠和快件信息跟踪等因素综合评估后再选择。

下面为大家简单介绍一下各快递公司，以便帮助用户选择合适的快速公司。

1. 圆通快递

圆通快速公司成立于 2000 年，是国内大型民营快递品牌企业，该公司的快递业务涵盖报关、海运、空运进出口货物的运输服务；中转、国际国内的多式联运；分拨、仓储及特种运输等一系列的专业物流服务；提供国内件、国际间、限时服务。官方网站 http://www.yto.net.cn，如下图所示。

1) 运费

省内首重多是按 8 元/kg 收费，续重是 6 元/kg；省外首重多是按 10 元/kg 收费，续重是 8 元/kg。

长见识　描述不符，是指买家收到的商品与达成交易时卖家对商品的描述不相符，卖家未对商品瑕疵、保质期、附带品等必须说明的信息进行披露，妨害买家商品满意权益的行为。针对卖家对商品描述不符的处罚，会根据不同情况扣 3 分、6 分、12 分不等。

注意

上述收费仅供参考，最终运费以受理时的实际保价为标准。

2) 赔付

❖ 货物丢失或损毁赔付。对未保价的物品，按实际损毁和丢失物品的价值进行赔偿，最高赔偿金额不超过 1000 元，同时要退还物流公司收取的其他费用；对已保价的物品(保价率是 1%)，按物品实际价格进行赔偿，最高赔偿金额不超过投保金额(投保金额最高限额 10000 元)，同时要退还除保价费以外的其他费用。

❖ 破损赔付。对未保价的物品，视物品破损程度按实际运费的 3～5 倍进行赔偿，如果运单上所填写的申报价值低于实际运费的 3 倍，则按照申报价值赔偿；对已保价的物品(保价率是 1%)，视物品破损程度的价值决定赔付金额，最高赔偿金额不得超过投保金额(投保金额最高限额 10000 元)。

3) 优点

价格便宜，速度快，一般在 3～4 天内即可到达。

4) 缺点

网点不够广泛，偶尔有丢失邮件等情况，员工素质因人而异。

2. 宅急送

宅急送成立于 1994 年，是国内著名的物流公司之一，在全国建立了庞大的“快运网络”，业务覆盖全国 2300 多个城市和地区，并深入到乡镇。有快件、当日递、次日递、隔日递和普件，朝发夕至。其官方网站：http://www.zjs.com.cn，如下图所示。

提示

❖ 当日递：是指当日 12:00 前取件，当日 18:00 前送达的速递服务。

❖ 次日递：是指当日 17:00 前取件，后一个工作日 18:00 前送达的速递服务。

❖ 隔日递：是指当日 17:00 前取件，后两个工作日 18:00 前送达的速递服务。

❖ 普件：是指当日 17:00 前取件，后 5～6 个工作日 18:00 前送达的速递服务。

目前，宅急送公司已经形成了快递产品、快运产品、电子商务产品共同发展的业务格局，可以针对公司中小型项目客户，量身定制集仓储、快递、物流于一体的个性化服务方案。

1) 运费

省内首重多是按 9 元/kg 收费，续重是 2 元/kg；省外首重多是按 15 元/kg 收费，续重是 3 元/kg。

注意

上述收费适用于一般货物的标准快递服务，不适用于贵重、易碎的物品及非标准服务。

2) 赔付

❖ 货物丢失或损毁赔付。对未保价的物品，按物品的实际价值赔偿，最高赔偿金额不超过 1000 元，同时要退还物流公司收取的其他费用；对已保价的物品(保价率是 3%)，按实际损失价值进行赔偿，最高赔偿金额不超过投保金额，同时要退还除保价费以外的其他费用。

❖ 破损赔付。对未保价的物品，按物品实际损失价值赔偿，最高赔偿金额不超过 5 倍邮费且不超过 300 元，同时要退还物流公司收取的其他费用；对已保价的物品(保价率是 5%)，按物品实际损失价值赔偿，最高赔偿金额不超过投保金额，同时要退还除保价费以外的其他费用。

3) 优点

网点多，服务不错，物品破损和丢失率相对较低。

4) 缺点

价格稍贵，全国各地 15～28 元不等。

3. 申通快递

申通快递品牌创建于 1993 年，是国内最早经营快递业务的品牌之一，经过十多年的发展，在全国各省会城市(除台湾)以及其他大中城市建立了 800 多个分公司，吸

申通快递经过十多年的发展，于 2007 年成立了申通快递有限公司，简称“申通快递”，是申通快递网络的总部，拥有注册商标“STO 申通快递”。申通快递负责对申通快递网络加盟商的授权许可、经营指导、品牌管理等。

收 1100 余家加盟网点，形成了完善、流畅的速递网络。申通快递主要提供跨区域快递业务，承接非信函、样品、大小物件的速递业务，主要经营市内件、省际件和国际件。下图所示为该公司的官方网站。

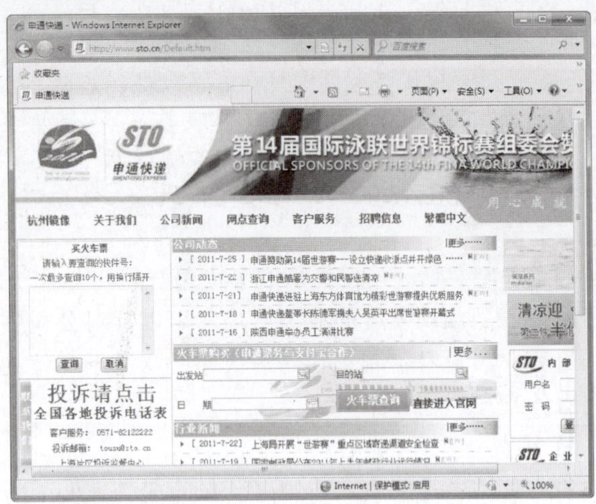

1) 运费

首重多是按 15 元/500g 收费，续重是 5 元/500g；若续重超过 10kg，则给予免首重费的优惠，但是续重价格较高，按 10 元/500g 收费。

2) 赔付

❖ 货物丢失或损毁赔付。对未保价的物品，按实际损毁和丢失物品的价值进行赔偿，最高赔偿金额不超过 1000 元，同时要退还物流公司收取的其他费用；对已保价的物品(保价率在 0.1%～1%之间不等)，按实际损毁和丢失物品的价值进行赔偿，最高赔偿金额不超过 1000 元，同时要退还除保价费以外的其他费用。

❖ 破损赔付。对未保价的物品，视物品破损程度按实际运费的 3～5 倍进行赔偿，最高赔偿金额不超过 300 元，如果运单上所填写的申报价值低于实际运费的 3 倍，则按照申报价值赔偿；对已保价的物品，视物品破损程度的价值决定赔付金额，最高赔偿金额不得超过投保金额。

3) 优点

网点广，速度在 4 天内，运输相对安全，很少有丢件、损件的事故。

4) 缺点

价格较贵，服务质量一般，这跟各地方的员工素质有关。

4. 中通速递

中通速递服务有限公司创建于 2002 年，是一家集物流与快递于一体、综合实力位居国内物流快递企业前列的大型集团公司，注册商标“中通®”(或“zto®”)。下图所示为该公司的官方网站。

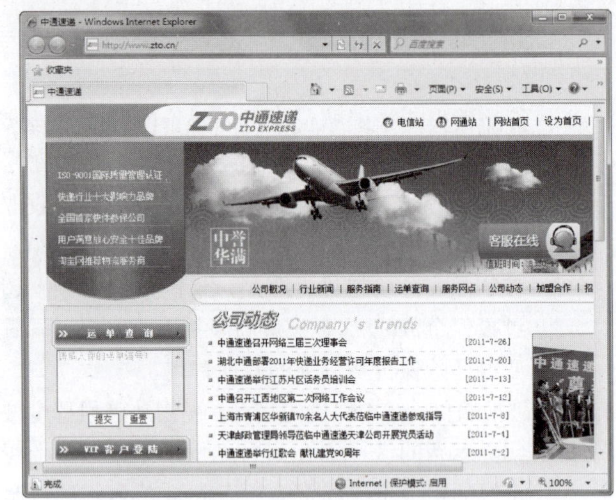

目前，公司具有 3000 余个服务网点，分拨中心 43 个，运输、派送车辆 8000 多辆。公司主要经营国内快递、国际快递、物流配送与仓储等。中通快递提供“门到门”的快递服务和限时(当天件、次晨达、次日达等)服务。

1) 运费

省内首重多是按 8 元/500g 收费，续重是 6 元/500g；省外首重多是按 10 元/500g 收费，续重是 8 元/500g。

2) 赔付

❖ 货物丢失或损毁赔付。对未保价的物品，按物品的实际价值进行赔偿，最高赔偿金额不超过 1000 元，同时需退还物流公司收取的其他费用；对已保价的物品(保价率是 2%)，按物品的实际价值进行赔偿，最高赔偿金额不超过投保金额(保价最高限额为 10000 元/票)，同时需退还除保价费以外的其他费用。

❖ 破损赔付。对未保价的物品，按物品的实际损失价值赔偿，最高不超过 5 倍邮费且不超过 300 元，同时需退还物流公司收取的其他费用；对已保价的物品，按物品实际损失价值赔偿，最高赔偿金额不超过投保金额，同时需退还除保价费以外的其他费用。

3) 优点

网点多，江西、湖北一带的速度比较快。

4) 缺点

除江西、湖北之外的其他地方的速度较慢，有高收费现象，服务质量一般，这与员工的素质有关。

长见识 描述不符情形一：卖家对商品材质、成分、品质等信息的描述与买家收到的商品严重不符，或导致买家无法正常使用的，每次扣 12 分。

12.3　使用邮局寄送

邮局又称邮电局，英文名称是 post office，是国营的信息产业，主管全国邮政业务。下面将为大家介绍如何使用邮局寄送。

12.3.1　普通包裹

邮政包裹是邮政部门所传递的经过妥善包装、适于邮寄的物品，是邮件的一种。邮局分布广泛，适合中国大陆地区。下图所示为中国邮政的官方网站。

中国邮政普通包裹资费标准为：实际费用=包裹费用+3 元挂号费+保价费+0.5 元单据费，以包裹重量每 500g 为单位计算，不足 500g 的按 500g 计算，首重费用为 6 元/500g，续重费用各地区不同。

普通包裹的详情单如下图所示，下面看看如何填写该单据。

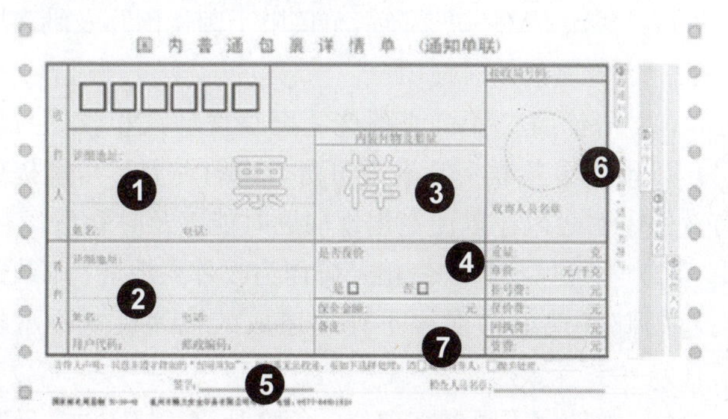

1. 收件人信息栏：为了邮件安全、快速传递，请在收件人栏中详细、准确地填写收件人的姓名、联系电话、工作单位、个人详细地址以及邮政编码等信息。
2. 寄件人信息栏：在寄件人栏中详细、准确地填写寄件人的姓名、有效的联系电话、单位名称、个人地址(也可以省略不填写)以及邮政编码等信息。

提示

寄件人地址可写也可不写。
如果有用户代码，请在寄件人栏中准确填写。

3. 内件品名及数量：请注明内装物品的具体名称和数量。
4. 保价栏：如果需要保价，请在此项栏中选中【是】单选按钮，并注明要保价的金额，最高不应超过十万元人民币。
5. 寄件人签名：寄件人确认所填写内容无误，并认可详情单背面使用须知后签名。
6. 收件人签名：收到邮件时需签名(或盖章)确认并填写具体收到邮件的日期、时间。若是他人代签收，签名(章)后，还需注明有效证件名称、号码和代收关系。
7. 备注：如果需要说明情况，请在此栏填写。

12.3.2　快递包裹

邮局快递包裹同样适用于中国大陆地区，在中国邮政快递包裹资费标准基础上，包裹资费打 7 折(实际费用=包裹资费×0.7+3 元挂号费+保价费+0.5 元单据费，订购时系统显示费用为实际费用)，包裹首重 1kg 为一个计算单位，续重以每 500g 为计算单位，不足 500g 的按 500g 计算。邮费为 10 元/kg，续重费用各地区不同。下图所示为快递包裹详情单，其填写方式参考普通包裹详情单。

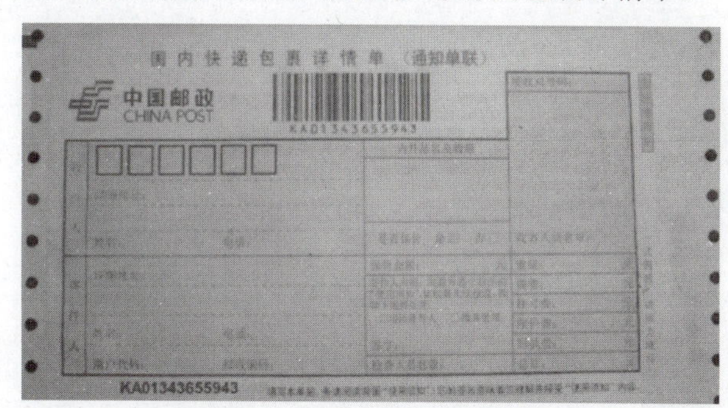

(1) 优点：适用范围为中国大陆地区。

(2) 缺点：费用相对比别的快递公司贵；速度较慢，经常出现不能在承诺时间内寄到的情况；邮局工作人员不派送邮件，需要自带身份证去邮局取件。

12.3.3　全球 EMS 特快专递

EMS(Express Mail Service)特快专递业务自 1980 年

描述不符情形二：卖家未对商品瑕疵等信息进行披露或对商品的描述与买家收到的商品不相符，且影响买家正常使用的，每次扣 6 分。

开办以来，业务量逐年增长，业务种类不断丰富，服务质量不断提高。除提供国内、国际特快专递服务外，EMS相继推出国内次晨达和次日递、国际承诺服务和限时递等高端服务，同时提供代收货款、收件人付费、鲜花礼仪速递等增值服务。

EMS 拥有首屈一指的航空和陆路运输网络。依托中国邮政航空公司，建立了以上海为集散中心的全夜航航空集散网，现有专用速递揽收、投递车辆 2 万余部。覆盖最广的网络体系为 EMS 实现国内 300 多个城市间次晨达、次日递提供了有力的支撑。

EMS 具有高效发达的邮件处理中心。全国共有 200 多个处理中心，其中北京、上海和广州处理中心分别达到 3 万平方米、2 万余平方米和 3.7 平方米。同时，各处理中心配备了先进的自动分拣设备。亚洲地区规模最大、技术装备先进的中国邮政航空速递物流集散中心已经在南京建成并投入使用。

EMS 还具备领先的信息处理能力。建立了以国内 300 多个城市为核心的信息处理平台，与万国邮政联盟(UPU)查询系统链接，可实现 EMS 邮件的全球跟踪查询。建立了以网站(www.ems.com.cn)、短信(10665185)、客服电话(11185)三位一体的实时信息查询系统。下图所示是邮政速递物流的官方网站，在这里可以了解 EMS 特快专递产品、查询 EMS 特快专递邮件、指导新手完成 EMS 特快专递操作等。

1. 全球 EMS 特快专递详情单

在邮寄国际快件时，需要添加如下图所示的 EMS 邮件详情单。

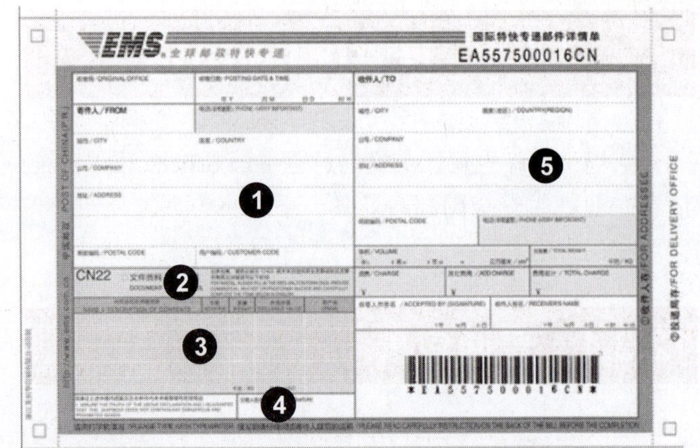

下面将介绍一下如何填写国际 EMS 特快专递详情单。

1. 寄件人信息栏：请使用英文或法文逐项详细、准确、如实地填写寄件人的姓名、有效的联系电话(以便在出现问题时能够及时联系)、个人地址(包括居住的城市、国家、街道以及门牌号等)、公司名称以及邮政编码等信息。如果有用户代码，请填写。
2. 内件分类：请注明邮件的内件性质。
3. 报关栏：请在该栏中注明邮件内含的物品、件数、重量、申报价值、物品的产地等信息。
4. 寄件人签名：寄件人在确认所填写的内容，并认可详情单背面使用须知后，在此栏中签名。
5. 收件人信息栏：为了确保邮件安全、快速传递，请使用英文或法文在收件人信息栏中详细、准确、如实地填写收件人的姓名、有效的联系电话、所居住的城市、国家、个人详细地址、公司名称以及邮政编码等信息。

2. 全球 EMS 特快专递详情单填写注意事项

在填写全球 EMS 特快专递详情单时，需要注意以下几点。

(1) 全球 EMS 快递详情单仅限于邮寄国际及港澳地区的特快专递邮件时使用。

(2) 请使用打字机或圆珠笔填写寄件人和收件人信息，以使本单各联字迹清晰可辨。同时，要尽可能提供有效的电话号码，以便在出现问题时能够及时联系。

(3) 不可只将邮政信箱号码作为收件人地址；邮政部门对因邮件地址错误或不详所造成的投递延误不承担责任。

(4) 邮件内不得夹寄现金、危险品等《邮政法》及其实施细则、寄达国(地区)法律所规定的禁寄物品以及航空公司禁止作为邮件交运的物品；对寄件人违反禁、限寄规定所造成的一切损失、邮政部门将保留追究其法律责任的权利。

长见识

描述不符情形三：卖家未对商品瑕疵(指不影响商品本身功能和质量的小缺陷，如衣服上的个别跳线)等信息进行披露或对商品的描述与买家收到的商品不相符，但未对买家正常使用造成实质性影响的，每次扣 3 分。

(5) 邮件应使用符合邮政规定的封装材料，按照内装物品性质妥为封装，以确保邮件安全。

(6) 根据国际航空运输协会的相关规定，当邮件的体积重量大于实际重量时，邮件的运费标准按照其体积重量予以收取。具体计算公式如下

体积重量 = 长(cm)×宽(cm)×高(cm)÷6000

(7) 为了保证物品类邮件顺利通关，请用英文或法文详细、如实填写内件品名、件数、申报价值及原产地等项目，同时，任何物品类邮件都应随附以英文填写的邮政 CN23 报关单和形式发票一式两份，否则将可能导致通关延误。

(8) 寄往香港地区的速递邮件，单件重量不能超过 40 公斤，寄往其他国家和地区的速递邮件，单件重量不能超过 30 公斤。

12.3.4 国内 EMS 特快专递

我国邮政在 1984 年开办了国内特快专递业务(又称为 EMS 快递)，它作为邮政的精品业务，以高速度、高质量为用户传递国内紧急文件资料及物品，同时提供多种形式的邮件跟踪查询服务。目前，国内已有近 2000 个市、县开办了此项业务。国内特快专递业务包括国内异地特快专递业务和同城特快专递业务。

在使用 EMS 特快专递时，寄件人可以在工作人员取快件时先付清款项，也可以选择收件人付费业务，它包括分散交寄分散付费、分散交寄集中付费、分散交寄第三方付费、集中交寄分散付费四种。目前仅办理国内特快专递收件人集中付费业务、国内特快专递第三方付费业务两种。下图所示是国内 EMS 特快专递邮件详情单。

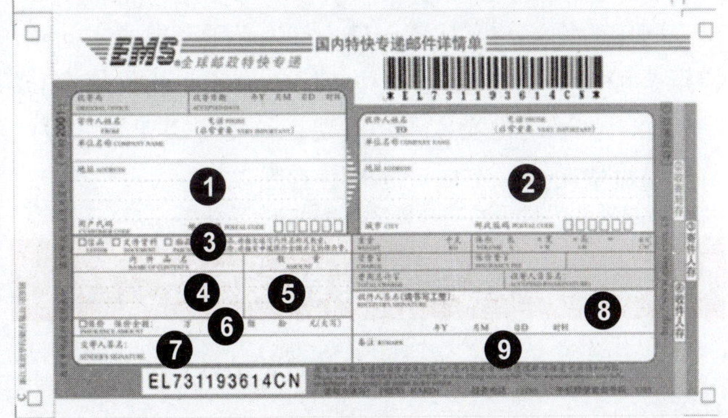

下面介绍一下如何填写国内快递使用的 EMS 邮件详情单。

❶ 寄件人信息栏：为了邮件安全、快速传递，请在寄件人信息栏中详细填写寄件人的姓名、有效的联系电话、单位名称、个人地址(也可以省略不填写)以及邮政编码等信息。

❷ 收件人信息栏：为了确保邮件安全、快速传递到收件人手中，请在收件人信息栏中详细、准确填写寄件人的姓名、有效的联系电话、单位名称、个人地址以及邮政编码等信息。

❸ 内件分类：请注明邮件的内件性质。

❹ 内件品名：请注明内装物品的具体名称。

❺ 数量：请注明内装物品的具体数量。

❻ 保价栏：如果需要保价，请选择此项并注明需要保价的金额，最高不应超过 10 万元人民币。

❼ 寄件人签名：寄件人在确认所填写的内容，并认可详情单背面使用须知后，在此栏中签名。

❽ 收件人签名：收到邮件时请签名(章)确认并填写具体收到邮件的日期、时间。若是他人代签收，签名(章)后，还需注明有效证件名称、号码和代收关系。

❾ 备注：如果需要说明情况，请在此栏中填写。

提示

EMS 特快专递邮件详情单填写须知。

(1) 本单仅限寄递国内特快专递邮件时使用。

(2) 为使本单各联字迹清晰可辨，请在填写本单时使用圆珠笔或打字机，以正楷详细、准确、用力地逐条填写详情单中应由寄件人填写的各项内容。收件人签收邮件时亦应使用正楷签名。

(3) 邮件内不得夹寄有爆炸性、易燃性、腐蚀性、放射性、毒性的危险品、麻醉药物、精神药品、现金以及邮政规章制度规定的其他禁寄品，违者将承担相关法律责任。

(4) 邮件封装须适应内件性质，符合邮政规章制度的要求。

(5) 邮件资费根据邮件整体重量(含内件、相关单式及封装材料重量)计收。

(6) 国内特快专递业务提供保价服务，邮件是否保价由寄件人自愿选择。如果需要保价，但是寄件人并未按规定交纳保价费的邮件，则不属于保价邮件。

(7) 保价邮件如发生丢失、损毁或缺少，按实际损失价值赔偿，但最高不超过相关邮件的保价金额：未保价邮件如发生丢失、损毁或缺少，按实际损失赔偿，最高不超过所付邮费的两倍；邮件如发生延误，按邮政部门规定的标准予以补偿；对其他损失或间接损失，邮政部门不承担赔偿责任。

(8) 本单第三联是交寄邮件的凭证，凭此联或收据可在自交寄邮件之日起 4 个月内在交寄邮局办理查询，逾期不再受理。

1) EMS 特快专递的优点

❖ EMS 可以说是目前中国范围内最广的快递，到全国各大中城市均为 4～8 天，到县乡时间约

延迟发货，是指除定制、预售及适用特定运送方式的商品外，卖家在买家付款后表示不能即时发货或未在 72 小时内发货，妨害买家高效购物权益的行为。非淘宝卖家延迟发货每次扣 3 分，同时须向买家赔偿该商品实际成交金额的 5%，赔偿金额最高不超过 30 元；淘宝卖家在承担淘宝规定的违约责任后，每自然周服务类投诉成立率在 3‰ ～ 5‰，扣 3 分；每自然周服务类投诉成立率在 5‰以上的，扣 6 分。

5～10天。

❖ 网络强大，全国2000多个自营网点。任何地区都能到达。

❖ EMS 限时速递，相当快。在多个城市之间的速递，能送货到手。

❖ EMS 的货物丢失损坏率一直维持在百分之一以下，安全性较高。

❖ EMS 为了保证客户服务质量，法定节假日均保持营业，天天配送(节假日除外)。

2) EMS 特快专递的缺点

❖ 定价灵活性不足。

❖ EMS 网站查询有待进一步改善。

❖ 业务员有自签收的习惯，替客户签收。

❖ 速度较民营快递慢 2～3 天，资费比普通民营快递稍高。

提示

根据中国邮政 EMS 快递标准收费，即包裹重量在 500g 以内收 20 元，超出重量每递增 500g 按所在地区不同收费标准不同：黑龙江、山东、北京、天津、河北、山西、辽宁、河南、吉林、安徽、江苏、陕西、上海、湖北、浙江、甘肃、江西、湖南、福建、四川、重庆、内蒙古收 6 元，宁夏、青海、广东、贵州、广西、云南、海南收 9 元，其他地区收 15 元。不足 500g 的按 500g 计算。

❖ 乡村不送货。需自取的，如需送货需加收 5～10 元不等的派送费。

❖ 客服 11185 和 11183 都必须加拨区号，否则不予查询。

❖ 客服会以各种借口不给解决问题，客户投诉无门。

❖ 业务员会收 EMS 特快专递的费用而给客户发的是 e 邮宝——一种经济型快递，经常时差相差 1 个月之多。

❖ 强占中国乡镇网点，利用政府保护手段控制其他快递铺设乡镇网点。

❖ 必须先签字，不然不给货，拒绝检查货物。

12.3.5 e 邮宝

“e 邮宝”是中国邮政集团公司与支付宝共同打造的一款国内经济型速递业务，主要针对个人电子商务，采用全程陆运模式，邮费较普通 EMS 有大幅度下降，大致为 EMS 的一半，但其享有的中转环境和服务与 EMS 几乎完全相同，而且一些空运中的禁运品将可能被 e 邮宝所接受。

与此同时，中国邮政总局还推出了两种网上支付的新业务：一种是使用邮政绿卡进行网上支付；另一种是基于汇兑业务的网上支付汇款业务。邮政绿卡用户只要登录支付宝网站，即可通过支付宝进行网上购物；非邮政绿卡用户可直接用现金在邮政营业柜台办理邮政储蓄业务，同时预留密码，然后登录支付宝网站填写汇款单汇兑号，便可轻松网上购物。

自开通 e 邮宝业务以来，陆续在全国 248 个城市开办业务。在目前与阿里巴巴集团的合作中，收寄范围覆盖了阿里巴巴集团旗下淘宝网 90%的交易区域，邮件可寄达全国 2000 余个城市。

1) 优点

运行质量稳定；价格便宜，可到达国内任何地方；可以邮寄部分航空禁寄品；派送上门，网上下订单，有邮局工作人员上门取件，时间为：当天早上 5:00～11:30 下订单，下午可取件；中午 11:30～17:30 下订单，次日早上取件。

2) 缺点

目前 e 邮宝服务只有通过支付宝下单才能享受，邮政不受理其他渠道的 e 邮宝业务；运输速度比其他快递慢，e 邮宝也是中国目前最慢的快递；部分地区还没有开通此项目。

12.4 节省物流费用的技巧

网店的物流与实体店一样，首先必须考虑成本问题，特别是那些卖小物品(运费往往比单件物品的价格高)或是参加一些活动由卖家承担运费，这就更需要想方设法节省物流费用了，下面一起来看看吧。

12.4.1 普通包裹的省钱方法

下面是几点节省普通包裹邮费的方法，希望对大家有所帮助。

1) 准备好外包装

一定要在家中准备好外包装袋。如果使用布袋要在家里缝好，注意不要封口(封口大小可以拿出物品)，因为邮局的工作人员要检查邮寄物品，看看是否有禁止邮寄的商品；如果使用纸箱，在家里把纸箱翻新后，并且写

在使用 EMS 特快专递邮寄国内邮件时，如果该单邮件的费用超过 29 元，按 7 折另加 2 元单据收取，即实际收取费用 = 应收取费用 × 0.7+2 元单据费，订购时系统显示费用为实际费用。

好地址、邮编等，再带上需要用的针线或者胶带和纸笔，因为有些邮局对自带包裹箱的顾客收取 1～2 元不等的封箱费，自带胶带可以省去这笔花销。

注意

绝对不要买邮局的箱子，邮局的箱子最便宜都要 2 元。有条件的卖家可以联络卖鞋或卖电脑的朋友，因为鞋盒和电脑配件的盒子都是很好的包裹材料。实在不行也可以在网上购买，网上 12 号纸箱 0.25 元即可买到。

2) 准备包裹单

邮局包裹单是 0.5 元/张，在网上花 0.25 元左右即可购买到一张，不妨买一些存在家中备用。

3) 使用打折邮票

邮票打折大概为 7 折，您可以省 3 成的费用。

12.4.2　邮局快递的省钱方法

邮局快递包裹与普通包裹大致相同，概括起来，有以下几招省钱方法。

(1) 包裹单自行购买。

(2) 自己打包，每单可以节约 1～2 元。

(3) 自备小称。邮局都是电子秤，有时候超重一点点的话自己拿出来点填充物，哪怕超重 1 克，就要多收一份费用(一般是 3～7 元)。

(4) 自备纸箱，每单可以节约 1.2～5 元不等，视情况而定。

(5) 自贴邮票，每单可以节约 2～10 元不等，视情况而定。

12.4.3　EMS 过程中的省钱方法

EMS 是邮政系统最快的发货方式，因为使用航空邮递，收费较贵，单据费是 1.50 元，邮寄起价是 20 元 500g，1000 公里之内每增加 500g 加 6 元，1000 公里以上每增加 500g 加 9 元，2000 公里以上每增加 500g 加 15 元。尽管收费较贵，还是有省钱方法的。

(1) 很多快递公司、物流公司都有 EMS 代理业务，快递公司和中国邮政 EMS 合作，快递公司一般拿到的是 5 折，给我们代发价一般是 7～8 折，而且不收单据费，建议大家使用。最主要的是省时省心，不用自己跑邮局。

(2) 对于偏远地区的 EMS 建议交给快递公司处理。

技巧

如果商品比较轻巧，不妨邮寄挂号信，它的优点是快，一般外省 5～7 天就到了。邮寄时注意物品要多包几层，以免积压损伤。

12.4.4　使用快递公司的省钱方法

下面介绍一下使用快递公司邮寄的省钱方法。

(1) 不同的快递公司到相同的地方收费不一样，建议索取快递公司报价单，发货之前相互比较一下，做到价比三家，选择价格最低的快递公司。

(2) 部分快递公司对重量要求严格，有时候超重一点点却要多收一份费用，建议自备小秤，超重一点点的话自己拿出来点填充物。

注意

由于网络等其他原因，有可能快递员收货时会延误，建议留张快递员的卡片，当下单而迟迟没人联系你时，不妨打电话询问一下。

技巧

对于批发业务和团购业务以及类似的仓卖，邮寄方面的节省和速度更为重要了，使用邮局和快递公司都不太划算，邮局太慢，快递公司太贵，这种情况下，可以使用如下这几种方式。

(1) 物流货运公司。该方式使用汽车托运，现在每个城市的货运公司都非常多，但是，每个公司涉及范围不够大，可达地点都不多，基本上每个公司都只走一条路线上的几个地点，但价格却很便宜，省内发货一般是 3～5 元一小箱。

(2) 火车托运。火车托运价格很低，全国范围内根据到站不同价格不同，每千克 1.0～3.0 元，最低收费是 1 元。火车托运的速度较快，如果可以赶上当天的列车，火车到站时货品就可以到了，收货人取件时用传真件和身份证领取，很方便。

(3) 大型包裹快递公司或者物流配送公司。该方法可以上门取货并送货上门，和快递是一样，但需要量大。

12.5　思考与练习

选择题

1. 下面关于快递公司的说法，正确的是______。

A. 选择快递公司时一定要参加保价

淘宝官方活动是指由淘宝官方发起并组织的，由淘宝官方统一协调形式、内容、时长、参与卖家或商品以及后续服务的活动。如网站常规推广或促销活动(如淘宝网、一淘网、淘宝商城年中、年底促销活动等)、网站不定期推广或促销活动(如淘代码推广测试活动等)。

B. 不参加保价的邮件在丢失后很难找回损失

C. 对于在运输过程中破损的邮件，可以按物流公司规定获取赔付

D. 快递公司的纸袋都是收费的

2. 在邮局可选择的邮寄方式有______。

A. 普通包裹　　B. 快递

C. EMS　　D. 以上方式均可

操作题

1. 为自己的网店选择合适快递公司。

2. 计算从南京到哈尔滨邮寄 800g 物品的费用，并选择最适合的方式。

长见识

每个淘宝官方活动都会在该活动页面详细说明活动规则、活动要求，所有参加活动的商品必须符合活动要求，所有参与活动的卖家必须遵守活动承诺。

第 13 章

有口皆碑——提升网店信用

信用是一个店铺无形品质的保障。对于信用度低的卖家的店铺，很多顾客会直接跳过，这样就很难将商品卖出去。那么，如何提升网店的信用度呢？这就是本章要介绍的内容。

学习要点

- ❖ 信用等级晋级规则简介
- ❖ 快速突破零信用
- ❖ 打造钻石级网店信用

学习目标

通过本章的学习，读者应该了解各电子交易平台的信用等级晋级规则，并掌握一些提升网店信用的方法，灵活应用这些方法打造高信誉网店。

13.1 信用等级晋级规则简介

信用是长时间积累的信任和诚信度，难得易失。信用是过去对我们的正面记录，这对卖家十分重要，网店的信用不仅是衡量一个店铺的可信程度和商品优劣情况的标准，对于那些不诚信和违规的店铺，网店也会被及时封闭。因此，很多卖家都在想方设法地提高网店的信用度。下面将为大家介绍一下各网店的信用等级及晋级规则。

13.1.1 淘宝店铺晋级规则

淘宝网会员在淘宝网使用支付宝成功完成每一笔交易后，在15天内双方均有权对该交易的情况作一个评价，这个评价就是信用评价。因此，通过查看卖家的信用评价，可以帮助买家判断店铺的商品情况。

信用评价分为“好评”、“中评”和“差评”三类。每类评价对应一个信用积分，其计算方法是“好评”加1分、“中评”不加分(即加0分)、“差评”扣1分(即加-1分)。

提示

淘宝交易平台的计分规则如下。

- ❖ 每个自然月中，相同买家和卖家之间的评价计分不得超过6分(以支付宝系统显示的交易创建的时间计算)。超出计分规则范围的评价将不计分。
- ❖ 若在14天内，相同买家和卖家之间就同一商品有多笔支付宝交易，则多个好评只计1分，多个差评只计-1分。

信用度是以累积会员的评价积分为依据，共分为20个等级，下表所示的是卖家信用度划分级距及图标。

淘宝网卖家信用度等级表

卖家信用度划分级距	卖家信用度等级图标
4～10分	
11～40分	
41～90分	
91～150分	
151～250分	
251～500分	
501～1000分	
1001～2000分	
2001～5000分	
5001～10000分	
10001～20000分	
20001～50000分	
50001～100000分	
100001～200000分	
200001～500000分	
500001～1000000分	
1000001～2000000分	
2000001～5000000分	
5000001～10000000分	
10000001分以上	

提示

信用评价是双方的，通过查看买家的信用度，可以了解买家风格。下面来简单了解一下买家信用度划分级距及图标，如下表所示。

淘宝网买家信用度等级表

买家信用度划分级距	买家信用度等级图标
4～10分	
11～40分	
41～90分	
91～150分	
151～250分	
251～500分	
501～1000分	
1001～2000分	
2001～5000分	
5001～10000分	
10001～20000分	
20001～50000分	
50001～100000分	
100001～200000分	
200001～500000分	
500001～1000000分	
1000001～2000000分	
2000001～5000000分	
5000001～10000000分	
10000001分以上	

“无名良品”是基于淘宝网平台搭建，由阿里巴巴负责运营和服务，以商场模式运作的综合性购物平台。无名良品的使命帮助众多具备良好制造能力，但暂时没有自主品牌或缺乏知名度的中小企业及创业者，提升销量，孵化品牌，将质优价廉的商品以及优质的服务提供给广大消费者。

技巧

淘宝会员若要查看自己的信用等级，可以登录淘宝网，在淘宝首页单击右上方的【我的淘宝】链接，接着即可在弹出的网页中看到自己的信用分数了。

若要查看卖家的信用等级和信用评价情况，可以进入该店铺首页，然后移动鼠标到掌柜档案区，这时会自动显示该店铺的完整的店铺信息，如下图所示。

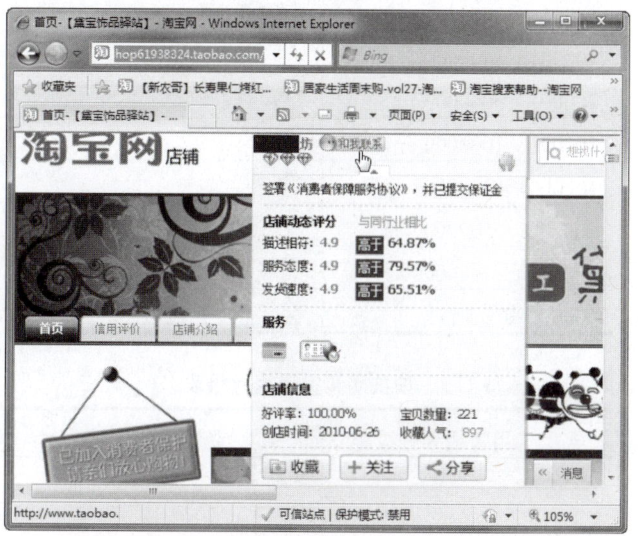

13.1.2　易趣店铺晋级规则

在易趣电子交易平台，信用评价是指买卖双方通过安付通完成一笔交易后互相作出评价的一种行为，非使用安付通交易的不能进行评价。从买方使用安付通付款开始，即可进行信用评价，直到确认安付通付款结束日期后的第 15 天，如果用户在这一期间未进行评价，那么系统会自动就此物品给对方用户作出好评。

信用评价是由评价内容和信用度组成，且不可修改。因此，对易趣的买家或卖家来说，这些评价和信用度就是衡量其信誉的重要指标。信用评价和信用度一同保存在用户档案中。信用度计分规律如下：

- 每收到一条好评加 1 分。
- 每收到一条中评加 0 分。
- 每收到一条差评扣 1 分。

注意

若收到同一用户给予的多次评价时，其计分规则如下。

- 如果总好评数大于总差评数，只加 1 分。
- 如果总好评数等于总差评数，加 0 分。
- 如果总好评数小于总差评数，只扣 1 分。

在易趣交易平台，当用户达到一定数量的信用度后，会有对应的信用等级图标出现，如下表所示，买家与卖家的信用等级图标是一样的。

易趣网卖家信用度等级表

信用等级划分级距	信用等级图标
<5 分	无图标
5～19 分	★
20～49 分	★★
50～99 分	★★★
100～199 分	★★★★
200～499 分	★★★★★
500～999 分	◇
1000～1999 分	◇◇
2000～9999 分	◇◇◇
10000～49999 分	◇◇◇◇
≥50000 分	◇◇◇◇◇

为了确保信用评价不被滥用，用户在作出信用评价时必须遵守易趣的一些基本规则，如违反了以下规则，那么易趣会考虑对这些评价予以删除。

(1) 易趣收到有效的法院命令，裁定有争议的评价属诋毁、诽谤、毁谤或非法。

(2) 信用评价含侮辱漫骂、亵渎、粗俗、淫秽、种族歧视用语或成人材料。但是，“欺诈、说谎的人、骗子、骗钱专家”等语句，虽不提倡使用，但不会予以删除。

(3) 信用评价含有另一用户的个人身份资料，包括用户真实姓名、地址、电话号码或邮件地址。

(4) 信用评价涉及易趣或执法机关的调查，如“易趣正在调查此人”或“已经通知警方”。

(5) 信用评价含链接或程序文件。

(6) 本来针对另一用户的差评，在误作评价的用户通知易趣该评价有误并且已对正确的用户作同一评价的情况下，会考虑予以删除。

(7) 信用评价是由向易趣提供显而易见的虚假联系方式的用户所作出，例如电话号码为 12345678，11223344 等，会予以删除。

(8) 经易趣确定为恶意竞价，仅仅为了借机对卖家作出差评而出价的用户所作出的信用评价。

(9) 经易趣核实，确实由于买家原因最终导致未完成交易，那么该买家所作出的评价予以删除。

(10) 经易趣核实，确实由于卖方原因最终导致未完成交易，那么该卖方所作出的评价予以删除。

卖家好评率=所有计分的卖家好评数/所有计分的卖家评价总数；买家好评率=所有计分的买家好评数/所有计分的买家评价总数。由于计分的中评会累计到计分的评价总数中，所以会影响好评率。

(11) 如果易趣有证据显示评价是由未成年人作出的，会予以删除。

(12) 账户万一发生被盗用的情况，在被盗用期间所产生的所有评价均会予以删除。

13.1.3　拍拍店铺晋级规则

拍拍会员在拍拍网上的每一笔交易成功后，双方都会对该交易的情况作一个如实评价，这个评价就是信用评价，它是公平、公正的。通过查看卖家的信用评价，买家可以增加对卖家及商品的了解。

信用度是记录拍拍会员在拍拍网上的所有交易情况的综合，是衡量陌生卖家信用的一个很重要依据。当买家通过财付通交易后，系统立即开放评价入口，并在 30 天后自动关闭评价入口，另一方评价同时生效。而非财付通交易不开放评价入口。

在拍拍网中，信用度的计算方式与淘宝网、易趣网不同，它与评价得分和成交金额有非常重要的关系。当交易成功后互评，信用评价分三个方向：好评得 1 分、中评得 0 分、差评扣 1 分。而此次交易卖家得到的信用度则是评价得分×成交金额权重。不同的成交金额，其权重分数是不同的，如下表所示。

拍拍网成交金额权重(使用财付通交易)

交易金额	权重(分数)
0～1(含)元	0
1～200 元	1
200(含)～1000 元	2
1000(含)～5000 元	3
5000(含)元以上	4

拍拍网的信用等级也是根据信用度进行划分的，采用晋级制，买家和卖家的信用等级划分是有区别的，详细规定如下表所示。

拍拍网卖家信用等级表

卖家信用等级划分级距	信用等级图标
1～4 分	
5～10 分	
11～20 分	
21～40 分	
41～100 分	
101～300 分	
301～1000 分	
1001～3000 分	
3001～5000 分	
5001～10000 分	
10001～20000 分	
20001～50000 分	
50001～100000 分	
100001～200000 分	
200001～500000 分	
500001～1000000 分	
1000001～2000000 分	
2000001～5000000 分	
5000001～10000000 分	
10000000 分以上	

拍拍网买家信用等级表

买家信用等级划分级距	信用等级图标
1～4 分	
5～10 分	
11～20 分	
21～40 分	
41～100 分	
101～200 分	
201～500 分	
501～1000 分	
1001～2000 分	
2001～5000 分	
5001～10000 分	
10001～30000 分	
30001～50000 分	
50001～80000 分	
80001～100000 分	
100001～150000 分	
150001～200000 分	
200001～250000 分	
250001～300000 分	
300000 分以上	

长见识　如果您在搜索宝贝是看到有“良品”的字样，表示这个卖家是淘宝网“无名良品”的卖家，进入该卖家的店铺，您还会看到无名良品商家信息处均有无名良品标志。

13.2　快速突破零信用

在了解了不同电子平台的网店晋级规则后，如何突破新网店的零信用呢？你可以向你的朋友和周围认识的人推荐你的网上店铺和商品，这样做有以下好处。

(1) 对于你的朋友和认识的人来说，大家彼此知根知底，如果你的商品对他们的胃口，他们也有此需求，就会考虑首先购买熟人的商品。如果他们无此需求，但在你的推荐下发现这件商品不错，可能也会为了帮你捧捧场而顺手买上一件。

(2) 只要有 10 个以上的买家购买了你的商品，你的信用就有 1 颗星了，有了信用度，就可以吸引买家了，商品就好卖多了。

(3) 新店开张之初，很多新卖家还不是很了解网上的交易程序，即使进行了学习培训，也大都是纸上谈兵，没有实际操作经验。所以，建议新手卖家可以先借与朋友的头几笔交易，熟悉整个交易程序，以免有人买了你的商品，你却因不熟悉交易流程而中途出错，要是因为这样而得到买家的差评，就太不划算了。

13.3　打造钻石级网店信用

高信用度的网店不仅是出售商品质量的保障，还可以帮助店铺吸引买家眼球。下面将介绍一些提升店铺信用的方法，帮助用户快速打造钻石级店铺。

13.3.1　迅速累积信用

卖家能否获得好评，主要由商品质量、服务态度和买家的风格来决定。

1. 商品质量

商品质量是卖家获得好评的根本，所以，卖家在上传商品图片时，最好是实物拍摄，并且要全面客观地描述商品。这样，买家在拿到商品后才不会因商品质量问题而给你中差评，就算买家收到货后因个人原因不满意，也不好意思因商品质量问题而要求退货，当然，他可能会找其他理由要求退换货。

如果卖家上传的商品图片不是实物拍摄，或是不能客观真实地描述商品，买家在拿到商品后会感到上当受骗，这样就很容易给出中差评，甚至要求退货。

2. 服务态度

服务态度是获得好评的法宝，所以，在交易过程中卖家的服务态度要好，要做到诚信交易、服务至上。

当有客户来到店里购物时，你就是他的导购，要处处站在客户的角度着想，要以让客户买到满意的商品为己任，耐心地为客户解答所有不明白的问题，让他自己心里有数。在客户购买之前，卖家必须把可能遇到的问题向客户解释清楚，以免事后产生不必要的麻烦。例如：商品如有质量问题包退换，但前提是商品要完好，无质量问题退换商品的费用买家自理。

另外，卖家在向买家介绍商品时，应该将商品的有关情况真诚、及时、如实地告知买家，描述应尽量详尽。如果有疏忽，销售时也要及时地告诉买家。这样可以避免一些误会，否则买家会误以为你在欺骗他，这样就可能会获得中差评。

3. 买家风格

当买家到店铺购买商品时，在交易之前，卖家切记不要为了增加生意而急切与对方交易，应该先仔细评估一下买家属于哪类人，仔细查看一下买家的信用度、买家对别人的评价以及别人对买家的评价，再决定是否要与对方交易。下面综合各类买家的不同特点，介绍一下如何区别对待他们以获得好评。

1) 新手买家

新手买家的信用都为零，他们对交易往来还很陌生，对卖家也缺乏信任，这就需要卖家有足够的耐心去引导他们。因此，在交易之前，建议卖家多与他们沟通，事先解释清楚需要买家配合的环节，让他们对你产生信任感。

同时，由于新手买家多是第一次来网上购物，很可能会在收货后不知道及时确认货款，不给评价，或者是不联系卖家而随意给中差评。因此，建议卖家通过查看买家的注册时间、星级或者与他聊天来了解新手买家的性格，多加引导，建议在发货后和估计买家已收货后主动与买家联系。

2) 挑剔买家

挑剔买家多是完美主义者，无论你的商品再好，他们也喜欢挑“瑕疵”，以便和卖家杀价。他们非常注重商品细节，购买前会花费大量的时间与卖家沟通，坚持看商品实物照，反复询问商品的信息，要求会非常多，

在淘宝网店的经营过程中，若卖家因违规行为被扣分数达到 12 分，系统会以暂时封店作为处罚，处罚天数与所扣分数相同。

而且会不断提出新的要求。因此，遇到这类买家，应采取如下对策。

- 注意查看买家的好评率以及其他卖家对他的评价。
- 尽可能地做好服务。如果交易过程不愉快，买家也可能会给你差评。
- 正确评估自己的商品是否与客户的期望一致，如果不一致，交易前要诚信沟通，解释清楚，待客户理解接受并与自己达成一致后再成交，以免卖家因为商品没有达到期望值，就给你中差评。

3) 喜欢给中评的买家

在喜欢给中评的买家的信念中，中评就是好评。如果卖家很重视好评，以100%好评为经营目标，还是不要和这类买家进行交易为好。

4) 很会杀价的买家

这类买家希望用最少的钱买到最心仪的商品。对于这类买家，可以采取如下对策。

- 查看买家信用度，如果有中差评就要注意了，再查看一下评价内容。
- 最好能够给其一些小礼品，买家在收到商品的同时收到小礼品，必定会很高兴，给你一个好评。

4. 通过小件商品迅速累积信用

细心的用户一定会发现，信用度越高的卖家，其排名越靠前，越容易被买家看中。那么，对于新手卖家而言，如何快速地提高信用度呢？这里为大家介绍一个小技巧：依据“薄利多销”的原则，多出售一些价格较低的小商品，这样容易促成交易，迅速累积信用度。

13.3.2 引导买家修改中、差评

我们知道，卖家得到中评与差评会影响卖家信用等级，店铺信誉受损。这时，卖家应该及时联系买家，询问买家不满意的原因，引导买家修改中评与差评。

1. 与卖家主动联系的买家

这类买家在收到商品发现问题后，在评价之前都会主动与卖家联系，希望得到妥善处理。这个时候卖家不要逃避问题，要勇于承担责任，尽快解决问题。

当然，也有一些买家在问题解决后并不一定会修改评价，这时，卖家要以平常心去看待，毕竟每位客户的要求和期望值都是不同的，正所谓众口难调，这是无法避免的。

2. 直接给出中差评的买家

有的买家在遇到问题后并不会主动联系卖家，而是直接给出中差评，这时候卖家应该及时联系买家，彼此好好沟通，找出给中差评的原因，并针对问题给出相应的解决方法，尽量弥补买家，也许他们会看在你积极解决问题的态度上修改中差评。

13.3.3 避免中评和差评

当大家彼此对交易都满意时，为什么还会得到中评和差评呢？其实这也是有原因的，可能是商品的描述与实际不符、发送的商品与客户订购的商品信息不符、在传递过程中有差错等，这些都是可以预防的，卖家可以从以下几个方法着手。

(1) 货物描述与实际不符。

由于买家是通过图片和文字描述来了解、选购需要的商品，所以卖家在描述商品时应尽量用客观的语言文字阐述，不要误导买家，以免被买家质疑存在欺骗行为，这样就很容易得中评和差评。

(2) 付款后一定要再次确认买家订购的商品的相关信息。

虽然在前期的沟通中已涉及客户要订购商品的部分信息，但是，一定要在买家付款后再次确认商品的相关信息，包括商品的名称、款式、大小、颜色、数量、买家、收货地址、收货人姓名(因为有的买家订购的是要送人的礼物，可能会直接发送给收礼人，如果事先不确定而默认为买家的地址，就会给彼此造成不必要的麻烦)，并留下最后确认的凭证，以免彼此产生不必要的误会和经济损失。

(3) 发货前认真检查商品。

当买家付款后，卖家在发货前一定要认真检查商品的完整性，这样不仅可以减少买卖双方在商品残次方面的纠纷，而且在一些居心叵测的不良买家找茬时，自己心里也有数。另外，卖家还应该仔细核对商品信息，如要出货的商品的颜色、尺寸、数量是不是和买家订购的商品信息一致，以免因一个小小的疏忽招致退换货甚至差评。

13.3.4 规避差评

差评的威力很大，因为买家在购买商品时，一定会

在淘宝网店的经营过程中，若卖家因严重违规行为，在一个累计周期内被扣48分或更高，将会被永久查封账户，即该网店实名认证所使用的身份证将永远不能在淘宝商城开店。

先看看卖家过往的交易记录和好评率，如果交易记录中的差评很多，或者好评率没在 80%以上，买家一般会认为卖家的信用度太低而放弃购物。那么，如何规避恶意差评，提高店铺的好评率呢？

(1) 查看买家的评价。

在进行交易之前，卖家最好也要先看看买家的评价记录，如果有恶意评价的行为，要小心这位买家。

(2) 事先沟通。

在交易之前一定要和买家多沟通，达成物流上的一致时再交易。在发货后，要在第一时间进行网上确认，并用手机短信通知买家，显示出你对此次交易的态度和对每一位顾客的尊重。

(3) 遭到恶意差评要投诉。

当卖家获得差评后，如果通过沟通，绝大部分的问题都可以解决，但是有些买家依然不依不饶，此时，卖家可以拿出有力的证据向淘宝网、易趣网等交易平台投诉，交易平台通过检查后会删除恶意差评。

13.4 思考与练习

选择题

1. 网店的信用评价有 ______。

A. 好评　　B. 中评

C. 差评　　D. 以上都有

2. 下面关于信用评价的说法，正确的是______。

A. 在淘宝网店修改中差评后也会扣分

B. 在拍拍网将差评改为好评不计分

C. 在淘宝网可以随时修改评价

D. 以上说法都不对

3. 淘宝网店好评可以得______分。

A. 0　　B. 1　　C. −1

操作题

1. 使用促销的方法提高网店信用。

2. 引导客户修改中评。

对于竞拍成功却不买的买家，淘宝会在竞拍结束之日起冻结其支付宝账户中的保证金 60 天。在此期间，买家可以申诉，若买家超过 60 天不申诉或申诉不成功，系统会将支付宝账户中冻结的保证金划给卖家作为赔偿。

思考与练习答案

第 1 章

1. C　2. A

第 2 章

1. B　2. D

第 3 章

1. A　2. D

第 4 章

1. B　2. C

第 5 章

1. C　2. B

第 6 章

1. B　2. C

第 7 章

1. C　2. D

第 8 章

1. B　2. A

第 9 章

1. D　2. C

第 10 章

1. C　2. B

第 11 章

1. A　2. D

第 12 章

1. C　2. D

第 13 章

1. D　2. B　3. B

读者回执卡

欢迎您立即填妥回函

您好！感谢您购买本书，请您抽出宝贵的时间填写这份回执卡，并将此页剪下寄回我公司读者服务部。我们会在以后的工作中充分考虑您的意见和建议，并将您的信息加入公司的客户档案中，以便向您提供全程的一体化服务。您享有的权益：

★ 免费获得我公司的新书资料；
★ 寻求解答阅读中遇到的问题；
★ 免费参加我公司组织的技术交流会及讲座；
★ 可参加不定期的促销活动，免费获取赠品；

读者基本资料

姓　　名＿＿＿＿＿＿　性　　别 □男　□女　年　　龄＿＿＿＿＿＿
电　　话＿＿＿＿＿＿　职　　业＿＿＿＿＿＿　文化程度＿＿＿＿＿＿
E-mail＿＿＿＿＿＿　邮　　编＿＿＿＿＿＿
通讯地址＿＿＿＿＿＿＿＿＿＿＿＿＿＿＿＿＿＿

请在您认可处打✓（6至10题可多选）

1、您购买的图书名称是什么：＿＿＿＿＿＿＿＿＿＿＿＿＿＿＿＿
2、您在何处购买的此书：＿＿＿＿＿＿＿＿＿＿＿＿＿＿＿＿
3、您对电脑的掌握程度：□不懂　□基本掌握　□熟练应用　□精通某一领域
4、您学习此书的主要目的是：□工作需要　□个人爱好　□获得证书
5、您希望通过学习达到何种程度：□基本掌握　□熟练应用　□专业水平
6、您想学习的其他电脑知识有：□电脑入门　□操作系统　□办公软件　□多媒体设计　□编程知识　□图像设计　□网页设计　□互联网知识
7、影响您购买图书的因素：□书名　□作者　□出版机构　□印刷、装帧质量　□内容简介　□网络宣传　□图书定价　□书店宣传　□封面，插图及版式　□知名作家（学者）的推荐书评　□其他
8、您比较喜欢哪些形式的学习方式：□看图书　□上网学习　□用教学光盘　□参加培训班
9、您可以接受的图书的价格是：□ 20 元以内　□ 30 元以内　□ 50 元以内　□ 100 元以内
10、您从何处获知本公司产品信息：□报纸、杂志　□广播、电视　□同事或朋友推荐　□网站
11、您对本书的满意度：□很满意　□较满意　□一般　□不满意
12、您对我们的建议：＿＿＿＿＿＿＿＿＿＿＿＿＿＿＿＿

请剪下本页填写清楚，放入信封寄回，谢谢！

1 0 0 0 8 4

贴邮票处

北京100084—157信箱

读者服务部　　收

邮政编码：□□□□□□

技术支持与资源下载：http://www.tup.com.cn　http://www.wenyuan.com.cn

读 者 服 务 邮 箱：service@wenyuan.com.cn

邮　购　电　话：(010)62791865　(010)62791863　(010)62792097-220

组　稿　编　辑：章忆文

投　稿　电　话：(010)62770604

投　稿　邮　箱：bjyiwen@263.net